우리 안의
식민사관

植民史觀

• 개정판 •

우리 안의 식민사관

해방되지 못한 역사,
그들은 어떻게
우리를 지배했는가

이덕일 지음

만권당

일러두기

- 본문에 나오는 인명과 지명, 학교명, 서적명 등은 원칙적으로 한글 맞춤법 표기법에 따랐다.
- 일본의 지명이나 인명의 경우, 원칙적으로 한글 맞춤법 표기법에 따랐으나 한자로 의미가 더 명확하게 통할 수 있는 단어나 고서적명 등은 한자음 그대로 표기했다.
  예) 『고사기』, 『일본서기』, 도쿄제국대학 등
- 문헌이나 논문을 직접 인용한 경우에도 독자들의 혼란을 막기 위해 인명 표기는 통일했다. 단, 논문명에서는 원문 표기를 존중했다.
- 중국의 지명이나 인명의 경우, 근대 이전까지의 경우와 문헌 등에 등장하는 역사적 인명이나 지명 등을 인용할 때는 한자음대로 표기했다. 고대의 문헌이나 논문 등을 직접 인용한 경우에는 원문 표기를 존중하고 괄호 안에 현대식 표기를 병기했다. 근대 이후의 인명과 지명은 한글 맞춤법 표기법에 따르고 익숙지 않은 지명과 인명 등은 독자의 이해를 돕기 위해 맨 처음 나올 때 괄호 안에 한자음과 한자를 병기했다.
  예) 『사기』, 사마천, 요동, 푸쓰녠(부사년) 등
- 북한 인명이나 잡지 등의 표기는 북한 표기를 존중했다.
  예) 리지린, 「력사과학」 등
- 전집이나 단행본, 정기간행물은 『 』, 신문이나 잡지명, 지도, 연구보고서 등은 「 」로 표기했고, 세미나 제목이나 신문 기사 제목 등은 ' '로 표기했다.

진정한 광복을 위하여

1.

대한민국 임시정부 주석 김구는 1945년 8월 15일, 일제 패망 소식을 시안(서안西安)에서 듣고, "그것은 내게 기쁜 소식이라기보다 차라리 하늘이 무너지고 땅이 꺼지는 듯한 일이었다"(『백범일지』)고 낙담했다. 평생을 조국 광복에 바친 노혁명가에게 일제 패망 소식이 왜 기쁨이 아니라 낙담으로 다가왔을까? 대한민국이 참전국의 일원으로 인정받기 전이었기 때문이다. 임정은 전문적 군사훈련을 받은 광복군들을 미국 잠수함에 태워 산둥(산동山東) 반도에서 국내에 침투시킬 예정이었다. 일제의 패망이 목전에 있다는 사실이 알려지고, 무기까지 제공되면 남녀노소를 불문하고 수많은 동포들이 총을 들 것이었다. 예정대로 됐다면 대한민국 임시정부는 제2차 세계대전의 승전국 정부 자격으로 환국할 수 있었을 것이고, 친일파 숙청을 수반한 국가 재건이란 목적을 달성할 수 있었을 것이다.

그러나 참전국의 지위를 확보하지 못한 상태이기에 해방 후 정국을 외세가 주도하지 않을까 우려한 것이다. 이는 평생을 일제와 맞서 싸웠던 노혁명가의 경험이 가르쳐준 본능이었다. 그 불길한 예감처럼 해방 정국은 외세가 주도해 국토는 분단되었고, 남한은 다시 친일파 세상이 되었다.

2.

일반인들에게는 그리 익숙하지 않은 이름이지만 희산 김승학 선생은 참의부 참의장을 역임한 무장투쟁가였다. 일제 패망 후 김구 주석이 그에게 군부軍部 조직을 위임한 까닭이었다. 김승학은 또한 임시정부 기관지 「독립신문」을 발행했던 언론인이자 역사학자였고, 1960년대 초반 심산 김창숙, 오산 이강(임정 의정원 의장)과 함께 생존 독립운동의 3거두였다. 그가 1964년 『한국독립사』를 발간하면서 유언으로 남긴 자서自序는 김구 주석의 불길한 예감이 어떻게 현실이 되었는지를 생생하게 말해주고 있다.

무릇 한 국가를 창건하거나 중흥시키면 시정施政 최초 유공자에게 중후한 논공행상을 하고 반역자를 엄격하게 법에 따라 다스리는 것[依法治罪]은 후세 자손으로 하여금 유공자의 그 나라를 위한 충성[爲國忠誠]을 본받게 하고 반역자의 그 죄과와 말로를 경계케 하여 국가 주권을 길이 만년 반석 위에 놓고자 함이다. 이 중요한 정치 철학은 동서고금을 통하여 역사가 증명하는 것이다.

우리나라는 반세기 동안 국파민천(國破民賤: 나라가 깨지고 백성들이 노예가 됨)의 뼈저린 수난 중 광복되었는데 건국 이래 이 국가 백년대계의 원칙을 소홀히 한 것은 고사하고 도리어 일제의 주구(走狗: 사냥개)로 독립운동자를 박해하던 민족 반역자를 중용하는 우거를 범한 것은 광복운동에 헌신하였던 항일투사의 한 사람으로서 전 초대 대통령 이승만 박사의 시정 중 가장 큰 과오이니 후일 지하에 돌아가 수많은 선배와 동지들을 무슨 면목으로 대할까 보냐? 이 중대한 실정으로 이 박사는 집정執政 10년 동안 많은 항일투사의 울분과 애국투사의 비난의 적的이 되었었다.

"일제의 주구로 독립운동자를 박해하던 민족 반역자를 중용"했다는 한 문장이 해방 후 독립운동가가 살아왔던 역주행의 현대사를 잘 웅변해주고 있다. 독립운동가들은 일제 강점기처럼 여전히 일제 주구들에게 박해받았고, 일제 주구들은 뜻밖에 다시 제 세상을 만났다.

3.

해방 공간에는 세 유형의 역사학자들이 있었다. 첫째, 백남운·전

석담·김석형 같은 마르크시스트 역사학자들, 둘째 정인보·안재홍 같은 비타협적 민족주의자들, 마지막으로 이병도·신석호 같은 조선총독부 직속의 조선사편수회 출신들이었다. 마르크시스트 역사학자들은 북한의 김일성이 파견원을 보내 초청하자 대부분 북한을 선택했다. 비타협적 민족주의자들은 한국전쟁 와중에 납북되었다. 조선사편수회 출신들만 남아서 한국 역사학계를 장악하고는 식민사관, 즉 조선총독부 역사관을 하나뿐인 '정설定說' 또는 '통설通說'로 만들었다. 국사학계의 태두로 불렸던 이병도는 일제 식민사학자 쓰다 소키치津田左右吉와 이케우치 히로시池内宏 등에 대해서, "일본인이지만 매우 존경할 만한 인격자였고, 그 연구 방법이 실증적이고 비판적인 만큼 날카로운 점이 많았습니다"(『광장』 1982년 4월호)라고 칭송했다. 아무런 근거도 없이 '한사군=한반도설'을 주창하고 임나일본부를 사실로 만들기 위해 『삼국사기』 초기 기록 불신론'을 확립시킨 일본인 식민사학자들이 이병도에게는 '존경할 만한 인격자'이자 '그 연구 방법이 실증적이고 비판적'인 추앙의 대상이었다. 그렇게 식민사관은 해방 후에도 하나뿐인 '정설', '통설'이 되었다.

4.

솔직한 눈으로 '우리 안의 식민사관'을 바라보면 우리 사회 '지식인'들의 민낯과 만나게 된다. 근·현대는 진보적 관점으로 본다면서 조선 후기사는 일제에 나라를 팔아먹은 노론의 관점으로 보고, 고대사는 조선총독부의 관점으로 보는 이른바 '분절적 역사학자', '분절적 지식인'들의 민낯이다. 위안부 할머니들을 일본군들과 동지였다고 모독하고, 독도는 일본 땅인데 한국이 강점하고 있는 것이니 그 해결책으로 독도를 한일이 공동으로 영유하자고 주장하는 세종대 교수 박유하를 검찰이 기소하자 이른바 '진보적 지식인'들이 대거 박유하 지지 선언에 나섰다. 어린 몸뚱이 하나로 일본 제국 군대의 거대한 폭력을 감내해야 했던 위안부들, 힐러리 클린턴의 표현을 빌리면 '성노예'의 문제를 피해 소녀의 관점이 아니라 가해자의 관점으로 바라보고 있는 것이다. 이들에게 '지식'은 무엇이고, '진보'는 무엇일까?

5.

근래 한국의 보수·진보 언론들은 '국뽕'이란 표현을 스스럼없이 사용한다. 세종대 교수 호사카 유지保坂祐二는 근래 「신친일파'의 등장」이란 칼럼에서 이런 현상에 대해 이렇게 분석했다.

> "독도는 일본 영토일 수 있다."든지 "위안부 강제 연행은 없었다."든지 "강제 징용이라는 역사적 사실은 없었다."든지 하는 일본 측 논리를 그대로 퍼뜨리는 한국인들이 일부 늘어나고 있는 것이다. 개중에는 일본측 자금을 받으면서 조직적으로 그런 주장을 하는 이들도 있다. …… 현재 일본 내의 극우파 단체들은 지원기금제도를

를 만들어 한국인을 적극적으로 지원하기도 한다. 그런 극우파 단체들의 돈을 많이 받고 사실상 일본의 논리를 한국 사회에 침투시키려는 일본 앞잡이가 된 한국인들도 있다. 일본 정부 차원에서도 일본에 우호적인 외국인들을 육성한다는 정책을 외교 목적의 하나로 삼고 있다. …… 적폐가 된 친일파 청산과 더불어 '신친일파'를 잘 식별하고 일본의 우익 세력이 한국인의 모습을 빌려 한국 자체를 침식하기 시작했다는 사실을 알아야 한다. 그들이 완전히 새로운 적폐로 자리 잡기 전에 예방 조치를 취해야 한다.[1]

일본의 앞잡이가 된 신친일파들이 만든 용어들이 '국뽕', '유사역사학', '사이비역사학'이란 용어들이다. 전 세계 어느 나라에 자국을 사랑하는 사람들을 마약중독자에 비유해 '국뽕'이라고 비하하고, 자국인의 눈으로 자국사를 보는 역사학자들을 '유사역사학자', '사이비역사학자'라고 매도하는 언론이 존재할까?

조선총독부는 1925년 『조선의 유사종교朝鮮の類似宗敎』라는 책을 발간했다. '개신교·천주교·불교'는 종교로 분류해 총독부 학무국(지금의 교육부) 종교과에서 관리하고, '대종교·천도교·동학교·단군교·보천교·증산도' 같은 민족종교와 '미륵불교·불법연구회' 같은 항일불교는 '유사종교'로 낙인찍어 총독부 경무국(지금의 경찰·검찰)에서 따로 관장했다. 항일 민족종교를 '유사종교'라고 낙인찍고 탄압한 수법을 지금 식민사학계에서 그대로 계승해 '유사역사학'이라고 비난하자

1 「한문화타임스」, 2017. 7. 8.

그 카르텔 언론들이 그대로 받아썼다. 정확하게 조선총독부 경무국의 관점에서 한국사를 보는 것이다. 전 세계에서 오직 대한민국에서만 존재하는 병리 현상이다. 언론이 적폐 대상 우선순위에 오른 첫 번째 이유는 언론 그 자체에 있다.

"그들이 완전히 새로운 적폐로 자리 잡기 전에 예방 조치를 취해야 한다"는 호사카 유지 교수의 말을 흘려들으면 안 된다. 어느덧 한국 고대사학계를 장악한 임나일본부설을 비판한 나를 고검에서 기소하고, 1심에서 징역 6월에 집행유예 2년을 선고했다가 항소심에서 뒤집히고 대법에서 무죄로 확정된 것은 아직은 "그들이 완전히 새로운 적폐로 자리 잡기 전"이기 때문일지도 모른다.

6.

이 나라에는 국사 관련 국책기관이 셋이나 된다. 국사편찬위원회, 한국학중앙연구원, 동북아역사재단이 그들인데, 대한민국역사박물관까지 포함하면 넷이다. 이 기관들이 한 해에 쓰는 국민 세금만 1,000억 원을 훌쩍 넘는다. 방계 예산까지 따지면 수천억 원이 될 것이다. 이 기관들 중 하나만 제 역할을 했어도 일본과 중국의 역사 침탈은 이미 종식되었을 것이고, 국내 식민사학도 자취를 감췄을 것이다. 그러나 이 기관들 모두가 대한민국의 이해와는 정확히 반대되는 행위만 일삼아왔다는 사실은 이제 비밀도 아니다.

한국 국가 기관들의 이런 행태에 자신감을 가진 중국은 2012년

미 상원에 「중국과 북한 사이의 국경 변천에 관하여」라는 자료를 제출했다. 북한 전역이 중국사의 강역이었다는 자료다. 미 상원에서 이 문건을 한국 정부에 전하면서 한국 정부의 입장을 묻자 당시 동북아역사재단 이사장, 동북아역사재단에서 만들던 「동북아역사지도」 제작 책임자와 외교부 고위관리가 미 상원에 가서 "황해도 재령강 연안과 강원도 북부는 중국 땅이었다"고 답변하고 왔다. 이것이 현재까지 한국 측의 공식 견해이다.

촛불로 탄생했다고 자부하는 현 정권은 민족사학을 유사역사학이라고 비난하던 사람을 대한민국역사박물관장으로 임명했다. 그런 그가 사실상 독도 공유론자를 학예실장으로 내정했던 것은 전혀 의외의 일이 아니다. 이런 반촛불 인사를 저지하기 위해 역사운동가들과 시민단체들이 항의하고 국민청원까지 제기한 끝에야 좌절시킨 것은 이 정권이 지향하는 진정한 역사관이 문재인 대통령이 8·15경축사에서 언급한 석주 이상룡 선생에게 있는지, 이병도·신석호에게 있는지 다시금 묻게 한다. 식민사학에 관한 한 1945년 8월 15일 김구 주석이 느꼈던 불길한 예감은 지금까지 끈질기게 이어지고 있는 것이다.

7.

일제 강점기, 좌우를 떠나 모든 항일혁명가들은 민족주의자였다. 제3차 조선공산당 당수였던 전북 부안 출신의 김철수는 1929년 해체된 조선공산당을 재건하기 위해 국내에 잠입했다가 부산에서 체포되어 전주를 거쳐 서울로 호송된다. 김철수는 철로변에서 만난 한 사람에게 긴박하게 「동아일보」에 김철수가 체포되었다는 말 한 마디만 전해달라"고 부탁했다. 10년 형을 선고받은 김철수는 항소를 제의하는 변호사들에게 "적의 법정에 포로로 잡혀 온 것이니 항소는 필요 없다"고 거절하고 기나긴 수감 생활을 감내했다.

독방에 갇힌 김철수는 그처럼 독방에 갇힌 경북 안동 출신의 민족주의자 김동삼을 운동시간에 만나서 흙 위에 "달도 희고, 꽃도 희고, 내 마음도 흽니다[月白花白我心白]"라고 썼다. 어떤 고난에도 꺾이지 않겠다는 불굴의 의지를 나타낸 것이다. 김동삼은 그다음 날 "멀리 떨어진 동쪽 울타리 유감이지만, 이것이 사라지면 서로 맞이하고 서로 찾을 것입니다[遠隔東籬如有感/消然相對也相求]"라고 화답했다.

김철수와 김동삼은 민족의 틀 내에서 자신의 노선을 정립했다. 해방 후 이 나라가 정상 경로를 걸었다면 김동삼 등이 민족민주주의 우파 정당을 만들고, 김철수 등이 사회민주주의 좌파 정당을 만들어 공존했을 것이다. 이념은 달랐지만 이들은 모두 민족이라는 큰 틀 내에서 서로를 존경했고 서로를 동지로 느꼈다. 김동삼은 1937년 옥사하면서 "식민지 동토에 유해를 묻지 말라"고 유언했고, 시신은 화장해 한강에 뿌려졌다. "혼이라도 왜정이 망하고 조국이 광복되는 것을 지켜보리라"던 일송 김동삼 선생과 형기를 마치고도 재투옥되어 14년 만에 옥중에서 해방을 맞이한 지운 김철수 선생, 이분들이 자신들을 '국뽕'으로 매도하는 작금의 언론을 보면 무슨 생각이 들까? 그것도 보수뿐만 아니라 이른바 진보라는 「한겨레」,

「경향신문」과 중도라는 「한국일보」의 문화부 기자들이 이에 앞장서고 있다는 사실을 알게 된다면, 나아가 이것이 한국 재점령을 꿈꾸는 일본 극우파의 교묘하고도 집요한 공작에 놀아난 결과라는 사실을 알게 된다면.

   8.

　지난 촛불은 이런 껍데기들에 대한 화형식이었다. 지난 촛불은 이제 이런 껍데기는 가고 알맹이만 남으라는 외침이었다. 이 사회를 '헬조선'으로 만든 온갖 카르텔에 대한 화형식이었다. 그러나 식민사학은 이런 정국에서도 살아남는 방법을 안다. 얽히고설킨 이 나라의 카르텔들이 온갖 수단을 써서 이들을 보호한다.

　식민사학을 해체시켜 일본과 중국으로 돌려보내고, 백암 박은식·석주 이상룡·성재 이시영·무원 김교헌·단재 신채호·희산 김승학 등 수많은 독립운동가들이 설파했던 민족 주체의 역사관이 이 나라 국민들의 상식이 된다면 이 나라는 반석 위에 놓이게 될 것이다. 그런 세상을 꿈꾸는 것이 아직 늦지 않았을 때 서로서로 손잡고 내일을 향한 발걸음을 떼어야 할 것이다.

2018년 새해 첫머리에 한가람역사문화연구소에서

천고遷固 이덕일 기記

다시 새로운 시작을 위하여

1.

몇 년 전 일본 도쿄를 방문한 기억이 난다. 전날 저녁 헌책방 거리를 돌아다니며 잠시 들었던 부러운 마음은 이내 깨지고 말았다. 다음 날이 헌법기념일인 5월 3일이었는데, 헌법 개정 시위를 목도하게 되었기 때문이다. 조용한 나라 일본의 이미지에 맞지 않게 검은 차량에서 쩌렁쩌렁 확성기를 울리면서 평화헌법 9조 개정을 요구했다. '전쟁을 포기하고, 국가의 교전권을 인정하지 않으며, 군대를 보유하지 않는다'는 조항이었다. 한마디로 '전쟁할 수 있는 일본'을 만들자는 요구였는데, 필자가 놀란 것은 시위대 대다수가 검은 정장을 입은 이른바 '깍두기'들이었다는 점이다. 이 야쿠자들에게서 필자는 한 세기 전 명성황후를 시해했던 낭인들을 보았고, 이용구·

송병준 등의 친일 매국적賣國賊들과 손잡고 동분서주하던 흑룡회黑龍會를 보았다. 그때 가슴속 깊은 곳에서 뜨거운 증오가 끓어오르면서 저들이 다시 쳐들어온다면 내 나이 팔순, 구순이라도 기꺼이 총을 잡겠다는 결의가 절로 생겼다.

집안에 A급 전범戰犯이 세 명이나 있는 아베 신조安倍晋三가 총리가 되면서 이른바 '집단자위권'이란 말장난과 함께 평화헌법 9조가 무력화되었다. 일본은 다시 전쟁할 수 있는 나라가 되었다. 미국이 공격받을 때 일본이 반격에 나설 수 있다는 뜻이라는데, 일개 테러 단체도 아닌 한 어떤 간 큰 나라가 감히 미국을 공격하랴. 그런데 이런 일본의 집단자위권 행사를 미국이 환영하고 나섰다는 점은 힌-미-일 관계의 본질을 보여준다. 한국과 북한이 충돌하면 미국은 한국의 손을 들어줄 것이다. 중국과 충돌해도 한국 편을 들 것이다. 그러나 일본과 충돌하면?

한 세기 전인 1905년 미국은 가쓰라-태프트 밀약Katsura-Taft agreement으로 미국이 필리핀을 차지하는 대신 일본은 대한제국을 점령한다는 데 몰래 합의했다. 이 밀약은 1924년 역사학자 타일러 데닛Tylor Dennett에 의해 처음 알려졌지만 이런 사실도 모르고 1920년 8월 미 국회의원단이 서울에 왔을 때 국내에서는 마치 한국을 독립시켜줄 구세주라도 온 것처럼 법석을 떨었다. 미국이 태평양 전쟁에 나선 것은 일본으로부터 직접 공격을 당했기 때문이지 우리의 호소를 들어서가 아니다. 그래서 우리는 한국과 일본이 직접 충돌할 경우 미국이 누구의 손을 들어줄 것인가를 끊임없이 반문해야 한다.

2.

　전쟁할 수 있는 나라 일본은 어느 나라를 가장 먼저 노릴 것인가? 일본이 첫 희생양으로 삼은 나라는 항상 우리였다. 그날 도쿄의 헌책방 거리에서 유성룡의 일역日譯 『징비록懲毖錄』을 발견한 것은 우연이지만 헌법 개정 시위를 목도하고 나니 그 의미가 남달랐다. 일본은 임란 패전 100여 년 후인 숙종 21년(1695) 『징비록』을 몰래 입수해 발간했을 정도로 임란의 패인敗因에 관심이 많았다. 다시 조선을 침략하면 실패하지 않으리라는 결의가 『징비록』 발간에 담겨 있었다. 그리고 한 세기 전 그런 시도는 성공을 거두었다. 연합국에 패전하면서 일본은 다시 이 땅에서 쫓겨 갔지만 이것으로 끝이 아님을 '전쟁할 수 있는 나라로 변신한 일본'의 극우 세력들은 보여 주고 있다.

　일본 극우파가 준동할 때 우리는 조용한 반면 중국은 분주하다. 중국은 그나마 침략당한 역사에서 교훈을 얻는 나라라는 뜻이다. 아베가 한마디 하면 중국은 비장의 자료를 꺼내서 공개한다. 앞으로 어떤 자료가 더 나올지 알 수 없다. 중국은 다른 한편으로 북방 동이족의 부활을 염려해서 자민족의 시원始原부터 조작하는 동북공정에 나섰다. 얼마 전 만주 답사에서 『주진동북고국走进东北古国』이란 책을 구했다. 동북이란 지린(길림吉林)·헤이룽장(흑룡강黑龍江)·랴오닝(요령遼寧)성을 뜻하는데, 우리 선조들이 만주라고 부르던 지역이다. '동북의 고국을 걷다' 정도로 해석할 수 있는 이 책의 서문에서 류허우성(유후생劉厚生)은 동북 역사에는 4개의 민족 계통이 있다면서 '2.

동호족東胡族 계열, 3. 예맥족濊貊族 계열, 4. 숙신족肅愼族 계열'을 들었다. 이 모든 민족의 뿌리인 고조선을 누락시킨 속내는 짐작하는 바이지만 첫 번째 민족을 '1. 화하족華夏族 계열'이라고 쓰고 있었다. 화하족은 현재의 중국 한족漢族들을 높이는 말인데, 만주 지역의 고대 민족 중 첫 번째가 한족이라니 역시 대단한 학자들이란 생각이 절로 든다. 그런데 화하족이 차지했다는 지역 범주에 한반도 북부까지 들어간다.

> 기자箕子가 조선 반도 지역에 들어와서 왕검성(지금의 조선 평양)을 중심으로, 당 지역의 양이良夷와 결합해서 기씨 조선을 세웠는데, 이것이 곧 고소선이다. 기자로 대표되는 화하족이 처음 동쪽으로 진출한 족인族人으로서 이들은 중원의 문명을 조선 반도에 전해주었으며, 낙후된 씨족 제도를 선진적 노예 제도로 개조해주었고, 당 지역의 정치·경제·문화적 낙후 상태를 대대적으로 개변시켜주어서……. [1]

한 세기 전 조선총독부에서 전파하던 식민사관 그대로다. 중국에서 온 기자가 낙후된 정치, 경제, 문화를 크게 발전시켜주었다는 것이다. 류허우성이 기자에 대해 기본적인 사료라도 읽었거나 1930년 이래 일제가 중국에 어떤 고통을 가했는지 조금이라도 생각했다면 감히 이런 말을 쓰지는 못했을 것이다. 기자가 동이족 국가인

---

1   류허우성, 『주진동북고국』, 원방출판사(遠方出版社), 2006, 2쪽.

은殷나라 출신이란 사실은 일단 논외로 치자. 기자가 이 땅에 처음 등장하는 것은 『고려사』 「예지禮志」 〈숙종 7년(1102)〉조로서 기자의 무덤을 찾게 했다는 사료이다. 또한 평양에 기자 사당을 세운 것은 충숙왕 12년(1325)이었다. 기자가 사망한 지 2천 년이 훨씬 지난 고려 중기 이후 사대주의 유학자들이 기자를 이 땅에 데뷔시켰던 것이다. 반면 『사기史記』 「송미자宋微子세가」 주석은 "두예(杜預: 222~285)가 말하기를 '양국梁國 몽현蒙縣에 기자의 무덤이 있다'고 했다"고 했는데, 두예는 3세기 중엽의 서진西晉 학자이고 양국 몽현은 지금 허난성(하남성) 상추(상구商丘) 근처이다. 기자가 속했던 은나라가 곧 상商나라이니 상나라 언덕이란 뜻의 허난성 상추에 기자의 무덤이 있는 것이 훨씬 이치에 맞는다. 그러나 한 세기 전의 조선총독부가 그랬던 것처럼 지금의 중국 동북공정도 학문 논쟁이 아니다. 동북공정을 추진하는 중국 학자들에게 학자적 양심을 찾는 것은 조선총독부 조선사편수회 출신들에게 학자적 양심을 찾는 것과 같다. 문제는 이들과 역사관이 같은 조선사편수회 출신들과 그 후예들이 대한민국 국민들의 세금으로 유지되는 역사 관련 기구를 장악하고 있는 현실이다. '조선사편수회=중국 동북공정=한국 식민사학'의 삼각편대가 한국사를 유린하고 있는 것이 작금의 상황이다.

3.

2014년 6월 문창극 전 「중앙일보」 주필이 국무총리 후보자로 지명되면서 한국 사회는 식민사관 논란으로 빠져 들어갔다. 많은 국민들은 서울 한복판의 대형 교회에서 식민사관이 버젓이 강연되었다는 사실에 큰 충격을 받았다. 그만큼 식민사관은 우리 안에 깊숙이 자리 잡고 있었던 것이다. 식민사관이란 조선총독부에서 한국을 영구 지배할 목적으로 만든 조선총독부 사관을 뜻한다. 즉 한국으로 이주한 일본 사람들植民의 시각으로 한국사를 바라보는 것이 식민사관이다. 식민사관은 가해자와 피해자가 있다. 가해자는 조선총독부 사관을 만들어 전파하거나 지금까지 이를 추종하고 전파하는 사람들이다. 피해자는 원치 않게 식민사관을 사실이라고 배운 대다수 국민들이다. 그런데 가해자 겸 피해자도 있다. 필자는 문창극 후보를 가해자 겸 피해자라고 분류한다. 가해와 피해의 정도를 가늠해보면 가해의 무게가 더 크다고 볼 수 있겠지만 그의 인생 궤적을 더듬어보면 단 한 번도 식민사학에 대한 비판적 성찰을 할 수 있는 기회가 없었다는 점을 감안했기 때문이다.

한 세기 전의 식민사관이나 지금의 동북공정에서 한국 고대사를 집중적으로 왜곡한 이유가 있다. 앞서 인용했던 『주진동북고국』의 논리가 유사시 중국이 북한 강역을 차지하는 역사적 정당성의 논리로 악용될 수 있다는 점을 생각하면 쉽게 이해갈 것이다. 그래서 필자는 늘 "한국 고대사는 현대사였다"라고 강조해왔다.

일제 강점기 때 조선총독부 조선사편수회에 근무했던 이병도·신석호 같은 역사학자들과 일제의 태평양 전쟁을 성전聖戰으로 찬양했던 역사학자들에게 일제의 패망은 저주였다. 일제 강점기 때 차지했던 모든 지위를 잃는 것은 물론 프랑스처럼 법적 처벌까지 받을 각오를 해야 했다. 그러나 처벌은커녕 자국으로 쫓겨 간 일본인 스승들 자리까지 꿰차면서 학계를 완전히 장악했다. 1980년대까지 독립운동사 연구 자체가 학계의 금기였다는 사실을 상기시키는 것으로 더 이상의 언급을 삼가겠다. 이런 가치전도적인 상황에서 역사학계에는 몇 가지 묘한 풍경이 생겨났다. 총론으로는 식민사관을 비판하지만 각론으로 들어가면 여지없이 식민사관을 읊어대는 이중적 행태가 일반화되었다. 물론 총론으로 자신들은 식민사학자가 아니라고 스스로 위로하고 위장했다. 또한 분절적 사고도 역사학계의 일반적 풍경의 하나였다. 조선총독부에서 강제한 학제 간 장벽에서 비롯된 분절적 사고는 같은 한국사 내에서도 '전공'이란 울타리를 성역화시켜 다른 분야는 절대 언급하지 못하게 했다. 그래서 식민사학자들이 장악한 '고대사관'은 성역이 되었다. 근현대사, 특히 독립운동사를 연구하는 학자들까지도 "나는 전공이 아니다"라는 말로 조선총독부에서 만든 역사관 비판을 회피하는 것은 익숙한 풍경이었다.

김교헌·이상룡·박은식·이시영·신채호 같은 독립운동가들이 약속이나 한 것처럼 고대사를 연구한 것은 남아도는 시간을 호고^好_古로 때우기 위한 것이 아니었다. 고대사 자체가 독립 전쟁의 최전선 사상전이었기 때문이다. 마찬가지로 조선총독부도 한국 고대사를 식민 지배의 최전선에 선 사상전으로 여겼기에 조선사편수회를 조선총독부 직속으로 만들고 총독부의 2인자인 조선통감이 직접 회장을 맡은 것이다. 그런데 해방 후 독립운동가들의 이런 역사관은 학계를 장악한 식민사학자들에 의해 '재야'로 매도되면서 사장되었고 조선총독부 역사관이 지금까지 한국 사회를 지배하는 현상이 계속되었다. 문창극 후보 같은 이들은 스스로 찾아보지 않는 한 식민사관에 젖을 수밖에 없는 사회 구조이자 교육 구조였다.

4.

2009년 11월 27일 대통령 직속의 친일반민족행위진상규명위원회에서 3차로 친일 반민족 행위자 704명의 명단을 발표했다. 1차로 2006년 106명, 2차로 2007년 195명을 발표한 데 이어서 모두 1,005명의 명단이 발표된 것이다. 필자의 관심은 당연히 학술계 명단이었다. 1차는 정운복 1명, 2차는 유맹, 유정수 2명이었고, 3차로 17명이 발표되었는데, 1942년 오사카에서 중의원에 출마했던 변호사 신태악이 학술계 인사로 명단에 올라 있고, 조선사편수회 위원이었던 민속학자 이능화도 올라 있었지만 이병도와 신석호는 빠져 있었다.

한 기자가 이 명단에 대한 소감을 묻기에 "조선사편수회 참가 여부를 기준으로 명단을 작성하려면 조선사편수회에 참가한 한국인 학자 모두를 넣든지 죄질을 가지고 선별적으로 넣으려면 해방 후까지 식민사관을 전파했던 이병도나 신석호가 들어가고 이능화는 빠져야지 왜 이능화만 들어갔느냐?"라고 반문했던 기억이 난다. 이능화는 조선사편수회 위원이었지만 당시로서는 드물게 한국 민속사와 여성사를 연구했으니 식민사관과 직접적 연관성은 희박한 인물이다.

이병도와 신석호를 명단에 포함할지 여부를 두고 위원회 내에서 상당한 논란이 있었는데 결국 빠졌다는 이야기를 들었다. 이는 친일 학자 명단 작성에도 이병도와 신석호의 제자들 사이에 맺어진 암묵의 카르텔, 즉 '사피아(사학 마피아)'가 가동했음을 짐작하게 한다. 두 사람이 들어간 것으로 오인하는 것은 민간 단체인 민족문제연구소에서 발간한 『친일인명사전』에 수록된 것과 혼동하는 것으로서 여기에는 모두 4,389명이 수록되어 있다.

국내의 많은 역사학자들은 이구동성으로 "식민사학은 극복되었다"라고 말한다. 그렇게 말하는 역사학자는 그대로 식민사학자로 분류하면 정확하다. 식민사학은 전혀 극복되지 않았다. 극복되기는커녕 이 책의 본문에서 여러 번 확인하겠지만 대한민국 국가 테두리 내에서 건재하다. 그것도 대한민국 국민들의 세금으로.

5.

지금까지 단 한 명도 자신을 식민사학자라고 고백한 사람은 없다. 이 땅의 역사학자들은 총론으로는 누구나 식민사학을 비판한다. 그러나 진짜로 식민사학을 비판하는 학자가 등장하면 온갖 수단을 써서 매장시키기 바쁜 인물로 재빠르게 변신한다. 물론 이들이 "식민사학을 비판했기 때문에 비난하는 것이다"라고 속내를 드러낼 정도로 순진한 사람들은 아니다. 그래서 '재야'니 '소설가'니 '장사꾼'이니 하는 말이 등장한다. 심지어 '민족주의자'라는 말까지 비난하는 용도로 사용된다. 그러면 이념 위에 학연 있는 카르텔이 즉 각 가동된다. 그래서 이 땅에서 식민사관의 구조와 내용, 그리고 그 인맥을 비판하려면 상당한 모욕과 시련을 겪을 각오를 해야 한다. 이 과정에서 필자는 온갖 형태의 학자 군상을 목도했다.

독특한 점은 이 전선에는 보수도 없고, 진보도 없으며, 여야도 없다는 점이다. 때로는 전혀 그럴 것 같지 않은 정당 소속의 의원들이 이 문제에 정통한 반면, 당연히 이 문제를 자신의 일로 생각해야 할 정당 소속의 의원은 남의 일인 양 방관하는 경우도 적지 않게 봐왔다. 이념 위에 학연 있는 한국 사회의 뒤틀린 자화상을 말해주는 데 이만큼 적나라한 주제도 없다.

그러나 이제는 이런 카르텔을 깰 때가 되었다. 이런 카르텔 때문에 21세기 백주 대낮에 '세월호' 비극이 발생했고, 21세기 백주 대낮에 병역 의무를 수행하던 젊은이가 병영에서 맞아 죽는 비극이 발생했다. 모두 해방 후 청산당했어야 할 친일파들이 다시 정권을 장악한 가치전도에서 연유한 사건으로 필자는 확신한다. 청산되었어야 할 매국적들이 해방된 나라의 권력을 장악했을 때 그들에게 나라란, 권력이란 무엇이었겠는가? 일제 강점기 때 그랬던 것처럼 사적 이익의 실현 도구에 불과했던 것이다.

'~피아'가 붙는 우리 사회의 온갖 카르텔은 국가 기관과 공적 조직을 사적 이익의 실현 도구로 사용한 범죄 조직의 다른 말에 불과하다. 그중 가장 뿌리가 깊은 것이 '사피아'인데, '사피아'의 정점에 있는 식민사학자들과 그 추종자들은 그동안 식민사관을 비판하는 학자들을 온갖 수단을 써서 매도하고, 공격해서 학계에서 추방하거나 매장시켜 왔다. 공개 학술 세미나에서 "단재 신채호는 네 자로 말하면 정신병자이고, 세 자로 말하면 또라이"라고 말한 한 학자는 지난 정권에서 한국사 관련 예산을 연간 250억 원씩 집행하는 사업단 단장이었다. 뤼순감옥에서 쓸쓸하게 옥사한 단재 신채호 선생이 이들에게는 "정신병자이자 또라이"였던 반면, 이병도는 "국사학계의 태두이자 최초의 근대적 역사학자"로 떠받들어졌다. 상황이 일변해서 일본의 극우파들이 다시 이 땅을 침략하는 상황이 재연되면 이들은 어느 쪽에 설 것 같은가? 시절이 하 수상한 이 시점에서 이 문제를 더 이상 침묵 속에 가둬둘 수 없는 까닭이 여기 있다.

그동안 필자는 살아 있는 학자들의 실명을 거론하는 것은 삼갔다. 살아 있다는 것은 반성할 기회가 있음을 뜻하기 때문이다. 그러나 이 책에서 거듭 확인할 수 있는 것처럼 이들이 반성 대신 국가 예산으로 반복해서 식민사관을 전파하는 현실을 목도해야 했다. 식민사관 확신범이기 때문이다. 그래서 식민사관의 확신범들에게 베풀 더 이상의 아량은 없는 상황에 도달했다. 이 책에서는 소수만 언급했지만 반성하지 않으면 숫자도 더 많아지고 강도가 더 세질 수밖에 없을 것이다. 뿐만 아니라 과거와는 달리 이런 생각을 가진 학자가 적지 않다는 현실도 곧 확인하게 될 것이다. 이제 다시 시작이다.

2014년 8월, 예순아홉 번째 광복절을 기념하며
천고 이덕일 기記

차례

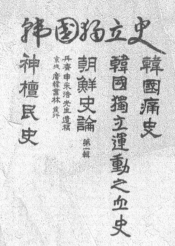

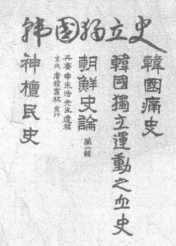

1장

우리가 사는 세상

韓國痛史

韓國獨立運動之血史

朝鮮史論
第一輯

丹齋申采浩先生遺稿
京城 廣韓書林 發行

神檀民史

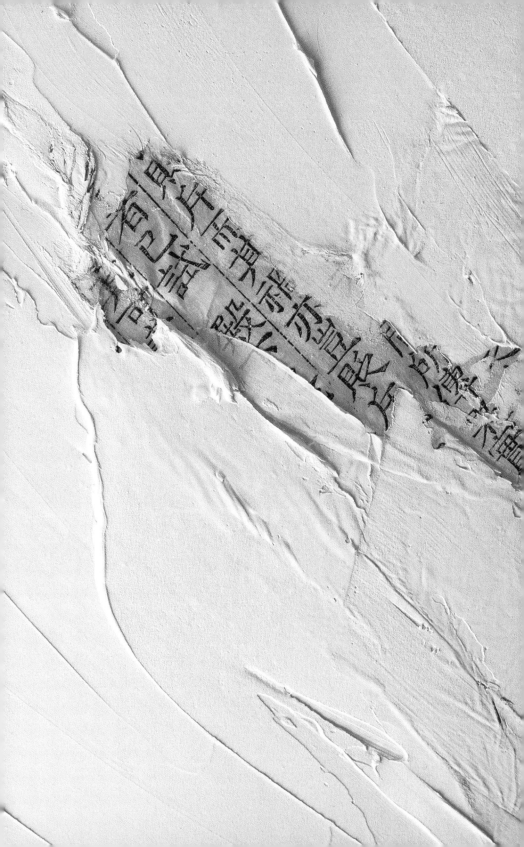

1. 재상륙한
임나일본부설

대한민국의 현주소

『우리 안의 식민사관』에 대한 가처분 결정이 취소되었다는 소식을 2017년 끝자락에 미얀마의 불교 유적지 바간에서 들었다. 캄보디아의 앙코르와트, 인도네시아의 보로부두르와 함께 세계 3대 불교 유적지를 남긴 바간 왕조는 신라 말기인 849년 건국되어 고려 중·후기인 13세기 말 쿠빌라이 칸의 몽골군에 의해 멸망했다. 신라·고려는 대승불교이고 바간 왕조는 소승불교로서 그 종파는 다르지만 동시대에 한국과 미얀마에 불교 국가가 존재했다는 사실은 역사의 수수께끼와 함께 친연성을 안겨준다. 세월이 흐르면서 많이 훼손되었지만 지금도 바간 곳곳에는 무려 2,400여 개의 사찰과 불탑이 남아 있다. 마치 1,000년 전으로 돌아간 듯한 바간에서 들은

『우리 안의 식민사관』 가처분 결정 취소 소식은 내게 역사란 무엇이고, 나는 왜 역사를 하는가를 생각하게 해주었다.

가처분 결정 취소란 한마디로 법원에서 『우리 안의 식민사관』을 '수정 없이 판매해도 된다'고 3년여 만에 최종 결정했다는 뜻이다. 필자가 『우리 안의 식민사관』에서 김현구 고려대 명예교수(이하 존칭 생략)의 『임나일본부설은 허구인가』(창비, 2010)를 비판한 것이 기나긴 민·형사 소송의 시작이었다.

출판금지 가처분 신청에 대해서 3년 전 서울 서부지법에서 한 차례 민사재판이 열렸다. 그때 나는 김현구가 『임나일본부설은 허구인가』에 '야마토왜大和倭에서 온 호즈미노오미 오시야마穗積臣押山가 영산강 유역을 직접 지배했다'고 썼다고 지적했다. '고대 왜인倭人들이 한반도 남부를 지배했다'는 임나일본부설을 추종한 것이라고 설명했다. 김현구 책에 실은 '임나=가야' 지도가 일본 극우파 역사 교과서의 '임나=가라' 지도와 완전히 일치하는 것도 마찬가지라고 말했다. 판사는 김현구에게 "직접 쓴 것이 맞느냐"고 물었고, 김현구는 난감한 얼굴로 "맞는다"고 시인했다.

재판 후 이민석 변호사는 필자에게 "재판은 끝났습니다. 다만 대한민국이 정상 국가라면 말이지요"라고 말했다. 대한민국이 정상 국가라면 김현구가 '야마토왜에서 온 호즈미노오미 오시야마가 영산강 유역을 직접 지배했다'고 쓰고 일본 극우파 역사 교과서와 같은 '임나=가라' 지도를 실었다는 사실 하나로 가처분 신청은 기각되었을 것이라는 뜻이다.

그러나 3년 전 정작 판사의 판결은 재판 내용과는 정반대로 나왔다. 김현구의 저서를 비판한 내용의 상당 부분을 지우거나 수정하지 않고 판매하는 것을 금지한다는 (일부) 인용[2] 결정이 내려진 것이다. 이 때문에 출판사는 서점에서 『우리 안의 식민사관』을 모두 거두어들였고, 인터넷 중고서점에서 9만 원까지 판매된다는 소식이 들렸다. 그 후 3년에 걸친 지난한 형사와 민사재판을 거쳐 '수정 없이 판매해도 된다'는 가처분 결정에 대한 취소 결정이 나온 것이다. 다른 나라에서는 상상하기 힘든 일들이 대한민국에서는 버젓이 벌어진다.

출판금지 가처분 신청 인용은 예고편에 불과했다. 필자는 팔자에 없어 보였던 경찰서와 고등검찰청, 법원을 예사로 들락거리는 신세가 되었다. 1945년 8월 15일 일제의 패망으로 대한민국의 강토는 회복되었지만 정신은 여전히 조선총독부 식민사관이 장악하고 있기 때문이다. 형사재판 1심에서 필자는 징역 6월에 집행유예 2년이란 중형을 선고받았다. 항소심인 2심에서 무죄로 뒤집혔고, 대법원은 무죄를 확정 지었다. 대법원의 무죄 확정으로 김현구가 제기했던 2억 원의 민사 소송도 무효화되었고 출판금지 가처분 결정도 취소되었다. 3년여의 지난한 재판 끝에 필자가 얻은 소득은 『우리 안의 식민사관』을 수정 없이 판매해도 된다는 것이었다.

이 사건은 아직도 조선총독부 역사관을 추종하는 역사학계뿐만

---

2 김현구는 자신의 주장이 그대로 인용된 부분까지 삭제해달라고 하는 등 무리한 요구를 하였으나, 김현구의 손을 들어준 판사들은 차마 이 부분까지는 지나치다고 보아 해결해주지 못한 것으로 보인다.

아니라 대한민국의 정의를 실현해야 할 검찰, 법원 같은 사법기관들의 현주소를 잘 말해준 사건이기도 했다. 당초 서울 마포경찰서의 최정용 경위는 두 차례에 걸친 조사 끝에 『우리 안의 식민사관』의 저술과 출간은 학문의 자유에 속한 영역이라면서 불기소 의견으로 검찰에 송치했다. 대한민국 경찰이 대한민국인의 관점에서 바라본 지극히 정상적인 업무 처리였다. 서울 서부지검의 이지윤 부부장검사 역시 학문의 자유에 속하는 영역이라고 무혐의 처분했다. 여기까지는 대한민국의 행정·사법기관들이 대한민국의 관점으로 이 사건을 바라보고 있다는 뜻이었다. 필자가 그간 강연 등을 통해 만난 수많은 공무원들 중 99퍼센트는, 일반직 공무원이든 사법직 공무원이든 기본적인 애국심을 갖고 있었다. 그러나 이는 아무런 이해관계가 걸리지 않았을 때 이야기였다.

발단은 서울고검이었다. 김현구는 서부지검의 무혐의 처분에 불복해서 서울고검에 항고했는데, 담당이 동북아역사재단 파견 이력이 있는 검사였다. 그가 재단에 파견되었던 기간이 김현구가 동북아역사재단 이사로 활동하던 때와 일치한다. 많은 사람들이 이 소식을 듣고 동북아역사재단에 왜 검사가 파견되었는지 이해할 수 없다고 말했다. 고려나 조선시대 같으면 연고가 있는 사람의 재판은 맡지 못하게 되어 있는 상피제相避制 위반으로 당장 의금부에 끌려갔을 것이다. 게다가 이 서울고검 부장검사[3]는 윤석열 여주지청장(현서울중앙지방검찰청장)이 원세훈 전 국정원장을 공직(대통령) 선거법 위반으

---

3   2018년 1월 현재 대전고검 검사임.

로 기소하려 하자 검찰 통신망에 격렬하게 비난하는 글을 올려 물의를 일으켰던 당사자였다.

더 큰 문제는 고검의 임무영이 서부지검을 제치고 직접 기소했다는 점이다. 고검에서 지검의 무혐의 처분에 문제가 있다고 판단하면 재수사 명령을 내리는 것이 정상 경로다. 그러나 고검은 자신이 직접 기소했다. 그것도 필자를 불러 조사하기도 전에 기소부터 먼저 했다. 기소부터 먼저 하고 나중에 조사하는 수사기관이 전 세계에 과연 존재하기는 할까? 그런데 임무영의 조사 내용 중에는 "박제상(朴堤上: 신라시대의 충신)이 일본에 인질로 간 것은 사실 아니냐?"고 윽박지르는 것도 있었다. 대한민국의 수사·기소권을 독점한 검사가 박제상이 일본에 인질로 간 것이 왜 그렇게 신이 나는지는 모르겠지만, 이런 위인들이 아무런 제재를 받지 않고 수사·기소권을 독점하고 있는 것이 이 나라 사법 현실이었다. 그래서 1심에서 필자를 공익 변론했던 박찬종 변호사가 지검에서 무혐의 처분한 사건을 고검에서 재수사 명령을 내리지 않고 직접 기소한 사건은 평생 처음 본다고 놀람을 토로했을 정도다.

대한민국 검찰이 김현구 편에 서서 필자를 기소했으므로 필자는 피고인의 자리에 서야 했다. 그때만 해도 필자는 검사 개인의 일탈에 의한 기소일 뿐, 검찰 전체의 견해는 아니라고 믿었다. 이른바 '검사동일체의 원칙'이 나라도 망하게 할 수 있다는 사실을 간과한 것이다. 1심 진행 과정에서 만난 여러 법조인들은 모두 무죄가 나올 것이니 걱정하지 말라고 조언했다. 1심 판사는 나상훈이었는데, 주위에서 국민참여재판으로 가자는 제의들이 있었다. 그러나 "젊은 판사인데, 기본적인 애국심은 있지 않겠어요?"라면서 반대하는 견해들이 있었고, 그때까지는 법원에 대한 신뢰가 남아 있었기에 그냥 가기로 했다.

그러나 1심 중간부터 재판이 이상하게 흘러갔다. 1심 판사 나상훈은 2015년 12월 16일 세 차례의 공판 절차를 종결하고 2016년 1월 22일을 선고 기일로 지정했다. 그런데 선고 기일을 나흘 앞두고 검찰이 공판 재개를 요청했다. 1월 22일 선고하지 말고 다시 공판을 열어달라는 요청이었다. 필자의 두 변호인(이민석, 윤홍배)은 그대로 선고해달라고 요청했지만 나상훈은 공판 재개 신청을 받아들였고, 검찰은 1월 22일 공소장 변경을 신청했다. 공소장을 변경할 만한 다른 사정이 발생한 것은 아무것도 없었다. 무리한 기소였음을 스스로 인정한 셈이었다. 1심 판사는 검찰의 공소장 변경을 아무 이의 없이 받아들였고, 2016년 2월 5일을 선고 기일로 재지정했다.

게다가 선고 기일 바로 전날(2016. 2. 4.) 오후 4시에 판사실에서 변호인 사무실로 느닷없이 전화해서 검찰이 새로 제출한 68쪽의 자료를 팩스로 받아달라고 통보했다. 만약 '팩스' 방식의 송달을 거부할 경우 '퀵 서비스' 방식으로라도 송달 처리하겠다는 통보였다. 법정에 제출되어 증거로 인정되지 않은 것은 증거로 사용할 수 없다는 형사소송법의 기본 조항을 판사 스스로 버젓이 위반하고 있는 것이었다. 새로 제출한 증거란 김현구 책에서 특정 부분을 발췌한 것이었다. 김현구 책에는 임나일본부를 주장하는 내용도 있고, 표면상 비판하는 척하는 내용도 있다. 이 중 비판하는 척하는[4] 내용

---

4   항소심 법원은 판결문에서 나상훈 판사가 형사소송법을 위반한 사실을 정면으로 지적하였다.

만 따로 발췌해 증거로 삼은 것이다.

1심 판사는 그다음 날 판결문에서 팩스 자료들을 그대로 증거로 인정해 징역 6월에 집행유예 2년을 선고했다. 그나마 내가 전과가 없기 때문에 집행유예를 선고하는 것이라고 인심 썼다. 더 놀라운 것은 검찰에서 징역 1년의 실형을 선고해달라고 항소까지 했다는 것이다. 대한민국 검찰 전체가 임무영과 한 몸이 되어 김현구 편에 섰다. 조선총독부 시절 그대로였다.

최재석 고려대 명예교수의 전화

1심 선고 직후 지방강연을 마치고 올라오는 KTX 열차 안에서 최재석 고려대 명예교수의 전화를 받았다. 1심 선고에 대해 나 못지않게 상심한 분들이 많았다. 먼저 평생을 식민사학, 즉 조선총독부 역사관과 싸워왔던 최재석·윤내현 교수 같은 학자들이 그랬고, 수많은 독립운동가들의 후손들이 그랬다. 평생을 조선총독부에서 조작한 임나일본부설과 싸웠던 최재석 교수의 상심은 이루 말할 수 없었다.

"이 선생님, 판결 어떻게 됐습니까? 말은 들었습니다만……."

"징역 6월에 집행유예 2년을 받았습니다."

노학자의 목소리 끝이 올라갔다.

"구한말과 똑같네요."

평생을 묵묵히 조선총독부 역사관, 즉 현재 한국을 재점령하려는 일본 극우파의 역사관에 맞서 30권 이상의 학술 저서와 300편 이상의 학술 논문을 쓴 최재석 교수의 진단은 "구한말과 같다"는 것이었다. 이 재판을 겪으면서 "조선총독부 시절과 같다"는 말은 내가 직접 하기도 했고, 수없이 많이 듣기도 했다. 그러나 최재석 교수의 눈에는 "조선총독부 시절"이 아니라 "구한말"이었다. 조선총독부 시절은 일본인들이 독립운동가들을 체포해서 고문하고 죽이던 시절이었다. 구한말은 달랐다. 의병장 허위許蔿·이강년李康秊 선생 등을 체포해 기소하고 사형 선고를 내리고 살해한 자들은 모두 한국인들이었다. 두 의병장이 돌아가신 지 정확히 110년이 흘렀고, 일제로부터 광복을 되찾은 지 72년이 넘었지만 구순 노학자의 눈에 이 나라는 여전히 구한말이었다.

필자가 2심에서 무죄로 판결받은 날짜는 2016년 학생의 날인 11월 3일이었는데, 최재석 교수는 한 달 전쯤인 10월 9일 돌아가셨다. 1심 판결이 평생 나라의 역사를 바로잡기 위해서 노력하던 노학자의 명을 재촉한 것으로 나는 생각한다.

1심 판결 후 한 부장검사 출신 변호사로부터 만나자는 전갈이 왔다. 그의 요지는 이 사건은 정권 핵심부에서 나를 죽이려는 사건이라는 것이었다. 그는 이 정권하에서 2심을 받으면 결론은 같게 나온다면서 해외 학술대회 간다는 명목으로 재판을 계속 연기하라고 충고했다. 박근혜 정권이 아니라 새 정권에서 판결을 받아야 한다는 조언이었다. 나는 조언은 고맙지만 그렇게 할 수는 없다고 답했다. 이 사건은 내 개인 사건이 아니기 때문이다. 이 사건의 뿌리는 19세기 말 일본군 참모본부에서 '임나=가야'라는 허구의 논리로 '임나일본부설'을 만들어 한국 침략을 정당화한 정한론征韓論이 옳은가 그른가에 있는 것이었다. 일제 강점기 백암 박은식(朴殷植: 1859~1925), 석주 이상룡(李相龍: 1858~1932), 단재 신채호(申采浩: 1880~1936) 선생 등이 물러설 자리가 없었던 것처럼 필자 역시 물러설 자리가 없었다. 실제로 한목숨 걸면 더 이상 겁은 나지 않는다. 다만 백정기白貞基·윤봉길尹奉吉·이봉창李奉昌 삼의사가 그랬던 것처럼 한 몸을 던져서라도 그릇된 현실을 바로잡고 싶은 의지가 생긴다. 내가 박근혜 정권하에서 최선을 다해 싸우겠다고 답하자 그는 "그러면 김현구가 판사의 아버지라고 해도 무죄를 선고할 수밖에 없게 재판을 끌고 가야 한다"고 조언했다. 이 조언은 내게 큰 도움이 되었다.

2심 재판은 변호인을 새로 선임했다. 지인이 서울행정법원장 출신의 김용균 변호사를 소개해주었다. 김용균 변호사는『우리 안의 식민사관』을 이미 읽어보았다면서 돈이 되지 않는 이 사건에 전력을 다해주었다. 평생 처음 재판에 임하면서 새로 알게 된 사실이 많은데, 선고날은 변호인이 나오지 않는 것이 관례라는 사실도 그중 하나였다. 그러나 1심 선고날에는 이민석·윤홍배 변호사가 나와서 힘을 실어주었고, 2심 선고날에는 김용균 변호사가 변호사 생활 7년 만에 처음으로 나오는 것이라면서 나와주었다. 식민사관 문제의 심각성을 조금만 알게 되면 자신의 일로 여기게 되어 있었다. 헌법 전문가인 이석연 전 법제처장도 공익 변론을 자처해주었다. 이석연 변호사는 평소 역사에 관심이 많았고, 특히 고구려사에 관심이 많아서 알게 된 법조인이었다. 이석연 변호사는 헌법 전문가답게 검찰의 기소와 1심 판결이 헌법 위반이라는 변호인 의견서를 제출해주었다.

항소심 판사가 여성이란 사실을 알고는 다행이란 생각이 들었다. 필자가 만난 많은 여성들은 이 사회 남성들에게 일반화된 카르텔에 속하지 않는 경우가 많았기 때문이다. 그래서 그런지 2심은 진행부터 1심과 달랐다. 어느 쪽에도 치우치지 않고 양쪽의 이야기를 경청했다. 2심 마지막 공판 때 『임나일본부는 없었다』(만권당, 2016)의 저자 황순종 선생이 필자 측 증인으로 나섰다. 마지막으로 할 말이 없느냐는 질문에 황순종 선생은 "피고인석에 서야 할 사람은 이덕일 소장이 아니라 김현구여야 한다고 생각한다"고 답했다. 행정고시 출신으로 평생 공직에 봉직한 황순종 선생의 이 답변이야말로 검찰과 법원은 물론 대한민국 국민들이 낸 세금으로 밥 먹고 사는 모든 공무원들이 기본적으로 가져야 할 역사관이자 국가관일 것이다. 2016년 11월 3일 2심 재판장은 "피고인이 이 사건 책을 저술한 주요한 동기가 주관적으로 공공의 이익을 위한 목적에서 비롯되었다는 점을 부정하기는 어렵다"면서 무죄를 선고했고, 대법원에서 이 판결을 그대로 확정함으로써 조선총독부의 식민사관을 비판하는 것이 대한민국에서 더 이상 형사 처벌 대상이 아니라는 지극히 당연한 사실이 해방 72년 만에 판례가 되었다.

'임나일본부설'과 '한반도 남부 경영설'

대한민국의 자랑스러운 검사가 공소장에서 필자의 죄라고 적시한 내용은 크게 셋이다. 이후 변경된 공소장도 대동소이한 내용이다. 첫째, 김현구가 임나일본부설을 부인했는데도 필자가 부인하지 않았다고 주장했다는 것이고, 둘째, 김현구가 백제는 야마토왜의 속국·식민지가 아니라고 서술했는데도, 필자는 김현구가 백제는 야마토왜의 속국·식민지이고, 야마토왜가 백제를 통해 한반도 남부를 통치한 것을 비판했다는 것이고, 셋째는 김현구가 『일본서기日本書紀』를 사실로 믿지 않고, 스에마쓰 야스카즈末松保和의 임나일본부설을 비판했는데도 필자가 김현구는 『일본서기』를 사실로 믿고, 스에마쓰 야스카즈의 임나일본부설을 비판하지 않았다고 주장했다는 것이다.

먼저, 서울고검 부장검사의 공소장 내용이 만에 하나 사실이라고 해도 이것이 감옥에 가야 할 죄인가? 역사학자가 역사서를 저술해 다른 학자들의 견해를 비판하면 감옥에 가야 하는가? 한국은 유엔에서 정한 인권 수준에 크게 미달하는 나라이다. 미네르바 사건도 마찬가지지만 이런 수준의 검찰에게 수사·기소권을 독점시켜주고 인권 선진국을 기대하는 것 자체가 연목구어다.

그럼 자랑스러운 대한민국 검찰의 공소장과 김현구의 저술 내용이 부합하는지 살펴보자. 김현구는 자신이 식민사학자가 아니라고 주장한다. 김현구의 『임나일본부설은 허구인가』는 앞뒤가 다른 상호모순과 은폐로 점철된 책이다. 가끔 가다 식민사학을 비판하는 무의미한 수사를 한두 마디 끼워넣고는 앞서 말한 것처럼 야마토왜에서 온 호즈미노오미 오시야마가 영산강 일대를 지배했다는 임나일본부설을 노골적으로 전파한다. 또한 야마토왜에서 온 왜군들이 한반도를 마음대로 휘젓고 다녔다고 서술한다. 필자나 최재석 교수 같은 전문가들이 그 속내를 간파하고 비판하면 자신은 임나일본부설을 부정했다면서 경찰서로, 검찰로 달려간다. 학술 토론을 하자고 하면 "자신은 대학교수고 필자는 초등학생 수준이기 때문에 토론이 안 된다"는 논리로 거부한다. 김현구뿐만 아니라 모든 식민사학자들은 토론을 거부한다. 자신들의 주장이 조선총독부에서 만든 조작된 학설을 추종하는 것일 뿐, 아무런 1차 사료적 근거가 없다는 사실을 그들도 알고 있기 때문이다. 내가 식민사학의 여러 논리를 1차 사료를 가지고 무너뜨렸기 때문이다.

역사학은 1차 사료를 가지고 과거를 재구성하고 해석하는 학문이다. 그런데 식민사학에서 주장하는 '한사군漢四郡 한반도설'이나 '임나일본부설'은 일체의 사료적 근거가 없다. 있다면 『일본서기』처럼 처음부터 거짓말을 하기로 작정하고 쓴 가짜 사료밖에 없다. 이런 사료는 『삼국사기三國史記』, 『삼국유사三國遺事』 및 중국 고대 사료들과 비교 검증하면 금방 거짓임이 드러난다. 그러니 식민사학을 계속 유지하는 유일한 방법은 식민사학을 비판하는 필자 같은 학자에 대해 "저놈 죽여라!"라고 외치는 매카시적 방법밖에 없다. 대한민국이 불행한 것은 이 매카시적 딱지 붙이기를 비판해야 할 언론까지, 그것도 이른바 '진보'라고 포장해왔던 「한겨레」나 「경향신문」까지 가세했다는 점이다. 그래서 대한민국에는 진정한 보수도, 진정한 진보도 없다는 말이 상식이 되었다. 짝퉁 보수와 짝퉁 진보의 천국이다. 전 세계 어느 나라에 총독부 역사관을 추종하는 진보가 존재하겠는가?

「한겨레」에서 『우리 안의 식민사관』에 대한 서평을 실은 것까지는 좋았다. 그러나 김현구가 항의하자 「한겨레」(2014. 10. 7.)는 김현구의 "난 임나일본부 존재 자체를 부정했다"는 반박 기사를 크게 실었다. 나는 일관되게 김현구에게 학술 토론을 요구했는데, 「한겨레」는 "김 교수는 반박문에 14개 항의 질문으로 따로 정리해 이 소장에게 답변을 요구했다"고 보도했다. 나는 김현구에게 어떤 질문도 받은 적이 없다. 김현구가 고검에 제출한 자료에는 「한겨레」 기자들과 오간 교신 내용이 있었는데, 그중에는 "이덕일에게는 이 반박문이 흘러가지 않게 해달라"고 요청하는 내용도 있었다. 「한겨레」는 지상논쟁의 장을 마련해 독자들에게 판단하게 하는 대신 김현구가 내게 반박문을 보낸 것처럼 독자들을 속였다.

나는 박근혜 정권표 국정 교과서에 누구보다 반대했고, 보신각에서 이를 반대하는 길거리 특강도 했다. 이것은 포털만 검색해보아도 바로 나오는 사실임에도 「한겨레」 기자 강희철은 〈이덕일 중심 '상고사 열풍'에 드리운 정치적 위험성〉이라는 대문짝만 한 기사에서 유사역사학이라는 총독부 용어를 써가면서, "박근혜 정부가 들어선 이후 국정 역사 교과서 추진과 함께 이덕일 등이 역사 교과서에 상고사 부분을 대거 보완하겠다"고 나서는 이유는 무엇일까"(2016. 3. 24.)라고 내가 마치 박근혜 정권표 국정 교과서를 주도하는 것처럼 악의적으로 보도했다. 주위에서 「한겨레」를 고소하라는 말들이 많다. 내가 1심에서 실형을 선고받은 주요 이유가 박근혜표 국정 교과서에 대한 반대라는 분석이 많았지만 「한겨레」는 악의적으로 거꾸로 보도했다.

김현구가 자신은 "임나일본부의 존재 자체를 부정했다"고 주장하는 것은 사실일까? 김현구의 논리를 직접 들어보자.

> 한국 학계에서 사용하고 있는 '임나일본부'라는 용어보다는 한반도 남부 지배라는 본질을 담고 있는 일본 학계의 이른바 '남선南鮮 경영론'이 더 타당하지 않을까 생각한다. 그러나 '남선 경영론'은 '남조선 경영론'을 줄인 말로 현재 한국에서 사용하는 용어와는 거리가 멀다. 따라서 '남조선 경영론'을 현재 한국에서 사용하는 용어로 바꾼다면 '한반도 남부 경영론' 정도가 타당하다고 생각한다.[5]

김현구는 한국 학계에서 사용하는 '임나일본부'라는 용어에는, "한반도 남부 지배라는 본질"이 담겨 있지 않으므로 그 본질을 담고 있는 일본 학계의 이른바 '남선(남조선) 경영론'이 더 타당하다는 것이다. 김현구가 말하는 일본 학계란 조선총독부 조선사편수회朝鮮史編修會 간사였고, 경성제국대학(京城帝國大學, 이하 경성제대) 교수였던 스에마쓰 야스카즈의 임나일본부설을 뜻한다. 필자에 대한 검찰 기소의 핵심은 김현구가 『일본서기』를 비판했고 스에마쓰의 임나일본부설을 비판했는데, 나는 "김현구가 추종했다"고 비판했다는 것이다.

먼저 대한민국 부장검사 임무영의 독해 수준에 헛웃음이 절로 나온다. 김현구는 『임나일본부설은 허구인가』에서 "'임나일본부설'에 대해 고전적인 정의를 내린 사람은 일제시대 경성제국대학에서 교

---

5   김현구, 『임나일본부설은 허구인가』, 창비, 2010, 21~22쪽.

편을 잡았던 스에마쓰 야스카즈였다"[6]라고 극찬했다. 스에마쓰의 임나일본부설을 고전이라고 극찬한 것이 스에마쓰에 대한 비판인가? 임무영의 논리대로라면 한국자유총연맹도 김일성 노선을 추종했다고 국가보안법으로 기소할 수 있을 것이다.

스에마쓰의 임나일본부설이 무엇인지 크게 다섯 가지 정도로 요약해보자.

① 임나의 위치(경상도~전라도)

② 임나가 존속한 기간(서기 369~562년)

③ 임나의 지배 대상(가야)

④ 지배 주체(야마토왜)

⑤ 근거(『일본서기』)

김현구가 스에마쓰의 임나일본부설을 부정했다고 주장하려면 이 다섯 가지 사항에 대해서 구체적으로 부정해야 한다. 다섯 가지 모두 부정할 필요도 없다. ① 임나의 위치 하나만 '경상도~전라도가 아니라 일본 열도 내에 있었다'고 부정했어도 필자나 최재석 교수는 김현구를 크게 칭찬했을 것이다. 김현구는 위의 ①~⑤항 중에서 ①, ②, ③, ⑤번은 그대로 추종하고 ④번에 대해서만 임나를 지배한 것은 야마토왜가 아니라 백제라고 서술한 것처럼 위장했다. 그러나 그 백제를 지배한 것은 야마토왜라는 삼단논법이다. 따라서

---

6   김현구, 『임나일본부설은 허구인가』, 창비, 2010, 16쪽.

④번도 스에마쓰를 비판한 것이 아니다. 형식상 스에마쓰를 80퍼센트 추종한 것 같지만 내용상 120퍼센트 추종한 것이다. 백제가 야마토왜의 식민지였다는 주장이기 때문이다.

스에마쓰 야스카즈와 김현구

스에마쓰 야스카즈는 조선총독부 직속의 조선사편수회 간사로서 『조선사朝鮮史』 편찬을 주도했고, 경성제대에서 식민사학자들을 양산했다. 더욱 놀라운 것은 일제 패망으로 열도로 쫓겨 간 후에도 국내를 들락거리며 조선사편수회 시절의 후배들과 경성제대 시절의 제자들을 계속 가르쳤다는 사실이다. 뒤에 서술하겠지만 서울대 사학과에서 연세대로 이직해서 정년을 마친 김용섭 교수의 자서전 『역사의 오솔길을 가면서』(지식산업사, 2011)에는 서울대 교수 시절 스에마쓰와 관련된 일화가 실려 있다.

스에마쓰는 일제 패망 후에 일본의 왕족·귀족들을 교육하던 가쿠슈인대학學習院大學의 교수가 되어 『임나흥망사任那興亡史』(1949)를 출간했다. 일제 패망 후 다른 역사학자들은 역사학이 제국주의 침략 이론으로 악용되었다는 점을 반성하고 있을 때 스에마쓰는 거꾸로 "대일본제국은 다시 한국을 점령할 것이다!"라면서 『임나흥망사』를 썼다. 스에마쓰의 『임나흥망사』의 특징은 임나의 강역을 대폭 확장시켰다는 점에 있다. 같은 식민사학자지만 쓰다 소키치는 임나 강역을 김해로 한정했다. 이를 이마니시 류今西龍가 경상북도 고령까지 확장시켰고 스에마쓰는 경상도~전라도까지 확장시켰다.

임나 강역을 고무줄처럼 늘릴 수 있다는 자체가 임나일본부설이 허구라는 사실을 말해준다. 임나는 과연 있기는 있었을까? 있었다면 어디에 있었을까? 현재 임나의 위치에 대해서 크게 두 주장이 있다.

① 한반도 남부설: 일본 극우파 및 한국인 추종자들
② 일본 열도설: 남한의 민족사학자 및 북한의 사학자 전부

김현구는 이 중 어디에 속할까? ①번이라는 사실은 따로 설명할 필요도 없다. 스에마쓰의 임나일본부설을 "고전적인 정의"라고 극찬한 김현구는 가장 중요한 임나의 위치에 대해서 "특별한 경우가 아니면 지명 비정比定은 스에마쓰설을 따랐다"[7]고 썼다. 김현구의 책 어디에도 '특별한 경우'는 없었으니 무조건 스에마쓰설을 추종하고 있는 것이다.

『삼국사기』·『삼국유사』는 모른다는 김현구

김현구가 검찰 측 증인으로 1심 공판에 나왔을 때 일이다. 내가 김현구에게 『임나일본부설은 허구인가』에서 주장한 내용이 『삼국사

---

7   김현구, 『임나일본부설은 허구인가』, 창비, 2010, 43쪽.

기』와 전혀 다르지 않느냐고 따지자 그는 그 누구도 상상하지 못했던 놀라운 답변을 했다.

"나는 『삼국사기』·『삼국유사』는 모릅니다."

김현구의 이 솔직한 답변에 재판정이 일순 웃음바다가 되었고, 판사 나상훈은 조용히 하라고 소리 질렀다. 이 재판에는 전前 국정원장을 비롯해서 전직 장관과 전 국회 정무위원장 등 고위공직자 출신들도 상당수 참관하고 있었는데, 나상훈의 재판 진행에 큰 충격을 받았고 큰 분노를 느꼈다. 김현구가 왜 묻지도 않은 『삼국유사』까지 모른다고 자백했는지는 알 수 없지만 '일한日韓 고대사' 전공이라는 사람이 『삼국사기』·『삼국유사』는 모른다는 솔직한 답변에 웃음이 터지지 않을 수 없었다. 방청객들 중에는 '저것이 바로 소문만 듣던 『삼국사기』·『삼국유사』 불신론의 실체구나!'라고 느낀 이들도 꽤 있었을 것이다. 『삼국사기』·『삼국유사』 불신론은 다른 말로 하면 『일본서기』 추종론이다. 사실 1심이 정상적인 재판이었다면 이 증언 하나로 재판은 끝난 것이었다. 김현구가 『일본서기』를 비판했는데 내가 추종했다고 말했다는 것이 공소 내용 아닌가? 김현구가 스스로 『일본서기』만 추종한다고 법정에서 말하지 않았나? 그러나 가처분 신청 사건처럼 1심도 거꾸로 나왔다. 한국 사법 불신도가 OECD 최하위인 이유를 잘 말해주고 있는 사례다.

『삼국사기』·『삼국유사』의 눈으로 보면 서기 4세기 후반~6세기 후반까지 야마토왜가 한반도 남부에 임나일본부를 세워 지배했다는 주장은 허구에 지나지 않는다. 그러나 일본 극우파와 그 한국인 추종자들은 『삼국사기』·『삼국유사』의 눈이 아니라 『일본서기』의 눈으로 보아야 한다고 우긴다. 김현구는 『한일고대교섭사의 제문제』(일지사, 2009)에서, "싫든 좋든 6세기의 한·일 관계는 『일본서기』에 의존하지 않을 수 없는 실정이다"(207쪽)라고 썼다. 김현구의 말대로 6세기 한·일 관계를 『일본서기』에만 의존하면 신라·고구려·백제는 모두 야마토왜에 조공을 바치는 속국이 된다. 그러나 역사학은 '싫든 좋든' 아무 사료나 무조건 믿는 학문이 아니다. 사료 비판은 역사학의 기초다. 그러나 역사학의 이런 기초 방법론이 대한민국 역사학계에서는 통하지 않는다.

그동안 일본 극우파들이 한국인 사학자들에게 무진 공을 들인 결과 어느덧 『일본서기』의 눈으로 한국 고대사를 보아야 한다는 한국인 학자들이 대폭 늘었다. 변형된 임나일본부설이 한국 고대사학계를 다시 점령한 것이다. 인제대 교수 이영식은 "분국론은 별도로 하더라도 『일본서기』에 보이는 임나일본부의 문제는 한반도 남부의 가야 지역에서 일어났던 역사적 사실임이 틀림없다"[8]라고 주장한다. 임나가 한반도 내에 있지 않고 일본 열도 내에 있었다는 북한 학자 김석형의 '분국론은 별도로' 하고 '임나=가야'를 주장할 수는 없다. 학자라면 김석형의 '분국론'을 왜 별도로 해야 하는지 설명해야 한다. 그러나 설명할 도리가 없다. 그러니 무조건 『일본서기』를 추종해서 가야는 임나라고 우기는 것뿐이다. 이영식은 이렇게까지 주장한다.

---

8   한국고대사학회 엮음, 『우리 시대의 한국 고대사 2』, 주류성, 2017, 120쪽.

현대적 국가의식을 배제할 수 있는 방법은 오히려 『일본서기』로 다시 돌아가는 일이다. 객관적인 사료 비판을 통해 관련 기술을 다시 보는 일이 무엇보다 중요하다. 그러나 우선은 『일본서기』의 기록을 있는 그대로 보는 태도도 필요하다.[9]

『일본서기』는 연대부터 맞지 않는 허구의 역사서다. 편찬자의 실수가 아니라 처음부터 사실을 조작하기로 마음먹고 쓴 책이다. 백제의 제후국이었던 야마토왜를 백제의 상국上國으로 조작한 역사서다. 이를 한국 침략의 근거로 악용한 것이 메이지明治 시대 일본군 참모본부였다. 한마디로 일본 극우파에서 "현대적 국가의식"으로 『일본서기』를 정한론의 근거로 악용했다. 그런데 이영식은 "현대적 국가의식을 배제할 수 있는 방법"이 『일본서기』로 돌아가는 길이라고 거꾸로 주장한다. 『일본서기』로 돌아가면 일본 극우파에게 다시 한국을 점령해달라고 비는 것이다. 『우리 역사를 의심한다』(서해문집, 2002)는 책 제목부터가 일본 극우파식이다. 의심해야 할 것은 일본 극우파가 만든 왜곡된 역사지, 정상적인 한국사가 아니다. 이영식의 방식대로 "『일본서기』의 기록을 있는 그대로" 보면 신라·고구려·백제는 모두 야마토왜의 식민지가 된다. 이영식이 『일본서기』의 이런 성격을 모를 리 없음에도 이렇게 주장한다. 한국 고대사학계는 계속 역주행 중이다.

서기 720년에 편찬된 『일본서기』는 인류 역사상 거짓과 왜곡이 가

---

9   강만길 외, 『우리 역사를 의심한다』, 서해문집, 2002, 46쪽.

장 심한 가짜 역사서라고 해도 과언이 아니다. 빨라야 3세기 말에 가야 및 백제계 사람들이 일본 열도로 건너가 시작하는 일본의 역사를 서기전 660년에 시작한 것으로 무려 1,000년 이상을 끌어올렸다. 그러니 역사서의 기본 중의 기본인 기년紀年, 즉 연대부터 맞지 않는데 이는 의도된 조작이다. 중국의 『송서宋書』 등에는 '찬讚·진珍·제濟·흥興·무武'라는 다섯 명의 왜왕이 나온다. 서기 413년에서 502년까지 중국 사서史書에 등장하는 왜왕들이니 일본 극우파들이 임나가 한반도 남부에 있었다고 주장하는 시기의 임금들이다. 중국 사서의 이 왜왕들이 『일본서기』에 나오면 『일본서기』의 진위나 가치 판정에 중요한 기준이 될 수 있다. 그러나 정작 '왜5왕'은 『일본서기』에 나오지 않는다. 의도적으로 누락한 것이다. 그래서 일본 학계에는 왜5왕이 『일본서기』의 누구인가를 두고 견해가 백출한다. 『일본서기』는 100명이 연구하면 학설이 100개가 나오는 책이다. 객관적인 기준이 없기 때문에 무조건 우기면 하나의 학설이 된다.

『삼국사기』는 다르다. 1970년 공주에서 우연히 백제 무령왕릉이 발견되었는데, 그 지석에 523년 5월 7일 '붕崩: 황제의 죽음)하셨다'라고 쓰여 있었다. 『삼국사기』는 무령왕의 죽음을 홍薨: 제후의 죽음)이라고 낮추긴 했지만 사망 시기는 523년 5월로 일치해 세상을 놀라게 했다. 『삼국사기』는 황제국가였던 백제를 제후국으로 낮추어 기술하고 백제사의 상당 부분을 누락한 문제는 있지만 적어도 『일본서기』처럼 없는 사실을 날조하지는 않은 과학적 역사서다. 연대부터 맞지 않는 『일본서기』와 비교하는 것 자체가 어불성설이다. 그러나 일본은 물론 한국의 식민사학자들은 모두 『삼국사기』를 부인하고 『일본서기』를 추종해야 한다고 우긴다.

그동안 우리 역사에 대한 국민들의 관심이 높아지면서 동북아역사재단 등 대한민국의 국사 관련 국책기관들이 일본 극우파 역사관을 추종하고 있다는 사실이 속속 드러났다. 동북아역사재단의 행태는 일본 극우파 및 중국 동북공정 한국 지부라고 해도 과언이 아니었다. 동북아역사재단에서 국민 예산으로 세 권짜리『역주 일본서기』(2013)를 발간했다. 그 해제에서『일본서기』와『삼국사기』에 대해서 이렇게 평가하고 있다.

> 『일본서기』의 가치는 한반도 관련 기사가 풍부하다는 데 그치지 않는다. 진정한 가치는『일본서기』가 고대인에 의해서 편찬된 고대의 사서라는 점에 있다.『삼국사기』는 고려시대, 즉 중세인의 시각에서 본 고대의 역사라고 할 수 있다. …… 1145년에 완성된『삼국사기』와 720년에 편찬된『일본서기』의 차이는 크다. 범위를 넓히면 『일본서기』다음에 편찬된『속일본기』를 비롯해서 6국사라는 사서가 있어서『삼국사기』의 기록보다 훨씬 정밀하다고 할 수 있다.[10]

『일본서기』를 비롯한 일본의 역사서들이『삼국사기』보다 정확하다는 주장이다. 물론 사실을 180도 거꾸로 서술한 것이다. 사기꾼의 말은 자세하기 때문에 사실이고, 피해자의 말은 자세하지 못하기 때문에 거짓이란 논리다. 일본 극우파가 아니면 할 수 없는 주

---

10 이근우 외,『역주 일본서기』, 동북아역사재단, 2013, 46~47쪽.

장을 대한민국 세금을 가지고 버젓이 해도 제재는커녕 국민 세금을 독식하는 나라가 대한민국이다. 반면 일본 극우파 역사관을 비판하면 온갖 제재를 각오해야 하는 나라가 대한민국이다.

『역주 일본서기』는 임나가 일본 열도에 있었다는 '임나=일본 열도설'은 존재하지도 않는다는 듯이 '임나=한반도 남부설'만 써놓았다. '임나=일본 열도설'을 주장한 남한의 민족사학자들인 최재석·문정창·이병선·김인배·김문배 및 북한의 김석형·조희승 등의 저서나 논문들은 참고문헌에도 싣지 않았다. 역주자 7명은 모두 일본 내 대학에서 공부한 사람들인데, 대한민국 세금으로 일본 극우파들의 역사관을 전파한 것이다. 이것이 대한민국의 현실이다.

『삼국사기』의 눈으로 한일 고대사를 보면

김현구는 『삼국사기』·『삼국유사』를 부인할 수밖에 없다. 『일본서기』만의 눈으로 봐야 369년에 야마토왜에서 신라를 정벌하고 임나를 설치했다고 주장할 수 있기 때문이다. 『일본서기』는 369년에 야마토왜에서 군사를 보내 신라를 정벌해서 임나를 설치하고, 남쪽의 침미다례忱彌多禮 등을 점령해서 백제의 근초고왕에게 주었다고 주장한다. 이에 감읍한 근초고왕이 "지금부터 천추만세까지 끊이지 않고 (야마토왜의) 서쪽 번국(西蕃: 제후국)이 되어 춘추로 조공을 바치겠습니다"라고 맹세했다는 주장이다.

그러나 『삼국사기』는 같은 369년, 백제의 근초고왕은 고구려 2만

군사가 침입하자 태자 근구수를 보내 격파하고 5,000명의 머리를 벤 후 한수漢水 남쪽에서 대대적으로 군사를 사열했는데 모두 황색 깃발을 사용했다고 서술하고 있다. 황색 깃발은 황제가 사용하는 깃발이다.

『삼국사기』는 2년 후인 371년 근초고왕이 태자 근구수와 함께 백제의 정예군사 3만 명을 거느리고 고구려 평양성을 공격해 고국원왕을 전사시켰다고 기록하고 있다. 반면 『일본서기』는 371년 야마토 왜에서 사신이 오자 백제왕 부자가 이마를 땅에 대며 영원한 충성을 맹세했다고 주장하고 있다.

『삼국사기』에서 말하는 근초고왕은 황제의 깃발을 휘날리며, 고구려 평양성까지 쳐들어가 고국원왕을 전사시킨 중흥군주지만, 『일본서기』에서 주장하는 근초고왕은 야마토왜에게 영원한 충성을 맹세하는 비천한 신하다. 둘 중 하나는 명백한 거짓이다. 무엇이 거짓일까? 대한민국의 자랑스러운 검사 임무영이 공소장에 쓴 대로 교차검증해보자.

『삼국사기』「백제본기」〈근초고왕 26년(371)〉조의 고국원왕 전사 사건은 『삼국사기』「고구려본기」〈고국원왕 41년(371)〉조에 의해서도 사실로 확인되고, 중국의 『위서魏書』와 『북사北史』에도 기록된 역사적 사실이다. 반면 근초고왕 부자가 야마토왜의 사신에게 이마를 땅바닥에 대고 절했다는 『일본서기』는 일방적인 넋두리다. 내가 법정에서 그 모순점을 따졌더니 궁지에 몰린 김현구가 얼떨결에 "『삼국사기』·『삼국유사』는 모른다"고 답변한 것이다.

일본 학계에 던져진 김석형의 분국설이라는 핵폭탄

한일 식민사학자들은 서기 369년에 임나가 설치되었다고 주장하지만, 실제『일본서기』의 해당 기사를 서기로 환산하면 서기 249년이다.『일본서기』가 연대 자체를 조작했다는 사실은 일본 극우파들조차도 모두 인정한다. 그래서 학자에 따라서 어떤 내용들은 2주갑周甲, 즉 120년을 끌어올려서 연대를 계산하기도 한다. 249년이라고 기록된 사건을 369년에 발생한 사건으로 해석하는 것이다. 만약 120년을 끌어올리기를 거부하면 어떻게 될까? 그래도 할 수 없다. 나는 "120년을 끌어올려서 해석하지 않는다.『일본서기』에 249년의 사건이라고 쓴 것을 왜 369년이라고 해석하나?"라고 따지면 할 말이 없다.『일본서기』는 그런 책이다.

그러면『일본서기』는 전체 내용이 가짜이거나 전체가 조작·왜곡·과장된 사서일까? 과연 그런 역사서가 존재할 수 있을까? 아무리 처음부터 조작하기로 마음먹고 썼어도 전체 내용을 모두 거짓말로 채울 수 있을까? 바로 이런 의문을 역사학적 방법론으로 검토하고 합리적인 결론을 도출해낸 학자가 북한의 김석형이고, 그 이론이 '삼한三韓, 삼국 분국설分國說'이다.

김석형이 주장한 분국설은『일본서기』도 일정 정도는 사실을 담고 있다는 전제를 깔고 있다. 다만『일본서기』에 나오는 신라·고구려·백제·가야는『삼국사기』·『삼국유사』에서 말하는 신라·고구려·백제·가야가 아니라 이들 나라가 일본 열도에 진출해 세운 '소국, 분국'이라는 것이다. 그러니 임나도 당연히 한반도 남부가 아니라 일본 열도 내에 있었다고 본다.

『일본서기』에 나오는 신라·고구려·백제·가라는 『삼국사기』·『삼국유사』에 나오는 신라·고구려·백제·가야와 동일한 정치체라고 볼 수 없다. 『일본서기』〈게이타이繼體 6년(512) 12월〉조는 임나에 속한 상다리·하다리 등 4개 현과 백제 사이 거리는 아침저녁으로 통행하기 쉽고, 또 개와 닭의 주인도 구별하기 어려울 정도로 아주 가깝다고 말하고 있다. 임나가 경상도 김해에 있든 경상도~전라도에 걸쳐 있든, 백제 사람들이 임나인의 닭과 개의 주인을 구별할 수는 없다. 『일본서기』에서 말하는 임나와 백제는 한동네라고 해도 과언이 아니다. 『일본서기』〈유랴쿠雄略 8년(464)〉조의 내용도 마찬가지다. 신라는 일왕 유랴쿠 즉위 후 8년 동안 조공을 바치지 않았기 때문에 야마토왜에서 정벌할까 두려워서 고구려에 구원군을 요청했다고 한다. 그런데 고구려 왕이 신라를 지키기 위해서 보낸 군사 숫자가 달랑 100명이다. 이때는 고구려는 장수왕 52년이고, 신라는 자비왕 7년이다. 장수왕이 겨우 100명의 군사를 보내서 신라를 지킬 수 있다고 생각했을 리도 없고, 자비왕도 겨우 100명의 고구려 군사로 신라를 지킬 수 있다고 생각했을 리 없다. 『일본서기』에서 말하는 고구려·신라는 『삼국사기』에서 말하는 고구려·신라가 아니다.

그래서 북한 사회과학원 력사연구소장이던 김석형은 1963년 「삼한 삼국의 일본 열도 내 분국에 대하여」라는 논문을 발표했는데, 이 논문은 재일사학자 이진희李進熙 등의 노력으로 이듬해 일본의 「역사평론」에 번역 게재되어 큰 충격을 던졌다. 『일본서기』의 신라·고구려·백제·가라 등은 『삼국사기』의 신라·고구려·백제·가야 등이 일본 열도에 진출해 세운 소국, 분국이라는 것이 골자다. 이 학설로 일본 극우파의 임나일본부설은 파탄 났다. 임나가 가야이자 '경상도~전라도'까지 걸친 제국이었다는 스에마쓰의 임나일본부설을 "고전적인 정의"라고 극찬한 김현구는 김석형의 분국설에 대해서는 무엇이라고 평가했을까?

> 김석형의 「삼한 삼국의 일본 열도 내 분국론」은 관련 자료를 일방적으로 한국 측에 유리하게 자의적으로 해석하고 있다고 볼 수 있다. 이런 면에서는 『일본서기』를 일본 측에 유리하게 자의적으로 해석하여 야마토 정권의 한반도 남부 경영론을 만들어낸 스에마쓰와 다를 바가 없다고 생각한다.[11]

스에마쓰는 구색 맞추기로 끼워넣은 것에 불과하고 그 본질은 김석형에 대해 "관련 자료를 일방적으로 한국 측에 유리하게 자의적으로 해석"했다고 비난하는 것이다. 관련 자료를 한국 측에 유리하게 해석하면 김현구에게 비난받을 각오를 해야 하고, 임무영에게 기소당할 각오를 해야 하고, 나상훈에게 유죄를 선고받을 각오를 해야 한다.

일본 열도 내에는 지금도 신라·고구려·백제·가야 관련 지명들이 많이 남아 있다. 예를 들어 백목白木이란 지명이나 성씨는 고대 신라계가 세운 것이다. 백목의 발음 시라키しらき는 신라의 발음 시라기しら

---

11   김현구, 『임나일본부설은 허구인가』, 창비, 2010, 174쪽.

ㅎ와 같다. 당唐은 발음이 가라(から) 로서 가라(가야)와 같고, 한韓의 일본 발음인 가라(から)와도 같다. 이는 신라나 가야에서 건너간 사람들이 대대로 일본 열도에 정착해서 살았음을 뜻한다. 김현구나 스에마쓰의 주장대로 서기 4세기 후반부터 6세기 후반까지 한반도 남부에 임나가 있었다면 『삼국사기』「신라본기」나 「백제본기」에 반드시 임나 관련 기사나 지명이 남아 있어야 하지만 일체 없다. 그 시기에 한반도 남부에는 임나 따위의 정치 세력이 존재하지 않았기 때문이다.

코미디 수준의 임나 위치 비정

김현구가 임나의 위치에 대해서 "특별한 경우가 아니면 지명 비정은 스에마쓰설을 따랐다"라고 말한 것은 허언이 아니다. 스에마쓰와 달리 보는 '특별한 경우'는 없고 100퍼센트 일치율을 자랑한다.

스에마쓰나 김현구, 김태식, 이영식 등 '임나=가야론자'들은 임나의 위치를 무조건 한반도 남부로 비정한다. 그러나 정작 『일본서기』는 임나의 위치를 가야라고 말하지 않는다. 임나의 위치에 대해서 『일본서기』에 가장 자세하게 서술한 〈스진 65년〉조 기사를 보자.

임나는 축자국에서 2,000여 리 떨어져 있는데, 북쪽은 바다로 막혀 있고 계림의 서남쪽에 있다[任那者, 去筑紫國二千餘里, 北阻海以在鷄林之西南].

축자국은 지금의 규슈九州로 비정한다. 규슈에서 2,000여 리 떨어

김현구와 스에마쓰 등의 임나 위치 비정 비교

임나 지명	이마니시 류	스에마쓰 야스카즈	김현구	김현구설과 스에마쓰 설의 일치 여부
비자벌	창녕	창녕	창녕	일치
남가라	김해	김해	김해	일치
녹(탁)국	대구	경산	경산	일치
안라	함안	함안	함안	일치
다라	진주	합천	합천	일치
탁순	창원	대구	대구	일치
가라	고령	고령	고령	일치
침미다례		강진	강진	일치
비리		전주	전주	일치
반고		나주	나주	일치
고사산		고부	고부	일치

져 있고, 북쪽은 바다로 막혀 있고, 계림(신라) 서남쪽에 있는 곳은 어디인가? 북쪽이 바다로 막혀 있는 곳이 가야인가? 이 기사로 임나의 위치를 찾으면 대마도가 가장 유력하다. 남한의 민족사학자들 대부분이 '대마도(최재석·문정창·이병선·황순종)'로 보는 이유가 여기에 있다. '규슈(김인배·김문배)'로 보는 시각도 있다. 북한 학계는 나라奈良 부근의 '오카야마岡山현 기비吉備 지역'이라고 본다.

김현구는 허위사실 전파에 능하다. 그는 서울고검과 1심 법정에서 내가 대마도설을 지지했다면서 한일 학자 중에 '임나=대마도설'을 지지하는 학자는 한 명도 없다고 단정 지었다. 법정에서도 이런 거짓말을 할 것을 예상한 나는 임나를 대마도로 보는 최재석 교수의 견해로 반박하고 부산대 이병선 교수의 『임나국과 대마도』(아세아 문화사, 1990, 582쪽)와 문정창 선생의 『한국사의 연장, 고대일본사』(인간사, 1989, 379쪽)를 가져가서 제시했다. 그러자 김현구는 최재석 교수의 주장에 대해서는 모른다면서 이병선 교수는 역사학자가 아니라 '언어학자'라고 폄하했다. 고려대 내 학술지에 최재석 교수의 논문 게재를 거부한 당사자인 김현구가 최재석 교수의 대마도설을 몰랐다는 것이 말이 되겠는가? 나중에야 이병선 교수가 언어학자라고 폄하한 것을 봐서 이병선 교수의 견해도 알고 있었던 것이 분명하다. 나는 임나가 일본 열도에 있었다는 분국설을 지지하지만 그 위치가 어디인지는 아직 확정 짓지 않았다.

김현구가 무슨 논리로 임나를 한반도 내로 비정하는지 알려면 스에마쓰의 주장을 보면 된다. 『일본서기』에만 나오는 임나 관련 지명 중 탁순卓淳과 침미다례에 대한 스에마쓰의 주장을 살펴보자. 탁순에 대해 스에마쓰는 지금의 대구로 비정하면서 이렇게 말했다.

> 탁순卓淳은 첫째 탁순喙淳에서 만들어졌다(긴메이천황기). 위에서 인용한 것처럼 일본군의 집결지이자 아래 기술하는 것처럼 백제에서 처음으로 일본에 건너간 사신의 도래지라는 점으로 볼 때, 앞서 말한 달구화達句火에 해당한다고 보는 것이 더 자연스러울 것이다. 지금의 경상북도 대구이다.(『임나흥망사』, 47쪽)

문장 자체가 횡설수설인데, 무슨 심오한 뜻이 있는 것이 아니라 결론을 미리 정해놓고 하위 논리를 끼워 맞췄기 때문이다. "탁순卓

淳은 첫째 탁순啄淳에서 만들어졌다(긴메이천황기)"는 문장은 『일본서기』 〈긴메이欽明 5년 3월〉조에 "신라에서 봄에 탁순啄淳을 취해 가졌다"라는 구절에서 따온 것이다. 이 탁순啄淳이 탁순卓淳이라는 것인데, 스에마쓰가 그렇게 생각한다는 것뿐, 둘이 같은 지역을 말하는 것인지는 분명치 않다. 둘째, 백제 사신의 도래지 운운하는 말은 『일본서기』 〈진구神功 46년〉조에 백제에서 사신을 탁순에 보내서 일본 귀국日本貴國에 조공하러 가는 길을 물었다는 내용을 인용한 것이다. 해양제국 백제가 뱃길이 아니라 내륙인 대구까지 걸어가서 일본으로 가는 길을 물었다는 논리니 그저 웃음만 나온다. 스에마쓰의 유일한 논거는 탁순의 '탁' 자와 대구의 옛 지명 달구벌의 '달' 자가 발음이 비슷하다는 것이다. '탁'과 '달'의 발음이 비슷하다는 무식한 스에마쓰의 논리를 김현구는 무조건 추종해 대구로 비정했다. 이 따위가 이른바 '임나=가야설'의 근거들이다. 일본 유수 대학의 사학과 교수들이 주장하고, 한국 유수 대학의 사학과 교수들이 추종하니까 뭔가 근거가 있겠거니 생각하는 순간, 이들이 파놓은 덫에 걸린다. 근거? 그런 건 없다. "대일본제국은 영원하시다", "일본은 다시 한국을 점령할 것이다"라는 극우 사상이 근거라면 유일한 근거다. 『일본서기』의 탁순이 대구라는 주장은 아무런 논리적 타당성이 없다. 그러니 누구는 탁순을 창원이라고 주장한다. 창원이라는 근거? 역시 그런 건 없다. 시골 장터처럼 "골라! 골라! 만 원에 석 장!" 하는 식이다. 대구도 좋고, 창원도 좋고, 마산도 좋다. 한반도 남부면 아무 데나 된다.

다음으로 서기 369년 야마토왜에서 빼앗아 백제에게 주었다는

침미다례에 대해 분석해보자. 스에마쓰는 침미다례를 전남 강진이라고 주장했고, 일치율 100퍼센트의 김현구는 그대로 추종했다. 그런데 스에마쓰의 고민이 있었다. 임나를 전라도까지 확장하려니 침미다례를 전라도 어느 지역으로 비정해야 하는데, 아무리 전라도 옛 지명을 뒤져도 비슷한 지명을 찾을 수 없었다. 일본 열도에서 찾아야 할 지명을 전라도에서 찾으니 있을 턱이 없었다. 그러자 스에마쓰는 기발한 발상의 전환을 했다. '침미다례'를 일본어로 읽으면 '도무타레トムタレ'라면서 일본어 발음으로 전라도 지역을 뒤진 것이다. 그러자 『삼국사기』「지리지」에 무진주에 속한 군현 중 도무군道武郡이 눈에 띄었다. 지금의 전남 강진으로 비정하는 곳이다. 스에마쓰는 쾌재를 부르면서 '도무타레'에서 '타레'는 멋대로 빼버리고 '도무'만 남겨서 도무군을 『일본서기』에만 나오는 침미다례라고 비정했다. 『임나일본부는 없었다』를 쓴 황순종 선생의 주장대로 '침미다례=전남 강진설'이 맞으려면 전라도 사람들은 일본어를 사용해야 한다. 학문이 아니라 어거지다. 이런 따위가 스에마쓰·김현구뿐만 아니라 '임나=가야'를 주장하는 대다수 한국 학자들의 학문이란 것이다. 이 얼마나 허무개그인가? 그러나 그 후과는 개그가 아니다. 일본 극우파에서 이를 한국 재점령의 근거로 사용하기 때문이다.

백제는 야마토왜의 식민지였는가?

앞서 김현구는 스에마쓰설의 다섯 가지 요소 중에서 ④번 '임나의 지배 주체('야마토왜')만 백제로 달리 보고, 나머지 ① 임나의 위치(경상도~전라도), ② 임나 존속 기간(서기 369~562년), ③ 임나의 지배 대상(가야), ⑤ 근거(『일본서기』)는 모두 스에마쓰설을 추종한다고 말했다. 임무영은 김현구는 백제를 야마토왜의 속국·식민지라고 보지 않았고, 야마토왜가 백제를 통해 한반도 남부를 지배했다고 하지도 않았다고 공소장에 썼다.

과연 김현구는 ④번은 실제로 달리 보는지 살펴보자. 김현구는 임나의 지배 주체를 백제라고 보는 것처럼 주장한다. 4~6세기에 한반도 남부에 임나가 있었다는 발상 자체가 공상이다. 백제가 실제로 369년에 '가야'를 정복했다면 백제는 굳이 임나를 설치하는 대신 자국령으로 편입시켰을 것이다. 그러나 김현구에게는 한반도 남부에 어떤 형태로든 임나가 있어야 한다. 김현구뿐만 아니라 김태식, 이영식 등 '임나=가야설'을 주장하는 모든 학자들이 마찬가지다. 다만 그 근거가 약하다는 것을 알기 때문에 과거처럼 군사점령지가 아니라 외교기관이라는 둥, 교역기관이라는 둥의 성격 논쟁으로 논점을 흐리고 빠져나가는 것뿐이다. 모두 한반도 남부에 임나를 설치하기 위한 얄팍한 꼼수에 불과하다.

그럼 김현구는 임나를 실제로 백제가 지배했다고 보고 있을까? 이것이 김현구 논리의 핵심이다. 임나를 지배한 것은 백제지만 그 백제를 지배한 것은 야마토왜라는 것이다.

야마토왜는 백제의 제후국에 불과했다. 일본의 국보인 나라현 덴리天理시 이소노카미신궁石上神宮에 있는 칠지도는 백제의 왕세자가 야마토왜왕에게 내린 일곱 갈래로 갈라진 칼인데, "마땅히 제후왕에게 공급할 만하다[宜供供侯王]"고 쓰여 있다. 야마토왜는 백제의 제후국이라는 뜻이다. 그런데 김현구는 백제를 야마토왜의 식민지라고 거꾸로 쓰고 있다.

규슈나 나라에서 출토되는 유물들을 보면 4세기 때는 가야계 유물들이 주로 나오고, 5세기부터는 백제계 유물들이 주로 나온다. 4세기 때는 가야계가, 5세기 때는 백제계가 야마토왜를 지배했다는 뜻이다. 그러나 스에마쓰나 김현구는 고대부터 일본 열도에는 강력한 고대 왕국이 있었다고 전제하고 하위 논리를 전개한다. 문제는 야마토왜는 6세기 중반까지 철기 생산 능력이 없었다는 점이다. 가야나 백제는 '서기전 1세기~서기 1세기' 건국 당시부터 이미 철기를 생산한 지 오래지만 야마토왜는 6세기 중반까지도 철기 생산 능력이 없었다. 그런데도 스에마쓰나 김현구는 '이상하게도' 일본 열도에는 군사력이 강한 나라가 있었다는 것이다. 이에 대해 최재석 교수는 김현구가 와세다대학 시절 지도교수였던 미즈노 유水野祐의 극우 사관을 그대로 받아들인 것으로 보고 있다. 최재석 교수는 "미즈노는 실존 인물도 아닌 일본의 진구 황후가 한국(삼한)을 점령하였으며 서기 1세기부터 한국은 일본의 식민지였다는 동화 같은 역사 왜곡을 한 인물"이라고 비판했는데, 김현구가 이런 논리를 그대로 받아들였다는 것이다.

6세기 중반까지 철기는 생산하지 못했지만 '군사강국'이었다는 희한한 논리가 통하는 유일한 두 집단이 식민사학계와 일본 극우파 역사학자들이다. 철기 생산 능력이 없는 것은 김현구에게는 문제가 안 된다. 근초고왕이 덩이쇠인 철정鐵鋌을 야마토왜에 갖다 바쳤다는 것이다. 김현구는 백제에서 철기를 지속적으로 갖다 바치겠다는 보증수표로 왕자를 인질로 보냈다고 『임나일본부설은 허구인가』에 버젓이 썼다. 필자에게 초등학교 수준이라서 토론이 안 된다는데 진짜 어느 초등학교 나왔는지 묻고 싶다.

김현구는 고구려·백제·신라가 야마토왜에 조공調貢을 바치고 세금을 바쳤다는 『일본서기』를 사실로 믿고 그대로 서술한다. 한 예로 『일본서기』에는 646년(다이카 2년)에 고구려·백제·임나·신라가 야마토왜에 사신을 보내서 세금을 바쳤다고 쓰고 있다. 이때 고구려 임금은 보장왕으로서 한 해 전 당 태종의 친정군을 격파해서 천하의 최강국으로 우뚝 선 천자의 제국이었다. 이런 고구려가 야마토왜에 사신을 보내 조공을 바쳤다는 『일본서기』 기사가 사실이라는 것이다. 김현구는 박사 학위 논문에 실은 〈표1〉에서 "긴메이 원년(540) 8월, 고구려·백제·신라·임나가 조공사調貢使를 바쳤다[高·百·新·任の調貢使]"라고 썼다. 조공사란 세금을 바치는 사신이란 뜻으로 고구려·백제·신라가 야마토왜의 속국임을 뜻한다.

김현구는 또한 게이타이 7년(513)에는 "백제에서 오경박사를 공물로 바쳤다[貢五經博士]"라고 '바칠 공貢' 자를 썼다. 1970년 공주에서 발견된 무령왕릉의 지석은 백제인들이 무령왕의 죽음을 황제의 죽음을 뜻하는 '붕崩' 자로 썼지만 김현구의 눈에는 야마토왜에 오경박사를 공물로 바치는 속국으로 보인다는 것이다.

백제에서 왕녀와 왕자들을 인질로 보냈다는 김현구

고대 왕조 국가에서 두 나라 사이의 관계를 분명하게 말해주는 것은 두 왕가 사이의 관계이다. 김현구도 "고대에는 국가 간 교류에 있어서도 왕권은 절대적인 영향력을 갖고 있었"("임나일본부설은 허구인가』, 196쪽)다고 말하고 있다. 그런데 김현구가 보는 백제와 야마토왜의 관계는 백제에서 왕녀를 인질로 보내 일왕(김현구는 반드시 '천황天皇'이라고 쓴다)을 섬기는 관계이다.

> 그런데 『일본서기』 상에는 신제도원, 적계여랑, 지진원 등 (백제의) 각 왕녀들의 도일 목적이 서술되어 있다. 적계여랑은 일본 천황의 요청에 의해서, 신제도원은 일본 천황을 섬기기 위해서, 그리고 지진원은 채녀采女로서 바친 것으로 되어 있다. 따라서 신제도원, 적계여랑, 지진원 등의 도일渡日은 일본 천황을 섬기기 위한 것이었다고 할 수 있다.[12]

백제에서 왕녀들을 야마토왜에 보내 일왕을 '섬기게 했다'는 주장이다. 그런데 그 왕녀를 야마토왜왕이 불태워 죽였다.

> 천황이 "(백제에서 보낸 왕녀) 지진원을 취하려 했는데 이시카와노 타테石川楯와 관계를 맺었으므로 화형에 처하였다"(유랴쿠 천황 2년(457)

---

12 김현구, 『고대 한일교섭사의 제문제』, 일지사, 2009, 168~169쪽.

7월)죄는 내용으로도 그들의 혼인 상대가 짐작이 간다.[13]

김현구는 왜왕이 감읍스럽게도 백제 왕녀를 취하려 했는데 다른 남자를 만나는 불경을 저질러 불태워 죽였다고 보고 있다. 그래서 백제에서 실례했다면서 격을 높여 남자 왕족들을 인질로 보냈다는 것이다.

> 한편 〈유랴쿠기 5년(461)〉조에 의하면 왕녀들 대신으로 파견되기 시작한 (백제 왕자) 곤지도 도일 목적이 천황을 섬기기 위한 것으로 되어 있다. 그런데 의다랑意多郎이나 마나군麻那君, 사아군斯我君 등은 곤지 파견의 연장선상에서 도일하고 있다. 따라서 의다랑이나 마나군, 사아군 등의 파견도 천황을 섬기기 위한 것이었다고 할 수 있을 것이다. 남자 왕족들의 파견이 천황을 섬기기 위해서였다면 왕녀들의 파견 목적과 일치하게 된다.[14]

검찰은 바로 이런 내용이 잔뜩 담긴 『고대 한일교섭사의 제문제』를 발췌해서 판결 전날 제시했고, 나상훈 판사는 이를 필자의 변호인 사무소로 팩스로 보내서 유죄의 근거로 삼았다. 과연 나상훈 판사는 『고대 한일교섭사의 제문제』를 읽어보기는 했을까?

백제는 왜 이렇게 눈물겨운 노력을 하면서 왜왕을 섬겨야 했을

---

13   김현구, 『임나일본부설은 허구인가』, 창비, 2010, 186쪽.
14   김현구, 『고대 한일교섭사의 제문제』, 일지사, 2009, 169쪽.

까? 김현구는 군사 지원을 얻기 위해서였다는 것이다.

> 당시 한반도에서는 백제, 고구려, 신라 3국이 치열하게 싸우고 있
> 었다. 그래서 3국은 서로 야마토 정권을 자기 쪽으로 끌어들이기
> 위해 노력하고 있었다.[15]

김현구는 『백제는 일본의 기원인가』(창비, 2002)에서는 "고구려·백제·신라가 서로 자국 주도의 통일을 이루기 위해서 이전투구泥田鬪狗를 전개하고 있었다"라고 썼다. 이전투구란 개들이 진흙탕에서 뒹굴며 싸운다는 뜻이다. 고구려·백제·신라가 야마토왜에 군사를 요청했다는 것은 실제 역사 사실과는 완전히 동떨어진 허무맹랑한 헛소리일 뿐이다. 『일본서기』에만 나오는 내용을 무비판적으로 추종하는 것뿐이다. 그런데도 검사 임무영은 김현구가 『일본서기』를 비판했다고 나를 기소했고, 판사 나상훈은 유죄 판결을 내렸다.

그런데 김현구에게는 고민이 있었다. 백제를 왕녀와 왕자들을 야마토왜에 보내 일왕을 섬기게 하는 식민지 중의 식민지로 만들기로 마음먹었는데, 『일본서기』에도 그런 내용은 없었다. 그래서 김현구는 『일본서기』도 조작해서 백제를 왕녀·왕자들을 인질로 보내 야마토왜왕을 섬기는 속국 중의 속국으로 만들기로 했다. 김현구의 역사학에 불가능은 없다! 김현구에게 역사학은 천지창조학이다.

백제에서 보냈다는 '신제도원, 지진원, 적계여랑' 중에서 실제 왕

---

15 김현구, 『임나일본부설은 허구인가』, 창비, 2010, 140쪽.

녀는 신제도원뿐이다. 그나마 『일본서기』는 "백제의 직지왕이 그 누이 신제도원을 보내 일을 맡겼다[令仕]"라고만 나오지 '천황을 섬기게 했다'는 말 따위는 나오지도 않는다. 또한 『일본서기』에 지진원과 적계여랑은 왕녀가 아니라 채녀(宮女)로 나온다. 심지어 지진원과 적계여랑은 두 사람이 아니라 한 사람이다. 김현구는 백제를 왕녀들을 보내 일왕을 섬기게 하는 '관행'이 있는 완벽한 식민지로 만들기로 마음먹었다. 그러니 적어도 세 사람쯤 필요했다. 그래서 둘을 셋으로 늘리고, 궁녀를 왕녀로 조작한 것이다.

김현구의 사료 조작은 상습적이다. 사료 조작이 아니고서는 논리를 구성할 수 없기 때문이다. 『일본서기』의 시각으로만 바라봐도 백제는 야마토왜의 식민지가 되는데, 그 『일본서기』마저 조작해서 백제를 인류 역사상 존재한 적이 없는 완벽한 식민지로 만들었다.

왕녀들을 조작한 수법을 왕자들에게도 써먹었다. 김현구는 '곤지·의다랑·마나군·사아군' 등의 '남자 왕족'들을 보내 "천황을 섬기게 했다"고 썼다. 그런데 마나에 대해서 『일본서기』 〈부레쓰武烈 7년〉조는 "지난번에 조공한 사신 마나는 백제국주百濟國主의 골족(骨族: 왕족)이 아니다"라고 말하고 있다. 백제의 왕족이 아니라는 뜻이다. 의다랑도 왕족이란 말이 없다. 모두 김현구가 왕족으로 조작한 것이다. 왕녀뿐만 아니라 왕자들까지 인질로 보내 일왕을 섬기게 하는 속국으로 만들기 위해서 『일본서기』 조작까지도 서슴지 않은 것이다. 이런 식의 역사 조작은 역사 왜곡을 역사학이라고 여겼던 일본인 식민사학자들도 하지 못하던 짓이다.

야마토왜군이 지금의 주한미군이라고?

김현구는 왕녀를 불태워 죽였음에도 다시 왕자를 보내 일왕을 섬기게 한 이유가 군사 지원을 받기 위해서라고 주장했다. 그런데 이런 노력 끝에 지원받은 군사 숫자는 『일본서기』에 따라도 "500~1,000명"에 불과했다. 이 정도 군사 지원을 받기 위해 백제는 왕녀가 불타 죽는 것을 감수하고 왕자들을 보내 일왕을 섬기게 했을까?

『삼국사기』「신라본기」〈진흥왕 15년(554)〉조는 한강 유역을 빼앗은 신라 진흥왕과 백제 성왕이 격돌한 현장을 묘사하고 있다. 이때 백제 성왕과 함께 네 좌평과 사졸 2만 9,600명이 전사했다. 백제는 최소한 3만 이상의 대군을 보유한 군사강국이었다. 이런 백제가 겨우 500~1,000명의 왜군을 지원받기 위해 왕녀를 불태워 죽인 것에 항의 한 번 못 하고 왕자를 보내 섬기게 했다는 것인가? 그러나 김현구의 역사학에 불가능은 없다. 그래서 고대의 야마토왜군을 현재의 주한미군으로 둔갑시켰다.

당시 백제는 야마토 정권으로부터 지원받은 군사를 임나와 신라의 접경 지역에 배치하고 있었다. 그리고 그 지휘관으로는 왜계 백제 관료 등을 배치하고 있었다. 신라와의 직접적인 충돌을 피하기 위해서는 마치 오늘날 미군을 남북이 대치하는 휴전선에 배치하고 있는 것처럼. 그 수는 많지 않았지만 신라와의 접경인 임나 지역에 야마토 정권으로부터 제공받은 군대나 왜계 지휘관을 배치하는 것

이 유리하다고 생각했기 때문이 아닌가 생각된다.[16]

3~4만 명 정도의 주한미군은 150만 이상이 대치하는 남북한 군사 숫자에 비해 소수다. 그러나 화력은 막강한 것처럼 야마토왜군도 500~1,000명에 불과하지만 고구려·신라군이 꼼짝 못 한다는 것이다. 김현구는 "마치 오늘날 미군을 남북이 대치하는 휴전선에 배치하고 있는 것처럼"이라고 써서 야마토왜군을 현재의 주한미군에 비교했다. 더구나 당시는 백제와 신라가 고구려의 남하에 공동으로 맞섰던 신백동맹(나제동맹) 기간인데, 야마토왜군을 동맹국인 신라전선에 배치한다는 것도 상식에 어긋난다. 백제의 제후국이었던 야마토왜를 종주국으로 거꾸로 쓰려니 기본적인 내용들이 맞지 않는 것이다.

일왕 히로히토가 평화의 사도라는 김현구

『논어』「이인里仁」편에서 공자는 제자 자공에게 "너는 내가 많이 배워서 모두 안다고 생각하느냐? 그렇지 않다. 나는 사물을 하나로 꿰뚫었을 뿐이다[一以貫之]"라고 말했다. 이 일이관지가 다른 말로 역사관이다. 역사에 '볼 관觀' 자를 붙이는 것은 역사를 보는 시각은 일정해야 하기 때문이다. 고대사를 보는 시각이나 중세사를 보

---

16 김현구, 『임나일본부설은 허구인가』, 창비, 2010, 151쪽.

는 시각이나 현대사를 보는 시각이 같아야 한다. 고대사는 조선총독부의 역사관으로 보면서 근현대사는 조선총독부를 비판하는 역사관은 존재할 수 없다. 조선시대는 마지막 당수가 이완용이었던 노론老論의 시각으로 보면서 근현대사는 진보의 시각으로 보는 역사관도 존재할 수 없다. 그런 분절적 역사관은 자신을 속이는 분칠이거나 자기기만이거나 무식의 소치에 불과하다. 프랑스에서 나치의 고대사관을 추종하면서 근현대는 진보의 시각으로 보는 역사학자가 존재할 수 없는 것과 마찬가지다. 고대사는 조선총독부의 역사관을 비판하면서 근현대사는 친일 세력을 옹호하는 역사관도 존재할 수 없다. 모두 짝퉁 진보, 짝퉁 보수들의 분절적 사고이자 자기기만일 뿐이다.

이런 점에서 김현구의 역사관은 최소한 일관되어 있기는 하다. 김현구는 고대사는 물론 근현대사도 일관되게 황국皇國 중심의 역사관을 신봉한다. 그는 히틀러, 무솔리니와 삼국 파시스트 동맹을 맺고 전 세계를 전화戰禍로 몰아넣은 일왕 히로히토裕仁를 이렇게 칭송한다.

　　결국 미국은 한 일본 연구가의 연구를 바탕으로 천황을 이용하여 700만 일본군을 저항 없이 항복시킨 것이다. 그리고 공산혁명을 막고 일본으로 하여금 극동極東의 반공 보루로서의 역할을 성실하게 수행하게 만들었다.[17]

17　김현구, 『백제는 일본의 기원인가』, 창비, 2002, 217쪽.

한인애국단의 이봉창 의사는 1932년 일왕 히로히토에게 폭탄을 던졌다가 아무런 위해도 가하지 못했지만 사형당했다. 이봉창 의사는 도쿄로 가기 전에 쓴 「선서문」에서 "나는 적성(赤誠: 순수한 정성)으로써 조국의 독립과 자유를 회복하기 위해서 한인애국단의 일원이 되어 적국의 수괴(首魁: 일왕)를 도륙하기로 맹서하나이다"라고 선언했다. 한인애국단 단장 김구 선생이나 이봉창 의사의 눈에 적국의 수괴였던 히로히토를 김현구는 '평화의 사도'로 둔갑시킨다. 그 논리가 "700만 일본군을 저항 없이 항복"시키고 "공산혁명을 막고 일본을 극동의 반공 보루"로 만들었다는 것이다. 김현구의 주장이 최소한의 타당성을 가지려면 1945년 8월 15일 당시 일본은 700만 대군이 있어야 한다. 1942년의 미드웨이 해전에서 항공모함 4척과 비행기 300대 이상을 잃음으로써 일본 제국주의의 운명은 이미 끝난 것이었다. 일제의 패망은 시간문제였다. 태평양 각 섬에서 일본군이 전멸당하고 1945년 6월에는 오키나와까지 점령됨으로써 이른바 본토까지 점령당하는 최악의 사태가 눈앞에 다가왔다. 여기에 1945년 8월 6일 히로시마에, 8월 9일에 나가사키에 원폭이 투하된 것은 일종의 확인사살이었다. 미국의 원폭 투하에 놀란 소련이 전리품 분배에서 불리해질까 봐 8월 9일 전격적으로 대일전에 참전하자 자칭 '무적 황군'이라 선전하던 만주의 '무적 관동군'은 총 한 방 제대로 쏘아보지 못하고 해체되었다. 관동군이 한 달만 버텨줬다면 한국은 분단국가가 되지 않았을 것이다. 관동군이 너무 빨리 궤멸되는 바람에 소련군이 한반도 전역을 점령할 가능성이 커지자 미국이 부랴부랴 38도선을 제안함으로써 분단이 된 것이다.

그런데 김현구는 이런 일제가 마치 700만 정규군을 보유하고 있었던 것처럼 현실을 호도한다. 700만 대군은 어디 감춰두고 이른바 '본토 결전'을 앞두고 '1억 옥쇄' 운운하며 여학생들에게 죽창 훈련을 시켰다는 말인가?

　히로히토는 히틀러와 같은 전범이다. 일본의 메이지헌법이 그렇게 규정하고 있다. 메이지헌법은 "제1조. 대일본제국은 만세일계萬世一系 천황이 통치한다. 제3조. 천황은 신성하며 침범할 수 없다"라고 되어 있다. 군사관계에 대해서는 "제4조. 천황은 국가의 원수로서 통치권을 총괄한다"라고 되어 있고, 제12조는 "천황은 육·해군의 편제 및 상비군의 숫자를 결정한다"고 되어 있다. 일왕이 군 통수권을 갖는다는 선언적 의미가 아니라 '육·해군의 편제 및 상비군의 숫자'까지 일왕이 결정하게 되어 있었다. 1930년대 일본 육·해군의 젊은 파시스트 장교들이 총리나 국방장관 등의 재가 없이 만주를 침략하고 잇단 쿠데타를 일으킨 논리가 일본군은 내각에 속한 군대가 아니라 일왕 직속 군대라는 것이었고, 실제로도 그랬다. 그래서 히로히토는 히틀러, 무솔리니와 같은 전범인데 이런 전범을 김현구는 평화의 사도로 둔갑시켰다.

　그리고 그 논리에 극우파들의 전가의 보도인 '반공'이 들어가 있다. 일본을 반공의 보루로 만든 것은 일왕이 아니라 미국이다. 당초 미국의 전후 동아시아 구상은 국공내전에서 장제스蔣介石가 이끄는 국민당이 승리하는 것을 전제로 중국을 반공의 보루로 삼고, 일본을 민주적으로 개혁하는 것이었다. 그러나 예상을 뒤엎고 마오쩌둥毛澤東이 이끄는 공산당이 승리하자 반공의 보루를 중국에서 일본으로 옮기고, 감옥에 갇혀 있던 전범들을 석방하고 전범들에 대한 공직추방령을 해제해서 전범들을 다시 등용하는 역코스 정책으로 변경했다. 이것이 현재 일본 극우파가 다시 집권하게 된 배경이다.

김현구가 '반공'을 논리로 일왕을 평화의 사도로 내세운 것은 광복 후 친일파들이 '애국자'로 둔갑했던 한국의 경로 및 논리와 일치한다. 친일파들은 '반공'을 논리로 자신들을 '애국자'로 둔갑시킨 후 대한민국의 권력을 장악했다. 그리고 다시 친일파들의 나라를 만들었다.

한국 극우파와 일본 극우파의 자금

사사카와 료이치(笹川良一: 1899~1995)라는 일본 극우파 정치가가 있다. 1931년 극우정당 국수대중당을 만든 인물인데, 이탈리아의 파시스트 무솔리니를 숭배해 국수대중당의 제복을 파시스트당과 비슷하게 만들었을 정도로 극우 사상에 경도된 인물이다. 1945년 일제 패망 후 A급 전범으로 체포되었다가 미국의 정책이 극우파를 등용하는 것으로 바뀌면서 석방되어 도박산업으로 큰돈을 벌었다. 그가 만든 재단이 사사카와재단 또는 일본재단Nippon Foundation인데, 일본 정부가 만든 일본재단Japan Foundation과는 영문명만 다르다. 일본재단의 이사장을 맡고 있는 사사카와 료이치의 아들 사사카와 료헤이笹川陽平는 일본 극우파 역사 교과서를 만드는 모임인 새역모 회장이기도 하다.

10여 년 전에 이 사사카와재단의 자금 100억 원이 국내 유수의 모 사립대학에 '아시아연구기금'이란 명목으로 지원되어 물의를 일으킨 적이 있었다. 이 사립대학에는 일본 극우파 재단 사무실까지 버젓이 있었다. 50억 원은 또 다른 유수의 사립대에 들어갔는데, 당시 사사카와재단이 뿌린 자금 규모는 총 300억 정도로 알려졌다. 그 시절 갑자기 사학과 대학원생들 사이에 일본 유학 열풍이 인 것은 우연이 아니었다.

그런데 이런 자금들이 국내 우익 학자들에게만 흘러들어갔을 것으로 생각한다면 아직도 한국 사회에 대한 이해가 부족한 것이다. 한국 사회는 반일하는 '척'하거나 '죽은' 친일파를 비판하면 보수, 진보 언론에서 함께 칭송한다. 그러나 일본 극우파와 조선총독부 역사관을 '진짜' 비판하거나 '산' 친일파를 비판하면 짝퉁 우익과 짝퉁 좌익이 좌우합작 전선을 결성해서 "저놈 죽여라!"고 함께 공격하는 사회다. 이 구조를 모르면 이 사회는 영원히 바뀌지 않는다.

김현구는 EBS(교육방송)에서 자신이 일본 문부성 장학금으로 유학한 경험을 자랑스레 이야기했다.

일본이 지금까지 6만 5,000명의 국비 유학생을 유치했습니다. 무슨 말인고 하니 일본 정부에서 매년 아시아 각 나라 중심으로 해서 정부에서 돈을 줘서 유학생을 선발합니다. 저도 그런 유학생으로 갔다 온 사람입니다만 이건 세계에서 가장 좋은 장학금이에요. 한 달에 약 우리 돈 200만 원씩 주고 등록금 전액 면제입니다. 이것을 연구생 2년, 석사 2년, 박사 3년까지 줍니다. 여러분들 분발해서 일본 문부성 유학생이 되면 가서, 그 돈이면, 저는 그 돈 가지고 결혼을 해서 애들 둘하고 네 식구가 생활하면서 박사과정까지 마칠 수 있었어요. 어떻든 이처럼 이렇게 한 사람들이 6만 5,000명이라고 한번 상상을 해보세요.

김현구의 말대로 한번 생각해보자. 얼마나 많은 한국인들이 이런 장학금을 받고 일본 극우파 역사관을 선전하고 있겠는지. 호사카 유지 교수가 "일본 극우파 자금을 받고 친일적인 활동을 하는 사람들이 대폭 늘었다"고 말한 것은 허언이 아니다. 김현구는 한국 젊은이들에게 열심히 공부해서 일본 가라면서 일본이 "이처럼 인적·물적으로 아시아에 유학생들을 깔아놓은 겁니다"라고도 덧붙였다. 일본 정부 돈만이 아니라 사사카와재단 같은 일본 극우파 돈도 많다. 이런 돈을 받고 공부한 일본에서 학위를 따거나 연수한 이들이 국내 여러 대학을 차지하고는 '가야=임나'라는 일본 극우파 역사관을 전파하는 것이다. 물론 일본 돈으로 유학 갔다 온 학자들이 모두 친일 학자가 된다는 뜻은 아니다.

김현구가 받은 미즈노의 혼네

김현구의 와세다 유학 시절 지도교수 미즈노는 1세기부터 한국은 일본의 식민지였다고 주장하는 극우파 학자이다. 이런 미즈노에 대해 김현구가 자신의 속내를 털어놓은 적이 있다.

귀국을 앞둔 어느 날 가족들을 데리고 인사차 지도교수 댁을 방문한 적이 있다. 오랜 지도를 받았을 뿐만 아니라 내 학문을 만들어주시고 많은 감화를 주신 분이기 때문에 내게는 부모와 다를 바 없는 분이셨다. 그분도 근 10년 가까이 지도했던 제자의 귀국에 감회가 새로웠던지 밤늦도록 여러 말씀을 해주셨다. 그중 가장 기억에 남는 것은 "일본의 인구는 1억 2,000만 명쯤 되는데 일본은 땅덩어리가 작아서 잘해야 7,000만 명분밖에는 생산할 수 없기 때문에 결국 5,000만 명분은 밖에서 벌어 와야 한다. 그런데 모든 것이 순조로운 지금은 구미에서 벌어 오지만 어느 땐가 그것이 여의치 않게 되면 결국 아시아 쪽으로 눈을 돌릴 것이고, 그 경우에 제일의 타깃은 한국이 될 수밖에 없을 것이다. 어떻게 하다가 김 군과 내가 사제지간이 되었는데 다 같이 역사를 공부하는 사람으로서 양국 간에 불행한 일이 일어나지 않도록 노력해야 할 것이다" 하는 말씀이다.

일본 사람들은 좀처럼 자기 속에 있는 말을 하지 않는다. 역사 발전에서 인간의 의지를 도외시한 면은 있지만 이 말씀은 평생을 역사 연구에 바쳐오신 분으로서 일본 역사를 자연환경과의 관계에서 거시적으로 보신 혜안이고 그분이 나에게 주신 '혼네'의 선물이었다.[18]

평생을 일본 극우파의 역사학과 맞서 싸웠던 고故 최재석 교수

18 김현구, 『김현구 교수의 일본이야기』, 창비, 1996, 82쪽.

는 김현구에 대해 "일본에 가서 취득한 학위논문에서 고대 한국이 일본의 식민지였다고 주장하였다면 이는 지도교수의 영향으로밖에 달리 생각할 수 없을 것"(『역경의 행운』, 만권당, 2015)이라고 갈파했다. 이는 김현구 자신이 미즈노에 대해서 "내 학문을 만들어주시고 많은 감화를 주신 분이기 때문에 내게는 부모와 다를 바 없는 분"이라고 언급한 것에서 그 속내를 꿰뚫어 본 혜안임을 알 수 있다. 미즈노가 일본이 아시아로 눈을 돌리면 "제일의 타깃은 한국"일 것이라고 말했을 경우 나나 최재석 교수 같으면 "이 극우파 ×이 아직도 한국 재침략의 꿈을 버리지 않고 있구나"라고 경계할 것이다. 그러나 김현구는 이를 "일본 역사를 자연환경과의 관계에서 거시적으로 보신 혜안이고 그분이 나에게 주신 '혼네'의 선물"로 받아들였다.

사사카와재단을 비롯한 일본의 극우파들이 한국 학자들에게 막대한 돈을 쏟아붓는 것은 언젠가 "제일의 타깃"인 한국을 향해서 행동을 개시할 때 써먹을 앞잡이들을 양성하기 위한 것임은 굳이 설명할 필요도 없다. 일본 극우파는 패전 이후 한순간도 한국 재점령의 꿈을 버리지 않았다. 일본 극우파들이 한국 내 친일 세력들에 대해서 "과거의 친일파, 지금의 친일파, 미래의 친일파"로 나누어 체계적으로 관리한다는 정보도 있다. 이런 점에서 조선총독부 역사관과 일본 극우파 역사관을 '진짜' 비판했던 최재석 교수나 내가 겪었던 수난은 일종의 '전초전'에 불과한 것이 아닐까 하는 생각도 든다. 기우이기를 바라는 마음 간절하지만 불길한 기우는 현실로 나타난 경우가 많은 것이 또한 역사다.

2. 시스템이 고장 난 대한민국호, 대한민국 정치와 언론

시스템이 고장 난 정부

더 큰 문제는 늘 우리 내부에 있다. 광복 72년이 지났지만 대한민국은 아직 독립국가라고 보기에 부족하다. 진정 독립국가라면 육체뿐만 아니라 정신이 독립되어 있어야 한다. 순국선열들의 피로 되찾은 대한민국의 정체성에 맞는 행정부, 의회, 법원의 3권을 갖고 있어야 한다. 그래야 일반 국민들이 정치에 무심하고 생업에만 몰두해도 나라는 제 방향으로 굴러간다. 나라 정체성의 핵심은 국사관이다. 전 세계에서 국사 관련 국가기구가 가장 많은 나라 중의 하나가 대한민국일 것이다. 국책기관만 국사편찬위원회, 한국학중앙연구원, 동북아역사재단 등 세 개나 되고, 이 세 기관이 쓰는 국고만 연간 1,000억 원 이상이다. 이 중 한 기관만 대한민국의 정체성을 지키는 본연의 자세를 유지했다면 중국·일본은 역사 도발의 꿈도 꾸지 못했을 것이고, 국내의 식민사학도 자취를 감추거나 크게 위축되었을 것이다.

그러나 이 세 국가 기관의 현실은 대한민국 납세자들의 의사와는 정반대로 굴러간다. 국사편찬위원회의 주요 기능은 국사 편찬의 기준을 만드는 것이다. 그러나 이 기준의 상당 부분은 국정, 검인정을 막론하고 조선총독부 학무국에서 만든 것을 지금껏 답습한다고 해도 과언이 아니다. 한국학중앙연구원의 한 교수는 공개 학술회의 석상에서 "단재 신채호는 네 자로 말하면 정신병자, 세 자로 말하면 또라이"라고 망언했다. 이런 사람이 이명박 정부 때 한국학중앙연구원 내 한국학진흥사업단장으로 한 해 250~300억에 달하는 국고를 주물렀고, 박근혜 정부 때는 집권 여당 초청으로 국회에서 여러 번 의원들을 모아놓고 강연했다. 대한민국 짝퉁 보수들의 현주소다.

동북아역사재단은 한술 더 떠서 대놓고 매국 행위를 자행해왔다. 하버드대학에 국고 10억 원을 갖다 바쳐 중국 동북공정 논리와 일본 극우파의 재침략 논리를 영문 책자로 간행해 세계에 배포했고, 국고 47억 원을 들여서 만든 「동북아역사지도」는 북한 강역을 중국에 통째로 넘겨주고, 4세기에도 『삼국사기』 불신론에 따라서 한반도 남부에 '신라·백제·가야'도 그리지 않았다. 반면 같은 시기 일본에는 강력한 고대 국가가 존재했다고 그려놨다. 그래야 한반도 남부에 '임나'가 있었다고 주장할 수 있기 때문이다. 또한 독도는 일관되게 삭제했다.

2012년 중국은 북한 강역이 중국의 역사강역이었다고 주장하는 자료를 '미 상원'에 보냈다. 중국은 왜 이런 자료를 미국에 보냈을까? 미국은 한국 정부에 중국 측의 자료를 그대로 보내면서 답장을 요청했다. 그러자 당시 동북아역사재단 이사장과 「동북아역사지도」 제작 책임자 등이 미국까지 날아가서 황해도 재령강 연안과 강원도 이북까지는 중국의 역사영토라는 자료를 제공하고 돌아왔다. 이것이 현재까지 대한민국 정부의 공식 견해이다. 중국이 북한 위기 시에 북한을 차지하고 "우리 땅이라고 한국 정부에서 확인해주었다"라고 주장한다면 대한민국은 무엇이라고 반박할 것인가? 중국의 시진핑 주석이 트럼프 미국 대통령에게 "한국은 역사적으로 중국의 일부였다"라고 말한 것은 한국의 이런 움직임에 대해 잘 인지하고 있다는 뜻이다. 중국은 강역 문제에 관한 한 국가주석에게까지 보고되는 국가 운영 시스템을 갖고 있는 나라라는 뜻이다.

우리는 어떤가? 문재인 대통령은 2017년 8·15경축사에서 독립운동을 하면 3대가 망하는 현실을 개탄하면서 바로잡겠다고 선언했다. 또한 석주 이상룡 선생의 임청각을 노블레스 오블리주의 상징으로 꼽았다. 아마도 그 마음은 진심일 것이다. 그러나 개인이 아닌 대통령의 그런 마음이 진심이라면 국책 관련 세 기관의 연구나 활동 방향이 석주 이상룡 선생의 역사관을 실현하는 방향으로 나타나야 객관적 진실성을 획득할 수 있다. 석주 이상룡 선생은 1911년에 쓴 망명일기 『서사록西徙錄』에서 일제가 식민사학을 만들어 우리의 정신세계를 지배하려 할 것이라는 사실을 예견이라도 한 것처럼 식민사학의 싹을 뿌리부터 잘라냈다. 예언자적 지식인이다.

그러나 이 나라의 역사학계를 지배하는 것은 여전히 조선총독부 역사관이다. 문재인 대통령의 8·15경축사가 의미를 가지려면 대한민국 국사 관련 국책기관들이 석주 이상룡은 물론 백암 박은식, 단재 신채호 등의 역사관을 계승해야 할 것이다. 그러나 정권 교체 후에도 이런 조짐은 싹도 보이지 않는다. 적폐 청산 목소리는 드높지만 정권 차원의 적폐 청산에만 열을 올릴 뿐 국가나 민족 차원의 적폐 청산에 대한 이야기는 듣지 못했다. 그러니 성호星湖 이익李瀷 선생의 「붕당론朋黨論」이 절로 생각난다. 부친 이하진은 유배 가서 죽고, 그에게 학문을 가르쳤던 중형 이잠은 집권 노론을 비판하는 상소를 올렸다가 장하杖下의 귀신이 되었다. 그러나 성호 이익은 「붕당론」에서 "붕당은 싸움에서 생기고, 그 싸움은 이해관계에서 생긴다"고 갈파했다. 열 사람이 한 사발의 밥을 먹어야 하기 때문에 싸움이 일어난다는 것이다. 곁에서 보기에는 말이 불손하거나 태도가 공손치 못해서 싸우는 것 같지만 "밥 때문이지, 말이나 태도나 동작 때문에" 싸우는 것이 아니라는 것이다.

　정권은 교체되었지만 식민사학자들이 다시 득세하는 현 상황을 보면 촛불을 단지 정권 장악의 수단으로 이용한 것이 아닌가 하는 생각이 든다. 여전히 국책 관련 국가 기관은 식민사학자들이 독식해 석주 이상룡 선생의 역사관과는 완전히 배치되는 방향으로 가고 있기 때문이다. 심지어 독도를 한국과 일본이 공동으로 영유하자고 주장했던 학자가 대한민국역사박물관 학예실장에 내정되었다는 소식에 여러 단체와 많은 시민들이 국민청원을 제기했다. 그래서 내가 페이스북에 "독도 공유론자의 공직 진출을 막기 위해 국민

청원까지 해야 한다면 촛불로 탄생했다는 이 정부는 도대체 무슨 생각으로 국정 운영을 하는 것일까?"라고 비판했다. 역사운동가들과 시민단체의 항의로 그의 내정 사실은 '합격자 없음(2017. 12. 29.)'으로 처리되었지만 지금처럼 촛불의 이미지, 즉 그림자만 가지고 이 문제를 호도한다면 촛불의 방향이 바뀔지도 모른다.

고장 난 언론 시스템

시스템이 고장 나기는 한국 언론들도 마찬가지다. 내가 1심에서 유죄 판결을 받자 식민사학계가 조직적으로 확인사살에 나섰다. 역사학자가 역사 관련 서적을 썼다고 고검에서 부당하게 기소하고, 1심에서 유죄 판결을 받은 것에 대해 비판하는 정상적인 언론은 카르텔에서 벗어난 소수 인터넷 언론 외에는 찾기 힘들었다. 확인사살의 논리를 제공한 이른바 학술지가 한때는 진보를 표방했으나 지금은 조선총독부의 선전잡지로 전락한 「역사비평」이었다. 「역사비평」은 2017년 여름과 가을호에 '한국 고대사와 사이비역사학 비판 1·2'란 특집을 기획해서 아직 학위도 따지 못했거나 시간강사인 나이만 젊은 역사학자들을 내세워 김현구를 옹호하고 나를 비판하면서 '조선총독부 역사관 만세!'를 외쳤다. 서울대학교 국사학과에서 박사 학위를 받은 서울대 국제대학원 교수 박태균이 기획했다고 들었다. 그러자 「조선일보」가 이들에게 '무서운 아이들'이란 닉네임을 붙여주고, 「한겨레」·「경향신문」·「한국일보」 등에서 마치 역사학계의 판도라도 바꿀 새로운 학자 집단과 새로운 이론이라도 나온 양 대서특필했다. 그런데 이 '무서운 아이들'은 정작 같은 제목의 책을 낼 때는 '젊은역사학자모임'이란 우스운 명의를 썼다. 새로운 '이론'이 아니라 낡고 낡은 '조선총독부 역사관'이니 생물학적 '나이'밖에 내세울 것이 없는 '불쌍한 아이들'이란 자백에 다름 아니다.

그런데 이들이 사용하는 언어를 주목할 필요가 있다. '무서운 아이들'은 물론 유수 대학의 교수들과 문재인 정부에서 대한민국역사박물관장으로 임명한 상명대 교수 주진우 등이 사용한 용어가 '유사역사학'이란 용어다. '초록불'인지 '붉은불'인지 하는 닉네임을 쓰는 자칭 역사소설가 이문영이 만들었다는 용어인데, 전국 유수의 사학과 교수들이 새로운 역사 용어라도 출현한 양 일제히 갖다 쓰고, 언론도 그대로 받아썼다.

식민사학에서 새로운 용어나 새로운 이론을 내세울 경우 나는 몇 시간이면 그 출처를 거의 100퍼센트 찾아낸다. 조선총독부에서 사용했던 용어들이기 때문이다. '유사'라는 용어는 일제의 종교정책에서 따온 것이다. 조선총독부는 종교를 둘로 나누어 따로 관장했다. 개신교, 불교, 천주교는 종교로 분류해서 총독부 학무국 종교과에서 관장하고, 천도교, 대종교, 보천교 같은 항일 민족종교는 '유사종교'로 분류해 총독부 경무국에서 관장했다. 미륵불교도 불교지만 유사종교로 분류했다. 민족 해방을 꿈꾸는 종교였기 때문이다. 일제가 민족종교를 독립운동 조직으로 보고 탄압하기 위해 만든 용어가 '유사'인데, 이문영이란 자칭 소설가가 '유사역사학'이란 용어로 변형해 쓰자 주요 대학의 사학과 교수들이 일제히 추종하고 보수, 진보 할 것 없이 많은 언론들이 받아쓰기한 것이 이 나라 지식 사회의 현실이다. 그러니 해방 70년이 넘도록 노벨상 근처에도 못 가는 것이다.

역사학의 기본적인 방법론에 따르면 아무런 1차 사료적 근거가 없이 조선총독부 역사관을 추종하는 식민사학자들이야말로 '유사 역사학'이다. 항소심 공판을 마치고 법원 밖으로 나오는데 한 청년이 다가와서 물었다.

"김현구 저 사람, 자기 책에 써놓고 왜 부인해요?"

김현구가 『임나일본부설은 허구인가』에 임나일본부설을 써놓고 지금은 왜 부인하느냐는 질문이었다. 나는 박사과정쯤 다니는 대학원생으로 짐작하고 무엇을 하느냐고 물어보았더니 회사 다니는 노동자라고 답했다. 그 청년은 자신의 태블릿 PC를 보여주었다. 김현구 책을 발췌한 여러 구절이 있었는데, 그중 한 대목만 소개하자.

> (왜가) 당시 대방계까지 올라간 왜의 거점이 '임나가라(임나가야)'였음을 알 수 있다. 그렇다면 왜가 '대방계'까지 북상할 때도 '임나가라' 즉 한반도 내륙을 거쳤다고 생각하는 것이 타당할 것이다.(『임나일본부설은 허구인가』 28쪽: 강조 구절은 청년이 한 것임)

김현구가 자신의 책에 임나는 한반도 남부를 차지하고 있었으며 야마토왜에서 온 왜군이 한반도 남부에서 북부까지 마음대로 주유하면서 군사 활동을 펼쳤다고 써놓고 왜 아니라고 부인하느냐는 것이다. 청년 노동자가 일하는 틈틈이 봐도 아는 것을 이 나라 유수

대학의 교수들과 '무서운 아이들', 보수·진보 언론인들, 판·검사는 알지 못한다. 보수·진보 언론의 문화부 학술 담당 기자들은 누구의 견해가 옳은지 양쪽 주장을 비교하면서 취재할 생각을 전혀 하지 않는다. 양자의 의견을 독자들에게 전달하는 기자가 아니라 기자로 위장한 식민사학 측 선수이기 때문이다. 그러니 이문영이 조선총독부에서 따온 '유사역사학' 같은 파시스트식 선전선동 용어들이 나오면 환호하면서 받아쓴다. 팩트 체크? 반론 청취? 한국의 이른바 보수·진보 언론의 문화부 학술 담당 기자들의 사전에 이런 기자 용어들은 존재하지 않는다. 그러니 OECD 국가 중 언론에 대한 신뢰도가 23퍼센트로 최하위이다. 23퍼센트의 신뢰도 신뢰라고 볼 수 있을까?

「조선일보」, 「한겨레」, 「경향신문」, 「한국일보」, 「매일경제」 등에 식민사학을 선전하는 기사가 실릴 때마다 수많은 항의가 빗발친다. 그러면서도 같은 기사를 반복한다. 신문사 간부들은 "문화부 쪽, 학술 쪽은 잘 모르겠다"고 궁색하게 답한다. 언론 시스템이 고장 났다는 이야기다. 역사관에 관한 한 이 나라 언론계는 일제 강점기 조선총독부에서 발행하던 「경성신문」 하나만 존재하던 1940년대와 다를 바 없다.

이렇게 된 원인 가운데 하나가 바로 '우리 안의 식민사관' 때문이다. 예를 들어, 『식민사학이 지배하는 한국고대사』(책미래, 2014)라는 책을 쓴 이희진의 경우를 보자. 어떤 사람들은 그가 쓴 책 제목 때문에 그를 식민사학과 맞서 싸우는 학자로 생각한다. 그러나 여러 사람들은 그가 쓴 책을 보면 무슨 말을 하는지 알 수 없다는 말도 한다. 여기에서 괴리가 생긴다. 황순종 선생은 『임나일본부는 없었다』에서 이희진이 김현구처럼 '임나=가야설'에 동의한다면서 그의 논문 「임나일본부에 대한 백 년의 논쟁」을 조목조목 비판했다. 황순종 선생은 이희진과 직접 학술 토론에 참석했던 경험을 책에 실었다.

> 이희진이 이날 발표한 논문의 제목은 「임나일본부에 대한 백 년의 논쟁」이다. 이 논쟁에서 가장 많은 연구 성과를 갖고 있는 학자는 물론 최재석 고려대 명예교수다. 그러나 이희진은 이 논문에서 최재석 교수를 언급조차 하지 않았다.
> 그래서 필자는 이희진에게 임나가 한반도의 가야와는 다른 일본 내 분국이라는 세 가지 근거를 들고, 이에 대해 중점적으로 연구한 최재석 교수에 대해서는 왜 언급하지 않았는지 이유를 먼저 물었다.
> 그랬더니 이희진은 이에 대해 설명하려면 "한 시간 이상이 필요하다"는 등의 엉뚱한 대답으로 논점을 회피했다. 또한 북한의 김석형이 분국설을 최초로 주장했기 때문에 그만 언급했다고 대답했으나 자신의 발표문에 다른 두 명의 재야연구가의 분국설도 언급한 사실은 잊은 듯한 대답이었다. 이희진이 「임나일본부에 대한 백 년의 논쟁」이란 제목의 논문을 발표하면서 이 문제에 대해 가장 많은 논문과 저서를 갖고 있는 최재석 교수를 생략한 이유는 사실 간단하다. 임나가 한반도 남부에 있었다고 보는 이희진으로서는 임나가 대마도에 있었다는 최재석 교수의 방대하고도 치밀한 논리에 대응할 수 없어서 일부러 생략한 것이다. 그 역시 어떤 자리에

서는 학계를 비판하는 척하지만 이처럼 발표문에서는 정작 최재석 교수를 없는 사람 취급하자는 학계의 카르텔에 정확히 속해 있는 것이다.[19]

실제 이희진은 이날 발표 논문에서 "요즘 학계에서는 『일본서기』 에 나오는 고구려·백제·신라·가야 같은 나라들이 일본 열도에 있 던 한반도 각국의 분국이라고 믿는 사람은 별로 없다"라고 말했다. 최재석 교수처럼 '임나=일본 열도설'을 주장하는 학자들을 없는 사 람 취급하고 있는 것이다. 심지어 이희진은 발표문에서 "『일본서기』 자체에도 스이코推古 천황 26년의 기록에 고구려의 원조 요청에 응 해 일본이 원정군을 파견해 침공해왔던 수양제의 30만 대군을 격 퇴했다고 되어 있다"고 말했다. 야마토왜의 군사가 고구려의 군사 요청을 받고 고구려까지 올라가서 수나라와 싸웠다는 것으로, 김 현구도 감히 하지 못한 주장이다. 그래서 황순종 선생은 이를 강하 게 비판했다.

> 그러나 사실 더 놀라운 것은 이희진이 "『일본서기』 자체에도 스이
> 코 천황 26년의 기록에 고구려의 원조 요청에 응해 일본이 원정군
> 을 파견해 침공해왔던 수양제의 30만 대군을 격퇴했다고 되어 있
> 다"고 서술했다는 점이다. 한국 사회에서 '한사군=한반도설'은 이제
> 한사군이 중국 하북성 일대에 있었다는 중국의 고대 사료가 많이

19 황순종, 『임나일본부는 없었다』, 만권당, 2016, 77쪽.

공개되면서 퇴조하고 있는 중이다. 그러나 재상륙한 임나일본부설은 기세등등하다. 여기에는 한국 사회의 카르텔 구조 등 여러 요인이 있지만『일본서기』를 본 사람이 그리 많지 않다는 현실도 한몫한다. 그래서 이희진이 일본이 고구려의 원조 요청에 응해 고구려까지 가서 수양제의 30만 대군을 격퇴했다고『일본서기』스이코 26년 기록에 나온다고 쓸 수 있는 것이다.『일본서기』〈스이코 26년〉조에는 그런 기사가 나오지 않는다. 이희진은 이런 사실을 알고도 김현구 식으로 사료 조작을 한 것일까?[20]

이희진이 강연에서 "김현구 교수는 식민사학자가 아니다"라고 옹호하고 다닌다는 말을 여러 군데서 들었다. 황순종 선생이 "이희진도 총론에서는 식민사학을 비판해왔다"고 말한 것처럼 총론은 식민사학을 비판하는 척한다. 그러나 막상 각론으로 들어가면 '야마토왜 군사가 고구려의 구원 요청을 받아 고구려까지 가서 수나라 군사와 싸웠다'는 식으로『일본서기』에도 나오지 않는 기사를 조작해 야마토왜군을 슈퍼강군으로 만든다. 이런 행태를 구분하지 못하고 책 제목에 속으면 임나일본부설은 영원히 간다.

내가 받은 1심 유죄 판결에 대해서 민족사학계 인사들과 독립운동가 후손들은 큰 충격을 받았다. 한 지인이 이러다가 이 나라가 다시 망하겠다면서 스스로 대책회의를 한 단체가 많다면서 이런 단체들을 묶어서 하나의 큰 조직으로 만들어보자고 제안했다. 광

20 황순종,『임나일본부는 없었다』, 만권당, 2016, 79~80쪽.

복 70년이 넘었는데 식민사학이 해체되기는커녕 식민사학을 비판하면 감옥에 간다는 이야기니 어찌 가만히 있을 수 있겠느냐는 이야기였다. 대한민국의 정체성을 부인한 1심 판결에 대한 광범위한 분노가 일고 있었다.

그래서 2016년 6월 26일 오후 3시 국회 의원회관 대강당에서 전국의 100여 개 시민사회단체가 모인 '미래로 가는 바른역사협의회 (미사협: 상임의장 허성관)'가 결성되었다. 참가 단체들의 소속 회원 수를 집계하니 100만 명이 훌쩍 넘었다. 지금은 120만이 넘는다. 대회 시작 두 시간 전에 500석 이상 되는 국회 의원회관 대강당이 꽉 찼다. 국회 방문증이 동나 나중에 온 사람들은 방문증 없이 그냥 들어왔다고 한다. 대강당은 물론 2층 전체가 꽉 차고, 계단까지 인파가 들어섰다. 비로소 이런 생각이 들었다.

'이 나라가 다시 망하지는 않겠구나!'

행사 후 많은 사람들이 돌아가고 남은 참석자 일부가 국회 본관 계단에서 찍은 사진을 보면 얼마나 많은 사람들이 참석했는지 짐작할 수 있다. 1919년의 3·1혁명이 이랬고, 1987년의 직선제 쟁취가 이랬고, 지난해 겨울의 촛불혁명이 이랬다. 그런데 이런 열기를 보수, 진보 대부분의 언론이 외면했다. 메이저 언론 중에는 「중앙일보」만 보도했다. 며칠 후 전북 산다는 한 예술원 이사장이란 분이 전화했다. 자신과 주위 대부분은 「한겨레」 창간주주인데, 전북에서 올라와 대회에 참석했다는 것이다. 그런데 「한겨레」가 이 큰 행사를 한 자도 보도하지 않았다고 분개했다. 그래서 찾아보니 「한겨레」가 조선총독부 역사관을 옹호하는 기사를 여러 번 썼을 뿐만 아니라 필자를 비판하는 근거 없는 기사들도 여러 번 썼다는 사실을 알게 되었다는 것이다. 그래서 「한겨레」 사장실에 전화해서 "너희들이 어떻게 만들어진 신문인데 이런 나쁜 짓을 하느냐?"고 역정을 냈다고 했다.

서희건이란 분이 「조선일보」 문화부장으로 있던 시절에 「조선일보」는 민족사학 편이었다. 김성호 선생의 『비류백제와 일본의 국가기원』(지문사, 1982)도 「조선일보」 지상에 연재되었다. 지금은 '환단고기'라는 말만 나와도 "저놈 죽여라!"라고 거품 물지만 「조선일보」 선우휘 주필은 1978년 10월 22일 『환단고기』 필사자로 알려진 이유립 선생을 찾아 대전으로, 의정부로 헤맨 끝에 인터뷰에 성공하고 전면에 게재했다. 『환단고기』가 진서인지 위서僞書인지 여부는 둘째치고 식민사학은 이 나라의 갈 길이 아니라는 확고한 전제 아래 역사의 진실을 찾아 헤매던 시절이 「조선일보」에도 있었다. 지금은 꿈같이 아득한 시절일 것이다.

한국 언론의 위기는 언론인들 스스로가 만든 것이다. 필자는 물론 필자 주위에는 여러 종류의 신문을 보던 사람들이 꽤 있었다. 보수 신문과 진보 신문을 모두 보는 사람들도 여럿이었다. 그러나 지금은 대부분 보수, 진보를 막론하고 신문 자체를 절독했다. 인터넷 때문이 아니다. "이래도 신문 볼래?"라고 고문하는 것을 왜 돈 주고 보느냐는 것이다.

최근 일본 특파원 출신의 길윤형이 편집장으로 부임한 주간지 「한겨레21」의 행태는 조선총독부 기관지 「경성일보京城日報」 뺨친다. 「한겨레21」 2017년 6월 26일자는 표지에 단군과 백두산을 그려놓고

'사이비역사학의 역습'이라는 제목을 달아놓았다. 조선총독부도 감히 하지 못하던 짓거리를 진보의 이름으로 자행한다. 그러니 이 나라의 자칭 진보에 대한 일반 국민들의 신뢰도는 싸늘하다.

대한민국 2년(1920) 1월 대한민국 임시정부의 국무원 포고 제1호는 "우리 대한 나라는 성조聖祖 단군께서 억만년 무궁의 국기國基를 세우셨다"라고 시작한다. 이 포고문은 "…… 슬프다 동쪽 이웃에 왜적이 창궐하고 국내에 난신亂臣이 횡행해서…… 영광스런 단군의 혈손血孫은 저 왜노倭奴의 노예가 되었도다"라고 한탄하면서 "차라리 자유민으로 전장에 백골을 드러낼망정 결코 살아서 노예의 수치를 받지 않으려는 것이 우리 대한민족의 정신이요 기백이니라"라고 선언했다. 1920년 임시의정원은 단군이 나라를 연 서기전 2333년 10월 3일을 건국기원절로 정해 대대적인 경축행사를 거행했다. 그런데 「한겨레21」은 광복 72주년에 단군과 백두산을 그려놓고 '사이비역사학의 역습'이란 제목 아래 조선총독부 역사관을 옹호하고 민족사관을 격렬하게 비난했다. '조선총독부 역사학의 역습'이라고 제목을 달았으면 명실이 상부했을 것이다. 표지에 세월호 리본 대신 욱일승천기를 내걸었으면 명실이 상부했다.

필자는 페이스북을 하지 않다가 이런 사론私論, 사론邪論에 맞서 진실을 알리기 위해 뒤늦게 2017년 6월 무렵부터 페이스북을 시작했다. 첫 번째로 올린 글이 '노론에게는 무궁한 길이 있다'는 제목이다. 일제에 나라를 팔아먹은 이완용이 당수인 노론이 아직까지도 한국 사회를 장악하고 있는 노론 불패 신화에 대한 이야기다. 「한겨레」, 「경향신문」 같은 자칭 진보도 노론의 추종자로 만들었으니 어찌 노론이 사라지겠는가?

필자의 재판이 끼친 좋은 현상 중의 하나는 독립운동가 후손들이 자발적으로 결집하기 시작했다는 점이다. 그동안 친일파들이 독립운동가들을 청산했던 한국 현대사의 역주행 때문에 독립운동가 후손들은 시국 사건에는 말을 아껴왔다. 그러나 1심에서 필자에게 유죄가 선고되자 "더 이상 두고 볼 수 없다"는 분노가 크게 일었다. 선조들이 지하에서 통곡한다는 이야기였다. 그래서 항소심 재판부에 탄원서를 내기로 했는데, 그 명칭에 반대하는 분들이 있었다. "자기들이 대한민국 판사인지 조선총독부 판사인지도 모르는 사람들에게 무슨 탄원서야?"라는 반론이었다. 그래서 의견서 명칭을 「건백서建白書」로 정했다. '우리의 의견을 내세운다'는 뜻이다. 「건백서」의 몇 구절만 소개하겠다.

김현구는 일제가 날조한 '임나일본부'를 진실이라고 전제하고 책을 썼고, 이덕일은 허구라고 전제하고 비판했습니다. '임나일본부'가 허구라면 김현구의 모든 주장은 하등의 가치가 없을 뿐만 아니라, 허구를 진실이라고 강변하는 경우이기 때문에 어떤 비판도 감수해야 합니다. '임나일본부'가 진실이라면 이에 대한 비판은 사소한 지엽적인 비판일 수밖에 없습니다. 따라서 먼저 '임나일본부'의 진실 여부를 가린 다음에 유·무죄를 판단하는 것이 이 재판의 본질입니다. …… '임나일본부설'은 일제 패망 후 일본에서도 사실상 폐기된 학설인데 일본 극우파와 김현구를 비롯한 한국 일부 학자들이 지금도 확대 재생산하고 있는 학설이기 때문에 이덕일의 유죄는

일본 극우파가 환호할 판결입니다.(강조는 「건백서」 원문대로임)

「건백서」에는 독립유공자인 오희옥·이종열 선생을 필두로 김시명 순국선열유족회장, 박유철 광복회장을 비롯해서 석주 이상룡 선생 증손 이항증 선생, 김학규 장군 아들 김일조 선생, 백범 김구 선생 손자 김진 선생, 민영달 선생 손자녀 민병언 선생, 나중소 선생 손자녀 나영자 선생 등 500명 가까운 인사들이 서명했다. 그 외에도 저명한 독립운동가 후손들과 순국선열, 애국지사의 후손들이 자진해서 이름을 올려주었다.

이는 한국 사회의 근본적인 개조를 요구하는 목소리이기도 하다. 해방 후 친일 세력이 거꾸로 독립운동 세력을 청산했던 역주행의 한국 현대사를 정상으로 되돌려놓아야 한다는 외침이기도 하다. 신동엽 시인의 시처럼 '모든 껍데기는 가라'는 외침이자, 알맹이들로 이 사회를 채워야 한다는 절규이기도 하다. 신동엽 시인이 '사월도 알맹이만 남고 / 껍데기는 가라'고 절규한 것처럼 겉으로는 식민사관을 비판하면서 속으로는 추종하는 껍데기는 가고 알맹이로 우리 사회를 다시 세울 때가 되었다.

2장

전쟁 중인 두 사관

神檀民史

朝鮮史論 第一輯
丹齋申采浩先生 遺稿
京城 廣韓書林 發行

韓國獨立運動之血史

韓國痛史

1. 한 장의 지도가 말하는
두 개의 역사관

독립운동가 사관과 조선총독부 사관

여기 한 장의 지도가 있다. 「독립운동가와 조선총독부의 역사관」이라는 제목의 지도이다. 한가람역사문화연구소에서 만든 이 한 장의 지도는 두 주제에 대한 두 관점을 담고 있다. '한사군의 위치는 어디였는가?'라는 주제와 '임나일본부는 실제로 있었는가?'라는 주제를 표현하고 있다. 이 두 주제를 둘러싸고 지금 치열한 전쟁이 벌어지고 있다. 바로 식민사관을 둘러싼 논쟁이다. 이 지도는 두 관점의 역사관을 표현하고 있는데, 하나는 조선총독부의 역사관이고 다른 하나는 독립운동가의 역사관이다. 현재 대한민국 각급 학교 현장에서는 둘 중 어느 관점으로 학생들을 가르칠까? 당연히 독립운동가의 관점으로 가르치리라고 생각할 것이다. 그러나 현실

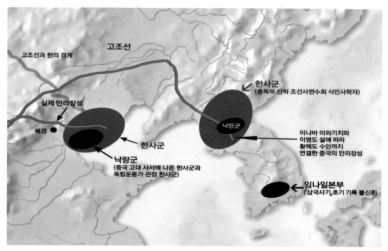

한가람역사문화연구소에서 만든 「독립운동가와 조선총독부의 역사관」이라는 제목의 지도. '한사군의 위치는 어디였는가?' 그리고 '임나일본부는 실제로 있었는가?'라는 주제에 관한 독립운동가와 조선총독부의 극과 극인 역사관을 한눈에 보여준다.

은 그와 정반대다.

먼저 '한사군의 위치는 어디였는가?'라는 주제에 대해서 살펴보자. 한사군이란 중국 고대 한漢나라가 고조선을 멸망시키고 세웠다는 군현郡縣의 이름이다. 쉽게 말하자면 고대판 한나라 조선총독부다. '임나일본부는 실제로 있었는가?'라는 주제는 다른 말로 『삼국사기』 초기 기록 불신론'이라고 부른다. 임나일본부란 근대뿐만 아니라 고대 일본의 야마토大和 정권이 한반도 남부에 임나일본부라는 식민 통치 기관을 설치해놓고 한반도 남부를 식민 지배했다는 것이다. 고대판 일본의 조선총독부다. 이것이 『삼국사기』 초기 기록 불신론'으로도 불리는 이유는 앞으로 서술할 예정이다. 물론 그밖에도 '한국사 정체성론' 등 많은 논리가 있지만 이 두 주제가 조선총독부 설치 당시부터 지금까지 두 진영이 격렬하게 싸우는 핵심 사안이다. 압축하면 이 두 주제가 독립운동가의 역사관과 조선총독부의 역사관이 충돌하는 핵심 사안이다. 조선총독부 역사관은 보통 식민사관이라 불린다. 이 충돌은 '전쟁'이라고 표현해야 할 정도로 격렬했고 또한 오래되었다. 짧게 보면 해방 이후 70여 년간, 대한제국이 일제에게 멸망한 무렵부터 보면 110여 년간 지속되었다. 인조반정으로 친명 사대주의가 득세한 때부터로도 볼 수 있으니 길게 보면 400여 년 가까이 계속된 셈이다.

이 전쟁은 좁게 보자면 역사관을 둘러싼 충돌, 즉 역사 해석권을 둘러싼 갈등이다. 이 전쟁은 겉으로는 역사학자들끼리 싸우는 것처럼 보인다. 실제로도 역사학자들이 전면에 나서 싸우고 있다. 그러나 독립운동가들이 단순한 역사학자들이 아니라 한 손에는 총을, 한 손에는 붓을 든 레지스탕스였던 것처럼 조선총독부도 역사 연구 단체가 아니라 식민 통치 기관이었다. 역사학자는 이 거대한 구조의 일부에 불과하다. 사실 이 거대한 구조 문제가 전쟁의 본질이기 때문에 그토록 치열했고, 그토록 오래 지속되는 것이다.

일제 강점기는 일본 제국주의자들에게 빼앗긴 강역을 되찾기 위해 싸웠던 영토전쟁의 시기이자 빼앗긴 역사 해석권을 되찾기 위해 싸웠던 역사전쟁의 시기이기도 했다. 빼앗긴 영토주권과 역사주권을 되찾기 위한 싸움의 시기였다. 사람으로 쳐서 영토가 몸이라면 역사는 혼이었다. 이 전쟁의 주요 인물이었던 대한민국 임시정부 제2대 박은식 대통령은 "국사·국어는 혼魂"이라고 말했다. 1945년 8

월 15일 일왕 히로히토가 연합군에 무조건 항복하고, 9월 9일 마지막 총독 아베 노부유키阿部信行가 미 제2군단 존 하지John Hodge 중장에게 항복함으로써 일본 제국주의는 쫓겨갔다. 그러나 일제의 구축이 프랑스처럼 영토주권과 역사주권의 회복으로 이어지지는 못했다. 3년간의 미군정기 동안 조선총독부의 잔재가 숙청되기는커녕 조선총독부의 잔존 세력들, 즉 매국노들이 미군정의 중추를 형성하고 득세했다. 1948년 8월 15일 비로소 이승만 정권이 등장했지만 그 역시 친일파들을 그대로 중용했다. 친일파의 재득세만큼 식민사관이 재등장하기 좋은 구조도 없었다. 바로 이 정치 구조 때문에 해방 후에도 식민사관은 살아남을 수 있었던 것이다. 미군정이나 이승만 정권만의 문제도 아니었다. 학생들의 피의 대가로 이승만 정권이 무너지고 허정 과도 내각이 들어섰지만 식민사학계의 태두 두계斗溪 이병도(1896~1989)는 도리어 문교부(현 교육부) 장관으로 임명되었다. 4·19 혁명 정신은 이렇게 배신당한 것이다. 장면 정권은 A라는 친일 정권이 B라는 친일 정권으로 바뀐 것에 불과했다.

필자는 가끔 초등학교(예전 국민학교) 때 국사 시간 생각이 난다. 그때부터 한사군에 대해 배웠기 때문이다. 배웠다기보다는 세뇌당했다. 한사군은 시험에 꼭 나오는 중요한 문제였다. 시험은 항상 두 문제가 나왔다. 하나는 "다음 중 한사군이 아닌 것은?"이라고 묻는다. 사지선다형 답안지에는 '낙랑, 임둔, 진번, 현도' 중에 하나가 빠지고 부여나 동예 등이 들어간다. 그러니 "한사군은 낙랑, 임둔, 진번, 현도"라고 달달 외워야 했다. 또 하나는 낙랑군의 위치를 묻는 문제였다. 그러면 "평양이나 대동강 유역"이라고 답해야 했다. 조선총독부 학무국에서 가르치던 내용 그대로였다.

　지금은 다른가? 대한민국의 교육 시스템은 지금도 조선총독부에서 만들어놓은 틀에서 전혀 벗어나지 못하고 있다. 학교를 '시험지옥', '입시지옥'으로 만든 주범은 조선총독부다. '경기중·고→경성제대를 주축으로 하는 단선적인 길이 조선총독부에서 만든 식민교육 정책의 틀이었다. 경성제대 아래 보성이니, 연희니, 이화니 하는 몇 개의 사립 전문학교들이 포진해 있었다. 필자는 중화민국中華民國, 즉 대만(臺灣: 타이완)에 갔다가 대만총독부가 조선총독부와 똑같은 식민교육 시스템을 운용했음을 알고 놀란 적이 있었다. 일제는 1924년 경성제대를 설립했고, 1928년에는 대만의 타이베이(대북臺北)시에 대북제대臺北帝大를 설립했다. 경성제대 아래 경기고가 있었다면 대만에는 대북고臺北高가 있었다. 조선에 경기여고가 있었다면 대만에는 북일北一이라고 불리는 대북제일고녀臺北第一高女가 있었다.

　필자는 어느 경기여고 졸업생에게 재미있는 이야기를 들은 기억이 있다. 서울 변두리 출신의 이 여성이 경기여고에 들어갔더니 시험 과목에 수영과 피아노가 있었는데, 학교에서 가르치지도 않고 시험을 보는 이유를 모르겠다는 것이었다. 그래서 필자가 경기여고 졸업생들의 주요 목표 가운데 하나가 조선총독부 관료들의 부인이 되는 것이었는데, 그 기본 소양으로 수영과 피아노가 필요했던 것이라고 말해주었더니 깜짝 놀라는 것이었다. 더욱 재미있는 것은 대북제일고녀에서도 1923년부터 여자 수영단女泳隊을 만들어 운영했다는 점이다. 조선총독부 교육 정책과 대만총독부 교육 정책은 완전히 같았다.

여기에서 생각할 개념이 '제국과 식민지'라는 것이다. 제국에는 '나라 국國' 자가 붙지만 식민지에는 붙지 않는다. 다만 '땅 지地' 자가 붙는다. 식민植民이란 글자 그대로 본국이 지배하는 점령지에 본국인을 심는다는 뜻이다. 식민 지배란 점령지에 이주한 본국 사람들이 지배한다는 뜻이다. 식민사학이란 점령지에 이주한 본국 사람들이 식민지의 역사를 지배한다는 뜻이다. 대만의 식민사학이란 대만총독부의 관점으로 대만사를 바라보는 것을 뜻하고, 한국의 식민사학이란 조선총독부의 관점으로 한국사를 바라보는 것을 뜻한다. 그래서 식민사학이란 식민 통치자의 관점으로 식민지 백성들의 혼을 노예로 만드는 것이다. 식민 통치자의 관점에서는 식민지 백성들의 영혼까지 노예로 만드는 주인 사관이다. 반면 식민지 백성들에게는 주인의 관점으로 자신을 보는 노예 사관이다. 제국은 주인이고 식민지는 노예다. 해방된 나라에서 식민사학을 한다는 것은 몸은 해방되었지만 정신은 노예 상태라는 뜻이다.

일제는 주인의 관점에서 한국과 대만을 통치했다. 식민사학은 식민교육의 핵심이다. 대만총독부는 1919년 대만교육령臺灣敎育令을 공포해서 식민교육을 강화했는데, 공립학교 수업 연한을 6년으로 하고, 만 6세를 취학 연령으로 했으며, 특히 국사(일본사) 교육을 강화했다. 조선총독부는 1911년에는 제1차 조선교육령을, 1919년에는 제2차 조선교육령을 반포했는데, 제2차 조선교육령의 핵심은 국어(일본어)와 국사(일본사)의 대폭 강화였다.

식민교육이란 점령지로 이주한 본국인의 관점으로 식민지 백성들을 교육하는 것을 뜻한다. 당연히 서울의 경기고나 경기여고 및 경성제대는 한국인 학생보다 일본인 학생이 훨씬 많았다. 대만의 대북고나 대북제일고녀 및 대북제대에도 대만 학생들보다 일본인 학생이 훨씬 많았던 것은 물론이다. 그런데 100퍼센트 일본인들로 채우면 식민지 백성들이 반발한다. 계급 상승의 꿈이 사라진 청춘들이 민족 해방 운동에 나서면 통치하기 어려워진다. 그래서 식민지 백성들에게도 바늘구멍만 한 사다리를 하나 놓는다. 「동아일보」 1931년 2월 4일자를 보면 1930년 경성제대의 일본 학생과 한국 학생 비율은 386명 대 166명으로, 일본인이 3배 많았다. 경성의학전문학교는 일본 학생 258명 대 한국 학생 99명이었고, 경성법학전문학교는 일본 학생 132명 대 한국 학생 70명이었다. 이는 「동아일보」가 조선총독부에서 발간한 『조선요람朝鮮要覽』을 토대로 보도한 것인데, 1930년 경성제대 및 각 전문학교 및 실업학교 입학생 총수는 일본 학생 1,949명 대 한국 학생 832명이었다. 그나마 여기에 들어야 식민지 조선에서 일본인 상전을 모시며 행세할 수 있었던 것이다.

현재도 운용되고 있는 고시高試 제도의 원조도 조선총독부였는데, 그것이 바로 고등문관高等文官 시험이었다. 고등문관 시험은 일본과 조선 및 대만, 그리고 만주국에서 실시한 것으로 지금도 고시라고 부른다. 일본 내의 고등문관 시험은 행정과, 사법과, 외교과가 있었지만 식민지는 외교권이 없기 때문에 외교과는 없고 행정과와 사법과만 있었다. 1894년부터 1947년까지 고등문관 시험 합격자를 보면 도쿄제대가 5,969명으로 압도적 1위고, 그다음이 교토제대로서 795명이었다. 3위 주오대(444명), 4위 니혼대(306명), 5위 도쿄상과

대(현 히토쓰바시대, 211명), 6위 도호쿠제대(188명), 7위 와세다대(182명) 순이었다. 8위는 체신관리연습소通信官吏練習所로서 173명의 합격자를 냈고, 12위가 철도성교습소鐵道省教習所로서 56명의 합격자를 냈는데 대부분 가난한 학생들이었을 것이다. 한국도 해방 이후에 철도대나 체신대 등에 우수하고 가난한 학생들이 많았던 것과 일맥상통한다. 경성제대 출신은 85명으로 11위를 차지했는데, 대부분 일본 학생들이었다. 대북제대는 10명으로 23위였다. 경성제대는 1924년, 대북제대는 1928년에 설립되었기 때문에 사실상 합격자 순위는 이보다 더 높았을 것이다.

고등문관 시험에 합격하면 일본인 지배자의 총애를 받으며 식민지 백성 중에서는 드물게 지배층의 삶에 편입할 수 있었다. 고등문관 시험 행정과에 합격하면 5급 주임관이 될 수 있었고, 사법과에 합격하면 판·검사가 될 수 있었으며, 조선변호사 시험에 합격하면 변호사가 될 수 있었다. 국무총리를 지낸 신현확, 진의종 등이 고등문관 시험 합격자들이다. 고등문관 출신들이 해방 후에도 최고 임명직까지 진출했던 것이다. 고등문관 시험만 있었던 것은 아니었다. 지금의 일반직 공무원 시험도 있었다. 행정과가 그것인데, 판임관 시험에 합격하면 7급이었고 고원雇員 시험에 합격하면 9급이었다.

이 시스템이 지금껏 그대로 행정·사법고시, 7급·9급 공무원 시험으로 이어지고 있는 것이다. 고등문관 시험에 합격하면 군수나 도지사가 집까지 찾아와서 축하했다는 말이 전설처럼 전해올 정도였다. 이는 조선총독부에서 일부러 연출한 쇼일 가능성이 크다. 식민지 젊은이들이 민족 해방 운동에 나서기보다 식민지 지배 체제에 편입되려 발버둥 치게 하는 것이 식민지 체제를 안정적으로 유지하는 지름길이기 때문이다. 조선총독부는 식민지 청춘들에게 민족 해방 운동이라는 고난의 꿈, 고난의 길 대신 고급 노예의 꿈, 고급 노예의 길을 제시한 것이었다. 그 '고급 노예의 삶'에 편입되는 것이 쉬운 일은 아니었다. 오늘날 대한민국의 불행한 학생들처럼 스스로 시험 기계가 되어야 했고, 스스로 조선총독부가 제시하는 기준에 자신의 머리를 맞춰야 했다. 조선총독부는 시험을 통해 학생들의 머리를 통제했다. 머리를 통제하는 데 주입식 교육만큼 좋은 것이 없었다. 조선총독부는 식민지 교육 시스템과 고등문관 시험을 필두로 하는 각종 관료 시험 제도를 통해 식민지의 어린 학생들과 젊은이들의 머리를 통제했다. 머리 통제의 핵심이 역사였다.

1948년 8월 15일 이승만 정부가 수립되었지만 요직을 대거 차지한 친일파들은 이런 식민교육 시스템을 바꿀 생각이 없었다. 그래서 21세기에도 대한민국 학생들은 '입시 지옥', '시험 지옥', '주입식 교육'의 폐해에 시달리는 것이다. '주입식 교육'과 '시험 지옥'은 식민지 지배 체제가 낳은 반민족적이자 반인간적 교육 시스템으로서 해방과 동시에 철폐되어야 했지만 지금도 강고하게 유지되고 있다. 한국 사회 문제점의 뿌리를 찾아가면 십중팔구 식민 지배 시스템에 가 닿아 있기 마련이다.

그런데 현재까지도 한국의 국어사전에는 '주입식'에 대한 반대말이 없다. 이리저리 찾아보니 '자기주도식'이란 말이 '주입식'의 반대말로 기록되고 있지만 정확한 용어인지는 잘 모르겠다. 조선총독부의 주입식 교육 핵심 과목은 역사였다. 그것도 고대사에 집중되었다. 한국 고대사는 조선총독부 시절부터 동북공정이 기승을 부리는 지금까지 늘 현대사였던 이유가 여기에 있다. 조선총독부는 "한반도 북부에는 한사군이 있었고, 한반도 남부에는 임나일본부가 있었다"고 주입식으로 가르쳤다. 고대 한반도 북부는 중국의 식민지였고 한반도 남부는 일본의 식민지였다는 것이다. 식민지가 되는 것은 한국사의 당연한 귀결이란 이야기였다. 결론은, 그러니 독립운동을 하지 말라는 것이었다.

1945년 8월 15일 일본 제국주의가 패망하고, 3년 후인 1948년 8월 15일 이승만 정권이 수립되었다. 미군정 때는 둘째치고 이 땅에 대한민국 정부가 수립된 이후에는 어떤 역사관으로 학생들을 교육해야 했을까? 한사군과 관련해서 독립운동가 관점과 조선총독부 관점 중에서 어떤 내용을 가르쳐야 했을까? 임나일본부를 존속시키기 위해서 식민사학자들이 창작한 『삼국사기』 초기 기록 불신론'은 어떻게 해야 했을까? 당연히 식민사관, 즉 조선총독부 사관을 폐기하고 독립운동가의 관점으로 가르쳐야 했다고 생각할 것이다. 그러나 대한민국은 그렇게 하지 않았다. 해방 후에도 한국 학생들은 한사군의 명칭을 외워야 했고, 낙랑군의 위치를 '평양 또는 대동강'으로 달달 외워야 했다. 『삼국사기』 초기 기록 불신론'에 따라 신라의 사실상의 시조는 박혁거세가 아니라 내물왕(재위 356~402)이라고 외워야 했다. 고구려는 동명성왕이 아니라 태조왕이 건국했다고 외워야 했으며, 백제는 온조왕이 아니라 고이왕이 건국했다고 외워야 했다. 그래야 이른바 좋은 고등학교, 좋은 대학교에 들어갈 수 있었다.

몇 년 전 국제 대학 순위 사이트를 검색하다가 깜짝 놀란 적이 있었다. 국립 대만대가 국제 대학 순위에서 아시아 1위를 기록하고 있었기 때문이다. 도쿄대·교토대나 베이징대·칭화대를 제치고 아시아 1위였다. 물론 대학 순위기관도 여럿 있다 보니 이 순위가 정확한 것은 아닐 수도 있다. 필자는 그 이유를 안다. 국립 대만대는 1949년부터 1950년까지 푸쓰녠(부사년傅斯年: 1896~1950)이 총장이었다. 푸쓰녠은 『이하동서설夷夏東西說』이란 유명한 역사서를 쓴 세계적인 학자였다. 그는 『이하동서설』에서 (고)조선과 숙신肅愼을 같은 나라라고 갈파했다. 푸쓰녠은 "사마상여司馬相如가 「자허부子虛賦」에서, '제나라는 동북쪽으로 숙신과 이웃하고 있다'고 한 것에 따르면, 옛 숙신은 당연히 한나라 때의 (고)조선"(『이하동서설』)이라고 말했다. 제나라는 지금의 산둥 반도에 있던 나라인데, 그 동북쪽에 걸쳐 있던 제국이 고조선이었다는 뜻이다. 그리고 때로는 북방민족 숙신이라고도 불렸다는 것이다. '숙신=(고)조선'이라는 푸쓰녠의 언명 한마디로도 '한사군 한반도설'은 이미 설 자리가 없다. 지금도 식민사학자들은 고조선 강역 축소에 여념이 없지만 당대 중국 최고의 학자였던 푸쓰녠의 눈에 고조선은 광대한 제국이었던 것이다.

중국의 국공내전 때 장제스의 국민당과 마오쩌둥의 공산당은 영토와 문화재뿐만 아니라 역사학자 쟁탈전도 벌였다. 이때 푸쓰녠은 후스(호적胡適: 1891~1962) 등의 학자들과 장제스의 국민당을 선택해서 대만으로 건너갔다. 대만으로 쫓겨 간 장제스의 국민당 정권은 대북제대를 대만대로 개편했고, 이미 베이징대 대리총장을 역임했던 푸쓰녠은 1949년부터 1950년까지 대만대 총장을 맡아 대만대가 도쿄대나 베이징대를 꺾고 아시아 최고의 대학이 될 수 있는 기초를 닦았다. 푸쓰녠 같은 A급 학자에게 일제 식민사학, 식민교육 시스템은 가소로운 논리였다.

반면 한국은 어떠했는가? 미군정은 1946년 경성제대를 비롯해서 의전醫專, 공전工專 등의 여러 전문학교를 통합해 국대안國大案, 즉 국립 서울대안을 만들었는데, 초대 총장이 B. 앤스테드Harry Bidwell Ansted라는 미 해군 대위로 1946년 8월부터 1947년 10월까지 재직했다. 1922년에 그린빌 칼리지Greenvile College를 졸업하고 1944년에는 웨싱턴 스프링스 칼리지Wessington Springs College라는 곳에서 법학박사 학위를 땄다고는 하지만 미국이 한국을 어떻게 보고 있었는가를 잘 말해주는 사례이다.

국립 대만대는 푸쓰녠 같은 학자가 정신적 지주가 되어 식민사학을 청산했다면 국립 서울대는 한국의 학문 전통에 무지한 미군 대위가 총장으로 있으면서 조선총독부 산하 조선사편수회 출신들이 역사학과를 장악해서 식민 학문을 하나뿐인 정설로 유지시켰다. 뒤에서도 이야기하겠지만 이병도·김원룡 등의 국립 서울대 국사학과 교수들은 해방 후에도 일본으로 쫓겨 간 조선사편수회 출신들과 여전히 커넥션을 유지하고 있었고, 그런 커넥션의 일부가 지금 수면 위로 조금씩 드러나고 있다. 그러니 일본 우익들은 한국을 여전히 독립 국가로 보지 않고 호시탐탐 재침략을 노리고 있는 것이다.

그런데 해방 후 식민사학자들의 고민이 있었다. 가슴속으로는 여전히 대일본제국의 신민臣民이지만 겉으로까지 그렇게 말할 수는 없었다. '아비를 아비라 부르지 못하는 아픔(?)'이 식민사학자들에게 있었다. 속으로는 유카타를 입고 싶었지만 겉으로는 할 수 없이 하얀 한복을 자주 입었다. 그렇게 속내를 감춰야 하니 조선총독부 사관이라고 말하지 않고 실증사학이라고 자칭했다. 그러면서 '한사군 한반도설'과 『삼국사기』 초기 기록 불신론'을 실증에 의한, 즉 팩트에 의한 사실이라고 주장했다. 과연 그럴까?

역사에서는 관점도 중요하지만 사실, 즉 팩트가 더 중요하다. 아무리 연구를 해봐도 한사군의 위치가 한반도 북부에 있었고, 『삼국사기』 초기 기록이 사실이 아니라면 이를 부인해서는 안 된다. 그러면 역사학은 입론立論부터 무너지게 된다. 조선총독부에서 가르친 것이라고 팩트까지 부인할 수는 없다. 만약 '한사군 한반도설'과 『삼국사기』 초기 기록 불신론'이 사실이라면 해방 후 대한민국에서는 이 문제를 어떻게 다루어야 했을까? 이것이 1차 사료로 거듭 확인되는 역사적 팩트라면 해방 이후에는 이 문제를 어떻게 다루어야 했을까?

먼저 초등학교 때부터 이를 가르칠 이유는 없다. 처음 국사를 배우는 초등학생 때부터 한국사는 식민지로 시작했다고 가르칠 이유는 없을 것이다. 그런 부정적 내용이 아니더라도 초등학교 때 배워야 할 한국사의 긍정적 측면은 너무도 많다. 어릴 때는 긍정적 사고, 긍정적 역사관을 가질 수 있도록 배려해야 한다. 그 후 고등학교쯤 올라가면 우리 역사에도 이런 부정적인 면이 있었으니 반복해서는 안 된다고 가르쳐야 하는 것이다. 그러나 우리는 그렇게 하지 않았다. 한반도 북부에는 고대판 중국 식민지인 한사군이 있었는데, 시험에 꼭 나오니 반드시 외워야 한다고 가르쳤다.

일반 국민들이 일제 식민지 통치에 대한 반감이 워낙 강했기 때문에 임나일본부에 대해서는 직접 가르치지 않았다. 그러면서 사실상 임나일본부를 가르치는 교활한 방식을 선택했다. 그것이 이른바 『삼국사기』 초기 기록 불신론'이고, 삼한이다. 삼국 초기 역사를 지워버리고 그 자리에 삼한이 있었다고 가르쳤다. 그렇게 신라, 고구려, 백제 삼국의 초기 역사는 사라지고 한반도 남부에는 마한 54개 소국, 진한·변한의 각각 12개 소국들, 모두 합해 78개 소국들이 있었다고 가르쳤다. 고구려는 2세기 태조왕 때 '사실상' 건국되었으며, 백제는 3세기 말 고이왕 때 '사실상' 건국되었으며, 신라는 4세기 말 내물왕 때 '사실상' 건국되었다고 교과서에 서술했다.

신라 시조 박혁거세나 고구려 시조 주몽, 백제 시조 온조는 졸지에 가공인물이나 작은 부락 집단의 우두머리로 전락했다. 신라는 내물왕, 고구려는 태조왕, 백제는 고이왕이 '사실상' 건국자라고 『삼국사기』 초기 기록 불신론'에 따라 가르쳤다. 이것이 해방 이후 지금까지 우리가 배웠던 역사이고, 현재도 배우고 있는 역사이다. 조선총독부 사관을 추종하는 식민사학자들이 아직껏 한국 사회에서 역사 해석권을 독점하고 있기 때문이다. 그러면서 이것이 팩트에 따른 '실증사학'이라고 주장했다.

그런데 미스터리가 있다. 그동안 식민사학에서 주장하는 것이 '팩트'가 아니라는 비판은 꾸준히 있었다. 그러면서 그것이 '팩트'인지 아닌지 한번 논쟁해보자는 주장도 꾸준히 있었다. 그러나 '실증사학'을 표방한 식민사학은 단 한 번도 이런 요청에 응한 적이 없다.

상대방의 주장을 논박하는 대신 학술 토론을 하자는 학자에 대해 온갖 모욕을 가하는 방식으로 대응해왔을 뿐이다. 재야 사학자니 국수주의자니, 북한과 비슷하다느니 하는 온갖 용어를 동원해 매도했다. 왜 그랬을까? 앞으로 낱낱이 밝히겠지만 식민사학이야말로 '팩트'와는 거리가 먼 정치 선전이기 때문이었다.

선각자로 둔갑한 매국노 이인직

한국 역사학, 즉 '실증사학'을 표방한 식민사학은 역사학이 아니다. 역사학은 '팩트'를 해석하는 학문인데, 식민사학은 그동안 '팩트' 자체를 조작하거나 왜곡해왔기 때문이다. 이런 현상은 국사학계뿐만 아니라 국어학계도 마찬가지였다. 박은식 선생은 국사뿐만 아니라 국어도 국혼國魂으로 분류했다. 그동안 식민사관 논쟁은 자신들과 아무 상관 없다는 듯이 방관하는 태도를 취하면서 식민국어학을 그대로 유지시켜온 국어학계에도 이제 역사의 돋보기를 들이대야 한다.

한국 국어학계의 식민지성을 단적으로 보여주는 사례가 이인직李人植이다. 필자도 중·고교 시절 이인직을 신소설『혈의 누血の淚』를 쓴 선각자로 배웠다.『혈의 누』에 대해서『두산백과』를 살펴보니, "이 소설 이전에도 유명무명의 신소설이 있었으나 문학적인 수준이나 가치로 보아 근대소설의 효시로서의 신소설은 이것이 최초의 대표적인 작품이라고 할 수 있다"라고 평가하고 있다. 그러면서 그 내용에 대해서는 "1894년 청일전쟁이 평양 일대를 휩쓸었을 때 일곱 살 난 여주인공 옥련玉蓮은 피난길에서 부모를 잃고 부상을 당하나 일본군에 의해 구출되어 이노우에井上 군의관의 도움으로 일본에 건너가 소학교를 다니게 된다"고 설명하고 있다(고딕은 필자). 이인직이 『혈의 누』를 「만세보萬歲報」에 연재하기 시작한 때가 1906년 7월 22일이란 점을 주목해야 한다. 그 넉 달 전인 3월 2일 이토 히로부미는 대한제국의 초대 통감으로 부임해 한국의 행정권을 장악했다. 총독 정치의 서막이 이미 열린 때였다. 이런 때에 이인직이 '시련에 빠진 여주인공을 일본군이 구출한다'는 내용의 소설을 「만세보」에 연재한 의도는 무엇일까? 물론 이인직이 항일인사라면 옥련이 구완서를 만나 미국으로 가는 소설의 뒷부분 등을 가지고 달리 해석할 수도 있을 것이다. 그러나 이인직은 '혈루' 또는 '피눈물'이라고 해야 마땅할 소설의 제목에 군이 일본어 조사인 '노の'를 넣어 『혈의 누血の淚』라고 일본식으로 표기했다.

많은 국민들이 이토의 통감통치에 분개하고 있을 때 이인직은 '일본군이 조선 처녀를 구해줬다'는 내용의 정치소설을 연재했다. "일본이여 빨리 우리를 구출해달라", "일본의 점령은 우리에게 축복이다"라는 메시지를 전하기 위한 것이다. 즉 『혈의 누』는 이인직의 매국賣國 정치관을 담은 정치소설이었다. 이런 『혈의 누』에 대해 『한국민족문화대백과사전』은 한술 더 떠서 이렇게 설명하고 있다.

이 작품은 청일전쟁 때 평양 모란봉의 참상을 시발점으로 하여, 그 뒤 10년간의 긴 세월이 지나는 동안 한국·일본 및 미국을 무대로 옥련 일가의 기구한 운명의 전변轉變에 얽힌 개화기의 시대상을 그린 것으로, 자주독립·신교육 사상·자유결혼관 등이 그 주제로 다루어져 있다.[21]

청일전쟁으로 곤경에 처한 여주인공을 일본군이 구해준다는 내용의 『혈의 누』를 '자주독립·신교육 사상' 등의 주제로 보고 있는 것이다. 여기에서 자주란 조선이 청나라의 지배에서 벗어난다는 뜻으로 청일전쟁 직후에 써먹었던 말을 일제의 강점 직전에도 차용하고 있는 것이다. 이는 일본 극우파의 시각이지 한국인의 시각은 아니다.

이인직은 무엇보다도 1910년 8월 총리 이완용의 비서로서 통감부 외사국장 고마쓰 미도리小松綠와 나라를 팔아먹는 비밀 협상을 주도한 매국적이라는 점에서 그를 선각자로 가르치는 한국의 국어·국사 교육은 정상이라고 볼 수 없다. 러일전쟁 후 일본 정계에서는 한국 처리 문제를 두고 두 흐름이 있었다. 하나는 육군 대장 야마가타 아리토모山縣有朋 계열의 군부 강경파로서 대한제국을 즉각 점령하자는 세력이었다. 또 하나는 이토 히로부미 계열의 온건파로서 대한제국을 점령하기는 하되 국제 여론도 보아가면서 속도를 조절하자는 세력이었다.

그런데 이토 히로부미가 군부 강경파에 밀려 1909년 5월 즉각 점령론에 동의했고, 일본 각의는 그해 7월 비밀리에 한국을 조만간

---

21 『한국민족문화대백과사전』, 「혈의 누」(고딕은 필자).

점령하겠다는 결의를 했다. 한국 즉각 점령론에 동의했던 조선 통감 이토 히로부미는 그해 10월 26일 안중근安重根 의사에게 하얼빈역에서 총살당했다. 2대 통감 소네 아라스케曾禰荒助의 뒤를 이어 1910년 5월 데라우치 마사타케寺內正毅 육군 대장이 통감으로 부임하자 이완용이 급해졌다. 자칫 일진회一進會에 매국의 주도권을 빼앗길까 우려했기 때문이다. 이 무렵 대한제국 내에는 이완용이 영수로 있는 '노론'과 이용구·송병준이 주도하는 '일진회'가 '매국 경쟁'을 전개하고 있었다. 동학의 한 분파였다가 손병희에게 축출된 친일 세력들이 결성한 단체가 '일진회'인데 노론이 명가 출신이라면 일진회는 평민 출신들이 많았기 때문에 노론보다 더 거칠게 매국 공작에 나섰다.

1909년 12월 4일 일진회장 이용구는 "100만 회원의 연명"이라면서 「한일합방 성명서」를 중외에 선포했다. 일진회는 각 도 유생 30여 명과 대한상무조합大韓商務組合 같은 보부상 단체들을 동원해 분위기를 띄우면서 「한일합방 상주문上奏文」과 「한일합방 청원서」를 순종 황제와 2대 조선통감 소네 아라스케, 대한제국 총리 이완용에게 전달했다. 그런데 이에 대해 「대한매일신보」 1909년 12월 7일자는 일진회의 합방 청원에 대한 일반 백성들의 여론을 전하는데 그 내용이 의미심장하다.

"일진회는 이미 일본인이지 한국인이 아니므로 어떤 악한 행동을 하더라도 한국민의 행위가 아닌 것으로 인정한다."

「대한매일신보」의 이 말은 이후의 식민사학자들에게 적용하면 정확하게 맞는 예언이 된다.

"식민사학자는 이미 일본인이지 한국인이 아니므로 어떤 악한 행동을 하더라도 한국민의 행위가 아닌 것으로 인정한다."

그런데 이 「합방청원서」를 두고 일진회와 이완용 내각 사이에 실랑이가 벌어졌다. 「합방청원서」를 이완용 내각이 각하한 것이다. 일진회는 다음 날 다시 합방 청원 상주문을 우편으로 보냈고 이완용 내각은 다시 각하했다. 그리고 나아가 이완용은 대한협회·한성부민회 등을 동원해 일진회의 합방 청원에 반대하는 국민대연설회를 개최하게 했다. 이완용이 마치 합방에 반대하는 것 같은 태도를 취한 것은 무엇 때문일까? 일진회의 주도로 합방이 달성되면 '매국'의 최대 공로 단체는 '노론'이 아니라 '일진회'가 되고, 최대 공로자는 이완용이 아니라 이용구·송병준이 되기 때문이었다. 노론과 이완용은 보다 우아하게(?) 나라를 팔아먹을 계획이었다. 대부분 평민들인 일진회 정도는 따돌릴 자신이 있었다. 그러나 육군 대신 출신의 군부 강경파 데라우치 마사타케가 조선통감으로 부임하자 급해졌던 것이다. 데라우치가 일진회와 손잡고 대한제국을 먹어치울 경우 이완용은 낙동강 오리알이 될지 모른다고 우려했던 것이다.

일진회는 노론 못지않은 일본 내 인맥을 갖고 있었기 때문에 이완용의 이런 우려는 기우만은 아니었다. 일진회의 배후는 일제 낭인 무사들이 결성한 '흑룡회'였다. 1901년 2월 도야마 미쓰루頭山滿·우치다 료헤이內田良平 등이 결성했는데, 흑룡이란 만주 북부 흑룡강 유역까지 차지하겠다는 뜻이었다. 흑룡회는 한국은 물론 만주·몽골·시베리아 지역까지 일본이 차지해야 한다는 '대大아시아주의'를 주창했던 일종의 야쿠자 집단이었다. 그런데 일본 정계의 흑막(黑幕: 배

후 실력자) 스기야마 시게마루杉山茂丸가 흑룡회 주간 우치다를 한국 초대 통감 이토 히로부미에게 추천해서 통감부 촉탁이 되자 일진회는 환호했다. 일진회의 후원 세력이 흑룡회였기 때문이다. 일진회는 흑룡회를 매개로 통감부는 물론 일본 정계에도 인맥을 갖고 있었는데, 이런 상황에서 대한제국을 점령해야 한다고 주장하는 데라우치가 통감으로 부임하자 이완용이 급해진 것은 당연했다. 그러나 다른 것도 아닌 나라 자체를 팔아먹는 것은 이용구나 자칭 노론 송병준 등이 수행할 수 있는 일은 아니었다. 이완용은 비서 이인직을 통감부 외사국장 고마쓰에게 몰래 보내서 일진회를 제치고 나라 팔아먹는 비밀 협상을 하게 했다.

이인직이 통감부 외사국장 고마쓰를 몰래 찾은 때는 1910년 8월 4일 밤 11시였다. 이인직은 이미 1900년 2월 관비유학생으로 일본 유학길에 올라 도쿄정치학교에 입학했는데, 고마쓰가 이 학교 교수였던 인연이 있었다. 그 어려운 대한제국의 형편으로 관비유학생을 보낼 때는 그렇게 쌓은 경험과 지식을 나라를 위해 쓰라는 것이었지만 이인직은 거꾸로 나라를 팔아먹는 데 사용했다. 나랏돈으로 매국·매사賣史에 여념 없는 현재의 한국 식민사학과 마찬가지 행태였다. 1903년 2월, 대한제국 정부에서 유학생 소환령을 내렸지만 이미 일본인이 되었던 이인직은 이를 거부하고 미야코都신문사의 견습생으로 들어갔다. 1904년 러일전쟁 때 일본군 통역으로 귀국했다가 1906년 2월에는 송병준이 창간한 일진회 기관지 「국민신보國民新報」 주필이 되었다. 이 무렵 친일매국노들에게 '국國'이란 대한제국이 아니라 대일본제국이었으며, '국민'이란 대한제국 국민이 아니라 대

일본제국의 국민이었다. 두 매국 세력 노론과 일진회 사이에서 이인직은 누구를 선택할 것인지를 두고 행복한 고민에 빠졌다. 아마도 이인직은 평민 출신이 주축인 일진회가 전통 양반이 주축인 노론을 이길 수 없다고 판단했을 것이다. 그래서 이인직은 이완용의 비서가 되었고, 매국 협상이란 중차대한 사명을 띠고 고마쓰의 집을 찾았던 것이다.

조선총독부 기관지 「경성일보」는 1934년 11월 25일부터 3회에 걸쳐 '일한병합 교섭과 데라우치 백작의 외교 수완'이라는 기사를 싣고 있다. 요즘말로 하면 '이제는 말할 수 있다' 류의 기사인데, 여기에서 고마쓰는 이인직과 나눈 비밀 협상을 상세하게 공개했다. 이때 이인직은 고마쓰에게 "역사적 사실에서 보면 일한병합이라는 것은 결국 종주국이었던 중국으로부터 일전―轉하여 일본으로 옮기는 것"이라고 말했다. 이것이 바로 인조반정 이래 집권당이었던 노론의 합방 당론이기도 했다. 중화 사대주의가 친일 매국으로 전환한 것이다. 그런데 이인직을 보낸 이완용이 가장 알고 싶은 것은 매국의 가격이었다. 이를 간파한 고마쓰는 이인직에게 이렇게 말했다.

"병합 후 한국의 원수는 일본 왕족의 대우를 받으며 언제나 그 위치를 유지하기에 충분한 세비를 지급받으시게 된다. …… 또한 내각의 여러 대신은 물론 다른 대관으로서 병합 실행에 기여하거나 혹은 이에 관계하지 않은 자에게까지도 비위의 행동으로 나오지 않는 자는 모두 공公·후侯·백伯·자子·남男작의 영작榮爵을 수여받고 세습재산도 받게 된다."

고마쓰의 말에 고무된 이인직은 이렇게 답했다.

"귀하께서 말씀하신 바가 일본 정부의 대체적 방침이라고 한다면 대단히 관대한 조건이기 때문에 이 총리가 걱정하는 정도의 어려운 조건은 아니라고 확신한다."

이인직의 보고를 들은 이완용은 비로소 매국을 결심하고 데라우치와 직접 만났다. 1910년 8월 16일 노론 영수 이완용은 소론에서 변절한 조중응과 함께 통감 저택을 방문해 데라우치를 만났는데, 나라를 넘기는 거대한 협상이 불과 30분 만에 끝났다. 중요한 사안은 이미 이인직과 다 합의했기 때문이었다. 이완용과 데라우치 사이의 유일한 이견은 고종 및 순종에 대한 대우 문제였다. 이 문제에서 매국적들의 본질이 잘 드러난다. 고마쓰는 이완용 등이 "한국 원수(元首, 조선 황제)의 칭호를 대공大公으로 하는 게 어떠냐는 문의를 해와, 일본 측이 오히려 구래舊來의 칭호인 국왕으로 하는 것이 낫겠다고 대답했다"고 전하고 있다. 대공이란 국왕과 공작 사이의 직위로서 임금이 아니었다. 명나라 황제가 임금이지 조선 임금은 임금이 아니라는 인조반정 이래의 노론 당론이 다시 확인된 셈이었다. 데라우치가 이 제안을 거부한 이유는 황제였던 인물들을 대공으로 격하하면 한국 국민들이 격렬하게 반발할 것을 우려해서였을 것이다. 이완용과 조중응이 데라우치를 만난 지 엿새 만인 8월 22일, 이른바 '한일합방조약'이 황제의 재가도 없는 상태에서 불법적으로 조인되었다.[22]

앞서 말했듯 고마쓰는 「경성일보」 1934년 11월 25일자부터 이 내

---

22 이덕일, 『근대를 말하다』, 역사의아침, 2012, 84~95쪽 참조.

용을 자세히 회고했으므로 이인직의 매국 행위는 비밀도 아니었다.

그럼에도 해방 이후 대한민국 국사 및 국어 교과서는 이인직을 여전히 선각자로, 『혈의 누』를 '자주독립·신교육 사상'이 담긴 신소설의 효시로 가르치고 있다.

이런 사건을 접할 때마다 놓쳐서 안 되는 것이 있다. 누가 이런 교과서를 만들었을까, 하는 점이다. 이인직이 친일 매국노인 줄 몰라서 이런 내용을 실었을까? 필자는 그럴 가능성은 1퍼센트도 없다고 생각한다. 처음 이런 내용을 교과서에 넣은 인간은 이런 사실을 100퍼센트 인지하고 넣은 것이다. 스승이나 선배들이 한 것은 따지지 않고 무조건 외우는 한국 학계의 저급한 풍토로 볼 때 나중에 이를 그대로 전재한 학자들이 몰랐을 가능성은 있다. 그러나 지금 이런 일들이 널리 알려졌는데도 불구하고 이런 내용을 그대로 존속시키고 있다면 이는 그런 역사관에 동조하는 것이다. 대한민국은 몸은 해방되었지만 정신은 여전히 해방되지 못했다. 국혼, 즉 국사 및 국어 교과서를 다루는 어떤 이들에게 '나라 국國' 자는 여전히 대한민국國이 아니라 대일본제국國일지도 모른다.

훈민정음 해례본과 언문철자법

필자는 「중앙일보」 2010년 10월 10일자에 '세종의 꾸짖음'이란 제목의 칼럼을 썼다. 한글날 다음 날에 훈민정음을 만든 세종의 목소리를 빌려서 현재의 한글맞춤법 통일안을 비판하는 내용이다. 별로 길지 않으니 인용해보겠다.

광화문에 나의 동상을 세워놓고 10월 9일을 한글날로 기념한다는
사실을 내 알고 있다. 그러나 너희들이 지금 쓰고 있는 말과 글을
볼 때마다 화가 치민다. 심지어 한강 남쪽에선 영어 발음 잘하게
한다고 어린아이들 혓바닥 수술까지 한다는구나. 현재의 한글맞
춤법 통일안으로는 영어의 R과 L을 구분 못 하고 B와 V, P와 F도
구분할 수 없기 때문이라는구나.

내가 이런 절름발이 훈민정음을 만든 줄 아느냐? 왜인들이 우리
말글을 말살하려던 1940년에 경상도 안동에서 내가 만든 『훈민정
음 해례본(解例本: 세종 28년 발간)』이 발견된 것이 우연인 줄 아느냐? 나
는 우리말과 다른 거레의 말이 다르다는 사실을 알고 있었다. 그
래서 그런 말들을 적으라고 병서竝書와 연서連書 원칙을 만들었다.
초성을 두 개 이상 자유롭게 사용하라는 것이 병서다. L은 'ㄹ'로
적고 R은 'ㄹㄹ' 또는 'ㅇㄹ' 등으로 적으면 두 발음을 구분할 수 있
다는 뜻이다. B와 V, P와 F는 모두 입술소리인 순음脣音 아니냐?
그중 하나를 입술가벼운소리인 순경음脣輕音으로 표기하는 것이 연
서다. B를 'ㅂ'으로 적으면, V는 'ㅸ'으로 적고, P를 'ㅍ'로 적으면, F
는 'ㆄ'으로 적으라는 것이다. 이 두 가지 원칙만 사용해도 영어는
물론 세계의 거의 모든 발음을 대부분 적을 수 있고 발음할 수
있다.

왜인들이 너희를 점령하고 2년 후(1912) 보통학교용 언문철자법諺文
綴字法을 만들면서 내가 만든 훈민정음을 난도질했지 않느냐? 누가

다양한 모음을 내는 아래아(·)를 없애라고 했느냐? 누가 'ㄱ, ㄴ, ㄹ, ㅁ, ㅂ, ㅅ, ㅇ'과 두 글자 받침 'ㄺ, ㄻ, ㄼ'의 열 가지만 받침으로 인정하라고 제한했느냐? 누가 설음 자모 'ㄷ, ㅌ' 등과 'ㅑ, ㅕ, ㅛ, ㅠ'를 결합하지 못하게 했느냐? 누가 'ㄹ·ㄴ'이 어두語頭에 오면 강제로 'ㅇ'으로 발음하게 하는 두음법칙頭音法則 따위를 만들어 우리 아이들을 반벙어리로 만들라고 했느냐?

모두 왜인들과 그에 붙은 역도逆徒들의 짓거리가 아니냐? 왜인 지배 때는 어쩔 수 없다고 쳐도 나라를 되찾았으면 나의 훈민정음 창제 원칙대로 돌려놔야 하지 않느냐? 이런 절름발이 글자를 가지고 내가 만든 훈민정음이라고 우기려면 내년부터는 한글날을 없애라. 내 아무리 오랜 세월이 흘러도 이 문제가 바로잡힌 이후에야 후손들이 바치는 제사를 흠향歆饗하련다.

이 칼럼의 요체는 두 가지다. 하나는 현재의 한글맞춤법 통일안은 세종이 만든 훈민정음은 물론 우리 선조들이 100여 년 전에 쓰던 우리글과도 아주 다르다는 것인데, 그 원인이 일제가 1912년에 만든 '보통학교용 언문철자법'을 그대로 추종하고 있기 때문이란 것이다. 또 하나는 세종의 『훈민정음 해례본』에 따르면 현재의 한글맞춤법 통일안으로는 구분해서 발음하거나 표기할 수 없는 'R과 L', 'B와 V', 'P와 F'를 구분해서 적을 수 있고 또 연습하면 발음할 수 있다는 것이다. 현재의 한글맞춤법 통일안은 일제가 1912년 만든 '보통학교용 언문철자법'의 틀에서 벗어나지 못하고 있는데, 이를 벗어나서 세종의 훈민정음 창제 정신으로 돌아가야 한다는 것이었다.

그러나 역사적 배경을 바탕으로 한 이런 목소리에는 아무런 메아리가 없다. 다만 이 주제는 아니지만 서울대 국문과 정병설 교수가 느닷없이 필자가 쓴 사도세자 관련 내용을 거세게 비난하고 나섰던 데서 대체적인 분위기는 짐작할 수 있다.[23]

필자가 대한민국에서 '나라 국國' 자가 들어가는 학문들에서 말하는 나라 국國이 어디인가에 의문을 갖는 것은 절대 과도한 의심이 아니다. 물론 그렇지 않은 국문학자들도 상당수 있겠지만 이인직을 선각자로 가르치는 학자들이나 조선총독부에서 만든 '보통학교용 언문철자법'을 극복하고 세종의 훈민정음 창제 정신으로 돌아가자는 제안을 거부하는 학자들에게 '나라 국國' 자가 어디를 뜻하느냐고 묻는 것은 당연하다. 지구상의 어떤 나라가 'ㄹ·ㄴ'이 어두에 오면 강제로 'ㅇ'으로 발음하게 하는 두음법칙 따위를 갖고 있는가? 일단 한국인의 발음 능력을 크게 퇴화시킨 것은 말할 것도 없고 영어를 비롯한 외국어 습득에도 크게 불리하니 지금 같은 세계화 시대에도 전혀 맞지 않다. 그러나 식민사학자들이 절대로 자발적으로 식민사관을 폐기하지 않는 것처럼 식민국어학자들도 절대로 자신들의 식민국어학을 폐기하지 않는다. 식민사학자들이 조선총독부의 시각으로 한국사를 보는 것처럼 식민국어학자들도 조선총독부의 시각으로 한국어를 본다. 이런 말을 듣고 자신들이 그렇지 않다고 여긴다면 '보통학교용 언문철자법' 체제와 두음법칙 따위

---

23 정병설과 필자 사이의 논쟁에 대해서는 이주한의 『노론 300년 권력의 비밀』(역사의아침, 2011)과 필자의 『사도세자가 꿈꾼 나라』(역사의아침, 2011) 서문 참조.

를 폐기하면 된다. 그러나 이들이 그렇게 하지 않으리란 사실도 잘 알고 있다. 그래서 이들은 자발적 개혁의 주체가 아니라 타율적 개혁의 객체가 될 수밖에 없다.

2. 식민사관의 계보

일제가 실증주의를 내세운 이유

조선총독부 사관과 독립운동가 사관의 계보를 잠시 살펴보자. 먼저 조선총독부 사관을 살펴보겠다. 이 문제에 대해서는 선행 연구가 일부 있지만 대부분 일제 강점기에서 끝나고 이 사관이 해방 후까지 이어지는 부분에 대해서는 침묵하고 있다. 이 자리에서는 일제 강점기 때 식민사관의 계보에 대해서 주로 언급하고, 해방 후의 식민사관에 대해서는 이 책 전체에서 서술할 것이다.

역사 침략은 항상 영토 침략의 전초전의 성격을 갖는다. 영토 침략의 속셈이 없으면 역사 침략에 나설 이유가 없다. 한국이 굳이 태국이나 필리핀 역사를 왜곡할 리가 있겠는가? 마찬가지로 중국이나 일본이 아무 이유 없이 한국 고대사 침략에 나설 이유도 없다. 모두 영토에 속셈이 있기 때문에 역사 침략에 나서는 것이다. 그래서 현재 중화 패권주의자들이 전개하는 동북공정이나 일본 극우파들이 나서는 역사 침략에 적극 대응해야 하는 것이다.

일본 제국주의도 영토를 침략하기 전에 역사부터 침략했다. 조선총독부 사관, 즉 식민사관이란 한마디로 일본 제국주의가 한국을 영구히 지배하기 위한 목적으로 창작한 역사관을 뜻한다. 정체성론, 반도성론 등 여러 논리가 있지만 시기적으로는 고대사가 핵심이고, 그 두 축이 '한사군 한반도설'과 '임나일본부설'이란 이야기는 이미 했다. 그런데 이런 이론들이 처음부터 정교했던 것은 아니었고, 처음부터 통일되었던 것도 아니었다.

일본이 군사적으로 침략하기 전에 이른바 정한론이란 것이 먼저 있었다. 글자 그대로 '한국을 정복해야 하는 논리'라는 뜻이다. 필자는 1920~1930년대 만주 지역의 민족 해방 운동을 연구하는 과정에서 일제의 만주 침략 명분을 보고 혀를 찬 적이 있었다.

'3천만 만주 민중을 해방시키기 위해서!'

한마디로 기가 찼다. 이것이 일본 제국주의가 한국에 이어 만주를 점령하는 명분이었다. '해방'이라는 용어를 쓰고 있었다. 그만큼 뻔뻔한 것이다. 정한론도 마찬가지다. 정한론은 '일본이 한국을 점령하는 것이 한국인들에게도 축복'이란 논리로 귀결된다. '강도당하는 것이 축복'이라거나 '노예가 되는 것이 축복'이란 말과 같다.

일본에서는 스가와라 다쓰키치菅原龍吉란 인물이 『계몽조선사략

「정한론도」. 일본 조정에서 정한론을 논의하는 장면이다.

啓蒙朝鮮史略』(1875)에서 일찍이 정한론을 펼쳤다. 그런데 이 책이 나온 1875년은 운요호雲楊號 사건이 일어난 때였다. 일본이 영국에서 수입한 전함 운요호가 느닷없이 강화도에 나타나 조선과 상호 포격전을 전개했고 일본군에게 많은 조선군과 일반 백성들이 살육을 당한 사건이었다. 그런데 일제는 오히려 조선의 책임을 물었고, 무조건 대원군과 거꾸로 하는 것이 정책이었던 고종과 명성황후에 의해 이듬해 강화도조약이란 불평등조약이 맺어지게 되었다. 그런데 스가와라의 『계몽조선사략』이 간행된 지 2년 후에 일본의 메이지 정부가 1869년에 만든 국사교정국國史校正局이 『일본사략日本史略』을 간행했다. 국사교정국은 1887년 도쿄제국대학에 사학과가 설치되면서 도쿄제대 부설 사료편찬소로 전환하는데, 그 3년 후인 1890년에 도쿄제대 교수인 시게노 야스쓰구重野安繹 · 구메 구니타케久米邦武 · 호시노 쓰네星野恒 등 3인은 『일본사략』을 『국사안國史眼』으로 개정 출판했다. 이때부터 도쿄제대 역사학과는 식민사학 생산 및 전파에 본격적으로 등장한다. 도쿄제대 역사학과 및 국사(일본사)학과는 차후 식민지 경성에 설치되는 경성제대 법문학부 및 총독부 직속의 조선 사편수회와 함께 식민사학의 삼두마차로 맹활약을 펼친다.

『국사안』은 일본과 한국의 조상이 같다는 '일선동조론日鮮同祖論'을 내세웠는데, 식민사학자들이 내세우는 '일선동조론'은 일본과 한국의 조상이 같다는 단순한 의미가 아니다. 같은 논리도 누가 어떤 목적으로 사용하는가에 따라서 의미가 달라지는 것이 역사 이론인데, 이 무렵 일본인 학자들이 내세운 '일선동조론'은 한국인들이 미개하므로 같은 조상을 둔 일본이 지배해주는 것이 한국인들에게 은혜를 베푸는 것이라는 의미가 담겨 있다.

일제 식민사학의 '일선동조론'과 동전의 양면 역할을 하는 것이 '한국사 타율성론'이다. '한국사 타율성론'이란 '한국사 정체성론'이라고도 하는데, 간단하게 말해서 한국인들은 독자적으로 역사나 사회를 발전시킬 능력이 없다는 것이다. 그래서 구한말 한국 사회는 일본보다 1천여 년 또는 수백 년이나 뒤떨어진 사회라고 주장했다. 심지어 구한말 한국 사회가 삼국 시대와도 큰 차이가 없다고까지 매도했다. 그러니 자신들의 식민 지배를 받아야만 발전할 수 있다는 침략 논리로 이어진다. 외국의 식민 지배를 받을 바에는 같은 조상을 둔 일본의 지배를 받는 것이 한국인에게 축복이라는 '일선동조론'으로 이어지는 것이다. 이왕 강도당할 바에는 이웃에게 당하는 것이 축복이란 희한한 논리였다. 그 선봉에 한국인 식민사학자들이 해방 전이나 후나 우상으로 떠받들던 도쿄제대가 있었다.

개항 후 조금 힘을 갖추게 되자마자 일본은 곧바로 이웃 국가에

조선사편수회 야유회 사진.

욕심을 내서 '정한론'을 내세웠지만 고민이 있었다. 에도江戸 시대 때 일부 학문이 일어나기는 했지만 정치는 물론 학문 측면에서도 일본은 동아시아에서 늘 변방이었다. 일본이 조선과 달리 천황이라고 호칭할 수 있었던 이유도 일본은 괄호 밖의 존재였기 때문이었다. 이런 일본이 조선을 점령하려니 고민이 없을 수가 없었다. 점령은 총칼로 하지만 우수한 문화가 뒷받침되지 못하면 자발적인 복종을 불러일으킬 수 없기 때문이다. 조선 백성들이 '왜놈'이라고 불렀던 나라에서 조선을 점령해서 원활하게 통치할 수 없을 것은 말할 것도 없었다. 학문은 두말할 나위가 없었다. 조선의 학자들은 이구동성으로 일본을 미개한 나라로 생각했다. 유배지의 정약용처럼 에도 시대 일본의 유학 이해 수준을 인정한 학자들도 없지는 않았지만 거의 모든 조선의 지식인들에게 일본은 학문이 없는 미개한 나라였다. 이런 우월감의 뿌리는 역사였다. 조선 지식인들은 자신들이 일본에 문물을 전수했다고 자연스레 여기고 있었다.

역사학도 마찬가지였다. 페리 제독에 의해 개항할 때까지 일본에는 역사학이라고 부를 만한 것이 없었다. 『일본서기』나 『고사기古事

記』는 사서의 기초인 기년부터 맞지 않았다. 그나마 이것은 국가 단위의 역사서라고 말할 수 있었다. 일본은 무사들이 정권을 장악한 가마쿠라 바쿠후(鎌倉幕府: 13~14세기) 이후 역사학 자체가 사라졌다. 쇼군(將軍이 전국을 통치한다고는 하지만 사실상 자신의 직할지만 직영하는 체제이고 나머지는 다이묘大名를 비롯한 영주들이 영지領地를 지배하는 분리 체제였다. 국가 단위의 역사학은 사라지고 기껏해야 기타바타케 지카후사(北畠親房: 1293~1354)의 허황된 이야기인『신황정통기神皇正統記』따위나 쓰였을 뿐이다. 에도 시대 이후 막부나 다이묘들이 권력을 정당화하기 위해『무덕대성기武德大成記』따위의 기록을 남겼지만 권력에서 독립된 역사 서술이란 꿈도 꾸지 못하고 있었다. 조선처럼 살아 있는 권력을 비판하는 역사학 전통 같은 것은 상상도 할 수 없는 체제였다.

그래서 일본은 개항 후 새로운 역사학이 필요했다. 자기의 실력이 부족할 경우 자신보다 강한 남을 끌어들여 위세를 과시하게 된다. 여우가 호랑이를 빌려 위세를 부린다는 뜻의 호가호위狐假虎威란 말이 그래서 나왔다. 사관이 국왕으로부터도 독립되어 있었던 조선의 역사학 전통은 유럽은 물론 중국에 비해도 전혀 뒤지지 않았다. 그래서 일본에서 수입한 인물이 1887년 도쿄제대에 사학과가 설치되었을 당시 주임교수였던 독일인 리스(Ludwig Riess: 1861~1928)였다. 당시 만 26살에 불과한 청년이었는데, 24살 때인 1885년에 베를린대학에서 「중세 영국의 선거법에 대한 초역抄譯의 역사Abridged Translation History of the English Electoral Law in the Middle Age」로 박사 학위를 받았다. 그러나 유대인이기 때문에 대학에 자리가 나지 않아 이리저리 전전하던 그에게 도쿄제대에서 사학과 주임교수 자리를 제의한 것이다. 유럽에 대한 일본의 사대주의 바람은 뿌리 깊은 것이었는데, 자리가 없던 리스는 이를 거절할 이유가 없어서 일본으로 건너왔다.

이때부터 15년 동안 리스는 도쿄제대 사학과를 이끌면서 자신의 스승인 랑케Ranke에게 배운 서양의 역사학적 방법론을 가르쳤다. 신학에 크게 경도되어 있었던 서양 인문학 전통에서 실증을 내세운 랑케의 방법론은 역사학을 하나의 독립된 학문으로 만드는 데는 유효했지만 그것이 서기전 5세기경 공자가 지은 『춘추春秋』에서 비롯되는 동양 역사학의 전통보다 우수할 수는 없었다. 동양과 조선 역사학의 전통에 대해서는 후술할 예정이지만 원래부터 동양 지식사회의 변방이었던 일본인들은 20대의 리스 밑에서 실증적인 독일 역사학의 방법론을 배우고 비로소 근대 역사학을 배웠다고 뿌듯해했다. 조선과 중국에 대한 학문적 콤플렉스를 독일의 한 젊은이로부터 배운 이른바 실증주의로 씻어냈다고 믿었던 것이다. 일본인들은 동양, 특히 한국 전통의 역사학을 부정하기 위해서 이른바 '실증주의 사학', '근대 역사학'을 내세운 것이었다.

그런데 15년간 도쿄제대 사학과에서 사대주의 일본인들에게 군림하던 리스는 1902년 베를린대학에서 강사lecture 자리를 제의하자 귀국했다가 후에 조교수associate professor까지 승진한다. 리스에게 도쿄제대 사학과 주임교수 자리는 베를린대학의 강사만도 못한 자리였다. 유대인으로 차별받던 리스가 자신의 일본인 제자들이 자신에게 배운 실증주의 역사학을 타민족 점령의 도구로 사용한 사실을

만주 지안에 있는 광개토대왕비.

알았다면 어떤 태도를 취했을지 궁금하다. 도쿄제대 사학과에서 편찬한 『국사안』에서 내세운 일선동조론은 이후 일본에서 소학교와 중학교 교과서를 편찬할 때 기본 인식으로 깔리게 되었다.

일본의 역사 침략은 일본군 참모본부와 함께 움직였다는 특징도 있다. 일본군 참모본부는 1880년대 초반 사코 가게아키酒匂景信 중위를 베이징에 스파이로 보내 한의학을 공부하게 한 후 만주로 보냈다. 그가 요나라 또는 금나라 황제비로 알려져 있던 광개토대왕비가 고구려비라는 사실을 알아내고는 1883년에 비문을 탁본해 참모본부에 제공했던 것이다. 일본군 참모본부는 비밀리에 비문에 대한 해석 작업을 수행한 후 공개했는데, 1972년에 재일사학자 이

일제 강점기 때 세운 이병도 부친의 비문. '봉병도수사관 (奉丙燾修史官)'이라고 이병도가 조선사편수회 수사관으로 봉함받은 것을 자랑스레 써놓았다.

진희 교수가 『광개토왕릉비 연구廣開土王陵碑の研究』에서 일본군 참모본부가 비문의 내용을 조작했다고 주장해 큰 파문을 일으킨 적이 있었다. 이처럼 일본의 역사학이란 처음부터 한국 침략을 합리화하는 침략의 도구에 불과했고, 이것이 식민사학의 본질이었다.

1889년에는 도쿄제대에 국사학과가 신설되었는데, 이때의 국사란 물론 일본사다. 이때 도쿄제대와 게이오대, 그리고 육군대학의 어용 역사학자들이 사학회史學會란 단체를 만들고 기관지 「사학회잡지史學會雜誌」를 간행했다. 「사학회잡지」는 한국 관련 논문을 다수 실었는데, 도쿄제대는 물론 육군대학도 끼어 있는 데서 이때 실은 한국사 관련 논문 대다수가 일제의 한국 점령을 합리화하기 위한 것임을 짐작할 수 있다. 1894년 청일전쟁에서 승리한 일본에서는 한국을 점령할 수 있겠다는 희망에 부풀었는데, 이런 분위기에서 나온 한국사 관련 저서들이 하야시 다이스케林泰輔의 『조선사』(1892), 요시다 도고(吉田東伍: 1864~1918)의 『일한고사단日韓古史斷』(1893), 니시무라 유타카西村豊의 『조선사강朝鮮史綱』(1895) 등이다. 이 중 요시다의 『일한고사단』은 1914년 와세다대학 '사학 및 사회학과史學及社會學科' 1학년이던 이병도가 서양사를 전공하려던 생각을 바꿔 국사를 연구하게 만든 책으로 유명하다. 필자는 식민사학과 이병도에 대해 연구하면서 이때 이병도의 머릿속에 든 국사가 과연 한국사였는지, 아니면 일본사의 한 지방사로서의 한국사였는지 궁금했는데, 아직도 궁금하다.

이 세 권의 한국사 관련 저술 중에 하야시의 『조선사』는 통사였고 다른 두 권은 한일 고대사에 관한 책들이다. "한국 고대사는 곧 현대사"라는 식민사학의 법칙은 이렇게 여러 곳에서 확인된다. 필자 등이 독립운동사를 연구하는 학자들에게 식민사관을 비판하면서 조선총독부 사관을 공부하자고 말하면 "자신은 근현대사가 전공이라서 고대사는 잘 모르겠다"는 답변이 돌아오기 일쑤다. 근현대사에 속하는 조선총독부에서 만든 고대사를 근현대사와 관련 없는 순수 고대사로 생각할 수 있는지는 잘 모르겠지만 그 속내는 짐작하기 어렵지 않다. 조선총독부에서 창작한 한국 고대사를 연구하면 이병도, 신석호, 김철준, 한우근, 이기백처럼 해방 후 한국사학계를 주도했던 인물들과 현재도 한국 고대사학계를 장악하고 있는 그 제자들의 식민사관에 대한 비판으로 연결되지 않을 수 없다. 이 경우 학계에서 입지가 곤란해질 것이라고 짐작하는 본능적 직감이 이 문제에 접근하는 것을 스스로 막는 것이다.

이른바 '침략삼서侵略三書'라는 것이 있다. 기쿠치 겐조菊池謙讓의 『조선왕국朝鮮王國』(1896), 쓰네야 세이후쿠恒屋盛服의 『조선개화사朝鮮開化史』(1901), 시노부 준페이信夫淳平의 『한반도韓半島』(1901)를 뜻한다. 이를 '침략삼서'라고 부르는 이유는 저자들이 모두 대한제국에 직접 건너와서 침략의 행동대 노릇을 했다는 공통점이 있기 때문이다. 특히 기쿠치는 명성황후를 살해한 을미사변을 모의했던 당사자였는데, 그답게 『조선왕국』에서 임나일본부를 사실로 전제하고 청일전쟁에서 일본이 승리함으로써 조선이 청나라로부터 독립되었다고 썼다.

그런데 이때만 해도 일제 식민사관이 정교화하지는 못했다. 그래서 쓰네야는 『조선개화사』에서 임나일본부설은 받아들이고 있지만 기자조선의 위치는 평양이 아닌 요하(랴오허) 일대로 비정해서 훗날 조선총독부 조선사편수회의 논리와는 다른 모습을 보여주기도 했다. 물론 이때 쓰네야가 기자조선의 위치를 이렇게 비정한 것은 조선의 유학자들을 중국에서 떼어내 일본으로 붙이기 위한 것이었다. 조선을 참혹할 정도로 부정하던 쓰네야가 평양의 기자사당은 조선 유학자들의 중화 숭배 사상이 만든 것이라고 주장한 것이 이를 말해준다. 시노부 준페이의 『한반도』는 역사서라기보다는 인문 경제 지리와 국제관계서라 할 수 있는데, 이 '침략삼서'는 조선에 뜻(?)을 둔 일본인들의 필독서였다. 이 무렵 일본의 낭인이나 불량배들에게 조선은 황금이 나오는 엘도라도였다. 조선에 투자를 권유하는 책들은 조선에서 가장 유망한 사업은 고리대금업과 농지 매입이라고 설명하고 있었는데, 일확천금에 눈이 먼 투기꾼들의 필독서가 '침략삼서'였다.

'침략삼서'는 조선을 극도로 미개하게 묘사하면서 사대성, 정체성, 일선동조론 등을 뒤섞어 설명하고 있었다. 논리는 혼재되어 있지만 초점만은 조선은 미개하고 자체 발전 능력이 없으니 같은 조상을 뿌리로 둔 일본이 점령해야 행복해진다는 궤변에 맞춰져 있었다.

'침략삼서'는 본격적인 제국주의 역사학, 즉 본격적인 식민사학으로 건너가는 징검다리였다. 1892년에 『조선사』를 간행했던 도쿄고등사범학교 교수 하야시 다이스케는 1901년에 속편 격인 『조선근대사』를 간행했다. 그런데 하야시는 정작 한국사 관련 저서들보다 『주공과 그 시대周公と其時代』(1916)로 학사원 은사상學士院恩賜賞을 수상하고 『귀갑수골문자龜甲獸骨文字』(1917)로 일본 갑골학의 선구자로 유명해 진 인물이었다. 그런데 1906년 한국인 현채(玄采: 1886~1925)가『중등교과 동국사략中等敎科東國史略』을 편찬하면서 하야시의『조선사』를 전재 하다시피 하면서 파문을 일으켰다. 비록 하야시가 부정한 단군을 책 서두에 서술하고, 하야시가 중시한 위만조선 및 한사군을 삭제 하고 삼한정통설三韓正統說을 주장하는 등 나름대로 독자성을 가지려 고 노력했지만 임나일본부 관련 조항과 진구 황후의 신라 정벌론 을 완전히 극복하지 못한 것이 한계였다.

이런저런 논리들이 혼재되어 있던 일본의 식민사관은 러일전쟁 직후부터 점차 정교해지면서 하나로 통일되는데, '한국사 정체성론' 에 이어 '만선사滿鮮史'가 등장한다. 그 전까지 만주는 언감생심 마음 뿐이었지만 러시아를 꺾고 보니 만주도 점령할 수 있겠다는 생각에 서 만주와 조선을 잇는 '만선사'를 고안하게 되는 것이다.

'한국사 정체성론'이 힘을 얻어가는 배경에 1902년 여름 대한제국 을 잠시 방문했던 후쿠다 도쿠조(福田德三: 1874~1930)라는 인물이 있다. 일본인으로서는 드물게 기독교인이었던 어머니를 따라 세례를 받고 한때 도쿄 빈민가에서 선교 활동을 하기도 했던 후쿠다는 도쿄상 고를 졸업하고 문부성의 자금 지원으로 독일 라이프치히대학과 뮌 헨대학에서 브렌타노Lujo Brentano 등에게 경제학을 공부하고 1900년 뮌헨대학에서 박사 학위를 취득했다. 일본인 학자들은 일본을 분석 할 때와 한국을 분석할 때 서로 다른 잣대를 들이대는 경우가 많은데 후쿠다도 그런 인물이었다.

1900년 고등상업학교 교수로 취임한 후쿠다는 1902년 아오모리青森현에서 대기근이 발생하자 1903년 아오모리로 직접 가서 현장을 조사했다. 그는 기근 원인을 "농촌에 화폐 경제가 침투하지 않아서 농부들이 상업적 정신을 갖고 있지 못하기 때문"이라고 결론 내렸다. 이 이야기는 일본에게 필요한 것은 식민지가 아니라 일본 내부의 개조라는 뜻이었다. 그런데 1904년에 교장 마쓰자키 구라노스케松崎蔵之助와 부딪쳐서 휴직 처분을 받은 후 한국을 잠시 둘러보고 나서는 엉뚱한 소리를 해댔다. 그는 유럽에서 이른바 '경제 단위 발전설經濟單位發展說'을 공부했는데, 경제 단위별로 발전 수준에 차이가 있다는 이론으로서 경제 발전 수준이 높은 나라가 낮은 나라를 점령할 수 있다는, 식민지 경영의 합리화 이론으로 악용될 수 있는 제국주의 이론이었다.

후쿠다는 한국을 방문하고 나서 「한국의 경제 조직과 경제 단위」를 발표했는데, 근대 사회의 성립을 위해서는 봉건 제도의 존재가 필수불가결한데, 한국은 봉건 제도가 결여되어 있었다면서 20세기 한국의 상태는 일본에서 봉건 제도가 성립되는 가마쿠라(13~14세기) 시대보다도 더 늦은 10세기 무렵의 후지와라藤原 시대에 해당한다고 주장했다. 한 해 전에 아오모리에서는 '일본 농촌에 화폐 경제가 침투하지 못했다'고 결론 내려놓고는 한국에 와서는 일본보다 1천 년이나 더 낙후되었다는 주장을 하고 있는 것이다.

메이지 유신 때까지 일본은 관료제에 의한 통일 국가를 이루지 못하고 각지를 세습 영주들이 다스리는 낙후된 지배 시스템이었는데, 이것이 유럽의 봉건 제도와 같다는 아전인수식 해석으로 한국 사 정체성론을 주창한 것이었다. 후쿠다는 일본에서 사회경제학파 또는 신역사학파로 불렸는데 역사학자이든 경제학자이든 결론은 항상 같았다. 한국은 정체되어 있기 때문에 일본이 식민 지배해서 발전시켜 주어야 한다는 식민 지배 논리였다.

도쿄제대의 시라토리 구라키치와 교토제대의 나이토 고난

러일전쟁 승전의 분위기를 타고 만주까지 차지할 수 있겠다는 욕심에서 '만선사'가 주창되는데, 그 주요 인물이 시라토리 구라키 치(白鳥庫吉: 1865~1942)였다. 시라토리는 독일인 리스에게 이른바 랑케 사학의 실증주의 방법론을 배우고 일본의 왕족들이 다니는 가쿠 슈인대학에서 역사를 강의하게 되면서 일본의 동양사학계와 식민 사학계의 거두로 성장하기 시작했다. 그 자신과 그의 문하에서 배 운 인물들이 일본에서 이른바 '관학官學 아카데미즘'을 주도하면서 어용 역사학을 일본 역사학의 특징으로 만들었다. 시라토리의 제 자가 '한사군 한반도설'과 『삼국사기』 초기 기록 불신론'의 주창자로 유명한 쓰다 소키치로서 이병도의 스승이기도 한데, 이병도는 해 방 후에도 쓰다 소키치가 자신을 사랑했다고 자랑스레 말하곤 했 다. 1886년 도쿄제대를 졸업한 시라토리는 1900년에 박사 학위를 받고 1904년부터 도쿄제대 사학과 교수가 되는데 1901~1903년과 1922~1923년 두 차례 유럽을 방문해서 선생님 나라들의 세례를 받왔다.

시라토리는 교토제국대학의 나이토 고난(內藤湖南: 1866~1934)과 역사학의 쌍벽을 이뤄 "동쪽에는 시라토리, 서쪽에는 나이토 고난"이란 말을 만들어냈고, 또한 "문헌학파의 시라토리, 실증학파의 나이토 고난"이란 말도 만들어냈다. 그나마 교토제대의 나이토 고난이 도쿄제대의 시라토리 구라키치와 맞서면서 자신의 학설을 주창하기도 했는데, 대표적인 논쟁이 양자 사이의 '야마타이국邪馬台國 논쟁'이었다. 중국의 『삼국지三國志』 「위지魏志」 '오환·선비·동이열전'이 있는데, 이 중 일본에서 통상 『위지』 「왜인전倭人傳」이라고 부르는 부분에 왜 여왕 히미코卑弥呼가 서기 247년 위魏나라에 사신을 보냈다는 기록이 있다. 『삼국사기』 「신라본기」 〈아달라 이사금 20년(173)〉조에는 "왜국 여왕 히미코가 사신을 보내 예방했다"고 햇수를 달리 기록하고 있다. 히미코가 다스리는 나라가 야마타이국인데 그 위치가 어디냐는 유명한 역사 논쟁이었다. 『삼국사기』에 따르면 2세기 후반, 『삼국지』에 따르면 3세기 중반의 사건이 되는데, 시라토리는 야마타이국이 기타큐슈에 있었다고 주장했고, 나이토 고난은 나라 등지를 뜻하는 기나이畿內에 있었다고 주장해 격렬하게 충돌했다. 이는 시라토리의 도쿄대파와 나이토의 교토대파의 논쟁으로 비화해서 일본 역사학계를 시끄럽게 만들었다.

그런데 이 논쟁은 그 자체로 일본 역사학의 한계를 말해주는 것이었다. 위나라에 사신을 보낸 히미코에 대해서 『일본서기』나 『고사기』는 침묵을 지키고 있기 때문이다. 그래서 일본 학자들은 히미코를 『일본서기』에 나오는 진구 황후라고 비정해서 논리를 전개해 나갔는데, 이 논리나 저 논리나 모두 일방적인 추측일 뿐 사실은 알수 없었다. 그만큼 『일본서기』나 『고사기』를 가지고는 한국 고대사는커녕 일본 고대사도 제대로 설명하기 어렵다는 사실을 말해주는 것이었다. 그래서 『일본서기』의 연대 측정을 하려면 『삼국사기』를 기준으로 삼아야 한다는 것은 일본의 양식 있는 학자들 사이에서 상식처럼 받아들여지고 있었다. 그러나 일본이 한국을 점령할 상황이 되자 생각들이 달라졌다. 그래서 야마타이국의 위치를 가지고는 격렬하게 충돌했던 일본 학자들이 한국사 왜곡에는 뜻을 같이했다.

시라토리의 제자가 '한사군 한반도설'과 『삼국사기』 초기 기록 불신론'을 주창한 쓰다 소키치라면 나이토 고난의 제자는 낙랑군 수성현을 황해도 수안遂安이라고 주장했던 이나바 이와키치(稲葉岩吉: 1876~1940)다. 필자는 이 계보를 보면서 한국인 식민사학자들이 감히 식민사관에 이의를 제기하지 못하고 무조건 외웠던 속내가 짐작이 갔다. 이병도 같은 와세다 출신들이나 경성제대 출신들은 도쿄제대와 교토제대 출신들에게 본능적인 사대주의를 갖고 있다. 그러니 시라토리 구라키치나 나이토 고난은 물론, 그 제자들인 쓰다 소키치나 이나바 이와키치 같은 인물들이 주창한 학설을 감히 검증할 꿈도 꾸지 못하고 무조건 '맞을 것'이라고 믿어버린 것이다. 한국은 일본보다 미개하다는 '정체성론'을 받아들이는 순간 도쿄제대니 교토제대니 하는 허명虛名에 그대로 녹아버리는 것이다. 이런 무조건적 학문 사대주의가 해방 이후 지금까지 식민사관을 온존시킨 주요한 요소 중 하나였다.

그런데 나이토 고난은 교토제대 출신도 아닌 아키타秋田사범학교 출신이었다. 식민사학자들은 사범학교 출신인 나이토 고난이 도쿄제대 출신의 시라토리 구라키치에게 정면으로 맞서는 것에서 아무것도 느끼지 못했다. 사범학교 출신이 일본 내 2위 제국대학을 대표하면서 '교토대의 보배'라는 평을 받을 때도 그저 도쿄제대나 교토제대에 열등감만 갖고 있었던 것이다.

지금도 마찬가지다. 교토대가 일제 패전 후인 1949년 유카와 히데키湯川秀樹가 노벨 물리학상을, 그리고 2014년에 아카사키 이사무赤崎勇가 노벨 물리학상을 공동 수상한 것을 포함해서 모두 8명의 노벨상 수상자를 배출할 수 있었던 것은 이런 학풍 때문이다. 그러나 경성제대 출신들은 위로는 도쿄제대, 교토제대 등에 대한 열등감에 시달리면서도 아래를 철저하게 짓밟는 B급·C급 카르텔로 학문의 발전을 저해했다.

나이토 고난은 비록 한때 「요로즈조호萬朝報」 기자로 있으면서 대對러시아 개전론을 주창하기도 했지만 교토대에 자리 잡고 나서는 중국사 연구에 매진해 동료 교수인 가노 나오키狩野直喜, 구와바라 지쓰조桑原隲蔵 등과 함께 '교토 중국학'을 형성해서 '교토대의 보배'로까지 불렸다. 그러면서도 교토대를 대표해 도쿄대를 대표하는 시라토리와 함께 야마타이국의 위치를 놓고 격렬한 논쟁을 벌였다. 나이토 고난이 중국사와 일본사를 넘나들며 연구한 것처럼 시라토리 구라키치도 『일본상대사上代史연구』, 『조선사연구』는 물론 『새외민족사연구塞外民族史研究』와 『서역사연구西域史研究』 등을 저술한 동양사학자로서 일본사와 중국사를 넘나들었다. 아직껏 식민사학을 추종하면서도 정작 식민사학의 스승들은 일본사와 조선사는 물론 중국의 북방민족사와 서역사까지 넘나드는 방대한 분야에 대해서 공부한 것은 배울 줄 모르고 지금까지 조선총독부에서 가림막을 쳐준 '전공', '전공'만 떠드는 C급 학자들을 보면 가련한 생각이 절로 든다.

한국사에서 '전공'을 불가침의 성역으로 만든 것은 조선총독부였다. 자기 전공만 공부해야 일제 식민 지배 자체에 문제를 제기하는 종합적 학자가 나오지 못할 것이기 때문이다. 일제 강점기 전까지 조선의 학자들은 성호 이익이나 다산 정약용에서 보듯이 종합적인 인문학자였다. 그 얄팍한 전공에 매달려 자기 밥그릇을 지키는 전가의 보도로 삼는 한국의 식민사학자들은 모두 총독부의 사생아들에 불과하다. 또한 식민사관과 다른 주장을 하면 논쟁은커녕 논쟁을 제기하는 학자를 학계에서 축출하는 것으로 명맥을 유지하는 현재의 식민사학은 시라토리 구라키치와 나이토 고난 정도 수준의 논쟁도 할 자신이 없는 F급 학자들에 불과하다.

필자는 이 역시 제국과 식민지의 틀 속에서 해석할 수 있다고 생각한다. 제국의 견지에서 식민사학을 창출하는 것과 식민지 백성이 이를 추종하는 것은 완전히 다르다. 좋든 싫든 전자가 주인의 학문이라면 후자는 노예의 학문이다. 노예는 신분 해방 투쟁에 나설 때 비로소 자신의 시각으로 세계를 바라보게 된다.

일본은 전후 25명의 노벨상 수상자를 배출했지만 한국은 그릇된 현대사에 대한 저항의 여정으로 2000년에 노벨 평화상을 수상한 김대중 대통령 외에 단 한 명의 노벨상 수상자도 배출하지 못한 근본 이유는 학문이 식민지 근성을 벗어나지 못했기 때문이다. 노벨

쓰다 소키치.

상이 그렇게 중요한가에 대해 그렇게 높은 점수를 주는 편은 아니지만 노벨상은 결국 자신의 시각으로 사물을 바라보는 학자들에게 주어지는 것이다. 타인의 시각, 그것도 점령자의 시각으로 자국사를 바라보는 노예의 시각을 가진 사람들이 아직도 학문권력을 갖고 있는 나라에서 역사학 외의 다른 학문인들 어찌 발전할 수 있겠는가? 기초과학이 발전하기 위해서는 먼저 역사학이 발전해야 한다. 역사학이란 학문을 왜 해야 하는가를 말해주는 기초학문이기 때문이다.

그러나 도쿄대의 시라토리 구라키치는 학문을 스스로 침략의 도구로 악용한 좋지 않은 선례를 남긴 어용학자였다. 그가 한국 식민사관의 비조鼻祖 중의 비조가 된 것은 1908년 남만주철도주식회사의 총재 고토 신페이後藤新平를 설득해서 '만선역사지리조사실滿鮮歷史地理調査室'을 설치한 데서 비롯된다. 시라토리는 여기에 이케우치 히로시·쓰다 소키치·이나바 이와키치·야나이 와타리箭內亘·마쓰이 히토시松井等 같은 역사학자들을 끌어들였는데, 조사실 명칭에 '만선역사지리'라고 조선뿐만 아니라 만주까지 붙였던 것은 이때 이미 만주까지 집어삼킬 요량이었기 때문이다. 만철滿鐵이라 불렸던 남만주철도주식회사는 형식상 주식회사였지만 러일전쟁 당시 일본의 만주군 야전철도 관리부를 모체로 설립된 데서 알 수 있는 것처럼 일본군 및 제국 정부의 '아바타'였다. 러일전쟁 이후인 1906년 설립되어 1945년 일제가 패망할 때까지 존속했으니 전쟁으로 시작해 전쟁으로 해체된 신기루 같은 회사였다.

시라토리가 만철 총재인 고토 신페이를 설득해서 '만선역사지리조사실'을 만든 시기가 한국을 완전히 점령하기 전인 1908년이란 점을 주목해야 한다. 또한 만철 소속이라고 만주에 있었던 것이 아니고 도쿄에 있었다는 점도 놓쳐서는 안 된다. 시라토리가 만철로 끌어들인 쓰다 소키치는 훗날 조선사편수회 식민사관의 핵심 내용이 되는 '한사군 한반도설'과 『삼국사기』 초기 기록 불신론'을 만들었고, 이나바 이와키치는 낙랑군 수성현을 황해도 수안군이라고 주장했다. 그리고 만리장성을 황해도까지 끌어들였는데 이는 이병도를 비롯한 한국 식민사관에 의해서 해방 후까지 그대로 계승되었다.

그런데 만철의 만선역사지리조사실에서 만든 식민사관이 여타 식민사관과 조금 다른 점은 일선동조론을 비판하면서 한국사를 만주사의 종속적 위치에 놓는 만선사관滿鮮史觀을 창안하고 확산시킨 데 있다. 이는 한국사의 주체성을 부인하기 위한 새로운 발상으로서 이를 바탕으로 타율성론 등의 식민사관이 보다 정교해졌다. 이 조사실에서 연구했던 위의 인물들 외에 이마니시 류·세노 우마쿠마

瀬野馬熊·스에마쓰 야스카즈 같은 어용학자들이 가세해 조선총독부 산하 조선사편수회를 주도하면서 이병도, 신석호 같은 한국인들을 가르치게 된다.

제국주의 고고학

식민사관에 빠질 수 없는 것이 고고학이다. 제국주의 고고학이란 말이 있듯이 고고학은 제국주의와 밀접한 관련이 있는 학문이다. 멀리 갈 것 없이 파리의 루브르박물관이나 대영박물관에 가보면 고대 프랑스나 고대 영국의 유물은 찾기 힘들고 대부분 아랍이나 아시아의 유물인 것이 이를 말해준다. 아시아에서는 유일하게 일본이 제국주의 고고학에 앞장선 나라다. 후술하겠지만 지금 문헌사학적 근거가 모두 무너진 국내 식민사학계가 북한에서 의도적으로 공개한 이른바 '낙랑 목간'을 두고 환호하는 것도 고고학이 얼마나 역사 왜곡에 악용될 수 있는지 말해주는 사례들이다.

제국주의 시절 일본에서 고고학을 통한 역사 왜곡의 선두에 선 인물이 도쿄공대의 세키노 다다시關野貞였고, 이마니시 류가 뒤를 이었다. 세키노 다다시는 1895년 도쿄공대에서 후에 건축학이라고 불렸던 조가학造家學을 공부한 후 고대 백제계의 수도였던 나라현에 기사로 임명되면서 고건축과 인연을 맺었다. 그런데 세키노 다다시는 조선총독부 설립 후 국내를 처음 방문한 것으로 알고 있는 사람들이 많은데 그가 한국을 처음 방문한 것은 1901년에 도쿄제대

조교수로 임용된 이듬해인 1902년이었다. 그래서 한국 식민사학 연구에 도쿄제대가 중요하다고 말하는 것이다. 그는 이때 서울과 개성의 여러 성곽과 문화재는 물론 부산과 경주도 조사함으로써 한국 내 유적·유물들에 대한 전반적 경험을 쌓았다.

1906년 서울에 통감부를 설치한 일제는 세키노를 다시 불렀고 한국 내 유적·유물 전반에 대한 종합적 조사에 들어갔다. 이때 각종 궁궐과 성곽, 사원 같은 건축물은 물론 능묘와 각지의 고분에 대해서 전반적으로 조사하고 보고서를 제출했다. 1906년 4월 서울과 신의주를 잇는 518.5킬로미터의 경의선京義線이 완공되는데, 이때 세키노 다다시는 이 철도 연변에 대한 광범위한 조사에 들어갔다. 이 지역들은 이후 조선총독부에서 낙랑군 및 대방군帶方郡이 있었다고 주장하는 지역들인데, 필자는 이때 이미 고고학을 통한 역사 조작 계획이 수립되었을 것으로 판단하고 있다. 세키노 다다시 일행은 이때 의주에서부터 평안도 영변을 거쳐 평양 일대는 물론 평안남도 안주와 황해도 황주, 개경 일대까지 폭넓게 조사하는데, 이후 세키노 다다시가 우연히 발견했다는 '한사군의 유물' 대부분은 이 지역에서 나타나기 때문이다. 세키노는 1909년에 2차 조사에 나선 후 매년 발굴에 나서는데, 주목할 것은 이 2차 조사 때 이미 평양 대동강 유역의 석암리石巖里를 발굴했다는 점이다. 이때만 해도 낙랑 유물이라고 특정하지 못하다가 나중에 낙랑 무덤이라고 주장하는 데서 조선총독부의 기획임을 알 수 있다.

이렇게 반복적으로 실시된 조선통감부 및 조선총독부에서 실시한 전국 각지의 유적·유물 조사 사업에 대해서는 해방 이후 체계적인 연구 및 비판이 이루어져야 했다. 하지만 해방 이후 외형만 한국인들인 식민사학자들이 학계를 완전히 장악하면서 무작정 추종할 뿐 아직까지 한번도 종합적인 검토 및 비판이 수행된 적이 없다.

1910년 8월 29일 일제가 대한제국을 강제로 점령한 직후부터 세키노는 전국 각지에 대한 발굴 조사에 더욱 박차를 가하는데, 특히 낙랑군이 있었다는 평양 일대는 어느 지역보다 자주 찾았다. 필자는 황해도 수안군을 낙랑군 수성현으로 몰던 이나바 이와키치가 대동강 남쪽을 낙랑군 조선현의 치소治所라고 비정하려다가 근거가 약하니까 "세키노 다다시 박사의 발굴 결과를 기대한다"는 의미심장한 멘트를 남긴 것을 주목한다. 잘 짜인 각본이었던 것이다.

세키노 다다시는 1910년 10월 3일 세 번째로 한국을 찾아서 평양 대동강 유역의 고분군에 대한 두 번째 조사에 들어갔고, 1911년 9월의 4차 조사 때는 다니 사이이치谷井濟一와 함께 평양 강동군에서 이른바 한왕묘漢王墓를 발굴했다. 조선총독부 설치 이후 세키노 다다시는 '황금 손'으로 변신해 가는 곳마다 '낙랑 유적·유물들'을 찾아냈다. 4차 조사 때만 해도 한왕묘 이외에 황해도 봉산군 문정면에서 대방군 태수 장무이의 무덤을 찾았다면서 황해도를 낙랑군 아래 있었다는 대방군 지역으로 비정하게 되었다. 1912년에 있었던 5차 조사 때도 세키노는 다니 사이이치와 함께 어김없이 평양으로 들어가며, 1913년의 6차 조사 때는 다니 사이이치는 물론 이마니시 류도 대동하고 가는데, 이때 이마니시 류가 그 유명한 '점제현秥蟬縣 신사비'를 발견하고 신사비가 발견된 평안남도 용강군을 '낙랑군 점제현' 자리라고 비정하게 된다.

점제현 신사비. 조선총독부는 철모르는 아이를 배경으로 사진을 찍어서 점제현 신사비라고 주장했다.

이때 재미있는 일화가 있다. 1913년의 조사 때는 세키노 다다시, 구리야마 슌이치栗山俊一, 이마니시 류, 다니 사이이치가 함께 갔는데, 평안도 진남포에서 발행하는 지역 신문에 세키노 다다시가 용강군으로 간다는 보도가 나왔다. 그래서 아와야시栗屋鎌太郎 용강군 서기가 마중 나왔기 때문에 세키노는 이마니시를 대신 파견했다. 그런데 이마니시는 용강군 어을동於乙洞 토성에서 한나라식 기와를 찾았으나 찾을 수 없었다. 한사군의 강역이 아니었던 곳에서 한나라 유물을 찾으니 못 찾는 것은 당연했다. 그런데 이마니시는 면장에게 오래된 비碑가 있다는 정보를 듣고 비로소 '점제현 신사비'를 찾았다고 주장했다. 그러나 막상 신사비 사진은 면장이 아니라 10살쯤 되어 보이는 아이를 배경으로 찍었다. 2011년 〈SBS스페셜〉에서 이 문제를 다루면서 이 비문의 역사나 내용에 대해 전혀 모르는 서지학자들을 대상으로 비문 사진을 보여주자 사진은 서로 다른 비문을 찍은 것이라고 확인해주었다. 낙랑군의 또 다른 증거라고 말했던 효문묘 동종의 사진도 2개의 동종을 찍은 것이라고 확인해주었다. 말하자면, 모두 조작된 유물이라는 것이다.

세키노 다다시는 1914년에 이런 발굴 결과를 모아 조선총독부판 『조선고적조사략보고朝鮮古蹟調査略報告』를 간행했고, 조선총독부는 뒤이어 1915년 『조선고적도보朝鮮古蹟圖報』를 발간하고, 1917년에는 『고적조사보고서古蹟調査報告書』를 간행했다. 이런 고고학 발굴 조사 보고서들은 일체의 1차 문헌 사료가 없는 '한사군 한반도설' 같은 식민사학의 제멋대로인 위치 비정을 고고학적으로 뒷받침하는 유력한 근거가 되었다. 이때부터 일제 식민사학을 극복하지 못한 현재까지 말이 없는 이 유적·유물들은 한국인 식민사학자들에 의해 한사군의 증거라고 주장되고 있다.

그런데 세키노 다다시가 쓴 일기를 최근에 문성재 박사가 『한사군은 중국에 있었다』(우리역사연구재단, 2016)에서 공개했다.

다이쇼大正 7년(1918) 3월 20일 맑음 북경…… 유리창의 골동품점을 둘러보고, 조선총독부 박물관을 위하여 한대漢代의 발굴품을 300여 엔에 구입함.
다이쇼 7년 3월 22일 맑음: 오전에 죽촌 씨와 유리창에 가서 골동품을 삼. 유리창의 골동품점에는 비교적 한대의 발굴물이 많고, 낙랑 출토류품은 대체로 모두 갖추어져 있기에, 내가 적극적으로 그것들을 수집함.

　　- 세키노 다다시 일기에서

　가는 곳마다 한나라, 낙랑 유물을 발견했던 '신의 손'은 사실은 북경의 골동품 상가인 유리창가에서 유물을 마구 사들인 '구매의 손'이었던 것이다.

　지리학도 가세했다. 1910년 일제가 한국을 강점하자 역사지리학회는 「역사지리歷史地理」의 임시 증간호로 「조선호朝鮮號」를 간행했다. 한국을 역사지리적으로 일본 영토로 확정하기 위한 시도였다. 그런데 현재 한국의 역사지리학은 이에 맞서기는커녕 실종된 것이나 마찬가지다. 모두 학문의 식민성 때문에 벌어진 현상이다.

조선사편수회로 가는 길

　조선총독부의 최종 목표는 방대한 『조선사』를 발간해서 한국인들로 하여금 식민사학적 역사관을 갖게 하는 것이었다. 그래서 조선총독부 중추원은 1915년부터 『반도사半島史』 편찬 사업을 전개했다. 제목이 『반도사』라는 데서 한국사의 주요 강역이었던 대륙과 해양을 삭제하고 반도에 가둬두려는 의도가 엿보인다. 조선총독부는 『반도사』 편찬 목적을 "민심 훈육을 통하여 조선인을 충량忠良한 제국의 신민으로 만들어 조선인을 동화하려는 목적을 달성하기 위함"이라고 노골적으로 말하고 있다. 한국인들을 "충량한 (일본) 제국의 신민"으로 만들려는 식민사관의 목적이 노골적으로 드러나는 내용이다. 그런데 일제는 이때만 해도 『반도사』 편찬 사업에 목을 매지는 않았다. 무단통치면 한국을 영구히 다스릴 수 있을 것으로 여겼던 것이다. 그래서 조선총독부는 한국 강점 후 각지의 헌병들에게 경찰의 역할을 대신하게 하고, 초등학교 교원들이나 여학교 교원들에게까지 긴 칼을 차고 교실에 들어가게 하는 공포통치를 시행했다.

또한 일본에서는 이미 폐기된 태형(笞刑: 매를 때리는 형벌)을 조선 백성들에게만 시행했다. 매를 때리면 말을 듣게 하려고 한 것이다. 실제 일본인들은 이런 극단적 무사 통치로 1천 년 이상을 일관했다. 일본인들이 남달리 공손한 것은 공손하지 않으면 아무 죄도 없이 무사의 칼에 죽어도 하소연할 곳이 없었던 역사적 경험에서 나온 것이다. 그런데 일본인들의 이런 생각과는 달리 겉으로 유순해 보이던 한민족은 1919년 민족적 봉기인 3·1운동을 일으켜 공포통치에 반발했다.

그제야 조선총독부는 매를 때리는 폭력적 방법보다는 한국인들 스스로를 일본 제국의 신민으로 여기게 하는 문화적 방법이 더 유용하다는 생각에서 문화통치로 전환했다. 나아가 『반도사』 편찬 사업을 더 확대하기 위해 1922년에는 조선사편찬위원회를 설치했다. 총독부 차원의 식민사학 전파가 더욱 정교화된 것이다. 「다이쇼 11년(1922) 12월 조선총독부 훈령 제64조」의 「조선사편찬위원회 규정」을 보면 "제1조. 조선총독부에 조선사편찬위원회를 둔다……", "제2조. …… 위원장은 조선총독부 정무총감政務總監이 겸임한다"고 명기하고 있다. 정무총감은 조선총독부의 제2인자로서 지금으로 치면 국무총리와 법무부·행자부 장관 등을 겸하면서 검찰과 경찰 등을 관할하는 총독부의 2인자 자리이다. 조선사편찬위원회 위원장이 총독부 정무총감이라는 이야기는 이 위원회가 학술 조직이 아니라 식민 통치 조직이자 선전 조직이었다는 뜻이다. 초대 위원장은 도쿄제대 출신의 아리요시 주이치有吉忠— 정무총감이었고 고문은 백작 이완용, 후작 박영효, 자작 권중현 같은 매국 세력들이었다.

조선사편찬위원회는 방대한 『조선사』 편찬 사업을 수립했는데, 이 사업은 이른바 다이쇼 14년(1925) 6월 조선총독부에서 '칙령勅令 제218호'로 '조선사편수회를 만들기로 하면서 조선사편수회로 계승되었다. 조선사편수회는 하나의 독립된 관청으로서 조선총독부는 한국사를 왜곡하는 전담 관청을 두어 더욱 본격적인 한국사 왜곡에 나서게 된 것이었다. 그만큼 식민사관 전파는 식민 통치에 핵심적인 요소였다.

'조선사편수회 관제官制' 제1조는 "조선사편수회는 조선총독의 관리에 속하며, 조선 사료의 수정 및 편찬과 조선사의 편수를 담당한다"는 것이었고, 제3조는 "회장은 조선총독부 정무총감이 겸임한다. 고문과 위원은 조선총독의 요청에 의해 내각에서 임명한다"는 것이었다. 역사 전문 독립 관청으로 만들었지만 회장은 여전히 조선총독부의 2인자인 정무총감이 겸임했다. 조선총독부에서 역사 해석은 역사학자의 몫이 아니었다는 뜻이다. 1925년 정무총감이었던 도쿄제대 출신의 시모오카 주시下岡忠治가 조선사편수회 회장이 되었고, 이완용·박영효·권중현 등의 친일 매국적들이 여전히 고문이었다. 독립 관청으로 승격한 조선사편수회는 보다 풍부한 자금 지원을 받으며 『조선사』 왜곡 편찬 사업에 박차를 가했다. 조선사편수회의 창설은 행정력을 이용한 역사 왜곡이 한 획을 그었음을 뜻하는 것이었다.

조선사편수회와 함께 국내에서 식민사관의 이론화 및 전파에 쌍두마차를 형성한 것이 1924년 문을 연 경성제대였다. 어용 학자들은 1926년 경성제대에 설치된 법문학부法文學部에 자리를 잡고는 '아카데미즘의 본산'으로 자처하면서 식민사학을 연구하고 전파해 나갔다. 경성제대와 조선사편수회에서 식민사관 이론을 만들어내면 조선총독부는 자체의 행정력과 교육, 언론을 동원해 광범위하게 전파해 나갔다.

또한 각종 어용학회를 만들었는데, 조선사편수회는 조선사학동고회朝鮮史學同攷會를 만들고 월간 「조선사학朝鮮史學」을 간행하는 한편 편수회 내에 사담회(史談會: 1925), 정양회(貞陽會: 1930) 같은 어용 연구 조직을 만들었다. 경성제대 교수들도 이에 뒤질세라 경성독사회(京城讀史會: 1927)를 결성해 식민사관을 강화해 나갔다. 조선사편수회와 경성제대는 1930년 공동으로 청구학회靑丘學會를 결성하고 「청구학총靑丘學叢」을 발간했다. 이는 도쿄제대가 주도하는 식민지 본국과 경성제대 및 조선사편수회가 주도하는 식민지를 잇는 거대한 식민사관 카르텔의 형성을 뜻했다.

앞서 설명했듯이 일본에서는 도쿄제대, 게이오대, 육군대학 출신들이 사학회를 만들고 기관지 「사학회잡지」를 만들었다가 1892년부터는 「사학잡지史學雜誌」로 이름을 바꾸었다. 황해도 수안을 낙랑군 수성현이라고 주장하는 이나바 이와키치의 논문이 「사학잡지」에 실린 것을 비롯해 다수의 식민사학 관련 논문들이 대거 실려 식민사학의 본산을 자처했다. 일본에서는 도쿄제대, 게이오대, 육군대학 출신들이 만든 사학회가 식민사관의 총본산이라면 식민지에서는 경성제대와 조선사편수회가 뜻을 이어 청구학회를 만들고 「청구학총」을 발간해 이에 부응했던 것이다. 일본과 식민지 조선을 잇는 이 카르텔은 해방 이후에도 약간 변형된 상태로 지금까지 존속하면서 한국 역사학의 주류를 식민사학으로 만들었다. 청구학회는 "조선과 만주를 중심으로 한 극동 문화를 연구하여 일반에게 그 성과를 보급한다"라는 취지를 내세운 데서 알 수 있듯이 식민사관을 일반인에게까지 확대시키기 위해서 만든 조직이었는데, 일본인 학자들이 주축이었지만 이병도·신석호·최남선·이능화 등 한국인 학자들도 일부 참여했다.

조선사편수회는 1932년부터 1938년까지 37권의 방대한 『조선사』를 발간했다. 그러나 『조선사』는 뚜렷한 식민사관적 관점을 가지고 논리를 서술하는 방식을 택하지 못했다. 유구한 한국사 전체를 식민사학적 관점만으로 서술하는 것도 힘들었지만, 그렇게 노골적으로 비하할 경우 한국민들의 반발도 우려되었기 때문이다. 그래서 일종의 사료집 형태로 『조선사』를 편찬했는데, 어떤 측면에서는 이 것이 더욱 교묘한 행태였다. 사료의 취사선택 행위 자체가 이미 의도를 갖고 있기 때문이었다. 그래서 『조선사』는 더욱 교묘한 식민사관의 완결판이 되었다.

식민사관을 비판하는 학자들 누구도 조선사편수회에서 만든 『조선사』를 비판하지는 않았다. 일종의 사료집이니 잘 가려서 사용하면 된다고 생각했을 것이다. 그러나 『조선사』를 한국사 연구의 사료로 삼으면 식민사관에서 벗어날 수 없게 되어 있다. 식민사학을 꿰뚫는 역사 지식을 갖고 있지 않는 한 『조선사』를 텍스트로 사용하면 식민사학에 물들게 되어 있었다. 식민사관을 직접 서술해 비판하는 것보다 더욱 교묘하고 정교한 방식이었다. 일제는 이처럼 교묘하고도 치밀하게 식민사관을 만들고 전파해 나갔다. 그러나 대한민국은 해방 이후에도 조선사편수회에서 만든 일제 식민사관, 즉 조선총독부 사관을 해체하지 못했다. 그 결과 현재도 식민사관은 한국 사학계의 주류 학설로 버젓이 살아 한국인의 영혼을 갉아먹으면서 대한민국의 국익을 저해하고 있는 것이다.

3. 민족주의
사관의 계보

대종교와 민족사관

그럼 식민사학에 맞섰던 민족사관을 살펴보자. 역사 공부를 조금이라도 한 사람들은 일제 식민사관이 일체의 사료적 근거가 없다는 사실을 '뒤늦게(?)' 발견하고는 깜짝 놀라곤 한다. 그러니 식민사학자들은 일체 논쟁을 거부해왔다. 학계를 100퍼센트 완벽하게 통제하는 방식이 아니면 논리를 유지할 수 없기 때문이다.

그러나 해방 이후부터 지금까지 식민사관을 추종하는 많은 학자들과 그를 반대하는 소수 학자들 사이의 전쟁은 계속되었다. 이것도 이채라면 이채고, 다행이라면 다행이다. 필자가 강연을 나가면 단골로 듣는 질문이 "식민사관에 반대하는 학자들의 숫자는 얼마입니까?"라는 것이다. 물론 현재까지는 소수에 불과하다. 식민사학은 세 진영으로 구성되어 있다. 제1진영은 식민사관을 직접 계승하고 있는 학자들로서 많다면 많고 적다면 적다. 제2진영은 이들에게 동조하고 있는 학자들로서 제1진영보다는 숫자가 많다. 제3진영은 식민사관을 방관하고 있는 학자들로서 가장 숫자가 많다. 문제는 제3진영에 속한 학자들을 어떻게 볼 것인가 하는 부분이다. 이들은 식민사학자들인가 아닌가?

필자는 몇 년 전 어떤 대학 행사에서 국사편찬위원장을 역임했던 사학계의 이른바 원로라는 사람이 연단에 올라가 자발적인 축사를 하는 것을 들은 적이 있다. 단재 신채호로 박사 학위를 받았다는 그 원로 사학자가 "한국 사학계는 식민사학을 모두 극복했다"라고 말하는 것을 듣고 참석자 상당수가 충격을 받았다. 그러고 보니 그가 단재 신채호로 박사 학위를 받았다고 하지만 단재 사학과 대척점에 서 있는 두계(이병도) 사학을 비판하는 글을 쓴 것은 한 번도 본 적이 없다는 생각이 들었다.

그는 행사장을 떠나면서 "한사군 한반도설은 학계에서 이미 정리가 끝난 문제"라고 말했다고 들었다. 서울대 국사학과 출신으로 '이념 위에 학연 있다'는 한국 사회 카르텔의 깨지지 않는 명제를 몸소 실천해 보인 셈이다. 단재 사학과 두계 사학은 공존할 수 없는 두 가지 가치를 대변한다. 이런 사실을 모르고 단재 신채호로 박사 학위를 받았다면 그 박사 학위가 우스운 것이고, 알고도 이런 말들을 했다면 식민사관을 직접 전파하는 제1진영의 식민사학자들보다 더 해로운 인물이라고 하지 않을 수 없다. 그가 말하는 학계가 (식민)사학계라는 것은 이제 한국 사회에서 일반 상식이 되었다. 이들이

'학계'라고 말할 때 '(식민)사학계'라고 해석하면 정확한 용어가 된다.

해방 이후 식민사학자들은 자신들의 역사학을 '신민족주의 사학'이라고 지칭했다. 그러면서 유카타 대신 하얀 한복을 즐겨 입었다. 그러나 이들은 지금 슬그머니 '신민족'이란 말 대신 '실증사학'이란 용어로 후퇴했다. 그리고 나서는 식민사학을 비판하는 학자들을 '민족주의 사관'이라고 비판하고 있다. 자신들을 '신민족주의 사학'이라고 자칭하다가 그 본질이 드러나자 '민족주의' 자체를 비판하고 나서는 것이다. 침략주의와 맞서 싸운 민족주의는 비판의 대상이 아니다. 독일의 랑케, 프랑스의 미슐레Michelet, 미국의 터너Turner는 모두 민족을 앞세워 자국의 역사를 서술했지만 비난 대신 칭송을 받고 있다. 자국사를 긍정적으로 보려는 노력을 악의적 의미로 '민족주의'라고 비판하는 나라는 한국밖에 없다.

민족주의가 비판받아야 하는 경우는 두 가지다. 하나는 자민족에 대한 우월감을 토대로 타민족을 침략하려는 경우이고, 다른 하나는 민족이란 집단의 이름으로 개인의 자유를 억압하는 경우다. 한국 민족주의는 이 중 어디에도 해당되지 않는다. 중국과 일본과 미국에 치이고 치인 한국 민족이 언제 남을 침략할 겨를이나 있었는가? 한국 민족주의의 정수라고 할 수 있는 백범 김구, 단재 신채호, 도산 안창호의 사상에 어느 개인의 자유에 대한 억압이 있었는가? 모두 일본 제국주의, 즉 일본 민족주의를 추종하는 자들이 만들어낸 마타도어일 뿐이다.

식민사관을 비판하는 학자들, 즉 말석의 필자를 비롯해서 최재석, 이재호, 김용섭, 윤내현 등은 모두 민족 이전에 사실 자체를 중시했다는 공통점이 있다. 식민사학자들이 말하는 실증이 아무런 사료적 근거가 없는 '조작된 실증'임은 앞으로 무수히 확인하겠지만 식민사관을 비판하는 학자들이 가장 우선시하는 것이 사료적 근거라는 사실은 분명하다. 그것이 없다면 존속하는 것조차 불가능했을 것이다.

그동안 식민사학자들은 식민사학을 비판하는 학자들에 대해 온갖 모욕을 가해왔다. '한 손에는 총, 한 손에는 붓'을 든 독립운동가 겸 역사학자들을 근대 역사학을 배우지 못한 봉건적 학자들이라고 비난했다. 앞서 서술했듯이 바다를 건너온 20대의 독일인 리스를 위대한 스승님으로 추종한 시라토리나 그 시라토리를 위대한 스승님으로 추종한 한국인 식민사학자들에게 리스는 근대 역사학의 지평을 열어준 대학자인지 모른다. 그러나 동양 역사학 전통에 조금이라도 지식이 있다면 이런 소리는 할 수 없다.

비단 오리엔탈리즘을 언급하지 않더라도 언제 서양이 인문학, 특히 역사학에서 동양을 앞선 적이 있었던가? 중세 서양의 역사학은 신학神學의 한 부분에 불과했다. 서양에서 역사학이 신학에서 분리되었다고 말하는 실증주의는 과연 독립된 역사학이었는가? 랑케가 신으로부터 독립된 사고가 가능한 인간이었는가? 또한 실증주의란 서양 실증주의가 등장하기 훨씬 전에 등장했고, 서양보다 훨씬 정교했던 동양의 고증주의와는 다른 것인가? 한일 식민사학자들이 주장하는 근대 역사학이란 문장에 주석을 단 것에 지나지 않는다. 그런 것이 근대 역사학이면 동양 사회에서는 서양보다 이미 1천 년은 훨씬 전에 근대 역사학이 수립되었다.

식민사학의 세례 속에서 학교생활을 한 대다수의 평범한 국민들이 착각하는 것이 있다. 식민사학자들이 독립운동가들보다 역사 지식이 뛰어날 것이라고 생각한다는 점이다. 이것 역시 식민사학자들이 자가발전한 사기에 지나지 않는다. 독립운동가 겸 역사학자들이 특일류급 학자라면 식민사학자들은 이류도 못 되는 삼류 사이비 학자들에 불과하다. 한국 학문이 현재까지 이류, 삼류에 머무는 이유도 식민학자들이 해방 후에도 한국의 학계를 장악했기 때문이다. 그래서 학자라고 말하는 자체가 부끄러운 인물들이 카르텔 덕분에 대학 총장이 되고 교육부 장관 후보까지 오른다.

민족주의 사학자들의 학문을 무원茂園 김교헌(金敎獻: 1868~1923)의 경우를 통해서 잠시 살펴보자. 김교헌은 고종 23년(1885)에 만 열일곱의 나이로 정시 문과에 급제해서 춘추관기사관春秋館記事官을 역임했다. 춘추관기사관 또는 기주관記注官은 사료 작성과 편찬을 담당하는 직위로서 보통 사관이라고 부른다. 정6품에서 정9품까지의 중하위 관직으로서 승정원·홍문관·예문관·사간원·시강원·승문원 등의 관리가 겸임하는데 한문漢文에 능통하지 않으면 맡을 수 없는 자리였다. 사관의 중요한 임무는 사초 작성이다. 조선에서 사관들이 작성한 사초는 정승 같은 대관은 물론 임금도 볼 수 없게 제도적으로 보장이 되어 있었다. 역사학이 국가권력으로부터 독립되어 있었다는 뜻이다. 바쿠후 치하의 일본에서 이런 시도를 했다간 당장 '할복령'이 내렸을 것이었다. 사고史庫를 지키는 문지기는 승정원이나 춘추관의 사전 허락 없이 사고에 접근하면 지위 고하를 막론하고 치도곤을 놓아도 아무 처벌을 받지 않았다. 심지어 국왕도 접

성균관대사성과 규장각부제학을 역임한 당대 최고의 유학자였던 김교헌. 일제에 나라가 점령당하자 대종교에 입교하고 『신단민사』, 『신단실기』, 『배달족역사』 등의 역사서를 저술하여 우리 민족사의 틀을 세웠다. 한글학자 김두봉은 이런 김교헌에 대해 '그 공이 사마천보다 크다'고 평가했다.

근할 수 없었다. 세계에서 가장 방대하면서도 대신은 물론 임금의 잘잘못까지 가감 없이 서술한 『조선왕조실록』은 이런 과정을 거쳐 작성된 민족의 보고다. 일본에서 조선의 역사 전통을 봉건적이라고 매도했던 자체가 어불성설이었다.

기사관은 정청에서 임금과 신하가 우리말로 대화를 하면 즉석에서 한문으로 받아쓸 능력이 있어야 했다. 김교헌이 이 기사관을 역임했는데 문과 급제자에게도 쉬운 일은 아니었다. 단재 신채호는 『조선상고사』 「총론總論」에서 한문으로 사료를 작성하는 것이 얼마나 어려운지를 몇 가지 예를 들어 설명하고 있다.

현종顯宗이 "조총의 길이가 얼마냐?"라고 묻자 유혁연柳赫然이 두 손을 들어 "요만하다"라고 형용하였다. 기주관이 그 문답의 정형情形을 받아쓰지 못하고 붓방아만 찧고 있었다. 유혁연이 그를 돌아보며 "問鳥銃之長 於柳赫然 然擧手尺餘 以對曰如是(조총의 길이를 유혁연에게 물으셨는데, 혁연이 손을 들어 한 자 남짓하다고 대답했다)"라고 쓰지 못하느냐고 질책하였다.

숙종이 박태보를 국문(鞫問: 임금이 직접 문초하는 것)할새, "이리저리 잔뜩 결박하고 몽우리 돌로 때리라"고 하자 주서注書 고사직高司直이 서슴없이 "必字形縛之 無隅石擊之[필(必)자 모양으로 묶고 몽우리 돌로 때려라]"라고 썼다. 그래서 크게 숙종의 칭찬을 받았다고 한다. 이것들은 궁정宮廷의 한 가화(佳話: 아름다운 이야기)로 전해오는 이야기지만, 반면에 남의 글로 내 역사를 기록하기 힘듦을 볼 것이다.[24]

신채호는 한문으로 사료를 작성하기가 얼마나 어려운가를 설명한 사례지만 역으로 조선에서 사관을 하려면 이 정도 실력이 있어야 했음을 뜻한다. 일제 강점기는 물론 해방 후에도 식민학자들이 한국 고유의 이런 학문 전통을 봉건적이라고 매도하면서 한국 전통 학문은 극도로 하향 평준화되었다. 그래서 『조선의 음담패설』 따위, 조선 시대 같았으면 측간에서 일볼 때나 몰래 보았을 책들을 번역해놓고 한문 전공이라고 으스대는 천박한 풍토가 학계에 일반화된 것이다.

김교헌은 기사관을 거쳐 청요직淸要職을 두루 거쳤다. 홍문관부교리를 비롯해서 당시 국립대학 총장 격인 성균관대사성大司成을 역임했고 1903년에는 문헌비고찬집위원文獻備考纂輯委員으로 방대한 『증보

24 신채호, 『조선상고사』 「총론」.

문헌비고增補文獻備考』를 편찬했다. 나라가 멸망하기 직전인 1909년에는 당대 최고의 학자들이 역임하는 규장각부제학副提學까지 지냈다. 성균관대사성과 규장각부제학을 역임한 김교헌이 당대 초일류 학자라는 것을 부인할 사람은 아무도 없었다. 1912년 보성전문학교 법률과를 나오고 와세다대학에 들어가 일본인 학자들에게 머리를 조아리던 이병도와 비교하는 것 자체가 모독이다.

경력으로 보면 김교헌은 유학자였다. 그런데 1910년 일제에 나라가 점령당하자 대종교大倧敎에 입교했다. 대종교의 종倧 자는 상고의 신인神人을 뜻하는 말로서 처음 이름은 단군교였다. 정통 유학자 김교헌의 대종교 입교는 중요한 의미가 있다. 대종교는 일제의 극심한 탄압을 받았다. 일제는 개신교·불교·천주교는 종교로 간주해 총독부 학무국 종교과에서 관장했지만, 대종교·천도교·보천교 같은 항일 민족종교는 '유사종교'로 간주해 총독부 경무국에서 관장했다. 식민사학자들이 민족사학을 '유사역사학'이라고 폄하하는 것은 자신들이 조선총독부의 사생아란 사실을 자인하는 것에 다름 아니다. 김교헌이 유학자에서 단군을 국조로 여기는 대종교에 입교했다는 것은 일종의 혁명적 전환이었다.

유학에서 대종교로의 혁명적 전환은 김교헌만의 일이 아니었다. 대종교를 창시한 나철羅喆도 문과에 장원 급제하고 승정원가주서假注書와 숭문원권지부정자權知副正字를 역임한 문과 엘리트 출신이었다. 전통 유학자 나철과 김교헌 등이 국망國亡에 처해 대종교를 창시하고 입교한 것은 망국의 원인이 유학 사대주의라는 깊은 성찰에서 나온 자기변신이자 객체에서 주체로, 사대에서 자주로 가는 새로운 사상이자 길이었다. 유학을 객관화하고 보니 공맹孔孟을 넘어서 단군이 보이고, 사대주의를 버리니 소중화小中華를 넘어서 대동이大東夷가 보였던 것이다. 1910년 6월 단군교는 서울에 2,748명, 지방에 1만 8,791명의 신자를 확보할 정도로 성장했다. 그러나 서울 북부지사교北部支司教를 맡고 있었던 정훈모가 친일로 돌아서고 국망이 기정사실화되던 시점인 1910년 8월 교명을 단군교에서 대종교로 바꾸었다. 1911년에는 대종교 총본사를 만주로 이전하고, 총본사 산하에 동서남북 사도본사四道本司를 설치하는데, 각 도 본사 주관자의 면면을 보면 대종교가 한국 독립운동에 어떤 의미였는지 알 수 있다.

동만·노령·연해주·함경도를 주관하는 동도東道본사 주관자는 북간도 무장 투쟁의 선구자인 서일徐一이었으며, 남만·중국·몽골·평안도를 주관하는 서도본사 주관자는 초기 독립운동의 거두 신규식申圭植과 훗날 임정 주석이 되는 이동녕李東寧이었고, 전라도·경상도·강원도·충청도·황해도를 주관하는 남도본사 주관자는 대종교의 강우姜虞였고, 북만·흑룡강성을 주관하는 북도본사 주관자는 독립운동의 큰 틀을 짰던 이상설李相卨이었다. 대종교 종교인의 색채가 뚜렷한 인물은 남도본사의 강우뿐이었고, 서일은 대종교와 독립운동가의 색채를 동시에 지닌 인물이고, 나머지는 독립운동가 색채가 더 강한 인물들이었다. 1910~1920년대에는 독립운동가와 대종교인을 구분하기 어려울 정도로 저명한 독립운동가들 대부분은 대종교인이었다. 잘 알려진 인물들만 예로 들더라도 박은식·이시영李始榮·신채호·이상룡·김좌진金佐鎭·유동열柳東說·이범석李範奭·홍범도洪範圖·김승학金承學·박찬익朴贊翊·김두봉金杜奉·안희제安熙濟·서상일徐相日 등이

대종교의 창시자 나철,
만주 무장 투쟁의 지도
자 서일(왼쪽부터).

대종교인이자 독립운동가들이었다. 이들에게 단군은 종교상의 신이
라기보다는 빼앗긴 나라를 되찾기 위한 민족의 구심이었다. 이들은
또한 대부분 무장 투쟁을 통한 독립 노선을 갖고 있었다. 1920년 청
산리 전투에서 핵심 역할을 했던 북로군정서의 총재가 서일이었는
데, 북로군정서는 대종교인들이 주축인 무장 부대였다. 청산리 대첩
에서 크게 패배한 일제는 만주에 사는 수많은 양민들을 학살하는
경신참변을 일으켰는데, 1921년 서일도 이 와중에 목숨을 잃고, 나
철에 이어 제2대 교주가 된 김교헌도 통분 끝에 병이 들어 1923년
윤세복尹世復에게 교통敎統을 전수하고 사망하고 말았다.

　김교헌은 『신단민사神檀民史』, 『신단실기神檀實記』, 『배달족역사倍達族
歷史』 등의 역사서를 저술했고 박은식, 유근(柳瑾: 1861~1921) 등과 함께
『단조사고檀祖史攷』를 편찬했다. 그가 일제는 물론 중화 사대주의를
넘어서 민족사의 틀을 세운 공은 이루 말할 수 없다. 그래서 조선
독립동맹 주석을 역임하는 한글학자 김두봉은 1924년 1월 상하이
에서 열린 김교헌의 추도식에서 "나는 이 어른(김교헌)과 10여 년을

왼쪽부터 신채호, 신석우, 신규식. 1919년 상하이에서 찍은 사진이다.

같이 있었는데, 나의 본 것으로는 우리나라의 역사에 관한 공부와 발견이 제일 많다. …… 오늘의 우리가 이만치라도 역사에 대한 생각을 가진 것은 모두 이 어른의 공이라 할지니, 그 공의 큰 것은 중국의 사마천司馬遷이 세운 공보다 더 큰 것이다"(「동아일보」, 1924. 1. 23.)라고 평가했다. 김두봉이 "그 공이 사마천보다 크다"고 했던 김교헌은 지금 한국 역사학계 어느 곳에 자리 잡고 있는가? 진시황의 분서갱유焚書坑儒와 '그 공이 사마천보다 크다'고 평가받던 역사가를 매장한 한국 역사학계, 무엇이 다른가?

역사관의 혁명

망국은 역사관의 혁명을 불러일으켰다. 김교헌, 박은식, 이상룡,

신채호, 이시영 등은 모두 유학자들이었다. 그러나 망국과 함께 유학을 버렸다. 유학과 함께 사대주의도 버렸다. 박은식은 당대의 유명한 유학자 박문일朴文一의 문하에서 유학을 공부했을 뿐만 아니라 1885년에는 향시鄕試에 급제해 능참봉도 했다. 그러나 그는 나라가 망하자 압록강을 건너 만주 항도천恒道川으로 망명해 윤세복의 집을 찾았다. 그리고 1911년 그곳에서 「몽배금태조전夢拜金太祖傳」을 쓰는데 이 글은 박은식 역사관의 혁명을 잘 보여준다. 「몽배금태조전」은 이렇게 시작한다.

> 단군 대황조께서 세상에 내려오신 후 4386년 5월 무치생(無恥生: 박은식)이 동사同社의 친구와 자녀를 버리고 망망한 천지에 한 조각 구름이 되어 아무 연고도 없이 압록강을 표연히 건너가니 바로 만주 대륙의 흥경興京 남계南界였다. 파저강婆楮江을 거슬러 항도천에 도착하니 산중에 들녘이 펼쳐지고 들 가운데 내가 흘러 별개의 동천洞天을 이루었다. 근래에 우리 동포들이 이곳에 이주해 오는 것이 점차 늘어나고 동지 제현들이 뒤따라 취거하여 학숙學塾을 개설하고 자제들을 교육하니 문명 풍조가 이에서 파급함은 실로 흡족한 일이다. 우리 동포의 앞길을 위하여 참으로 축하할 바다. 무릇 이 땅은 우리 선조의 옛 영토이다.[25]

여기에서 주목해야 하는 것은 '이 땅은 우리 선조들의 옛 영토'라

---

25 박은식, 「몽배금태조전」.

이상룡. 만주 무장 투쟁의 지도자이자
역사학자였다.

는 역사 인식 외에도 항도천이란 지명이다. 필자는 여러 독립운동
가들의 망명 행적을 추적하던 중에 공통된 지명을 발견했는데, 그
것이 항도천이었다. 횡도천橫道川 또는 흥도천興道川이라고도 부르는
항도천은 한국 독립운동사에서 대단히 의미 깊은 지명이지만 일
반 국민들 중에 아는 사람 찾기가 힘들다. 노론 명가 출신들을 매
수해 나라를 빼앗은 일제는 "양반은 독립운동을 하지 않으며 상
놈들만 한다"라고 선전했다. 해방 후에 역사학계를 장악한 식민사
학자들이 독립운동사 자체를 말살한 결과 이 횡도천도 지워지고
말았다.

　필자는 독립운동에 나섰던 전국 각지의 사대부들을 조사하는
과정에서 이들이 집단 기획 망명한 것이 아닐까, 하는 생각을 가지
게 되었다. 전국 각지에서 따로 망명한 독립운동가들의 행적에 공
통적으로 '횡도촌橫道村'이 들어가기 때문이다. 그러던 중 석주 이
상룡의 손자며느리인 허은許銀 여사의 구술 자서전 『아직도 내 귀

엔 서간도 바람소리가』에서 당사자의 증언을 찾았다. 허은 여사는 1908년 13도 의병 연합부대의 군사장이었던 왕산旺山 허위 집안의 손녀이기도 하다.

> 이시영 씨 댁은 이참판 댁이라 불렀다. 대대로 높은 벼슬을 많이 하여 지체 높은 집안이다. 여섯 형제분인데 특히 이회영·이시영 씨 는 관직에 있을 때도 배일 사상이 강하여 비밀결사대의 동지들과 긴밀한 관계를 취하고 있었다. …… 그러다가 합방이 되자 이동녕 씨, 그리고 우리 시할아버님(이상룡)과 의논하여 만주로 망명하기로 했다.[26]

양반 사대부들이 전국 단위로 집단 망명하기로 의견을 모았다는 중요한 증언이다. 이회영 형제는 서울 사람이고 이상룡은 안동 사람이었으니 전국 단위의 집단 망명의 실체가 당사자에 의해서 확인된 것이다. 나라가 망하자 가장 먼저 망명한 사대부들은 주자학을 유일사상으로 숭배하던 노론에 의해 이단으로 몰렸던 양명학자들이었다. 모두가 주자학자라고 자칭하던 조선 숙종 때 스스로 양명학자라고 선언한 하곡霞谷 정제두鄭齊斗가 가족들을 거느리고 강화도로 이주하면서 그 자제와 사위 및 몇몇 제자들로 조선 양명학이 전승된다. 그래서 조선 양명학은 마지막 양명학자 서여西餘 민영규閔泳珪: 1915~2005) 선생에 의해 '강화학파'라는 이름이 붙여지는데, 이들

---

26 허은, 『아직도 내 귀엔 서간도 바람소리가』, 민족문제연구소, 1995.

이 국망 후 가장 먼저 만주로 망명했다.

정제두의 6대 종손인 기당綺堂 정원하(鄭元夏: 1855~1925), 영조 때의 명유 이계耳溪 홍양호洪良浩의 5대 종손인 문원紋園 홍승헌(洪承憲: 1854~1914)이 그들이었다. 또한 정종定宗의 별자 덕천군德泉君의 후예이자 영재寧齋 이건창(李建昌: 1852~1898)의 종제인 경재耕齋 이건승(李建昇: 1858~1924)도 망명길에 올랐다. 당초에는 이건창의 아우 난곡蘭谷 이건방(李建芳: 1861~1939)도 함께 망명하려고 했으나 '이 학문, 즉 양명학을 전할 사람이 있어야 하지 않겠는가'라는 만류를 받고 식민지에 남아서 위당爲堂 정인보鄭寅普 등에게 양명학을 전수했다. 일단의 양명학자들은 정원하나 이상설처럼 충청도 진천에도 자리를 잡고 있었는데, 이들 대부분이 망국 후 집단 망명에 나섰다.

정원하에 대해 『민족문화대백과사전』은 "조선의 개항기에 삼사三司의 요직을 두루 거치고 사간원·사헌부의 장관까지 지내기는 하였으나 뚜렷한 행적은 드러나 있지 않다"라고 설명하고 있다. 그러나 「동아일보」 1925년 12월 2일자는 정원하가 "경술년(1910) 중국 방면으로 나가 여러 해 동안 민족운동으로 모든 고생을 하다가 불행히……" 사망해 천안 선산에 안장했는데, 그 유족 다섯 사람이 몹시 곤궁하게 살고 있다고 보도했다. 『민족문화대백과사전』은 홍승헌에 대해서도 "1903년 다시 궁내부특진관에 임명되었다"라고 독립운동에 나선 사실을 누락시키고 있다.

과연 한국이 정상적인 국가인가를 묻게 한다. 한국이 정상 국가라면 이들은 이렇게 묻힐 수 없는 인물들이기 때문이다. 정원하와 홍승헌은 명가 후예라는 점 외에도 홍승헌은 고종 때 홍문관교리와 수찬을 역임했으며, 정원하는 사간원대사간과 사헌부대사헌이라는 청요직을 역임한 인물들이었다. 아마도 정인보의 제자였던 민영규의 『강화학江華學 최후의 광경』(우반, 1994)이 없었다면 이들의 행적은 이후에도 계속 역사에서 지워져 있었을지도 모른다. 이 책에는 이들 양명학자들이 망국 후 기획 망명했으며, 절명시를 쓰고 목숨을 끊은 전라도 구례의 매천梅泉 황현黃玹도 이 그룹에 속한 사람이었다고 전하고 있다.

가장 먼저 망명한 정원하가 압록강을 건너 자리 잡은 곳이 횡도촌이었으며, 그 뒤를 이어 망명한 이건승과 홍승헌이 찾아간 곳도 횡도촌이었고, 서울의 우당 이회영 6형제 일가가 찾아간 곳 역시 횡도촌이었다. 필자는 『이회영과 젊은 그들』의 35~42쪽과 63~72쪽에서 이때의 집단 망명에 대해 서술했는데, 그 한 구절을 인용하겠다.

두 사람(이건승, 홍승헌)이 첫 번째 목표지인 횡도촌에 도착한 것은 (1910년) 12월 7일이었다. 홍도촌興道村 또는 항도촌恒道村이라고도 불리는 이 마을에 정원하가 기다리고 있었다. 그토록 만나고 싶던 지기知己였으나 북받치는 감정을 토로할 수도 없었다. 나라를 빼앗긴 죄인들끼리의 만남이었다. 이들을 찬바람 부는 이 먼 만주로 내몬 것은 나라 빼앗긴 죄인이라는 자의식이었다. 어찌할 수 없는 자의식이 그들을 이 낯선 땅으로 내몰았다. 이런 만남에 감정의 절제가 앞서지 않을 수 없었다. 유일하게 남은 것은 희망이었다. 빼앗긴 나라를 되찾을 수 있다는 희망. 횡도촌은 그런 희망을 버리지 않은 사람들의 촌락이었다. 그리고 만주의 이 작은 마

을에 아직도 올 사람은 적지 않았다.[27]

경상도 안동에서 횡도촌으로 망명한 인물 중에 석주 이상룡이 있다. 경상도 출신의 이상룡이 횡도촌에 합류했다는 사실은 이 망명이 전국 단위의 집단 기획 망명이란 사실을 확인시켜준다. 이상룡도 단독 망명이 아니라 동생 이봉희(李鳳羲: 1868~1937)와 맏아들 이준형이 일가를 거느리고 뒤따른 일가 망명이었다. 그보다 먼저 의병장 출신의 처남 백하白下 김대락(金大洛: 1845~1914)이 망명해서 역시 횡도촌에 정착했는데, 김대락 또한 집단 망명이었다. 이렇게 만주 횡도촌에 모인 윤세복, 박은식, 이시영, 이상룡 같은 집단 망명자들에 의해서 조선총독부 사관에 맞섰던 민족사관이 정립되는 것이다.

이상룡은 1911년 1월 5일 안동의 임청각을 나서 망명길에 오르면서 망명 기록인 『서사록』을 쓰는데, 망명 당일 "저녁 무렵에 행장을 수습하여 호연히 문을 나서니, 여러 일족들이 모두 눈물을 뿌리며 전송하였다"라고 비장한 광경을 전하고 있다. 이때 쓴 『서사록』에서 이상룡은 "성경(盛京: 심양) 이남이 조선 땅으로 이미 삼한이라는 나라가 있었으며…… 사군(四郡: 한사군)의 땅은 압록강을 넘지 못했음을 알 수 있다"라고 썼다.

조선총독부가 '한사군 한반도설'을 비롯한 식민사관을 조직적으로 전파할 것을 미리 알았던 예언자적 지식인의 모습이다. 삼한이

27 이덕일, 『이회영과 젊은 그들』, 역사의아침, 2009, 41쪽.

삼원보 추가가. 뒷산이 노천 군중대회가 열린 대고산이다.

초기에는 한반도 남부가 아니라 만주에 있었으며, 한사군도 모두
한반도 내에 있지 않았다고 갈파한 것이다. 이상룡은 본관이 고성固
城인데 고려 말기 행촌杏村 이암(李嵓: 1297~1364)이 사관이었던 데서 알
수 있는 것처럼 전통적인 사관 집안이었다. 당연히 지사志士의 학문
인 역사에 해박했는데 얼어붙은 압록강을 건너며, "이 머리는 차라
리 자를 수 있지만 / 이 무릎을 꿇어 종이 될 수는 없도다[此頭寧可斫
/ 此膝不可奴]"라는 시구로 결연한 심사를 토로했다. 즐거이 뼛속 깊은
노예가 되는 것이 식민사학의 전통이라면 '머리가 잘릴지언정 무릎
꿇어 종이 될 수는 없다'는 지사의 결기가 민족사학의 전통이었다.
이상룡의 이런 정신이 한국 역사학의 전통이 되었다면 어찌 지금의
대한민국 사회가 이 지경에 이르렀겠는가, 하는 생각이 절로 든다.

이렇게 강화도, 충청도 진천, 서울, 경상도 안동 등지에서 모인
사대부들이 횡도촌이라는 작은 마을에 모여 노론이 팔아먹은 나라
를 되찾는 복국復國을 결의했다. 당파로는 소론(이회영 일가, 강화학파 등)과
남인(김대락, 이상룡 등) 계열이 주류였다. 이회영 일가와 이상룡 일가 등

의 집단 망명자들은 횡도촌을 떠나 유하현柳河縣 삼원보(三源堡: 현 삼원포) 부근의 추가가鄒家街로 이주했다.

1911년 4월 추가가 마을 뒷산인 대고산大孤山에서 노천 군중대회를 열었는데, 이상룡의 아들 이준형은 자신이 쓴 부친의 일대기인 『선부군유사先父君遺事』에서 이렇게 회고한다.

> 적의 앞잡이가 정탐할까 염려하여 대고산 속에 들어가 노천에서 회의를 열었다. 부군(府君: 이상룡)이 경학사耕學社에 대한 취지를 설명했는데, 말과 기색이 강개하여 청중들은 눈물을 흘리지 않는 사람이 없었다.

낮에는 일하고 밤에는 공부하자는 뜻의 경학사는 형식상 민단民團 자치 조직이었지만 내용은 사실상 정부였다. 경학사 사장 이상룡은 「만주기사滿洲紀事」라는 시에서 이 시절을 회상하면서, "정부의 규모는 자치를 명분 삼고 / 삼권 분립은 문명국에 준거했네[政府規模自治名 / 三權分立倣文明]"라고 말했다. 망국 이듬해 이미 삼권 분립에 의한 공화제를 지향했다는 뜻이다. 이것이 바로 대한민국의 정체政體인 공화제의 뿌리다. 경학사 부설 학교가 신흥무관학교인데, 군사 훈련 못지않게 중시한 것이 국사 교육이었다. 이상룡이 지은 『대동역사大東歷史』가 교재였는데, 만주를 단군의 옛 강역으로 기술한 사서였다. 경학사에 모인 독립운동가들은 역사서를 서술했느냐 그렇지 않느냐의 차이만 있을 뿐 너나 할 것 없이 모두 역사학자들이었다. 역사관에서 독립운동의 논리가 나왔던 것이다. 이때 군중대회에 함께했던 이회영의 동생 이시영은 1934년에 출간한 『감시만어感時漫語』에서 고조선의 강역이 만주 서쪽까지 두루 걸쳐 있었다면서, "연燕나라 장수 진개秦開와의 싸움에서 패하여 유주(幽州: 지금의 베이징 부근)·계주(薊州: 지금의 톈진 부근)·삭주(朔州: 지금의 산시성 부근)·이주(易州: 지금의 허베이성 부근)의 땅 2천 리를 잃었다"라고 서술했다. 식민사학은 지금도 고조선이 평양 부근으로 쫓겨 갔다고 왜곡하고 있다.

이시영은 고종 23년(1885) 사마시에 급제해서 젊은 나이에 홍문관 교리, 승정원부승지 등의 관직을 역임했는데, 이시영이 말한 고조선 강역은 중국의 고대 사서에 나오는 내용을 기술한 것이다. 조선총독부 사관에서 고조선이 평양 일대로 쫓겨 갔다고 주장하는 것은 사료적 근거가 하나도 없다. 그래서 이시영의 고조선관은 조선총독부의 지침대로 '한사군 한반도설'을 주장하는 식민사학자들과 정확하게 대척점에 서 있는 것이다. 이런 역사 인식들은 그냥 주어진 것이 아니었다. 당대 최고의 학자들이 국망의 원인을 깊게 분석한 결과 중화 사대주의 사상을 버리고 민족 주체 사관으로 거듭났다. 역사관의 혁명이었다.

이런 역사관의 혁명은 그냥 생기는 것이 아니었다. 숙종~영조 때의 학자였던 성호 이익은 「조선사군(朝鮮四郡: 한사군)」에서 위나라 장수 관구검이 고구려를 공격할 때 "(관구검이) 현도로부터 나와서 낙랑으로 물러갔으니 두 군(郡: 낙랑·현도)이 요동에 있었음을 알 수 있다"라고 말했다. 식민사학은 현도군은 압록강 부근에 비정하고 낙랑군은 대동강 유역에 있었다고 비정한다. 관구검이 현도에서 나와서 낙랑으로 퇴각했다가 중국 사료에 다시 나타나는 곳은 중국 남부

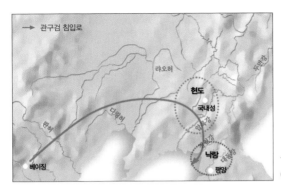

식민사학계의 한사군 비정
에 따른 관구검 침입로.

다. 대동강으로 퇴각한 관구검이 중국 남부에 나타났다. 비행기를
타고 갔는가? 수많은 군사를 이끌고 언제 배를 만들어 배를 타고
갔는가?

성호 이익 선생은 이런 지리를 간파하고 한사군은 한반도 내에
있지 않다고 꿰뚫은 것이었다. 이익이 간파했던 이런 역사관이
독립운동가들에 의해 다시 계승된 것이었다. 그래서 유학자였던 박
은식이 과거 오랑캐로 비하했던 금나라와 청나라를 단군을 공동의
시조로 삼는 같은 동이東夷 민족으로 포용하는 역사관의 혁명을 일
으킬 수 있었던 것이다. 국망의 원인을 유학의 중화 사대주의로 본
박은식은 「몽배금태조전」에서 이렇게 갈파했다.

조선은 선비의 주장으로 이끌어지는 나라인지라 사림士林의 영수로
국인의 태두가 된 자가 존화(尊華: 중화 사대주의)의 의리를 주창하는
힘으로 애국의 의리를 주창하였다면 어찌 오늘과 같은 지경에 이
르렀겠는가?

사림의 영수가 중국을 섬기는 의리를 주창하는 힘으로 조선에 대한 의리를 주창했다면 어찌 나라가 망했겠느냐는 한탄이었다. 이렇게 '중국'을 버리자 '한국'이 보였다. 식민사학자들도 조선총독부, 즉 일본을 버리면 한국이 보일 것이다. 국망이란 절망적 상황에서 건져 올린 희망의 싹이 민족사학이었다. 이 시기의 민족사학은 일제 식민 지배에 대한 거부는 말할 것도 없고, 종래의 중화 사대주의에 대한 처절한 반성의 토대 위에서 세운 역사관의 혁명이었다. 그것도 당대 최고의 학자들이었던 김교헌, 이상룡, 이시영, 박은식, 신채호 같은 지식인들이 세운 민족의 이정표였다. 신채호는 민족에 민중의 개념을 접합시켜 "민중은 우리 혁명의 대본영이다"라고 선언하는 절대 평등 사상을 주창했다.

그런데 해방 이후에도 이런 역사관은 말살되고 이병도, 신석호처럼 조선총독부의 녹을 먹었던 식민사학자들의 역사관만 학계에 계승되었다. 중화 사대주의 역사관, 즉 노론사관은 일화日華 사대주의 역사관, 즉 식민사관으로 되살아나 현재까지 대한민국 국민들의 정신을 노예로 만들고 있는 것이다. 해방 후 식민사학에 맞섰던 학자들이 겪었던 고통은 일제 강점기와 다를 바가 없다.

한가람역사문화연구소는 우연인지 필연인지 노론사관과 식민사관에 맞섰던 선배 학자들이 다수 모이게 되었다. 그중 한 분이 고 故 이재호李載浩 부산대 사학과 명예교수인데, 필자가 알기에 국내에서 한문에 가장 밝은 학자이기도 하다. 「월간조선」은 2003년 7월호에서 '역사학계의 감시자 이재호 연구'라는 꽤 긴 기사를 실었는데, 당시 정순태 편집위원은 인터뷰에서 "우리나라 학계에서 역사 왜곡

베이징 시절의 신채호. 일제 강점기의 민족사학은 식민 지배에 대한 거부는 말할 것도 없고, 종래의 중화 사대주의에 대한 처절한 반성의 토대 위에서 세운 역사관의 혁명이었다. 신채호는 더 나아가 민족에 민중의 개념을 접합시켜 "민중은 우리 혁명의 대본영이다"라고 선언하는 절대 평등 사상으로 발전시켰다.

歪曲 사건이 많이 발생하고 있다고 지적하셨는데, 그 원인이 어디에 있다고 생각하느냐?"고 물었다. 이재호 선생은 "역사 연구의 근본 자료인 한문 고전古典을 이해 통달하지 못한 데 그 원인이 있다"고 답변했다.

이것이 정답이다. 역사 연구의 근본 자료인 한문 고전을 이해하는 것이 역사 연구의 첫걸음이다. 그러나 식민사학자들은 『사기史記』, 『한서漢書』 같은 한문 고전을 보지 않는다. 봐도 일부 구절만 발췌해서 우길 뿐 전체 맥락을 이해하려고 하지 않는다. 스승이나 선배들의 학설을 무조건 외워서 반복한다. 하긴 이것이 편한 길이기는 하다. 외우기만 하면 교수 자리가 생기고 국고로 연구비가 쏟아지는데 무엇 때문에 자기 시각을 가지려고 열심히 공부하겠는가? 학자라면 모름지기 자기 시각을 가져야 하지만 식민사학자에게는 그런 것이 없다. 자기 시각을 가지면 신상에 좋지 않다. 그저 스승이나 선배들이 가르쳐주는 것을 달달 외우는 것이 한 몸 편하게 사는 지름길이다. 그래서 자기 학설이라고 해봐야 조선총독부 사관을 유지하기 위해서 '고조선 중심지 이동설' 같은 변종 이론을 만드는 것뿐이다.

이재호 선생은 이때 歪曲도 '왜곡'이 아니라 '외곡'으로 읽어야 한다고 지적했다. 나아가 이재호 선생은 지금도 정본正本처럼 행세하는 이병도 역주 『삼국사기』의 오역을 400여 군데나 찾아냈다. 그렇게 오역이 많은 이유가 이병도가 동양 고전에 너무 무지하기 때문이라는 것이다. 한 예로 『삼국사기』 「신라본기」 〈진덕왕 4년〉조에 당 태종에게 보내는 태평송太平頌이 나오는데, 그중 이병도가 "하늘을 통령統領하매 고귀한 비가 내리고, 만물을 다스리매 물체마다 광채를 미금었다[統天崇雨施理物體含章]"라고 번역한 것은 『역경』의 "운행우시運行雨施 함장가정含章可貞"이란 전고典故를 몰랐기 때문에 생긴 오역이라면서, 이는 "세상을 대자연처럼 다스리고, 만물을 땅처럼 포용한다"는 뜻이라고 말했다(「월간조선」, 2003년 7월호). 운행우시와 함장가정은 『역경』, 즉 『주역』 「건위천乾爲天」에 나오는 구절이다. 구한말의 유학자 노사蘆沙 기정진奇正鎭 선생의 학맥을 이은 이준녕李俊寧 선생은 운행우시를 "구름이 행하고 비가 내려", 함장가정을 "빛나는 것을 품고 있는 것이 가히 바르구나"라고 해석하고 있다.

필자와 이재호 선생의 인연에 대해서 잠시 말하겠다. 필자가 20여 년 전 어느 시사 월간지에 연산군 때 발생한 무오사화에 대해서 쓰면서 김종직의 「조의제문弔義帝文」 일부를 인용한 적이 있다. 그중 김종직의 꿈에 한 신인神人이 나타나 "나는 초 회왕懷王의 손자 심心인데, 서초 패왕(항우)에게 죽음을 당해서 빈강彬江에 잠겨 있다(楚

懷王孫心爲西楚霸王所弑. 沈之郴江"라고 말하는 구절이 있다. 그때는 필자 역시 한문 원문을 자유롭게 해석하지는 못하던 때라 시중에 판매되는 『연려실기술燃藜室記述』의 〈연산군〉조에 나와 있는 번역본을 그대로 인용한 것이었다. 그런데 이재호 선생께서 필자의 집 전화번호를 어떻게 아셨는지 직접 전화로 오류를 지적해주었다. '초나라 회왕의 손자 심'이 아니라, '초나라 회왕 손심'이라고 해석해야 한다는 것이었다. 나는 필자보다 실력 있는 사람을 만나면 바로 머리를 숙여 가르침을 청한다. 그래서 고맙다고 말씀드린 후 『연산군일기燕山君日記』의 국역본을 찾아보니 이재호 선생 말씀대로 '초나라 회왕 손심'이라고 번역되어 있었다. 이 일을 계기로 이재호 선생을 만나보니 자신은 한글로 쓴 책보다 한문으로 쓴 책을 보는 것이 더 편하다는 최고의 한문 실력을 갖고 계셨다.

사육신을 바꿔치기하려 한 사건

그런데 이재호 선생은 잘못된 것은 그냥 두고 보지 못하는 깐깐한 선비 정신을 갖고 계신 분이었다. 한국 사회에서 역사학자로 살면서 이런 자세를 갖고 있으면 상당히 피곤해진다. 그 한 예가 '사육신 논쟁'이다. 이재호 선생은 1985년에 『한국사의 비정批正』을 간행했는데, 그중 "사육신 정정론訂正論의 허점虛點"이란 대목이 있다. '역사는 함부로 歪曲(왜곡)·변조할 수 없다'라는 부제가 붙어 있는데, 1970년대 중반 사육신의 한 명인 유응부兪應孚를 김문기金文起로 바

노량진 사육신묘. 사칠신묘로 둔갑해 있다.

꾸려고 시도했던 사건의 시말을 적은 것이다.[28] 필자는 '사육신 사
건'이라는 명칭보다 '상왕(단종) 복위 기도 사건'이란 명칭을 주로 쓴
다. 단종을 복위시키려다 사형당한 사람은 성삼문·박팽년·하위지·
이개·유응부·유성원의 여섯 신하보다 훨씬 많은데 육신만이 사형
당한 것처럼 알 우려가 있기 때문이다.

　이 논쟁을 생각할 때 주의할 점은 김문기 선생도 이 사건으로 사
형당한 단종의 충신이란 점이다. 정조대왕이 '어정배식록御定配食錄'을
정해서 단군과 함께 제사 지내는 충신들의 위차를 정했는데, 가장
상위가 황보인皇甫仁 등 정승들을 모신 '삼정승'이고, 그다음이 이조
판서 민신閔伸, 병조판서 조극관趙克寬, 공조판서 김문기의 삼중신三重

28　이 내용은 『조선사 3대 논쟁』(역사의아침, 2008)이란 제목으로 다시 출간되기도 했다.

표이다. 사육신은 삼중신보다 아래다. 사육신이 더 많이 알려졌지만 직급은 삼중신이 더 높다는 뜻이다. 사육신 유응부를 김문기로 바꾸려고 했던 이 사건에서 주목해야 할 국가 기관이 국사편찬위원회였다. 이재호 선생의 말을 들어보자.

> 그 후 이것이 문제가 되어 국사편찬위원회(위원장 최영희)에서 이를 구명하기 위한 특별위원회(이선근 등 15명)를 구성하여 논의한 끝에 "김문기를 사육신의 한 사람으로 현창하는 것이 마땅하다"는 결의를 만장일치로 채택, 이것이 당시 일부 신문지상에 너무 과장적으로 보도되어 한때는 세인의 이목을 현혹시키기까지 했던 것이다.[29]

이는 유신 체제가 한창 종말을 향해 가던 1977년 9월에 있었던 사건이다. 사육신 유응부를 김문기로 바꾸는 문제에 대해 국사편찬위원회에서 특별위원회를 구성해 논의한 결과 만장일치로 유응부를 끌어내리고 김문기를 올리기로 결정했다. 이재호 선생은 주석에서 특별위원회 명단을 밝혔다.

> 이선근, 이병도, 신석호, 백낙준, 유홍렬, 조기준, 한우근, 전해종, 김철준, 고병익, 최영희, 김도연, 이기백, 이광린, 김원룡

명단에는 해방 후 한국 역사학계를 이끌어온 인물들이 총망라되

---

29 이재호, 『한국사의 비정』, 우석, 1985, 127쪽.

어 있다. 조선사편수회 출신으로 학술원 원장을 지낸 이병도가 주범 격이다. 이병도가 서울대 사학과를 장악했다면 이병도와 같이 조선사편수회에 근무했던 신석호는 고려대 사학과와 국사편찬위원회를 장악했다. 국사편찬위원회의 태생적 한계가 여기에 있었다. 현직 국사편찬위원장인 최영희가 이 특별위원회에 참석했으니 이들이 이 사안을 얼마나 중시했는지 알 수 있다. 고병익은 서울대 총장, 유홍렬은 서울대 총장서리, 백낙준은 연세대 총장을 지냈고, 한우근·김철준·김원룡은 서울대 교수였고, 전해종·이기백·이광린은 서강대 교수를 지냈다. 이선근은 어떤가? 만주국 협화회協和會의 위원으로 친일 활동을 하던 이선근은 해방 후 문교부 장관과 국사편찬위원회 위원장을 역임했고, 박정희 1인 독재인 유신 체제의 국가주의를 떠받치는 이데올로그 역할을 했으며, 그 대가로 현 한국학중앙연구원의 전신인 한국정신문화연구원장도 역임했다.

이 판에 왜 끼어들었는지 의아한 인물은 경제학자라고 해야 할 조기준으로서 고려대 정경대학장과 학술원 부원장을 지냈는데, 『한국 자본주의 발달사』 같은 책은 필자도 학부 시절 탐독했던 책이었다.

이들은 해방 후 한국 사학계와 동양사학계를 주도했던 인물들이었다. 이런 인물들이 만장일치로 "사육신은 유응부가 아니라 김문기다"라는 결의를 한 것이다. 그런데 여기에는 배경이 있었다. 당시 나는 새도 떨어뜨린다는 김재규 중앙정보부장이 김녕 김씨였는데, 그가 이병도를 만나 유응부 대신 자신의 선조인 김문기를 사육신에 넣어달라고 부탁했다는 것이다. 국사학계의 태두(?)이자 고등문헌 비판의 대가(?)였던 이병도는 유신 중앙정보부장에게 "제가 하면 될 수 있습니다"라고 말하고 사육신 바꿔치기 공작에 들어갔다. 일본인 스승들에게 배웠던 역사 바꿔치기 수법이 그대로 동원되었다.

여기에서 사육신이란 명칭이 생기게 된 배경을 생각할 필요가 있다. 생육신의 한 사람인 남효온南孝溫이 『육신전六臣傳』을 쓴 것이 시초인데, 남효온이 왜 6명만을 추렸는지는 분명하지 않지만 필자는 당나라를 무너뜨리고 후량後梁을 세운 주전충朱全忠에게 죽음을 당한 배추裴樞 등 6명의 사적이 『신오대사新五代史』에 「당육신전唐六臣傳」이란 이름으로 실린 것에 착안하지 않았을까 추측하고 있다. 『육신전』은 금서禁書였지만 "사대부 가家마다 베껴놓고 외우지 않는 집이 없었다"고 할 정도로 많은 사람들이 이 책을 읽으며 사육신의 충정을 기렸다. 그러나 세조의 혈통이 계속 왕위에 오르면서 사육신은 공식적으로는 역신逆臣들이었다.

조선 왕조에서 이 문제가 최종 정리된 것은 정조 15년(1791)으로 단종의 무덤인 장릉莊陵에 왕명으로 어정배식단御定配食壇을 세우고 육신六臣을 추향함으로써 국가의 공인을 받았다. 이때 '남효온, 김시습, 이맹전, 조여, 원호, 성담수' 등 '세상에서 말하는 생육신'도 동시에 장릉에 추향됐다. 어정배식단의 가장 상위는 정승급의 황보인·김종서·정분을 모신 삼정승이었고, 그 아래가 김문기 등의 삼중신, 그리고 그 아래가 사육신이었다. 그러니 아무리 어용학자로 평생을 살아온 이병도였지만 중정부장 김재규에게 무조건 아부할 것이 아니라, "삼중신이 사육신보다 더 상위이니 그 권력으로 차라리 삼중신 선양사업을 하는 것이 더 좋을 것입니다"라고 권유했다면 유응부는 물론, 김문기도 살고 역사학도 살았을 것이다.

'어정御定'이란 임금이 결정했다는 뜻으로 조선에서 이미 국가 차원의 정리를 끝냈다는 뜻이다. 그러나 이병도는 조선 왕조에서 정한 것이 나와 무슨 상관이냐는 듯이 200년 전에 왕명으로 정리된 사항을 바꾸려고 했다. 이병도는 자신이 하면 바꿀 수 있다고 단언했고, 실제로 그의 의중대로 국사학계와 동양사학계를 좌지우지하던 15명의 이른바 쟁쟁한 학자들이 모여서 만장일치로 유응부를 탈락시키고 김문기로 대체시키는 반역사적 폭거를 자행했다. 「동아일보」 1977년 9월 24일자는 '5백 년 만에 빛을 본 충신의 고절高節, 사육신 유응부는 김문기의 잘못'이란 제목으로 기사를 크게 싣고, '국사편찬위원회에서는 교과서 개편에 착수한다'고 보도했다. 문교부 장관을 역임한 이선근·이병도에, 전·현직 국사편찬위원장, 그리고 서울대·연세대·고려대·서강대 교수가 만장일치로 찬성했으니 끝난 문제라고 생각했을 것이다.

그러나 그들의 이런 오만은 한국 사회 일각에 사육신 같은 선비정신이 면면히 흐르고 있다는 사실을 간과했던 탓이었다. 이들의 예상을 깨고 이재호 선생이 나섰다. 이재호 선생은 「부산일보」 9월 28일자에 이를 비판하는 기사를 썼고, 이가원 선생 등도 「중앙일보」(10월 2일)에 반론을 썼다. 뒤늦게 논란이 일자 「동아일보」도 김성균金聲均 씨의 반론을 게재(9월 30일, 10월 12일)했다. 물론 이현희(「중앙일보」 10월 2일) 교수나 김창수(「동아일보」 10월 7일) 씨처럼 국사편찬위원회의 결정을 지지하고 나서는 학자들도 없지 않았지만 사육신을 바꿔치기하려한 희대의 사기극에 국민들은 큰 충격을 받았다. 이 사건은 한국 역사학계가 어떤 집단인지 그 민낯을 그대로 보여준 사건이었다.

그러나 국사편찬위원회는 이듬해 봄에 "사육신의 묘역에 김문기의 허장虛葬을 봉안하고, 유응부의 묘도 현상 그대로 공존시킨다"는 결정을 내렸다. 김문기도 사육신이고 유응부도 사육신이라는 말이다. 6과 7도 구분 못 하는 사람들이 한국 역사학계를 이끌었던 것이다. 유응부가 사육신이면 김문기는 그대로 삼중신으로 제사를 받으면 되지만 김문기가 사육신이면 유응부는 어디로 가나? 삼중신에서 김문기가 빠지면 이중신만 제사를 받아야 하나? 예禮가 무엇인지도 모르는 인물들이 만든 블랙 코미디였다.

이재호·이가원·김성균 같은 일부 학자들이 없었다면 유응부의 묘는 파헤쳐져서 쫓겨나고 김문기의 허묘로 대체되었을 것이다. 특별위원회의 행태는 정확하게 반역사적 패륜의 정점에 위치한다. 이재호 선생은 당시 자신의 집으로 "중앙정보부 요원이 찾아왔었다"고 필자에게 말했다. 그러나 아무리 나는 새도 떨어뜨리는 중앙정보부라도 "사육신은 유응부가 맞는다"고 주장한다고 거꾸로 매달고 물고문을 할 수는 없는 노릇 아닌가? 이 사건은 식민사학자들의 비이성적·반역사적 행태를 잘 말해주는 것이다.

구순이 훨씬 넘은 이재호 선생은 몇 년 전부터 거동을 거의 못 하시면서도 필자를 만나면 "내가 10년만 젊었으면 천고(遷固: 필자의 호)를 도와서 일 좀 더 할 텐데……"라고 아쉬워하셨다. 그때 기준으로 10년이 젊었어도 80대 중반이었다. 이런 자세는 필자로 하여금 어떤 자세로 공부해야 하는지를 잘 말해주고 있다(이재호 선생님은 2016년 11월 97세의 나이로 세상을 떠나셨다).

그런데 김종직의 「조의제문」에 대해서 공부를 계속하다 보니 의문이 생겼다. 초 회왕의 성姓은 미(芈: 양 울 미)이고, 씨氏는 웅熊인데, 이들이 나중에 류柳 땅에 정도定都해서 류柳 씨가 되었다는 사실을 알게 된 것이다. 그래서 다시 '초 회왕 손심'이 아니라 '초 회왕의 손자 심'이라고 번역하는 것이 맞는 것이 아닌가라는 생각이 든 것이다. 아직껏 명확한 결론을 내지는 못하고 있다.

필자가 학문적 인연을 맺은 사람들은 이처럼 남들과는 좀 다른 경로로 만나게 된 이들이 많다. 필자에게 천고라는 호를 지어준 이준녕 선생도 한가람역사문화연구소 고문인데, 역시 만나게 된 데는 사연이 있다. 1990년대 중반 이준녕 선생은 자유문고라는 출판사를 경영하는 한편 고전 번역에 매달리고 있었다. 자유문고는 당초 아나키스트들이 설립한 출판사였는데, 그때 대학 강사로 있던 필자는 학생들에게 아나키스트 정화암의 자서전인 『어느 아나키스트의 몸으로 쓴 근세사』(1992)를 읽고 독후감을 쓰라는 주제를 내주려 했다. 그런데 시중에서 책을 구할 수가 없어서 직접 출판사로 찾아가니 뜻밖에도 노사 기정진 선생의 학맥인 일재逸齋 정홍채鄭弘采 선생을 사사한 정통 유학자였다. 덕분에 정통 유학자의 성리학 해석에 대해서 많이 배웠다. 필자가 글로 쓰기 꺼리던 이런 사적인 이야기를 왜 공개하느냐면 학문이란 글자 그대로 '묻는 것問을 배우는學 과정'이란 평범한 이야기를 하기 위해서다. 필자는 개인적으로 식민사학에 아무런 구원舊怨이 없다. 마찬가지로 민족사학에도 개인적으로는 아무런 전연前緣이 없다. 공부하다 보니 식민사학이 그르다는 사실을 알게 되어 여기까지 온 것이다.

그런데 이 땅에서 독립운동가들의 역사관을 계승해서 대한민국의 정체성을 바로세우려고 결심하는 순간 많은 수난을 겪을 각오를 해야 한다. 단재 신채호로 박사 학위를 받았다는 전 국사편찬위원장처럼 어느 자리에 가서는 단재를 계승한 척하고, 어느 자리에서는 두계 이병도를 계승한 척하는 분절적 사고를 하면 양쪽에서 다 대접받을 수 있을지도 모른다. 그러나 단재 사학과 두계 사학은 공존할 수 없다. 양쪽에 타협점은 없고 공존은 불가능하다. 임정 기관지였던 「독립신문」은 일제 경찰을 적경賊警 또는 왜경倭警이라고 지칭했다. 독립군과 왜경은 공존할 수 없다.

그런데 이런 현상은 필자만 겪은 일이 아니다. 대한민국에서 독립운동가들이 세운 역사관, 1차 사료에 바탕을 둔 역사관, 즉 팩트에 기반한 역사 서술을 한다는 것, 그것도 식민사학을 직접 비판한다는 것은 가시밭길을 자처하는 것이다. '한사군 한반도설'을 비판했던 윤내현 교수는 식민사학자들의 신고로 안기부 조사까지 받았다. 북한 학자 리지린의 『고조선 연구』(1962)를 봤다고 식민사학자들이 간첩이라고 신고한 것이다. 북한도 광복 초기에는 일본인들로부터 교육받은 고고학자들을 주축으로 '한사군 한반도설'이 살아 있었다. 그러나 리지린이 1958년 베이징대학으로 유학 가서 고사변학파에 속하는 고힐강顧頡剛을 지도교수로 삼아 고조선을 연구하면서부터 달라지기 시작했다. 고힐강은 리지린이 고조선 연구를 명목으로 중국 사료를 보는 것을 보고 리지린이 중국 고대 사료를 마음대로 보면 향후 중국이 동북 3성(만주)을 영구히 영유하는 데 상당히 지장을 초래할 수 있다는 견해를 당에 제시했다. 그러나 당시 북·중 관계는 한미동맹 이상 가는 혈맹이었기 때문에 중국 공산당

은 그냥 보게 하라고 허락했고, 그 결과 나온 책이 리지린의 『고조
선 연구』다. 『고조선 연구』는 『삼국사기』·『삼국유사』 같은 국내 사료
는 물론, 『사기』·『한서』·『삼국지』·『후한서後漢書』 등 중국 고대 사사四
史와 『산해경山海經』·『전국책戰國策』·『통전通典』·『수경주水經注』·『상서尙書』
등 중국의 온갖 사료를 바탕으로 고조선의 역사를 서술했다. 『고
조선 연구』는 연나라 장수 진개에게 고조선 강역 1~2천 리를 빼앗
기기 이전의 고조선의 서쪽 국경은 지금의 허베이 롼허(난하灤河)였고,
빼앗기고 난 다음의 서쪽 국경은 랴오닝성(요령성) 다링허(대릉하大凌河)라
고 서술했다. 방대한 중국 사료를 바탕으로 저술한 리지린의 『고조
선 연구』가 간행되고, 평양 및 북한 일대에서 낙랑군 및 한사군의
증거로 제시되었던 각종 유적, 유물들이 대부분 일제의 조작임이
광범위하게 드러나면서 북한에서는 1960년대 초반에 이미 '한사군
한반도설'이 완전히 폐기되었다.

그러나 남한의 식민사학자들은 북한의 역사학에 대해 '반공'의
잣대를 들이댄다. 고조선의 강역이 서기전 5~서기전 4세기까지 허
베이성 롼허 유역까지 걸쳐 있었고, 서기전 3~서기전 2세기에 랴오
닝성 다링허로 축소되었다고 보는 데에 난데없이 왜 '반공'이 등장
하는가?

이는 식민사학이 해방 후 친일 정권의 재집권과 한 몸이라는 사
실을 말해주는 것이다. 해방 후 독립운동가들이 정권을 잡아 친일
파를 숙청함으로써 새 국가의 기초를 반석 위에 올려놓았어야 하
는데, 거꾸로 친일파들이 정권을 잡아 독립운동가 제거에 나선 역
사의 역행逆行이 역사 분야에 그대로 적용된 것이다. 한국 사회가

발전하면서 다른 분야의 친일 색채는 희석되었지만 식민사관은 거꾸로 강화되었다. 이것이 현재 발전한 대한민국과 맞지 않아서 많은 마찰을 일으키고 있는 것이다. 직접 경험해보지 않으면 쉽게 믿기조차 힘든 식민사관, 즉 조선총독부 사관의 실체에 보다 가까이 접근해보자.

3장

동북아역사재단이 던진 질문

韓國痛史

韓國獨立運動之血史

朝鮮史論 第一輯
丹齋申采浩先生遺稿
京城 廣韓書林 發行

神檀民史

1. 2012년 여름
경기도교육청 자료집 사건

2012년 6월 19일 경기도교육청에서 『동북아 평화를 꿈꾸다』라는 자료집을 발간했다. 경기도교육청 내 역사 담당 교사 17명이 각종 연구 자료 등을 참고해 제작한 자료집이다. 경기도교육청은 이 자료집을 중·고교 역사 수업 시간이나 특별활동 시간 등에 교육 보조 자료나 참고 자료로 활용할 계획이라고 밝혔다. 자료집은 중국 동북공정의 개념 및 내용, 의도, 대응 방안 등을 담고 있으며, 고조선과 고구려, 발해 등을 우리 역사로 서술하면서 조선 숙종 때의 백두산정계비와 간도 문제 등도 수록했다.

이 책은 "중국의 동북공정은 단순한 역사 문제만이 아니라 21세기 세계 대국을 향한 중국의 거대한 국가 전략의 하나로 보아야 문제의 본질에 접근할 수 있다"고 밝히고 있다. 경기도 중·고교 교사들이 중국 동북공정이 대한민국과 동북아시아 미래에 얼마나 중요한가를 인식하고 이에 대한 올바른 대응 방안을 마련하기 위해서 만든 책자였다.

필자는 이런 책자가 발간되었다는 사실 자체를 전혀 모르고 있었다. 알았다면 '중·고교 선생님들의 자발적 노력에 의해서 식민사관이 극복되고 있구나'라고 기뻐했을 것이다. 필자가 『동북아 평화를 꿈꾸다』란 책자가 발간된 사실을 알게 된 것은 발간 석 달쯤 지난 2012년 9월 18일자 「중앙일보」를 통해서였다. 기사는 '발해 건국 대조영이 고구려 왕? 역사책 황당'이라는 제목 아래 장문의 기사를 『동북아 평화를 꿈꾸다』 책자 사진과 함께 크게 보도했다. 이 기사는 "경기도교육청(당시 교육감 김상곤)이 검증되지 않은 주장이나 사실과 다른 내용을 담은 중·고교용 교재를 발간했다가 동북아역사재단의 수정 권고를 받았다. 단군 신화를 정사正史로 묘사하거나 만주의 간도間島를 조선 땅이라고 기술하는가 하면, 기초적 사실 관계가 잘못된 사례도 다수 지적됐다"고 설명하고 있었다.

한마디로 『동북아 평화를 꿈꾸다』의 내용이 잘못되었다는 것이다. 기사는 "동북아역사재단은 경기도교육청이 중·고교생용으로 6월에 간행한 교육 자료집인 『동북아 평화를 꿈꾸다』에서 무리한 주장과 오류를 발견하고 최근 교과부에 시정 권고를 요청했다"라고 보도하면서, "(동북아역사)재단 관계자는 '이 교재가 외교적으로 민감한 내용을 담고 있다고 판단해 정밀분석을 진행했다'며 '교육 현장에서 자료로 사용되기엔 문제가 있다고 결론 내리고 수정을 권고했다'고 말했다"라고 보도했다. 그러면서 유명한 강화도 부근리 소재의 고인돌 사진과 함께 「경기교육청 교육자료의 오류」라는 제목

경기교육청 교육자료의 오류		
	▼경기교육청 자료	▼동북아역사재단 지적
단군신화(28쪽)	역사적 사실	역사적 사실 아니라 신화
간도(87쪽)	간도협약이 무효되면 영토 수복 가능	간도협약 이전에 우리 영토 편입 사실 없어
고인돌(27쪽)	고조선 고유 묘제	중국 동부에서도 발견
백두산 정계비(88쪽)	국제법상 유효한 국경조약	국제법적 인식 등장전이라 적용 어려움
	조선과 청나라 구두합의로 1792년 세움	구두합의 없었고 1712년에 세움
홍산문화(24쪽)	기원전 3500년에 시작	기원전 5000~3000년까지
대조영(55쪽)	고구려왕이라 부름	진국왕이라 부름
만주봉금정책(82쪽)	조선이 1883년 해제	청나라가 해제
기자 활동시대(23쪽)	기원전 1100년경의 인물	기원전 11세기 후반의 인물

강화 부근리 고인돌

'경기교육청 교육자료의 오류'라는 제목의 「중앙일보」 보도(2012년 9월 18일 인터넷판).

으로 '경기교육청 자료와 동북아역사재단의 지적'을 도표로 소개하고 있었다. 그런데 도표 제목이 '경기교육청 교육자료의 오류'라는 데에서 이미 『동북아 평화를 꿈꾸다』에 대한 예단이 강하게 들어가 있었다.

「중앙일보」 기사는 "자료집에는 국내 사학계의 고대사 인식을 뛰어넘는 서술이 곳곳에 담겨 있다"면서 이렇게 말하고 있다.

단군 신화를 역사적 사실로 기술한 대목(28쪽)이 대표적이다. 제2부 1장의 소제목인 '살아 있는 우리 역사, 고조선'에서 이런 인식이 그대로 드러난다. 동북아역사재단은 자료집 평가서를 통해 "고조선 개국 신화는 여전히 신화적 범주에 속하며 역사적 사실이 아닌 것이 자명하다"며 "신화가 전하는 내용과 역사적 배경은 엄격히 분리해 서술하는 것이 바람직하다"고 지적했다. 재단은 또

"중국의 왜곡된 역사관을 수정한다는 취지를 감안해도 (자료집은) 고대사의 일반적 인식 방법에서 벗어나 독자를 오도할 우려가 있다"고 덧붙였다.[30]

웬만한 일에는 놀라지 않는 필자도 이 기사를 보고는 크게 놀랐다. 이 기사를 쓴 기자는 도대체 자국사에 대한 기초적인 인식도 갖고 있지 못하다는 말인가? 앞으로 보겠지만 '동북아역사재단의 지적'이란 용어는 '조선총독부의 지적'이라고 읽으면 정확하게 맞는 말이다. 식민사관에 대해서 한국 사회에는 가해자이면서도 피해자인 사람들이 수두룩한데 이 기자도 그중 한 명이란 생각도 들었다.

순전한 가해자는 소수의 식민사학자들인데 문제는 이들이 아직도 한국의 역사 학문권력을 갖고 있다는 사실이다. 그럼 순수 가해자, 즉 순수 식민사학자가 누구인지 찾아보자. 「중앙일보」 기사에서 주목해야 하는 구절은 "국내 사학계의 고대사 인식을 뛰어넘는 서술"이란 대목이다. 「중앙일보」 기자는 「동북아역사재단의 자료집 평가서」를 옳은 내용으로 생각하고 기사를 작성했다.

문제는 『동북아 평화를 꿈꾸다』와 「동북아역사재단의 자료집 평가서」 중에 무엇이 옳은가에 대한 판단이 마비된 채 동북아역사재단의 입장에 서서 보도하고 있다는 점이다. 그래서 신문의 도표 제목이 『동북아 평화를 꿈꾸다』와 「동북아역사재단의 자료집 평가서」의 견해 차이'가 아니라 '경기교육청 교육자료의 오류'라고 나온 것

---

30 「중앙일보」 2012년 9월 18일 인터넷판에서 인용.

이다. 이 기자는 동북아역사재단의 견해가 조선총독부 조선사편수회의 견해와 정확하게 일치한다는 사실을 몰랐을 것이다. 그렇다고 면죄부를 받을 수는 없다. 일제 강점기 때 한 순박한 농민이 총 들고 가는 독립군을 강도인 줄 알고 헌병대에 신고해 사형당하게 했다면 면죄부를 받을 수 없는 것과 마찬가지다.

필자를 비롯해서 한가람역사문화연구소 연구진들은 이런 사건이 발생했을 경우 설명을 듣지 않아도 그 배경이 훤히 보이는 경험칙을 쌓았다. 그동안 이런 경우는 많았다. 그러나 동북아역사재단의 이번 행위는 정도가 심했다. 「중앙일보」 기사의 마지막 부분은 "한편 외교통상부 당국자는 '학계에서 논쟁이 있는 사항을 역사교육 자료로 사용할 경우 관련국의 역공을 받을 우려가 있으므로 신중해야 한다'고 지적했다"고 보도했다. 여기에서 관련국이란 중국과 일본일 것인데, 이 경우에는 중국에 더 초점이 맞춰져 있을 것이다.

문제는 경기도교육청 교사들이 『동북아 평화를 꿈꾸다』란 자료집을 낸 사실을 이른바 '관련국'은 모르고 있었다는 사실이다. 동북아역사재단만 조용히 있었다면 앞으로도 몰랐을 것이다. 지방 교육청 교사들이 자료집 형태의 보조 자료를 펴낸 것을 '관련국'에서 어떻게 알겠는가? 이 외교통상부 당국자는 자신이 일본 외무성 한국과 소속인지 중국 외무성 한국과 소속인지 먼저 생각해보아야 할 것이다. 동북아역사재단에서 이런 매사·매국적 행태를 주도하는 인물이 외교부에서 파견된 차관급의 재단 사무총장이란 사실은 앞으로 설명할 예정이다. 이런 행위는 마을 뒷산에 잠복해 있는 독립군에 대해 헌병대나 일제 경찰에서는 모르고 있었는데 친일파가 자발적으로 찾아가서 고발한 것과 완전히 같은 사안이다.

한가람역사문화연구소는 논의 끝에 동북아역사재단의 행태를 반박하는 학술 강연회를 열기로 했는데, 여의치 못한 부분이 너무 많았다. 동북아역사재단은 대한민국의 국민 세금으로 매사·매국 행위를 자행하지만 거기에 맞서는 우리는 자비로 해결해야 했다. 동북아역사재단은 세계 유람단이라고 말해도 과언이 아닐 정도로 전 세계를 돌아다녔다. 동북아역사재단에서 발간한 『갈등을 넘어 화해로』(2012)라는 양장 책자는 '동북아역사재단 6년의 활동과 지향'이란 부제가 붙어 있다. 학술회의를 한 국가들을 보니 오스트리아, 베트남, 노르웨이, 벨기에, 튀니지, 독일, 캐나다, 러시아, 네덜란드, 카자흐스탄 등의 국명이 등장한다.

그러나 식민사관에 맞서는 우리는 장소 하나 마련하는 것도 쉽지 않았다. 의암 손병희 선생 기념사업회의 손윤 이사장이 천도교 중앙대교당을 자비로 빌려주겠다고 해서 장소 문제는 겨우 해결했다. 대회 날짜는 2012년 11월 15일(목)로 정했는데, 마침 대통령 선거가 코앞이라 여러 문제가 발생했다. 필자는 오래전부터 식민사관 문제는 여야는 물론 좌우도 뛰어넘는 대한민국 정체성의 문제라고 생각해왔다. 그래서 이 문제가 국내 정쟁으로 변질되는 것에 대해서는 늘 경계했다. 이 문제가 자칫 여야 사이의 정쟁으로 비화하면 식민사관이라는 '본질'은 사라지고 정쟁이란 '현상'만 남게 된다는 사실을 잘 알기 때문이었다. 그래서 여야 후보나 현직 정치인을 초청하지 않기로 했다.

학술 강연회 제목은 '식민사관은 해방 후 어떻게 주류 사학이 되었나'로 잡았다. 천도교 중앙대교당은 350명 정도 들어갈 수 있는 공간인데, 이런 대규모 강연회는 조직해본 적이 없었다. 필자가 '식민사관은 해방 후 어떻게 주류 사학이 되었나'라는 주제로 30여 분 동안 강연을 하고, '명사가 말하는 식민사관 해체론'이란 제목으로 우당 이회영 선생 손자인 이종찬 전 국정원장과 참의부 참의장이자 대한민국 임시정부 학무국장(현 교과부 장관)을 역임한 희산 김승학 선생의 종손인 대한독립운동총사편찬위원장 김병기 박사와 당시 86살로 최고령 생존 아나키스트인 이문창 선생, 허성관 전 행자부 장관 등에게 15분 정도씩 짧은 회고담을 부탁드렸다.

당초에는 '식민사관은 해방 후 어떻게 주류 사학이 되었나'라는 어려운 주제에 350석을 채울 수 있을까 걱정했는데, 예상과는 아주 달랐다. 강연회 당일이 가까워지자 참가 신청이 많아서 100석을 더 배치해 450석을 놓았다. 당일 강연회 시작 전부터 참가자들이 밀려들기 시작해서 강연장 앞 바닥과 가운데 및 양쪽 통로까지 청중들이 꽉 들어차 700명 이상 모인 것으로 추산했다. 이것이 민심이었다. 그만큼 이런 목소리에 목이 말랐다는 이야기였다. 이제 식민사관은 해체될 때가 되었다는 뜻이기도 했다.

총독부 산하로 착각하는 동북아역사재단

그런데 경기도교육청의 『동북아 평화를 꿈꾸다』를 둘러싸고 동북아역사재단과 교육부 사이에 이견도 있었다. 당시 동북아역사재단 이사장(정재정)은 2012년 9월 6일 교육부 장관 앞으로 '경기도교육청 발간 자료집 검토 내용 송부'라는 제목의 공문을 보냈다. 교육부 산하 기관이 상급 기관인 교육부에 보낸 공문의 내용이 가관이었다.

공문은 "1. 경기도교육청에서 발간한 동북아 평화교육 자료집의 동북아 역사 문제 관련 내용을 검토한 결과를 아래와 같이 송부하오니 참조하시기 바랍니다"라고 상급 관청이 하급 관청에 지시하는 것처럼 시작되고 있었다. 공문은 검토 대상을 "동북아 평화교육 자료집『동북아 평화를 꿈꾸다』(2012. 6. 경기도교육청. 142쪽)"라고 명시하고는, '검토 결과'에서 "고조선과 간도 문제에 대한 서술 내용 중 일방적 주장이나 사실적 오류가 상당수 발견되이 이에 대힌 보완 내지 수정이 필요하다고 사료됨"이라고 말하고 있었다. 그런데 교육부에서 만든 「경기도교육청, '동북아 평화교육 자료집' 관련 보고」라는 문건을 보니 당초 교육부는 "동북아역사재단, 우리 부(교육부)에 검토 결과 보고 및 경기도교육청에 수정 권고 공문 발송을 요청하였으나 우리 부 불수용"이라고 써서 이 공문의 내용을 수용하지 않았음을 알 수 있었다. 교육부 내에는 이른바 학계 및 동북아역사재단과 달리 상식적인 역사관을 가진 공무원들이 있다는 뜻이다. 그래서 교육부의 불수용으로 동북아역사재단의 시대착오적 공문은 묻혀 지나갈 뻔했다. 그런데 교육부 문건 중에 "동 자료집에 대한 언론의 비판 보도(2012년 9월 18일 「중앙일보」)"라는 대목이 있었다. 앞에서 인용한 「중앙일보」 보도 내용이 교육부로 하여금 어떤 조치를 취하지 않을 수 없게 만들었다는 뜻이다. 그래서 교육부는 9월 18일 경기도교육청에 공문을 보낼 수밖에 없었는데, 그 내용이 흥미롭다.

> 귀 청에서 개발 배포한 역사교육 교수 학습용 참고 자료인 동북아
> 평화교육 자료집『동북아 평화를 꿈꾸다』를 국사편찬위원회에 직
> 접 검토 의뢰하여, 사실 관계에 명확한 오류가 있는 내용 기술은
> 수정 보완하여 사용토록 하고, 역사 해석의 논쟁이 있는 내용들은
> 국사편찬위원회의 유권해석에 따라주시기 바랍니다.

말하자면 교육부는 국사편찬위원회로 공을 넘긴 셈이었다. 그런
데 「우리 부(교육부), 경기도교육청 자료집 검토 내용」이란 문건을 보
니 교육부의 곤혹스러운 상황을 이해할 수 있었다. 식민사관은 인
체로 비유하면 몸속 곳곳에 퍼져 있는 암세포처럼 한 곳을 도려내
면 다른 곳으로 번지고 있었다. 동북아역사재단의 권고 내용을 불
수용하니 동북아역사재단에서 언론을 동원해 끝까지 물고 늘어진
것이었다. 교육부 문건은 맨 마지막에 "동북공정 관련, 동북아역사
재단 무용론 언론 보도(2012. 9. 21. 「세계일보」)"라고 덧붙여서 「중앙일보」
와 전혀 다른 시각을 가진 보도도 있었음을 밝혔다. 「세계일보」 정
승욱 선임기자의 <'동북아역사재단' 어느 나라 기관인가?>라는 칼
럼인데, 이 문제의 핵심을 짚은 것이었다. 정승욱 선임기자는 칼럼
에서 이렇게 말했다.

> 재단 측은 특히 (경기도교육청 자료집에) 국내 사학계의 일반 인
> 식을 뛰어넘는 서술이 곳곳에 담겨 있다고 했다. 일반적인 고대

사 인식의 기준은 뭔가. 우리 고대 사학은 대부분 광복 직후 일제 교육을 받은 친일사학자들이 만든 교재를 기본으로 만든 것은 모두가 아는 사실이다. 동북아역사재단도 이를 모를 리 없을 터이다.

정승욱 기자는 또 이렇게 기술했다.

고대사의 사실 관계를 놓고 한·중 학계에서 논란을 빚는 것은 어제오늘의 일이 아니다. 도대체 동북아역사재단의 기준이 뭔지 궁금하다. 만주가 한민족의 터전이라고 주장하는 것은 그만한 근거가 있다. 우리가 주장하는 것은 모두 사실 왜곡이고 황당무계한 것인가. 그들에게 묻고 싶다. 동북아역사재단은 어느 나라 재단입니까.

필자는 정승욱 기자가 이 문제에 대해 어느 정도의 역사 지식을 갖고 있는지는 알 수 없다. 그러나 "동북아역사재단은 어느 나라 재단입니까"라는 마지막 문장은 필자를 비롯해서 한가람역사문화연구소 연구진들이 수없이 반복한 질문이었다. 그런데 교육부 문건은 「중앙일보」가 앞의 보도를 한 경위에 대해 "외교부 출입기자가 외교부의 관계자 통해 입수"라고 밝히고 있었다. 그리고 이런 내용이 있었다.

동북아역사재단 관계자(사무총장), 해당 자료의 오류 내용 발견 및 재단 연구원에 검토 지시

교육부에서 '수용 불가'로 결론 난 문제를 끝까지 물고 늘어진 인물이 동북아역사재단 사무총장이란 사실을 말해주고 있었다. 동북아역사재단 홈페이지에 들어가니 사무총장이 석동연으로 되어 있었다.[31] 재단에서 공개한 약력을 보니 외무고시(10회)에 합격해서 대통령비서실 의전국장(2000~2001)을 역임했는데, 주중국대사관 정무참사관·총영사(1995~1998), 주중국대사관 수석(정무)공사(2004~2006), 주홍콩 총영사(2007~2010) 등 중국에서 많이 근무한 중국통으로 외교부 대변인(2002~2003)도 지낸 인물이었다. 석동연 사무총장은 교육부에 공문을 보냈다가 대한민국 교육부에서 수용하지 않자 자신의 친정인 외교부를 움직여 「중앙일보」 보도를 이끌어낸 것이었다.

동북아역사재단 사무총장은 차관급 자리다. 대한민국 외교부 출신의 차관급 공직자 석동연이 "해당 자료(『동북아 평화를 꿈꾸다』)의 오류 내용을 발견하고 재단 연구원에 검토를 지시했다"는 것이었다. 재단 홈페이지에는 석동연의 강연과 인터뷰 내용도 일부 올라와 있었다. 역시 필자의 예상에서 한 치도 어긋나지 않았다. 2013년 8월 14일 광복절을 앞두고 「국민일보」에 "배타적 민족주의적 정서만 강조하기보다 화해·상생의 역사교육이 바람직하다"라는 칼럼을 썼다. 여기에 현재 일본 극우파들이 자행하는 역사 왜곡에 대해서는 우려하는 '척'을 했다. 그러나 석동연이 말하는 대책은 우습기 짝이 없다.

---

31 2012년 당시 동북아역사재단 사무총장은 석동연이었다. 2018년 현재 사무총장은 이현주로 바뀌었다.

일부 일본 정치 지도자와 일본인들의 왜곡된 역사 인식, 독도에 관한 억지 주장을 단기간에 바로잡는 것은 어렵게 느껴진다. 따라서 우리는 인내심을 갖고 장기적 안목으로 일본의 양심적 학자와 시민 사회, NGO 운동가들과 협력하고 소통하여 일본이 올바른 길로 나아갈 수 있도록 계속 노력을 해야 한다.

이런 인식의 공무원들이 '인내심', '장기적 안목' 따위의 말을 할 때는 아무 것도 하지 말자는 말이다. 다음 말은 어떤가?

최근 동아시아는 역사 인식의 차이와 영토 갈등 문제 등을 둘러싸고 민족주의 정서가 달아오르고 있다. 국내에서는 이런 상황에 대응하여 역사교육 필요성을 모두들 강조하고 있다. 그러나 배타적인 민족주의적 정서를 지나치게 강조하는 것보다는 화해와 상생의 역사교육이 이루어지는 것이 바람직하다.

석동연의 속내는 일본과 중국이 어떠한 역사 도발을 해도 거기 맞서지 말자는 말이다. 그러면서 석동연은 "제68주년 광복절을 맞이하여 남북 분단 상황을 하루바삐 극복하고 통일을 성취하여 제2의 광복을 맞이할 수 있도록 치밀한 통일 전략을 세우고 통일의 초석을 착실히 쌓아 나가야 한다. 그것이야말로 조국의 독립과 통일을 염원한 선열들의 희생에 보답하는 길이다"라는 말로 끝맺었다. 마치 자신이 통일을 염원하며 '선열들의 희생에 보답'하길 바라는 인물인 것처럼 희석시켰다.

석동연은 누가 과연 "배타적인 민족주의적 정서를 지나치게 강조"했는지 설명해야 할 것이다. 석동연의 발언을 한 세기 전으로 되돌리면 '배타적 독립운동을 지나치게 강조하는 것보다는 일본과 화해와 상생의 역사교육을 이루는 것이 바람직하다'라는 말과 완전히 같은 것이다. 동아시아 역사 분쟁이나 영토 분쟁은 모두 일본이나 중국에서 시작되었다. 말하자면 우리는 피해자다. 그런데 석동연 같은 사람들은 가해자에게 해야 할 말을 피해자에게 한다. 강도에게 지나치게 대응하기보다는 화해와 상생을 이루는 것이 낫지 않겠냐고 말하는 것과 무엇이 다른가.

그러면 석동연 식 화해와 상생이 실제로 '선열들의 희생에 보답'하는 길인지 알아보자. 외교부 출신의 석동연은『동북아 평화를 꿈꾸다』에서 '해당 자료의 오류'를 발견해 서울대 국사학과 출신의 연구원 배 모 박사에게 검토를 지시했고, 배 모 연구원은 이 지시를 받아『동북아 평화를 꿈꾸다』에 이런 문제들이 있다고 보고했다. 동북아역사재단의 검토 지시 결과는 '경기도교육청 자료집『동북아 평화를 꿈꾸다』에 대한 분석'이란 그럴듯한 제목을 달고 있다. 이를 분석한 배경에 대해서 "자료집에 대한 (동북아역사)재단의 검토를 통하여 역사교육 분야에서 동북아시아 역사 현안에 대한 이해를 높이는 동시에 역사교육에 사용하는 보조 자료 및 참고 자료에 대한 정보를 교류하고자 함"이라고 설명하고 있다.

항상 제목이나 배경 설명은 그럴듯하다. 외형상으로는 일본 제국주의 시대가 아니라 대한민국 정부 산하이기 때문에 대한민국의 국익을 위하는 것처럼 포장해야 하기 때문이다. 그 내용 검토 결과라는 것을 보니 동북아역사재단은 "고조선 개국 신화는 여전히 신화적 범주에 속하며 역사적 사실이 아닌 것이 자명하다"라고 단정 지었다. 조선총독부에서 단군조선의 실체를 부인하기 위해서 하던 말을 반복한 것이다.

재단은 『동북아 평화를 꿈꾸다』에서 단군 사화史話에 대해 기술한 내용을 이렇게 비난하고 있다.

> 신화가 전하는 내용과 그 역사적 배경은 엄격히 분리되어 서술되어야 할 필요가 있으나 자료집에서는 마치 단군 신화가 역사적 사실인 것처럼 서술하고 있음(28쪽), 이는 자료집의 고조선 관련 서술에서 일관되게 관찰되는 경향이며, 고조선 건국 신화는 신화에 대한 해설과 그 역사적 배경이라는 2개의 차원에서 엄밀하게 분리 서술하는 것이 바람직함.[32]

조선총독부 조선사편수회가 부활해서 총독부 학무국을 통해서 고조선을 적극적 관점으로 바라본 것을 꾸짖는 것과 같은 내용이다. "자료집의 고조선 관련 서술에서 일관되게 관찰되는 경향"이라는 말은 경기도교육청 자료집이 동북아역사재단의 식민사관과는 다른 관점으로 고조선을 서술했다고 비난하는 것이다. 바로 이 부분, 관점의 차이가 가장 중요하다. 『동북아 평화를 꿈꾸다』는 대한민국의 관점, 한민족의 관점을 유지하고 있는데 동북아역사재단은

---

32 동북아역사재단, 『동북아 평화를 꿈꾸다』에 대한 분석.

일본 및 중국의 관점을 갖고 있는 것이다.

> 고조선과 그에 관련된 최근의 고고학적 연구 성과가 자료집에는
> 거의 반영되어 있지 않음. 이것은 이 책의 서술 목표와 편집 방침
> 으로 말미암아 불가피한 측면도 있지만, 향후 보완이 필요하다고
> 생각됨.[33]

여기에서 독자들은 이들이 말하는 '최근의 고고학적 연구 성과'
가 무엇인지 궁금할 것이다. 이 말이 뜻하는 속내를 알면 놀라면서
믿지 못하겠다고 할 독자들도 없지 않을 것이다.

조선사편수회 식민사관 비판이 불편한 식민사학

필자는 2013년 5월부터 정부출연 연구 기관의 부설사업단(이하 '사
업단')에서 발주한 '일제 강점기 민족 지도자들의 역사관 및 국가 건
설론 연구'라는 프로젝트의 연구 책임자가 되었다. 3년 동안 15권
의 저서(1권의 지리부도 포함)와 2권의 자료집을 발간하는 방대한 사업이
다. 해방 이후 최초로 민족 지도자들, 즉 독립운동가들의 역사관
및 국가 건설론을 검토하는 작업이 수행되는 것인데, 한가람역사문
화연구소에서 수주한 이유가 있다.

---

33 동북아역사재단, 『동북아 평화를 꿈꾸다』에 대한 분석.

그 자세한 경위를 밝히는 데는 조금의 시간이 더 필요할 것으로 생각되지만 하나만 밝히면 연구 주제 중에 '조선사편수회의 식민 사관 분석 및 비판'이란 항목이 들어 있었다. 앞으로 서술하겠지만 국내 사학계는 총론으로는 식민사관을 비판한다고 말하고 각론으로 들어가면 식민사관 일색이었다. 당연히 조선사편수회의 식민사관 이론을 비판한 적은 한 번도 없다. 그러니 이 주제를 연구할 연구자나 연구팀이 없었기에 그동안 이 문제에 천착했던 필자와 한가람역사문화연구소에서 응찰했던 것이다. 이런 주제가 어떻게 나오게 되었는지를 설명하기 위해서도 시간이 조금 더 필요하다.

어쨌든 필자를 비롯한 연구진들은 사업을 수행한 지 1년도 채안 되는 2014년 2월에 세 권의 저서를 제출했다. 필자가 저술한 것은 『조선사편수회 식민사관 이론 비판』이었고, 국학연구소 연구위원인 김동환 선생이 『사관전쟁』이라는 제목으로 대종교의 김교헌 선생의 역사관에 대해서 서술했다. 김병기 선생은 광복군 3지대장이었던 김학규 장군에 대한 평전을 써서 제출했다.

아마 1년도 안 되는 짧은 기간에 한 편의 논문도 아니고 세 권의 저서를 써서 제출한 것은 '사업단' 사업이 개시된 이후 처음일 것이다. 그만큼 이 사업에 응하는 학자들은 사명감을 갖고 있었다. 그런데 국고가 들어갔으니 이른바 외부 교수진이 평가단을 꾸려서 심사라는 것을 한다고 했다. 당연한 절차니 따를 수밖에 없다. 필자들은 우리 사업에 대해 자부심이 강했기에 당연히 좋은 평가가 나올 것으로 생각했다. 그런데 그 심사 평가 결과 예산을 삭감하겠다는 것이었다. 가장 문제가 된 것이 필자가 쓴 『조선사편수회 식민사관 이론 비판』이었다.

조선총독부에서 만든 식민사관의 핵심은 둘이었다. 하나는 '한사군 한반도설'인데, 이는 '고조선 한반도설'과 같은 논리였다. 곧 고조선과 한사군은 모두 한반도 내에 있었다는 주장이었다. 또 하나는 임나일본부설로서, 구체적으로는 『삼국사기』 초기 기록 불신론'으로 연결되는 것이었다. 가장 먼저 이 두 이론을 만든 일본인 식민사학자는 쓰다 소키치와 이나바 이와키치였는데, 해방 후 이병도를 비롯해서 이 땅의 여러 식민사학자들이 이 이론을 그대로 추종하든지 조금 변형시켜서 현재까지 식민사관을 유지하고 있다는 것이 필자가 쓴 『조선사편수회 식민사관 이론 비판』(새로 제출한 제목은 『조선총독부 식민사관 비판 I』이었다)의 주요 내용이었다. 이 문제는 아직도 끝나지 않았다. 『한국 근대역사학: 실증주의와 민족주의』(임종권)에 대한 이른바 심사(검열)에서는 "『민족주의는 반역이다』 같은 저서를 인용하지 않았다"는 식으로 비판하고 있는데, 이는 심사(검열)자가 일제 강점기 민족지도자들의 독립운동을 '반역'이란 관점에서 바라보고 있다는 증거다. 그런데 이 책에 대해서 쓴 평가단의 심사평은 이렇게 시작한다.

> 『조선사편수회 주요 논문의 해제와 비판』에서는 조선사편수회의 논문에 대한 분석을 토대로 식민사학의 성립과 논리를 설명하고 비판을 했다. 이 책은 교양서보다는 연구서의 성격을 가지고 있다고 생각되는데, 기존에 사학사 관련 글들에서 이미 언급되었던 것과 별다른 차이를 느낄 수는 없다. 대체로 기존 연구들에서 언급

된 내용을 재정리하는 정도라고 생각된다.[34]

한마디로 가소로운 지적이다. 기존 사학사 관련 글 중에서 『조선사편수회 식민사관 이론 비판』 내용과 같은 비판이 수행된 적은 한 번도 없다. 쓰다 소키치 및 이나바 이와키치의 주장을 본격적으로 분석한 경우도 거의 없었을뿐더러 이병도를 비롯한 한국인 식민사학자들이 쓰다 및 이나바의 주장을 그대로 계승하거나 조금 변형시켜서 지금껏 학계의 정설로 유지하고 있다고 비판한 적은 없었다. 식민사학자들이 쓴 기존의 모든 저서나 논문은 겉으로는 식민사학을 비판하는 척하면서도 속으로는 이나바 이와키치와 쓰다 소키치의 견해를 추종한 것이었다. 평가단은 구체적으로 필자의 저서처럼 두 일본인 식민사학자의 '한사군 한반도설'과 『삼국사기』 초기 기록 불신론'을 구체적으로 비판한 저서나 논문의 실명을 들어야 할 것이다.

필자가 이 문제를 역사관의 차이로 보는 것은 『조선사편수회 식민사관 이론 비판』이란 책의 제목에 대해서 반복해서 지적한 부분 때문이다. 평가단이라는 명칭 속에 숨은 이들은 『조선사편수회 식민사관 이론 비판』이란 책의 제목에 대해 불편한 속내를 감추지 않았다. 그래서 평가단은 "조선사편수회 관련 논문은 조선사편수회뿐만 아니라 식민사학 일반과 관련된 것이기 때문에 제목을 수정해야 한다"라고 압박했다. 필자처럼 글을 써서 밥을 먹고 사는 사람

---

34 한국학중앙연구원 한국학진흥사업단의 평가단 검토서.

들은 문장에서 '아'와 '어'의 차이를 잘 알고 있다. "조선사편수회뿐만 아니라 식민사학 일반과 관련된 것이기 때문"이라는 문장은 겉으로 보면 말이 되는 것 같지만 논리 구조로는 앞뒤가 맞지 않는 비문非文이다. 조선사편수회의 식민사관 이론이 중요한 것은 지금까지 행세하고 있는 식민사학의 모체이기 때문이다.

그런데 평가단은 필자의 책이 '조선사편수회의 식민사관 이론'을 비판하면서 '식민사학 일반'까지 비판했기 때문이란 논리로 책 제목을 바꾸라고 지적한 것이다. 한마디로 '조선사편수회 식민사관 이론 비판'이라는 책 제목이 불편한 것인데, 무대를 해방되기 전으로 옮기면 이해할 수 있다. 조선총독부 학무국에서 '감히 조선사편수회를 비판하다니……'라고 분개한 것과 다를 바가 없는 논리 구조다. 대한민국 땅에서 대한민국 국민의 세금으로 '조선사편수회 식민사관 이론 비판'이라는 제목의 책을 내면 안 된다는 것과 마찬가지다.

그러나 이는 그동안 식민사관에 맞섰던 학자들이 겪었던 사건의 반복이다. '한사군 재한반도설'을 비판했던 단국대 교수 윤내현이나 『삼국사기』 초기 기록 불신론'을 비판했던 고려대 교수 최재석이 공통적으로 겪었던 수모이기도 했다. 마지막 조선총독 아베 노부유키가 했다는 말처럼 대한민국의 외형은 독립되었지만 그 정신세계, 즉 역사관은 아직도 조선총독부 조선사편수회가 장악하고 있는 것과 같다. 필자와 같은 사람들이 사석에서, "독립운동하는 자세로 공부한다"고 말하는 것이 과장이 아님을 서로는 안다. 『조선사편수회 식민사관 이론 비판』이라는 제목을 뼈아프게 생각하는 사람들이 아직도 심사란 이름의 칼자루를 쥐고 있는 나라다. 평가단의 지적은 조선총독부 사관을 가지지 않았다면 나올 수 없는 것들이었다. 필자는 이 책을 쓴 후 가제본을 떠서 연구소 내외의 학자들이나 평소 이 내용을 궁금해하던 인사들에게 미리 회람시켰다. 반응은 이구동성으로 "그동안 궁금했던 내용이 대부분 해소되었다"는 평가였다. 그러나 이른바 평가단의 반응은 180도 달랐다.

> 조선사편수회 관련 논문은 조선사편수회뿐만 아니라 식민사학 일반과 관련된 것이기 때문에 제목을 수정해야 한다. 또 고조선, 낙랑, 패수浿水 등의 정확한 위치 비정을 위해서는 문헌 자료의 세밀한 검토와 고고학적 자료의 검토가 함께 이루어져야 한다. 그러나 이 글에서는 고고학적 검토가 거의 이루어지지 않았다. 특히 최근 평양에서 출토된 낙랑 시대의 목간(호구의 조사 기록)에 대해서는 학계에서 활발한 연구가 이루어지고 있음에도 불구하고 이에 대한 언급이 전혀 없다. 낙랑의 위치를 평양이 아닌 다른 지역으로 비정하기 위해서는 왜 평양에서 이와 같은 낙랑 시대의 유물들, 특히 행정과 관련된 기록들이 대거 발굴되었는지를 설명해야 한다.[35]

필자는 평가단이 뼈아프게 생각하는 대목이 뭔지는 잘 알고 있다. 필자는 『조선사편수회 식민사관 이론 비판』에서 기존 식민사관, 즉 조선총독부 사관에서 평양이라고 주장하는 왕험성王險城의 위치를 허베이성(하북성河北省)으로 기술했고, 한반도 서북부에 있었다고 주

---

35 한국학중앙연구원 한국학진흥사업단의 평가단 검토서.

장하는 낙랑, 패수 등도 모두 만주 서쪽에 있었다고 기술했다. 중요한 것은 필자의 이런 주장이 모두 중국의 고대 1차 사료와 각종 지리지를 근거로 삼고 있다는 점이다. 한사군이 한반도 북부에 있었다는 중국 고대 1차 사료, 즉 평가단이 언급한 문헌 사료는 단 하나도 없다. 그러나 평가는 정반대다. 그래서 나온 말이 "고조선, 낙랑, 패수 등의 정확한 위치 비정을 위해서는 문헌 자료의 세밀한 검토와 고고학적 자료의 검토가 함께 이루어져야 한다. 그러나 이 글에서는 고고학적 검토가 거의 이루어지지 않았다"라는 말이다. 동북아역사재단의 검토서에서 "고조선과 그에 관련된 최근의 고고학적 연구 성과가 자료집에는 거의 반영되어 있지 않음"이란 말과 완전히 같은 뜻이다. 고고학은 현재 문헌 사료적 근거가 파탄 난 식민사학계가 기대고 있는 마지막 보루이다.

그러나 이 평가는 역사 해석의 기초적인 방법론을 무시한 비역사학적 지적이다. 선사 시대도 아닌 역사 시대를 해석하는 데는 문헌 사료를 우선 검토하고 보조적으로 고고학 사료를 사용해야 한다. 한국을 제외한 전 세계 역사학계는 그렇게 한다. 그러나 한국 식민사학계는 거꾸로 한다. '고고학'이 아니면 더 이상 버틸 논리적 근거가 없기 때문이다. 그동안 조선사편수회 및 그를 계승한 이 땅의 식민사학계는 중국의 고대 1차 사료가 한사군의 위치를 한반도 서북부에 있다고 말하고 있는 것처럼 국민들을 호도해왔다. 그러나 한사군의 위치를 한반도 서북부라고 말하는 중국의 고대 1차 사료, 즉 문헌 사료는 단 하나도 없다. 그러니 고고학을 방패로 삼은 것이다.

평가단의 평가가 비도덕적이란 점은 필자의 『조선사편수회 식민사관 이론 비판』에서 고고학에 대해서 언급했다는 점에도 있다. 필자는 이 책에서 오히려 "자신의 관점과 맞지 않으면 고고학 유물까지도 무조건 부인한다는 점"이라고 식민사학자들이 고고학까지 자의적으로 왜곡하거나 부인하는 행태를 비판했다. 그러면서 홍산(紅山) 문화의 중심 유적인 내몽골 츠펑(적봉赤峰)시에 있는 샤자덴(하가점夏家店) 문화에 대해 설명했다. 평가단은 이것도 마음에 안 들었을 것이다. 샤자덴 하층 문화를 비롯해서 내몽골 지역에서 광범위하게 출토되는 고고학 유물들은 식민사학의 주장과는 전혀 다르기 때문이다. 평가단이 "이 글에서는 고고학적 검토가 거의 이루어지지 않았다"고 '거의'란 말을 쓴 것은 이 때문이다.

평기단은 최근 평양에서 출토된 '낙랑 시대의 목간'을 거듭해서 인용했다. 괄호로 친절하게 '호구의 조사 기록'이라고 덧붙였다. 필자 등이 중국의 1차 문헌 사료를 가지고 한사군의 위치가 한반도 북부가 아니라고 주장하면서 수세에 몰리기 시작하던 식민사학이 환호하는 사건이 일어났다. 북한이 2005년 북한 평양 지역에서 초원初元 4년(서기전 45) 낙랑군 25개 현의 현별縣別 호구와 인구, 전체 인구 28만여 명을 기록한 목간을 발견했다고 발표했기 때문이다. 그동안 식민사학계는 북한에서 '점제현 신사비는 일제가 조작한 것이다', '평양 지역은 낙랑군 지역이 아니다'라는 고고학 연구 결과들을 발표할 때마다 '북한에서 한 것은 믿을 수 없다'라고 부인해왔다. 그러다가 북한에서 낙랑 목간을 발견했다고 발표하자 북한 역사학을 신봉하기로 결의한 듯 일제히 자세가 달라졌다. 낙랑군 25개 속현의 인구수를 적은 목간이 발견되었다고 발표하자 식민사학계는 평양 지역이 낙랑군 지역임을 나타내는 결정적 증거라고 환호했다. 정작 북한의 역사학자 손영종은 북한 사회과학원 력사연구소 학술지 「력사과학」 198~200호에 실은 논문에서, "낙랑군이 랴오둥(요동)반도 톈산(천산)산맥 일대에 위치했다는 증거"라고 주장한 것은 무시했다.

목간이란 나무나 대나무에 글씨를 쓴 것을 말한다. 들고 이동할 수 있는 물건이라는 뜻이다. 따라서 낙랑 목간의 발견 장소가 옛 낙랑 지역이라는 증거가 될 수는 없다. 『삼국사기』 「고구려본기」 〈태조대왕 94년(서기 146) 8월〉조에는 "(태조대)왕이 장수를 파견해 한나라 요동 서안평을 공격해서 대방령帶方令을 죽이고 낙랑태수 처자를 사로잡아 왔다"는 기록이 있다. 만주 서쪽에 있는 한나라 요동군 서안평을 공격해서 대방령을 죽이고 낙랑태수 처자를 잡아 왔다는 기록이다. 식민사학은 지금껏 낙랑군은 평안남도, 대방군은 황해도라고 비정해왔다. 그런데 요동을 공격했는데, 어떻게 평남과 황해도에 있는 한나라 관료들과 그 처자들이 죽음을 당하거나 체포되어 올 수 있을까? 식민사학에서는 심지어 요동에 '놀러 갔다'가 그렇게 되었다는 주장까지 했다. 정상적인 역사학자라면 이런 사료들을 보면 '낙랑군과 대방군이 한반도 서북쪽에 있지 않았구나'라고 생각해야 하는데 한국 식민사학자들은 절대 그러지 않는다. 그래서 지금껏 요동 서안평을 압록강 대안 단둥(단동丹東)이라고 주장했다. 그러나 『요사遼史』 지리지는 요동군 서안평이 옛 요나라 수도 자리라면서 오늘날 내몽골의 바린좌기巴林左旗라고 말하고 있다.

대방령을 죽이고 낙랑태수 처자를 잡아 올 때 몸만 잡아 왔을까? 수많은 유물과 함께 잡아 왔을 것은 불문가지 아닌가? 이 기

식민사학계는 서안평을 단동(단동)으로 비정한다. 물론 1차 사료적 근거는 없다. 『요사』 지리지는 요동군 서안평이 옛 요나라 수도 자리라면서 오늘날 내몽골의 바린좌기라고 말하고 있다.

사 외에도 고구려는 여러 차례 한사군 지역을 공격해서 수많은 포로를 잡아 왔다. 또한 고구려 미천왕 20년(서기 319) 12월 낙랑군을 관할하던 유幽주에서 분할된 진晉나라 평주平州자사 최비崔毖가 고구려로 망명하는 등 수많은 중국 사람들이 고구려로 망명했다. 낙랑목간은 이런 과정에서 고구려가 습득한 전리품이거나 망명객들이 가져온 물건으로 해석하는 것이 합리적일 것이다.

1950년 일본 나라현 도다이지東大寺의 쇼소인正倉院에서 소장 유물을 정리하다가 『화엄경론華嚴經論』 등의 무더기 속에서 『신라장적新羅帳籍』이라 부르는 신라의 민정民政 문서가 발견되었다. 신라 경덕왕(742~765) 때인 755년 무렵의 문서로 추정되는데, 지금의 청주 지방인 서소원경西小原京의 4개 촌락에 대한 문서이다. 촌락별로 호구 수戶口數는 물론 전답과 과실나무 수, 가축 수까지 기록되어 당시 신라의 행정이 얼마나 정교했는가를 보여주면서 놀라움의 대상이 되었다. 식민사학식으로 말하면 "신라 서소원경이 지금의 청주가 아니라 일본 나라였다"고 주장하는 것이다.

서안평. 내몽골 바린좌기시로 요나라 때 수도 자리였다.

낙랑 목간이 현별 호구 수만 간략하게 적은 문서라면 『신라장적』은 호구에 대해서도 소자小子·추자追子·조자助子·정남丁男·제공除公·제모除母·노공老公·노모老母 등 직역별·연령별로 구분하고 있으며, 호戶의 기준도 상상上上에서 하하下下까지로 나누었다. 『신라장적』은 일본 나라 지역이 신라 서소원경이었다는 결정적 증거라고 말해야 하는데 어느 누구도 그렇게 하지 않는다.

이 낙랑 목간에 대해서 최근 문성재 박사가 『한사군은 중국에 있었다』(우리역사연구재단, 2016)에서 아주 획기적인 연구 결과를 내놓았다. 가짜라는 것이다. 낙랑 목간에 '현별'이라고 썼는데, '별別'이란 메이지 시대 이후 일본에서 사용하던 한자라는 것이고, 중국 고대 사료에서는 '속현屬縣'이란 용어를 사용했다는 것이다. 20세기 전에는 중국 사료에 사용하지 않던 용어라는 것이다. 아마도 일본인들이 적당한 시기에 꺼내서 이용하려다 그 전에 망해서 써먹지 못한 것으로 추측된다. 일제 식민사학이란 이런 것이고, 식민사학이 기대는 고고학 논리라는 것이 이런 식이다. 학계를 자신들이 100퍼센트 장악하고 있을 때는 이런 방식이 통했을지 몰라도 이젠 시대가 달라졌다. 시대가 변했다는 사실을 그들만 모른다. 식민사학계가 낙랑 목간을 구세주로 삼고 있는 저간의 사정을 짐작 못 하는 것은 아니지만, 아직도 그런 방식이 통할 것이라고 생각하면 오산이다. 낙랑 목간은 지역을 표시하는 지도가 아니라 글자 그대로 낙랑군 각 현의 호수가 얼마이고 인구가 얼마인지를 말해주는 행정문서에 불과하다. 미국 워싱턴에서 조선 시대 한양 각 방의 호구 수와 인구 수가 적힌 문서가 나왔다고 500년 전의 한양이 워싱턴에 있는 것이 될 수 없는 것과 마찬가지다.

그런데 평가단은 낙랑 목간을 낙랑군이 평양에 있었다는 증거로 믿고 있는 게 분명한데, 이는 역사학의 사료 비판에 어긋나는 자의적 확대 해석이다. 그러면서 평가단은 필자가 엄밀하게 분석한 중국 고대 사료, 즉 문헌 사료에는 엄밀한 검증의 칼날을 들이댔다.

문헌 자료의 검토와 관련하여 어떤 문헌 자료가 신뢰할 만한 것인지에 대한 검토가 먼저 이루어져야 한다. 중국 측의 자료 가운데 나오는 지명과 그 위치를 모두 신뢰할 수는 없다. 따라서 어떤 자료를 인용하기 위해서는 그 자료가 어떤 자료인지, 신뢰할 만한 자료인지에 대해 먼저 자신의 의견을 밝혀야 한다.[36]

---

36   한국학중앙연구원 한국학진흥사업단의 평가단 검토서.

이 평가는 먼저 낙랑 목간에 그대로 적용하라고 말하고 싶다. 위 문장을 평가단에게 그대로 돌려주면 이렇게 된다.

> 낙랑 목간과 관련하여 어떤 내용이 신뢰할 만한 것인지에 대한 검
> 토가 먼저 이루어져야 한다. 중국 측의 자료 가운데 나오는 지명
> 과 그 위치를 모두 신뢰할 수는 없다. 따라서 어떤 자료를 인용하
> 기 위해서는 그 자료가 어떤 자료인지, 신뢰할 만한 자료인지에 대
> 해 먼저 자신의 의견을 밝혀야 한다.

어떤가? 낙랑의 인구수를 적은 것에 불과한 낙랑 목간이 마치 낙랑군의 위치까지 평양 일대라고 말한 것으로 아전인수격으로 해석하던 평가단이 필자가 『조선사편수회 식민사관 이론 비판』에서 인용한 『사기』, 『한서』, 『후한서』, 『삼국지』, 『진서晉書』, 『독사방여기요讀史方輿紀要』 등의 문헌 사료에는 '신뢰할 수 없다'면서 엄밀한 잣대를 들이대는 것이 한마디로 웃기지 않은가? 평가단의 '평가'란 '평가라는 이름의 조선총독부 사관 지키기'와 과연 다른가. 동북아역사재단이 경기도교육청 자료집에 '고고학' 운운한 것이 이런 종류다.

평가단은 '문헌 자료의 세밀한 검토', '어떤 문헌 자료가 신뢰할 만한 것인지' 등 시종 문헌 사료에 대한 부정적 견해를 바탕으로 본 저서를 비판하고 있다. 그러나 본 저서에서 인용한 어떤 문헌 사료가 문제가 되는지 구체적으로 전혀 제시하지 못했다. 구체적으로 제시한 것은 '낙랑 목간' 하나뿐이다. 앞으로도 제시할 수 없을 것이다. 『조선사편수회 식민사관 이론 비판』에서 인용한 문헌 사료는

대부분 중국의 고대 1차 사료다. 그동안 식민사학은 한사군이 한반도 내에 있었다면서 문헌 사료를 자의적으로 취사 편집하거나 왜곡되게 해석해왔다. 그러다가 식민사학의 주장이 일체의 1차 사료적 근거가 없고 한사군이 존재했던 당시의 중국 문헌 사료에는 한사군이 일관되게 요동에 있었던 것으로 나온다는 사실이 드러나자 이런 문헌 사료들을 믿을 수 없다고 억지 주장을 하고 있는 것이다.

어떤 문헌 사료가 신뢰할 만한 것인가? 두말할 것도 없이 한사군이 존재했다는 당시에 편찬된 문헌 사료, 즉 『사기』, 『한서』, 『후한서』, 『삼국지』, 『진서』 등이며, 필자의 『조선사편수회 식민사관 이론비판』은 이런 문헌 사료를 바탕으로 논리를 전개했다. 그동안 식민사학은 아무런 1차 사료적 근거 없이 낙랑군 등이 한반도 내에 있었다는 조선총독부의 명령을 무조건적으로 추종해왔다. 그러다가 1차 사료적 근거가 전혀 없다는 사실이 드러나자 고고학으로 위기를 모면하려는 것이다. 그러나 그동안 한사군이 한반도 내에 있었다는 논거로 사용된 고고학이라는 것도 대부분 조선총독부에서 날조했거나 자의적으로 해석한 것에 불과하다. 일례로 무덤의 주인공이 누구인지 알 수 있는 명문銘文이 있는 무덤은 단 하나도 한사군과 관련이 없다는 사실은 이미 다 밝혀졌다.

요동, 낙랑, 패수 등의 이름은 행정구역 명칭이기도 하고, 자연적인 지명이기도 하다. 따라서 자료에 나오는 이들 단어를 사용할 때에는 이 점에 유의해야 한다. 또 이들 이름은 어느 한 곳만을 가리키지 않는 경우가 많다. 필자가 지적한 대로 평양도 한 곳의 지명만이 아니라 여러 곳의 지명인 것과 마찬가지로 낙랑, 패수 등도 여러 곳의 지명일 수도 있고, 그 지명이 이동한 것일 수도 있다. 따라서 모든 가능성을 열어두고 생각하는 것이 필요하다.[37]

평가단의 평가가 왔다 갔다 하는 것을 느낄 수 있을 것이다. 학자들이 횡설수설할 때는 이유가 있다. 자신들이 그동안 정설이라고 주장했던 내용들의 근거가 무너졌을 때 이를 호도하기 위해 이말 저 말을 갖다 붙이는 것이다. 낙랑, 패수 등이 한반도 서북부에 있었다는 식민사학의 주장은 중국 고대 1차 사료를 검토하는 과정에서 완전히 무너졌다. 그러나 식민사관은 논리가 무너졌다고 함께 무너지지 않는다. 식민사관은 학문이 아니라 조선총독부의 정치 논리이기 때문이다. 식민사관의 주요 논리가 무너졌을 때 식민사학자들은 변형 논리를 만드는 것으로 학문권력을 유지하고 식민사관의 핵심은 그대로 유지시킨다. 후술하겠지만 이것이 식민사학 생존술 중의 하나다. 이렇게 만든 꼼수, 즉 변형 논리가 이른바 '고조선 중심지 이동설'이란 것이다. 단국대 교수 서영수가 시동을 걸고 서울대 교수 노태돈, 한국교원대 교수 송호정이 받아서 한국 고대사학계의 정설로 행세하고 있는 것이 이른바 '고조선 중심지 이동설'이다. 평가단의 "낙랑, 패수 등도 여러 곳의 지명일 수도 있고, 그 지명이 이동한 것일 수도 있다"는 서술은 이를 반복한 것에 불과하다. 그동안 낙랑군의 위치를 평양이라고 비정하다가 문헌 사료

---

37 한국학중앙연구원 한국학진흥사업단의 평가단 검토서.

적 근거가 전무하다는 사실이 밝혀지니까 이동설을 내놓은 것이다. 고조선 중심지는 랴오둥(요동)에 있다가 평양으로 이동했으며, 그 자리에 낙랑군이 설치되었다가 거꾸로 랴오시(요서) 지역으로 이동했다는 주장이다. 물론 1차 사료적 근거는 전혀 없다. 필자는『조선사편수회 식민사관 이론 비판』에서 식민사학에서 주장하는 낙랑, 대방 이동설이 아무런 1차 사료적 근거가 없는 창작에 불과하다고 정밀하게 비판했다. 평가단은 이런 내용에 대해서 필자와 다른 1차 사료적 근거를 가지고 반박하든지 아니면 위의 저서를 학문적 타당성을 갖춘 견해로 인정하는 것이 마땅했을 것이다. 그러나 평가단은 필자가 비판한 이동설을 지지하는 관점에서 필자의 견해를 비판했다. 즉 학문적 타당성에 대한 평가가 아니라 견헤니 사상에 대한 정치적 판단을 한 것이다. 평가단의 평가는 한마디로 말해서 식민사학을 지지하는 관점에서 식민사학은 영원히 유지되어야 한다는 의지를 표시한 것에 불과하다. 문제는 이것이 조선총독부 시스템이 아니라 대한민국 정부의 시스템 내에서 이루어지고 있다는 점이다. 대한민국이란 국가의 틀 내에서, 대한민국 정부가 정한 규정 내에서 수행된 것이다.

평가단의 평가는 대한민국의 국익을 심각하게 저해하는 반국가적 행위에 불과하다. 그러나 이런 반국가적 행위를 하는 학자들은 대한민국 국민들이 낸 세금으로 대한민국의 국익에 테러를 가하고도 이른바 심사비를 받아 챙긴다. 그동안 얼마나 많은 학자들이 이들 앞에서 속절없이 무너졌겠는가? 중국의 고대 1차 사료를 바탕으로 중국 동북공정의 논리를 기초부터 무너뜨린『조선사편수회 식민사관 이론 비판』이 대한민국의 국익에 부합하는 것은 두말할 나위도 없다. 그러나 대한민국의 공적 시스템 속에서 이런 행위는 이른바 심사라는 명목으로 난도질당하고 예산을 삭감당했다. 대한민국은 과연 독립 국가인가? 아직도 조선총독부가 지배하고 있는가? 평가단의 평가를 조금 더 보자.

> '조선사편수회 주요 논문의 해제와 비판'이라는 논저는 제목과 내용이 부합하지 못하다. 조선사편수회 관여 학자들이 발표한 논문을 비판한 글이다. 조선사편수회에서는 논문을 발간하지 않고『조선사』를 발간하였다. 이 저술은 문헌 자료를 중심으로 연구서를 간행하였다. 학계의 연구 성과가 충분히 수용되고 있지 못하다. 최근의 고고학적 연구 성과들이 충분히 반영되고 있지 못하다. 예를 들면, 고고학적 유물을 바탕으로 한 기존의 비판적 연구들이 있고, 특히 최근에는 평양 낙랑 시대의 목간이 발굴됨으로써 학계의 활발한 연구들이 나오고 있는데 그에 대한 언급은 전혀 없다. 본인의 주장을 문헌을 통하여 계속 반복 제시하는 측면이 강하다.[38]

필자가 쓴『조선사편수회 식민사관 이론 비판』은 조선사편수회의 주요 이론을 비판한 것이다. 필자는 이 책에서 이나바 이와키치가 낙랑군 수성현을 황해도 수안군으로 비정한 논문 및 쓰다 소키치의 '한사군 한반도설'과『삼국사기』초기 기록 불신론'을 담은 논

---

38 한국학중앙연구원 한국학진흥사업단의 평가단 검토서.

문을 조목조목 비판했다. 이에 대해 평가단은 "조선사편수회에서는 논문을 발간하지 않고 『조선사』를 발간하였다"라고 '조선사편수회를 위한 변명'을 스스로 수행하고 있다. 조선사편수회를 비판하는 것 자체가 불편하기 때문에 지엽적 문제를 가지고 훼방을 놓은 것이다. 이나바 이와키치 및 쓰다 소키치가 만들어놓은 식민사관 이론 틀은 조선사편수회의 중심 이론이었다. 말하자면 조선사편수회의 경전經典 내지 원전原典인 셈인데, 이 논리가 해방 후 한국 사학계를 장악한 식민사학계에서 정설로 만들어져 지금까지 유지되고 있다. 이를 비판했으니 불편한 것이다.

『조선사편수회 식민사관 이론 비판』은 역사학적 방법론을 가지고 조선사편수회의 식민사학과 그를 계승한 국내 식민사학계의 변형 이론을 비판한 저서다. 평가단은 낙랑 목간을 거듭 인용하며 고고학을 언급하고 있지만, 문헌 사료를 보충하는 것이 고고학이지 고고학이 문헌 사료보다 앞서는 것은 아니고, 또 필자는 홍산 문화의 샤자뎬 문화 등 고고학에 대해서도 필요한 만큼은 서술했다. 그동안 한사군이 한반도 내에 있었다는 논거로 사용된 고고학이라는 것도 대부분 조선총독부에서 날조했거나 자의적으로 해석한 것에 불과하다. 최근에 나온 낙랑 목간을 구세주로 삼고 있는 딱한 처지를 모르는 바는 아니지만 식민사학의 처지가 딱하게 되었다고 해서 필자가 식민사학으로 전향할 수는 없는 노릇 아닌가?

낙랑 목간에 대해 한마디 덧붙이겠다. 그동안 식민사학은 해방 후 북한에서 수행한 모든 고고학 작업들에 대해 '믿을 수 없다'고 일축해왔다. 그러다가 낙랑 목간에 대해서는 일제히 태도를 바꾸어 자신들이 그토록 고수하던 태도를 반공에서 일거에 친북으로 전환했다는 것인가? 필자는 북한에서 왜 이 시점에서 낙랑 목간을 공개해 식민사학 구하기에 나섰는지 궁금하다. 1990년대 이후 모든 역사의 중심을 평양으로 삼으려는 이른바 주체사관의 발로일 것이다. 그러나 과연 그것뿐일까? 필자는 북한이 왜 한국 전쟁 때 식민사학자들 대신 정인보 같은 민족사학자를 납북해 갔는지 궁금한 것과 마찬가지 발로에서 궁금했다. 식민사학자들 대신 왜 정인보 같은 학자를 납치해 갔을까?

북한이 현재 학문에서 한국보다 절대 우위에 있는 것이 몇 가지 있다. 하나는 국어학이고, 다른 하나는 역사학이다. 필자는 북한 류렬의 『세 나라 시기의 이두 연구』라는 저서를 보고 깜짝 놀랐다. '북한의 이두 연구가 이 수준까지 올라갔구나'라는 생각이 절로 들었다. 북한은 서기전 3세기 연나라 진개에게 2천 리 강역을 빼앗긴 이후의 고조선 서쪽 국경을 다링허(大凌河)로 보고 있다. 이미 1960년대 초반에 일제 식민사학은 다 정리했다. 다만 1990년대 주체사관을 강조하면서 '고조선의 강역은 광대했지만 수도는 평양이었다'는 식으로 퇴보했지만, 이는 이른바 정치 논리에 불과하고 1960~1970년대의 논리가 북한 학계의 진짜 논리이다.

반면 한국은 일제 식민사학의 전통을 그대로 이어받아 '한사군 한반도설'을 고수하다가 수세에 몰리자 '고조선 중심지 이동설'이란 변형 논리로 명맥을 이어 가고 있다. 북한이 낙랑 목간을 공개한 것을 보면서 필자는 '북한에서는 남한의 식민사학이 계속 유지되는 것을 바랄지 모른다'는 생각이 들었다. 한국의 역사학계가 필자 같은 역사학이 주류가 되면 북한은 남한에 비해 절대 우위에 있는 분야 하나를 상실하는 것이다. 북한이 남한은 '미제의 식민지' 운운하는 주요 논거의 하나가 식민사학이 아닌가? 필자는 남북한의 화해와 협력을 절대적으로 지지하고, 식량과 의료, 교육 분야 등은 아무런 사전 조건 없이 지원해야 한다고 생각한다. 그러나 북한의 의도는 정확하게 파악해야 한다고 생각한다.

북한은 과거 방북한 남측 사람들과 역사 관련 대화를 나누다가 식민사관 척결을 바라는 것처럼, "남한 식민사학자들에게 일본 극우파 자금이 흘러들어가는 것을 알고 있느냐?"라고 말하기도 했다. 그러면서 '낙랑 목간'을 공개해 남한 내 식민사학자들에게 지원 사격을 해주었다. 북한이 남한 내 식민사학자들에게 날개를 달아준 의도에 대해서도 생각해야 한다는 것이다. 남한 식민사학계는 그동안 북한의 고고학 연구 결과는 한마디로 '믿을 수 없다'고 일축하더니 낙랑 목간에는 환호하면서 평가단의 언급대로 "평양 낙랑 시대의 목간이 발굴됨으로써 학계의 활발한 연구들이 나오고" 있다고 기뻐하고 있는 것이다. 여기에서 '평양 낙랑 시대'라는 용어 자체가 평가단이 평양을 낙랑군으로 보는 기존 식민사학을 충실히 따르고 있다는 증거이다. 그러니 평양을 낙랑군이 아니라고 본 필자의 저서에 대해서는 비난 일색인 것이다. 평가단은 "학계의 연구 성과가 충분히 수용되고 있지 못하다"고 비판했지만, 필자는 이른바 '(식민)사학계의 연구 성과'를 충분히 숙지하고 있지만 그것을 수용하는 대신 비판했다. 본 프로젝트 자체가 식민사학을 비판하기 위해서 기획된 것이다. 결국 평가단의 평가는 본 저서에 대한 객관적 평가라기보다는 기존 식민사학계의 이해를 대변해서 식민사학을 비판한데 대한 부정적 예단에서 나온 편파적 평가라고 볼 수밖에 없다.

여기서 놓치면 안 되는 것이, 이 평가로 인해 예산이 삭감되었다는 점이다. 마치 조선총독부 학무국에서 민족사관을 비난한 것 같은 이따위 평가로 본 연구진의 예산은 아주 이례적으로 10퍼센트 삭감되었다. 연구진이 재심사를 요청해서 겨우 5퍼센트로 조정되었지만, 조선총독부 사관을 비판했다고 대한민국 정부 시스템에 의해 예산이 삭감되는 것이 대한민국 현실이다. 본 총서 중에 임종권 박사가 쓴『한국 근대역사학: 실증주의와 민족주의』라는 책도 마찬가지로 출판 불가 처분을 받았다. 이 책은 한국 식민사학계에서 내세운 실증사학이 서양의 실제 실증사학에 비추어 보면 전혀 실증사학이 아니라고 비판한 책이다. 그런데 이른바 심사 내용 중에『민족주의는 반역이다』라는 책을 인용하지 않았다고 비판하는 대목이 나온다. '민족지도자들'을 반역자로 바라보는 반민족주의자가 심사한 것이다. 대한민국은 과연 독립 국가인가? 조선총독부는 과연 이 땅에서 물러났는가?

간도는 원래부터 중국 영토였다는 동북아역사재단

이제 동북아역사재단의 분석에서 "최근의 고고학적 연구 성과가 자료집에는 거의 반영되어 있지 않음"이라는 말이 뜻하는 바를 잘 알 수 있을 것이다. 식민사학자들은 교묘하다. 횡설수설하는 것 같지만 결론은 정확하게 조선총독부 사관 유지로 맺어진다. 「중앙일보」는 보도에서 『동북아 평화를 꿈꾸다』에서 '고인돌이 고조선에만 있었다고 기술하고 중국에는 어떤 형태의 고인돌도 보이지 않는다' (27쪽)고 했다면서 동북아역사재단 측은 "고인돌은 중국 동부 연안 지역에서도 상당수 발견되는데도 고고학적 연구 성과를 반영하지 않았다"고 반박했다고 보도했다. 이 내용은 이렇게 되어 있다.

> 고인돌이 고조선의 고유한 묘제라는 주장은 충분한 검증이 필요함. 고인돌은 중국 산동성(산둥성), 강소성(장쑤성), 절강성(저장성) 등 중국 동부 연안 지역에서도 상당수 발견되는 묘제이기 때문에 고인돌=고조선이라는 주장은 자칫 오해를 불러일으킬 수 있는 소지가 있음. 따라서 '고인돌은…… 요하(랴오허)를 넘어가면 중국 쪽으로는 어떤 형태의 고인돌도 보이지 않는다'는 (『동북아 평화를 꿈꾸다』의) 서술(27쪽)은 사실과 맞지 않으며, 그 아랫부분(같은 쪽)에 보이는 '고인돌이 분포하는 곳은 모두 우리나라와 가까운 지역인 산동(산둥) 반도와 절강성(저장성)에 몇 기가 있을 뿐이다'라는 서술과도 모순됨.[39]

고인돌은 고조선의 표지 유물이다. 따라서 고인돌이 발견되는 지역은 고조선의 강역이란 뜻이다. 동북아역사재단이 대한민국의 국가 기관이 맞는다면 '고인돌이 중국 동북 지역에서도 발견되는 것

---

39 동북아역사재단, 『동북아 평화를 꿈꾸다』에 대한 분석.

은 고조선의 강역이 중국 동북 지역까지 걸쳐 있었으며, 한반도 서북부의 작은 나라였다는 일제 식민사학과 중국 동북공정의 주장을 뒤집을 수 있는 증거'라고 서술했어야 맞는다. 또한 '중국 동부 연안 지역에서도 상당수 발견되는' 고인돌의 연구 성과를 반영하지 않은 것은 동북아역사재단이다. 고인돌은 고조선의 표지 유물이자 동이족의 고유 묘제이다. 그렇다면 고인돌이 발견되는 지역은 한때 고조선 강역이었거나 동이족의 거주 지역이었다는 뜻이 된다.

그러나 동북아역사재단은 이를 거꾸로 '고인돌은 고조선의 고유 묘제가 아니다'라는 논리라고 견강부회한다. 모두 조선총독부의 관점으로 바라보기 때문이다. 고인돌은 청동기 시대의 대표적 묘제로서 식민사학계에서도 고조선이 청동기 시대 때에는 건국되었다고 인정하고 있으므로 고인돌을 고조선의 고유 묘제라고 설명해도 아무 이상이 없다. 그러나 일본 극우파와 중국 동북공정의 시각으로 한국사를 바라보는 동북아역사재단은 고인돌과 고조선을 분리하고 싶어 한다. 동북아역사재단에서 바라보는 고조선에 대한 관점은 조선총독부의 관점과 정확히 일치한다. 조선총독부 학무국의 관점으로 바라보니 『동북아 평화를 꿈꾸다』에서 고조선에 대해서 적극적으로 해석한 것이 불쾌했던 것이다.

『사기』「소진蘇秦열전」에는 연燕나라 문후(文侯: 서기전 362~333) 때 소진이 문후에게 "연의 동쪽에 조선과 요동이 있고, 북쪽에 임호와 누번이 있습니다[燕東有朝鮮. 遼東. 北有林胡. 樓煩]"라고 말하는 대목이 나온다. 연나라는 베이징 일대에 있던 나라이니 그 동쪽에 조선과 요동이 있었다는 말은 지금 고인돌이 발견되는 여러 지역이 한때는 고조선의 강역이었다는 뜻이 된다. 대한민국이 정상적인 국가라면 중국 고대 사서의 이런 사료들을 바탕으로 중국 동북공정에 맞서 싸워야 한다. 그러나 한국은 역사관에 관한 한 아직 독립 국가가 아니므로 일본 극우파의 국내 지부이자 중국 동북공정의 국내 지부인 동북아역사재단과 먼저 싸워야 한다. 외형은 한국인이지만 내면은 일본인이자 중국인인 이들과 싸우는 게 가장 힘들다. 동북아역사재단이 대한민국의 국익이란 관점에서 이 문제를 지적했다면 "고인돌이 중국 동부에서도 발견되므로 중국 동부도 한때 고조선의 강역이었을 가능성이 있다"라고 설명해야 한다. 그러나 지적은 정반대로 나간 것이다.

중·고교 교시들이 만드는 과정에시 사실 관계에 몇 가지 틀린 점도 있고, 또한 백두산정계비 건립 연대인 1712년을 1792년으로 잘못 서술한 부분도 있다. 이는 단순히 숫자를 적다 생긴 작은 실수에 불과하다. 1792년이면 정조 16년인데 숙종 때 세워진 백두산정계비를 정조 때 세워졌다고 보았을 리는 없다. 그러나 『동북아 평화를 꿈꾸다』에서 시종일관하고 있는 진취적인 역사관이 못마땅한 동북아역사재단은 이런 소소한 실수들을 크게 확대해 믿지 못할 책으로 폄하하는 식민사학의 전통적인 수법을 반복하고 있는 것이다.

'고구려와 발해' 부분에서 동북아역사재단은 "사실 관계에서 몇 가지 오류가 발견"된다면서 이렇게 지적했다.

(『동북아 평화를 꿈꾸다』에서) 대조영은 고구려인이고 고구려 왕

이라 했다(55쪽) → 대조영을 고구려 왕이라 한 기록은 없음. 대조영은 '진국왕振(震)國王'이라고 하였음.[40]

얼핏 보면 맞는 지적 같다. 만약 동북아역사재단이 그 이름처럼 동북공정에 맞서는 이론을 연구하라는 본연의 임무에 충실한 조직이었다면 경기도교육청 선생님들도 고맙게 받아들였을 것이다. 그러나 동북아역사재단이 동북공정 국내 지부라는 사실은 이제 알 만한 사람들은 다 아는 사실이기 때문에 곧이곧대로 받아들이기 어려운 것이다. 『고려사』「세가世家」〈태조 8년(925)〉조에 '고구려인 대조영高勾麗人大祚榮'이란 표현이 나온다. 고려인들도 발해를 고구려의 후예로 인식하고, 대조영을 고구려인으로 인식했다는 이야기다. 『구당서舊唐書』 권199 하下에도 "대조영은 본래 고려 별종이다"라고 표현하고 있고, 『송사宋史』 권491도 "고려 별종 대조영"이라고 표현하고 있다. 대조영을 고구려의 후예로 인식하고 발해 또는 진국振國을 고구려의 후신으로 인식했다는 이야기다. '대조영을 고구려 왕'이라고 직접적으로 표현한 사료는 아직 발견하지 못했지만 대조영을 고구려인으로 인식하는 것은 일종의 상식이었다.

동북아역사재단의 역사 인식이 갖고 있는 가장 큰 문제점은 '간도 문제'다.

백두산정계비의 토문강을 중국 측에서는 두만강으로, 조선 측에서

---

40 동북아역사재단, 『동북아 평화를 꿈꾸다』에 대한 분석.

는 송화강의 지류로 인식하였다고 서술하고 있음(78쪽). 그러나 백두산정계비 건립 당시 청 측과 조선 측 모두 토문강과 두만강이 같은 강이라고 인식하였으며, 토문강과 두만강이 다른 강이라는 인식은 18세기 후반에 제기됨. 따라서 백두산정계비의 토문강이 송화강이라는 인식에 근거하여 한·중 영토 문제를 제기하는 자료집의 간도 문제 서술은 전반적으로 수정될 필요가 있음.[41]

동북아역사재단에서 주장하는 것은 동북공정을 수행하는 중국의 관변학자들의 주장보다 더 친중국적이고 더 반反대한민국적이다. "백두산정계비 건립 당시 청 측과 조선 측 모두 토문강과 두만강이 같은 강이라고 인식"했다는 주장은 어떤 사료에 바탕을 둔 것인지 먼저 답변해야 할 것이다. 백두산정계비를 세울 때 따라갔던 역관譯官들의 기록인 『통문관지通文館志』만 봤어도 이런 주장은 못 했을 것이다. 대한민국이 정상적인 국가라면 동북아역사재단의 사무총장 및 이 분석서를 만든 담당자는 당장 국가보안법 위반으로 수사 대상에 올랐을 것이다. 역사 침략은 반드시 영토 침략으로 이어진다. 역사 강역을 팔아먹는 것은 역사 주권을 팔아먹는 행위이다. 역사 주권을 팔아먹는 행위는 영토 주권을 팔아먹는 행위와 다름이 없다.

앞의 「중앙일보」 기자는 이를 외교부 관계자를 통해 입수하고 보도했다고 했는데, 외교부에서 이를 대한민국의 공식 입장이라고 생각하고 기자에게 건넸다면 현행 외교부는 당장 간판을 '주한일본대

---

41 동북아역사재단, 『동북아 평화를 꿈꾸다』에 대한 분석.

사관 한국 분소' 내지는 '주한중국대사관 한국 분소'로 바꾸어야 할 것이다. 일본인이나 중국인이 아니고 평범한 대한민국 사람이라면 동북아역사재단이 작성한 이른바 『동북아 평화를 꿈꾸다』에 대한 분석'을 보고 분노를 참지 못할 것이다. 그러나 「중앙일보」 기자는 동북아역사재단의 이런 매사·매국적 역사관에 대해 전혀 감을 잡지 못했는지 이 부분에 대해 이렇게 보도했다.

> 간도를 조선 땅으로 기술한 것도 문제로 지적됐다. 1909년 청·일이 체결한 간도협약은 국제법상 무효이고, 간도는 우리 땅이란 점을 증명하기 위해 자료집은 백두산정계비(1712)를 국제법상 유효한 국경 조약으로 서술(88쪽)했다. 그러나 재단은 "백두산정계비가 건립된 시기는 국제법적 인식이 등장하기 전이기 때문에 국제법적 기준을 바로 적용하는 것은 적절하지 못하다"고 수정을 권고했다.[42]

한마디로 간도는 중국 땅이란 이야기며, 대한민국은 간도 문제에 대해서는 어떠한 언급도 해서는 안 된다는 이야기다. 이 기자는 기사를 쓰기 전에 도대체 '간도'라는 말을 들어는 봤을까?

> 간도가 조선의 영토로 표기되었음을 입증하기 위하여 서양 고지도의 레지선, 당빌선, 본선을 서술하고 있음(80~81쪽). 그러나 레지선, 당빌선, 본선이라는 명칭은 학계에서 통용되는 명칭이 아니라

---

42 「중앙일보」 2012년 9월 18일 인터넷판에서 인용.

자의적인 명칭에 불과하며, 이러한 선들이 국경을 의미하는 것인지
도 입증되지 않았음.[43]

　동북아역사재단은 간도가 과거 조선 영토였다는 문서나 지도가
나오면 광분해서 비난하기 바쁘다. '레지선, 당빌선, 본선' 등이 그
것이다. '레지선'이란 프랑스의 지리학자이자 신부였던 장 레지[J. B.
Regis(중국명 뇌효사雷孝思): 1663~1738]가 측량한 국경선을 말한다. 1689년 러
시아와 네르친스크 조약으로 국경을 획정하면서 지도에 대한 관
심이 높아진 청나라 강희제康熙帝는 서양의 측량 방식으로 지도를
제작하기로 마음먹었다. 그래서 강희제는 당시 북경에 들어와 있
던 부베[J. Bouvet(중국명 백진白晉): 1656~1730] 신부 등에게 프랑스의 지리학
자들을 데려오라고 요구했는데, 이에 따라 부베 신부가 루이 14세
에게 요청해 10여 명의 지리학자가 청나라로 오는데 레지도 그중
한 명이었다. 1708년 만리장성과 그 부근의 강에서 측량을 시작해
서 중국 전역으로 확대되어 갔는데, 1709년에는 레지 신부가 책임
자가 되어 만주 지방을 측량했고, 산둥 지역도 측량했다. 이런 과
정을 거쳐 1718년 중국 전역 지도가 완성되는데, 이것이 세계 지리
학사에서도 유명한 「황여전람도皇輿全覽圖」다. 「황여전람도」는 기존 지
도 제작 방식과 다른 점이 여럿 있었다. 하나는 측량의 기준이 되
는 길이의 단위를 공부영조척工部營造尺으로 통일했다는 점이다. 공부
영조척의 1리는 1,800척(570.6미터)이었다. 둘째는 적도를 0으로 하는

43　동북아역사재단, 「동북아 평화를 꿈꾸다」에 대한 분석.

당빌이 본 조선과 청의 국경선

두만강

압록강

당빌이 그린 동아시아 지도.

위도와 북경 흠천감欽天監 관상대의 자오선을 0으로 하는 경도를 사용했고, 투영도법도 사용했다는 것이다.[44]

「황여전람도」는 물론, 레지의 측량을 바탕으로 1735년 알드(Jean-Baptiste du Halde: 1674~1743)는 「중국전지中國全誌」를 만들었고, 1737년 당빌(J. B. Bourguignon d'Anville: 1697~1782)은 『신중국지도첩』을 만들었다. 이 지도들은 조선과 청의 국경을 일관되게 압록강-두만강보다 훨씬 이북으로 표시하고 있다. 간도 연구가이자 만주어 연구가이기도 했던 전 교육부 차관 김득황(1915~2011) 박사는 이를 '레지선'이라고 부르기도 했다. 김득황 박사는 간도를 조선 땅으로 표기한 서양 고지도를 구입하기도 했는데, 평안도가 압록강 이북까지 걸쳐져 있었다. 실제 측량으로 그린 '레지선'은 한마디로 청나라와 조선의 국경이 '압록강-두만강'이 아니라 훨씬 북쪽이라는 것이다. 이 레지선을 언급한 것이 동북아역사재단은 불쾌한 것이다.

당빌선은 프랑스 지리학자인 당빌이 1737년에 제작한 『신중국지

---

44 최선웅, '중국을 측량한 예수회 선교사들', 「가톨릭신문」 2011년 4월 24일.

도첩』에서 표시한 조선과 청의 국경선을 말한다. 당빌은 1749년에 만든 새로운 지도에서도 압록강 북쪽 봉황성의 목책을 조선과 청의 국경으로 표시하고 있다. 이 목책이 관문關門 또는 책문柵門으로 조선과 청의 사신이 드나들 때 일종의 세관 역할을 했는데, 이것을 두 나라의 국경으로 표시한 것이 당빌선인 것이다. 많은 서양 지도는 레지선보다도 조선 강역을 더욱 크게 그린 이 당빌선을 청과 조선의 국경으로 표기하고 있다.

본선은 1771년 프랑스 수학자이자 지리학자인 본Bonne이 중국 지도에 표기한 국경선인데, 레지선, 당빌선보다 더 많은 강역을 조선의 강역이라고 표기하고 있다. 당시 서양 지리학자들이 보기에 간도는 조선 땅임은 물론이고, 소선과 청의 국경은 압록강-두만강보다 훨씬 북쪽이었던 것이다. 그러니 동북공정 한국 지부인 동북아역사재단이 발끈하지 않을 리 있겠는가?

동북아역사재단은 "당빌선, 본선이라는 명칭은 학계에서 통용되는 명칭이 아니라 자의적인 명칭에 불과하며, 이러한 선들이 국경을 의미하는 것인지도 입증되지 않았음"이라고 비난했다. 독립운동가들 식으로 말하면 '왜놈의 앞잡이'들이 왜놈의 총애를 받기 위해서 '주구들'의 행태를 자처하는 것이다. 그런데 이런 행태가 대한민국 국민들이 낸 세금으로 자행되고 있다. 생각이 여기에 이르면 당장 납세 거부 운동을 전개하고 싶은 생각이 든다. 동북아역사재단의 '왜놈 주구'식 주장은 계속되어 "압록강, 두만강 이북의 선이 서양 고지도마다 다양하게 나타나며, 압록강, 두만강을 국경선으로 표시한 서양 고지도도 다수 존재함"이라고 덧붙였다. '압록강-두만강' 북쪽을 조선의 국경으로 표기한 서양의 실측 지도들에 대해 극도로 분노하면서 "압록강, 두만강을 국경선으로 표시한 서양 고지도도 다수 존재함"이라고 말하는 인간들이 대한민국 국고로 호의호식하며 지낸다. 동북아역사재단의 반국가적 행태는 계속된다.

> 본선은 명백히 유조변(柳條邊: 몽골과 한족으로부터 만주족의 발상지를 보호하기
> 위하여 동북 지방에 세운 버드나무 울타리)을 표시하는 것이며, 레지선과 당빌
> 선도 유조변의 변형된 형태로 파악할 수 있음.[45]

이런 문건을 작성해서 교육부를 통해 압박한 인간들을 과연 대한민국 국민이라고 볼 수 있을 것인가? 사정을 알아보니 경기도교육청의 자료집에 분노해 반박 문건 작성을 지시한 이는 석동연 사무총장이고, 이 지시를 받아 문건을 작성한 이는 서울대 국사학과 출신의 배 모 연구원이었다. 「중앙일보」 기자가 재단의 문건이 이런 반국가적 내용인 것을 알면서도 이렇게 보도했는지는 알 수 없지만 외교부 공무원이 이 문건을 바탕 삼아 경기도교육청을 비판하라고 말했다면 이는 즉각 국가보안법의 간첩죄로 수사에 착수해야 할 것이다.

서양의 지리학자들이 청나라 강희제의 자금 지원으로 실측해 만든 지도에 조청朝淸 국경이 압록강-두만강 이북으로 표시된 것이 무엇이 그리 뼈아프기에 "압록강, 두만강을 국경선으로 표시한 서양

45　동북아역사재단, 『동북아 평화를 꿈꾸다』에 대한 분석.

고지도도 다수 존재"한다면서 분노하는 것인가? 자신을 식민지 치하의 왜놈으로 여기지 않으면 있을 수 없는 일이다. 또 지금의 대한민국 정부를 조선총독부의 연장이라고 생각하지 않는다면 할 수 없는 일이다. 동북아역사재단이 분개한 사항에 대해서 또 보자.

간도협약이 사실상 무효이고 간도는 한국의 영토임을 증명하기 위하여 백두산정계비를 국제법상 유효한 국경 조약으로 서술하고 있음(88쪽). 그러나 백두산정계비가 건립된 시기는 국제법적 인식이 등장하기 이전이기 때문에 국제법적 기준을 바로 적용하는 것은 적절하지 못함.[46]

조선총독부와 동북공정이 옳다는 데만 집착하다 보니 자신의 말이 앞뒤가 안 맞는 것도 모르고 있다. 앞에서는 "백두산정계비 건립 당시 청 측과 조선 측 모두 토문강과 두만강이 같은 강이라고 인식"했다고 주장했다. 그러면 동북아역사재단의 말대로 두만강이 국경이 되어 간도는 자연히 중국 땅이 된다. 그런데 여기에서는 "백두산정계비가 건립된 시기는 국제법적 인식이 등장하기 이전이기 때문에 국제법적 기준을 바로 적용하는 것은 적절하지 못함"이라고 다른 소리를 하고 있다. 동북아역사재단의 논리에 따르면 백두산정계비의 토문강이 두만강인데, 국제법이 적용되든 되지 않든 무슨 소용인가? 이는 이 문건을 작성한 동북아역사재단의 석동연 사무

---

46 동북아역사재단, 『동북아 평화를 꿈꾸다』에 대한 분석.

총장과 배 모 연구원도 백두산정계비에 따르면 간도가 조선 강역이 된다는 사실을 알고 있다는 뜻이다. 간도가 누구 강역인가 하는 문제는 뒤에서 밝히기로 하고, 여기에서는 동북아역사재단의 반국가적 주장을 계속 살펴보자.

- 간도의 영역에 대하여 '백두산정계비문의 「동위토문」으로 보면 토문강은 송화강 상류이므로 간도 지역은 백두산에서 송화강과 흑룡강으로 둘러싸인 남만주 일대이다'라고 서술하고 있음 (91쪽). 그러나 간도의 지리적 범위나 간도 명칭의 성립에 대하여 학계에서 본격적인 논의가 이루어지지 않았으며 합의된 견해도 존재하지 않음.
- 간도 영유권을 주장하는 측에서도 ① 청이 설정한 봉금지대封禁地帶가 중립지대라는 주장을 근거로 산해관(山海關: 산하이관) 이동의 봉금지대 전체를 간도라고 하거나 ② 백두산정계비의 토문강이 송화강 지류라는 주장을 근거로 남만주 일대를 간도라고 주장하는 등 간도의 지리적 범위에 대한 합의가 존재하지 않음.[47]

　동북아역사재단에서 '학계'라고 쓸 때 '(식민)사학계'라고 읽으면 정확한 용어가 된다. 동북아역사재단의 말대로 '간도의 지리적 범위나 간도 명칭의 성립'에 대해서는 정설이 없다. 그래서 나라에서는

47　동북아역사재단, 『동북아 평화를 꿈꾸다』에 대한 분석.

이런 것을 좀 밝히라는 선(善)한 뜻에서 동북아역사재단을 만들었고, 연간 수백억의 국민 세금을 지원하고 있는 것이다. 그런데 동북아 역사재단은 설립 목적과 부합하는 이런 일은 하지 않고 정반대로 대한민국의 정통성과 역사 주권과 역사 강역 부인을 자신에게 부여된 임무로 알고 "학계에서 본격적인 논의가 이루어지지 않았으며 합의된 견해도 존재하지 않음"이라고 당당하게 말하고 있는 것이다. '매년 막대한 국고를 지원받는 우리는 왜 이런 사업을 하지 않았을까?'라는 문제의식 자체가 없다.

간도는 서간도와 동간도로 구분하는데, 두만강 북쪽의 동간도는 북간도라고도 한다. 서간도는 압록강 북쪽을 말하며, 동간도는 훈춘琿春·왕칭汪淸·옌지延吉·허룽和龍 등의 지역, 지금의 연변조선족 자치주 지역을 주로 뜻한다. 서간도 지역에는 석주 이상룡·성재 이시영 등을 주축으로 서로군정서가 결성되었고, 북간도 지역에는 서일·김좌진 등이 북로군정서를 만들었다. '서로'니 '북로'니 하는 용어 자체가 서간도, 북간도란 명칭에서 나온 것이다. 일본 극우파의 역사관을 가졌으니 이런 사실은 알고 싶지도 않겠지만 그래도 대한민국 국민 세금을 받는 처지에 있으면 땀 흘려 번 돈으로 세금 내는 납세자의 심정도 조금은 헤아리는 척이라도 해야 하지 않겠는가? 현재 논란이 되고 있는 지역은 동(북)간도다. 동북아역사재단은 '간도 영유권'이란 용어만 나오면 적대감을 드러낸다. 그래서 마치 간도에 대한 역사주권을 주장하는 쪽에서 '산해관(산하이관) 이동의 봉금지대 전체를 간도'라고 하는 것처럼 호도하고 비난하는 것이다. 동북아역사재단의 관점은 정확하게 매국·매사로 일관되어 있다.

국제법상 '을사조약'과 간도협약이 무효가 되면 빼앗긴 간도를 되찾는 것처럼 인식하고 있음(87쪽). 그러나 간도협약 이전에 간도의 영역을 확정하고 간도를 한국의 영토로 삼은 사실이 없기 때문에 간도협약이 무효가 된다면 1880년대 조·청 국경 회담이 논의의 대상이 되어야 함. 그러나 1887년 제2차 국경 회담에서는 토문강이 두만강과 같은 강임을 인정하고 두만강 강원 문제로 다투었기 때문에 간도 문제가 제기될 여지가 없음.[48]

이완용이 무덤에서 되살아난 것 같은 느낌을 받지 않을 수 없다. 간도는 무조건 중국 땅이라는 것이 동북아역사재단의 확고한 견해다. 대한민국 국민들은 각성해야 한다. 대한민국 정부와 정치가들, 이런 사실을 알고도 동북아역사재단을 방치하고 계속 세금을 준다면 똑같은 매국노들이란 비난을 면할 수 없을 것이다. 검찰도 이런 주장에 대해서 모르면 모를까, 알고 나서도 국가보안법을 적용하지 않는다면 직무 유기라는 혐의를 피할 수 없을 것이다. 국정원도 마찬가지다. 북한의 남파 간첩 천 명보다 동북아역사재단의 이런 행태가 대한민국의 존립에 만 배는 더 위험하다.

잠시 흥분을 가라앉히고 동북아역사재단 논리의 타당성을 따져 보자. 동북아역사재단은 "백두산정계비가 건립된 시기는 국제법적 인식이 등장하기 전이기 때문에 국제법적 기준을 바로 적용하는 것은 적절하지 못하다"라고 말했다. 이것은 조선총독부의 주장보다

---

48 동북아역사재단, 『동북아 평화를 꿈꾸다』에 대한 분석.

심한 망언이다. '국제법이 등장하기 전'과 '후'는 무슨 차이가 있는 가? 또 누가 '몇 년부터 국제법이 적용됩니다'라고 판정했는가?

숙종 38년(1712) 조선과 청나라 사이에 건립한 백두산정계비는 건립 과정 자체가 조선에게 불리했다. 청나라 대표였던 오라총관烏喇摠管 목극등穆克登은 조선 대표였던 접반사接伴使 박권朴權과 함경감사 이선부李善溥를 따라오지 못하게 했다. 늙었다는 이유였지만 국경 획정 회담에 상대측 대표를 따라오지 못하게 한 속내는 분명하다. 그런데도 이 한심한 조선 고위 관료들은 목극등의 말대로 따라가지 않았고, 조선에서는 접반사 군관 이의복李義復, 순찰사 군관 조태상趙台相, 거산찰방居山察訪 허량許樑, 나난만호羅暖萬戶 박도상朴道常 등 하위 관료들과 김응헌金應瀗·김경문金慶門의 두 역관만이 따라갔다. 조선에서는 군관과 역관들만이 따라가서 백두산정계비를 세운 것이다.

동북아역사재단이 정상이라면 이런 사실을 지적하면서 백두산정계비는 조선에 불리하게 세워진 것으로서 조선의 원래 강역은 정계비의 내용보다 더 광대해야 정상이라고 말해야 한다. 그런데 동북아역사재단이 백두산정계비에 분노하는 것은 '정계비'가 간도를 조선 땅으로 명기하고 있기 때문이다. 그래서 동북아역사재단은 "백두산정계비가 건립된 시기는 국제법적 인식이 등장하기 전이기 때문에 국제법적 기준을 바로 적용하는 것은 적절하지 못하다"라면서 『동북아 평화를 꿈꾸다』의 기술 내용을 수정하라고 압박한 것이었다. 즉 '간도는 단 한 번도 조선 영토인 적이 없었음'이라고 고치라고 주장하는 것이다.

백두산정계비가 건립된 1712년은 '국제법이 등장하기 전이기 때문에 국제법적 기준을 바로 적용하는 것은 적절하지 못하다'는 동북아역사재단의 주장은 얼마나 타당한 것일까? 백두산정계비가 건립된 1712년보다 23년 전인 1689년에 청나라는 러시아와 네르친스크 조약을 맺었다. 중국에서는 니포초 조약[尼布楚條約: 현재는 열이금사극涅爾琴斯克으로 부름]이라 불렸던 이 조약에서 중국과 제정 러시아는 외흥안령外興安嶺산맥(러시아명 스타노보이산맥)과 액니고납하(額爾古納河: 러시아명 아르군강)를 북남 국경선으로 정했다. 백두산정계비, 즉 '조청 국경 조약'이나 네르친스크 조약은 모두 청나라 강희제 때 맺어진 조약이다. 동북아역사재단의 논리에 따르면 이 조약도 무효다.

그런데 이 시기의 조약이란 모두 강대국의 국익 관철 수단에 불과했다. 조선에는 고압적이던 청나라는 러시아에는 속절없이 약했다. 제정 러시아는 서구 제국주의의 침략으로 청나라가 위기에 빠진 것을 악용해 1858년 아이훈 조약을 맺어 네르친스크 조약을 개정했다. 아이훈 조약으로 두 나라는 외흥안령산맥 남쪽 헤이룽강(黑龍江: 러시아명 아무르강)까지를 경계로 삼게 되었다. 러시아는 또 1860년에는 베이징 조약을 반강제로 맺어 남북으로 물길이 바뀌는 우수리강烏蘇里江을 기점으로 그 동쪽 지역을 차지했다. 그나마 네르친스크 조약은 러시아는 교역국으로 청나라가 필요했고, 청나라는 러시아의 남진을 막을 필요가 있었기에 서로에게 필요한 조약이었지만, '아이훈·베이징 조약'은 청나라가 제국주의의 침략에 허덕일 때 반강제로 맺은 침략 조약이었다. 그리고 이것이 현재도 중소 국경 문제의 원인이 되고 있다. 동북아역사재단에서 숙종 38년(1712)에 세운 백두산정계비를 '국제법적 인식'이 등장하기 전이라면서 '국제법적 기준' 운운한 것은 이때 이후의 조약들만 국제법적으로 타당하다고 주장한 것이다. 이때 이후의 조약이란 대부분 서구 열강이 총칼을 배경으로 약소국의 영토를 빼앗은 침략 행위에 불과하다. 그런데도 동북아역사재단은 이런 조약들만 유효하다고 주장하는 것이다. 제국주의 피해국이었던 한국과 정반대의 역사관이다.

「중앙일보」 보도는 또 『동북아 평화를 꿈꾸다』에서 "국제법상 을사조약(1905)과 간도협약이 무효화하면 빼앗긴 간도를 되찾을 수 있는 것처럼 서술(87쪽)"했는데, 이에 대해 (동북아역사)재단의 평가서는 "간도협약 이전에 간도의 영역을 확정하고 간도를 한국 영토로 삼은 사실이 없다"고 했다고 보도했다. 이 역시 사실 관계도 맞지 않을뿐더러 현재 동북공정 영도소조에서 들으면 "역시 조선은 식민지 근성이 있어" 하면서 박수 칠 내용이다.

간도는 일제가 대한제국의 외교권을 박탈한 을사늑약(1905) 이전까지는 한국인들의 땅이었다. 종래 청나라에서는 이 지역을 봉금지대로 묶었기에 중국인들은 거주하지 못했고 대신 농사를 짓기 위해 이주한 조선인들이 거주하기 시작했다. 이후 청나라 사람들도 이주하면서 충돌이 시작되었다. 백두산정계비를 세운 이유도 이 지역에서 양국 사람들끼리 무력 충돌이 발생하여 국경을 확정할 필요가 있었기 때문이었다. 그래서 숙종 38년(1712: 강희 51) 두 나라가 백두산 분수령에 "서쪽은 압록이고 동쪽은 토문이다[西爲鴨綠, 東爲土門]"라고 새긴 백두산정계비를 세웠다. 그런데 정계비 건립 이후에도 조선인들은 간도에 계속 거주했다. '서쪽 압록~동쪽 토문'에 당연히 간도가 포함되었기 때문이다. 그런데 청나라가 19세기 말부터 한편으로는 제국주의 열강들에게 당하면서 한편으로는 조선을 실질적으로 지배하려는 모순된 길로 가면서 간도 문제가 불거지게 되었다.

『통리교섭통상사무아문일기統理交涉通商事務衙門日記』 등에 따르면 고종 20년(1883) 청나라의 길림·훈춘초간국吉林琿春招懇局 진영秦煐과 청나라 돈화현敦化縣 지현知縣 조돈성趙敦誠이 함경도 경원부와 회령·종성부에 공문을 보내서 간도 귀속 문제를 제기했다. 다시 말하면 백두산정 계비가 세워진 후 170여 년 동안 이 지역은 조선 강토였다. 그러나 임오군란(1882) 때 고종과 명성황후 일파의 요청으로 군사를 파견해 대원군을 납치해 간 청나라에서 이 지역을 빼앗을 욕심이 생긴 것 이다. 청국 관원은 그해 추수를 마친 후 9월 안으로 '토문土門 이북 과 이서 지방의 조선 사람들을 모두 쇄환(刷還: 데리고 감)하라'고 요구 했다. 그러나 해당 지역의 조선 사람들은 자신들이 개간한 토지가 백두산정계비에 명시된 토문강과 두만강 사이의 조선 영토라고 주 장했다. 조선 주민들은 직접 백두산정계비를 찾아가 강의 발원지를 답사하고는 자신들의 견해가 맞는다면서 조선의 종성부사 이정래李 正來에게 청국의 처사가 부당하다고 호소했다. 청나라는 토문을 두 만강이라고 주장했지만 토문과 두만은 음과 뜻이 모두 다를뿐더러 『청사고淸史稿』「길림吉林지리지」〈영안부寧安府〉조에 "훈춘강에서 동북 으로 토문령이 나온다[琿春河, 出東北土門嶺]"고 토문을 만주 지역의 지명 이라고 기록하고 있는 점 등을 볼 때 만주의 지명이 분명하다.

이때 간도와 관련이 깊은 서북경략사西北經略使 어윤중魚允中이 종성 사람 김우식金禹軾을 백두산으로 보내 백두산정계비와 토문의 원류 源流를 조사하라고 명했다. 백두산정계비와 토문의 발원지를 조사한

김우식은 조선 백성들의 주장이 맞는다는 사실을 확인했다. 어윤
중은 고종 20년(1883) 7월 종성부사 이정래에게 돈화현에 공문과 「토
문강과 그 이남 강토에 대한 옛 지도 모사본과 새 지도土門江·分界江
以南 舊圖移摸·新圖」와 「백두산정계비 탑본(榻本: 탁본)」을 보내게 했다. 토
문강 옛 지도와 백두산정계비 탑본을 당시 조선에 막강한 영향력
을 끼치던 청나라에 보내 간도가 우리 땅이라고 주장했다는 사실
은 백두산정계비의 내용이 간도가 조선 땅임을 나타내는 결정적
증거다.

나아가 어윤중은 양국에서 각자 관리를 파견해 백두산정계비와
강의 발원지를 답사하고 그 내용에 따라 국경을 분별하자고 요구했
다. 그러사 청나라는 꼬리를 내리고 공동 조사를 회피했다.

1903년 의정부 참정 김규홍金奎弘은 고종에게 "북간도는 바로 우리
나라와 청나라의 경계로…… 수십 년 전부터 함경북도 연변의 각
고을 백성들이 이주하여 농사를 지으며 사는 사람이 수만 호에 십
여만 명이나 되는데, 청나라 사람들에게 혹독한 침탈을 받고 있
다"[49]면서 간도시찰관 이범윤李範允을 북간도 관리에 임명하자고 주
청했다. 김규홍은 나아가 백두산정계비를 세운 이후 "토문강 이남
구역은 우리나라 경계로 확정되었다"고 덧붙였다.

동북아역사재단은 무식하게도 "간도를 한국 영토로 삼은 사실이
없다"고 주장했지만 조선은 이때 서간도를 평안북도에, 동간도(북간도)
를 함경도에 편입시키고 이범윤을 북간도 관리로 임명해 간도에 상

---

49 『고종실록』 40년 8월 11일.

주시켰다. 이후 간도 백성들은 대한제국에 세금을 납부했다. 동북아역사재단은 이름 그대로 역사를 연구하는 재단인데, 대한제국에서 서간도를 평안도에, 동간도(북간도)를 함경도에 편입시킨 사실 자체를 몰랐다면 직무유기이고 알고도 그랬다면 매국 행위이다. 어느쪽인가?

이처럼 조선에서 관리를 파견해 다스리고, 백성들에게 세금까지 받던 간도를 팔아넘긴 것은 일제였다. 일제는 통감 통치 시절인 1909년 9월 4일 베이징에서 「간도에 관한 청일협약」을 맺어 남만주철도 부설권을 얻는 대신 간도를 청나라에 넘겨주었다. 일제가 대한제국의 외교권을 박탈한 것 자체가 불법이므로 청일 사이의 '간도협약' 자체도 국제법상 불법인 것이다. 동북아재단이 분개하려면 이 '간도협약'에 분개해야 하는데 외형은 한국인이지만 내면은 일본인이자 중국인이니 거꾸로 백두산정계비에 분개하는 것이다. 일제가 한국의 외교권을 강탈하고 한국의 영토 간도를 불법적으로 팔아먹음으로써 현재까지 한국사의 지형에 큰 변화를 초래했던 것이다.(『근대를말하다』, 81~83쪽)

동북아역사재단은 "평가와 대안"에서 이렇게 말하고 있다.

이상에서 살펴본 것처럼 경기도교육청에서 간행한 동북아 평화교육 자료집은 고조선과 간도 문제 부분에서 학계의 연구 성과를 반영하지 않은 일방적 주장을 담고 있으며, 여러 부분에서 사실적 오류가 발견됨. 따라서 자료집이 현행대로 학교 교육의 자료로 사용되기에는 문제가 있다고 생각되며, 검토된 부분에 대하여 논의와

조정이 필요하다고 사료됨.[50]

동북아역사재단은 대한민국 학생들이 민족 주체적 관점의 역사 교육을 받는 것이 두렵기 그지없다. 동북아역사재단이 '학계'라고 쓰면 '식민사학계'라고 읽으면 맞는다고 앞서 말했다. 한국 학생들은 계속 조선총독부 관점과 중국 동북공정 관점으로 교육받아야 한다고 확신한다. 이들이 일왕의 살아 있는 신민이자 중국의 흑인(黑人: 호적이 되어 있지 않은 중국인)이다. 문제는 일왕의 신민이자 중국의 흑인들이 대한민국 국가 기관을 장악하고 역사 관련 국민 세금을 독식한다는 점이다. 필자 같은 사람들은 땀 흘려 번 돈으로 대한민국 역사 주권 수호에 나서고 동북아역사재단은 대한민국 국민들의 세금으로 매사에 나서는 것이 대한민국 현실이다. 그래서 대한민국 정치가들이 이 문제를 해결하지 않고, 대한민국 공무원들이 이 문제를 방치한다면 우리 국민들은 '제2의 3·1운동'에 나서 새로운 대한민국을 건설해야 한다.

---

50 동북아역사재단, 『동북아 평화를 꿈꾸다』에 대한 분석.

2. 2009년, 『한국사, 그들이 숨긴 진실』에서 동북아역사재단에 물은 것

대한민국의 구조적인 식민사관

독자들은 동북아역사재단이 경기도교육청의 『동북아 평화를 꿈꾸다』에 가한 행위를 몇몇 개인의 일탈 행위로 이해할 수도 있을 것이다. 그러나 그렇지 않다. 이는 해방 이후부터 지금까지 국내 역사 관련 국가 기관 대부분의 일관된 인식의 표출이었다. 필자는 2009년 『한국사, 그들이 숨긴 진실』이란 책을 간행했다. 총 4부로 구성되었는데, 1부는 '한사군은 한반도 내에 존재했는가?', 2부는 『삼국사기』 초기 기록은 조작되었는가?', 3부는 '노론사관은 어떻게 조선 후기사를 왜곡시켰는가?', 4부는 '독립군의 항일 무장 투쟁은 존재하지 않았는가?'라는 것이었다. 2009년 9월에 초판을 발행해서 현재 필자가 보고 있는 2012년 8월 판을 보니 15쇄를 발행했으니 역사서로서는 꽤 팔린 책이다. 이 책을 자비로 수십 권씩 사서 주위에 돌린 분이 여럿 계시다는 사실은 뒤늦게 알았다. 동북아역사재단이 경기도교육청에 문제를 제기하기 3년 전에 간행한 이 책은 동북아역사재단의 행위가 일시적이거나 몇몇의 일탈 행위가 아니라 동북아역사재단 자체의 역사관에서 나온 지속적·반복적인 행위란 사실을 잘 말해준다. 서문에서 필자는 동북아역사재단의 역사관에 대해 이미 문제를 제기했다.

중국의 동북공정에 대한 국민적 분노가 높아가자 정부가 만든 기구가 '고구려연구재단'과 이를 계승한 '동북아역사재단'이다. 동북아역사재단 누리집(홈페이지)의 '올바른 역사'라는 항목은 고조선에 대해서 "기원전 3~2세기 준왕 대의 고조선과 위만조선은 평양을 도읍으로 하고 있었다"고 서술하고 있다. 고조선과 위만조선 도읍의 위치는 대단히 중요하다. 그곳에 낙랑군을 설치했다는 것이기 때문이다. 고조선과 위만조선의 도읍지가 평양이었다는 동북아역사재단의 기술은 낙랑군이 평양에 있었다고 주장하는 것과 같다. 또 실제로 그렇게 서술하고 있다. 이 논리에 따르면 평양을 비롯한 한반도 북부는 중국사의 영역이 된다. 이것이 사실이라면 중국 동북공정의 논리가 맞다. 그렇다면 우리는 '과거 한강 이북은 중국사의 영토였지만 지금은 아니다'라는 수세적 방어에 나서야 할 것이다. 이나바 이와키치가 만든 '낙랑군 수성현=황해도 수안설'의 문제점은 이미 여러 차례 지적되었다. 그러나 한국 주류 사학계는 이런 문제점을 외면한 채 해방 후에도 이를 정설로 받아들였고 그 결과가 동북아역사재단 누리집에 그대로 반영된 것이다. 이는 한국 주류 사학계의 뿌리도 일제 식민사학에서 자유롭지 못함을 말해준다. 중국 학자들은 중국의 국익을 위해 동북공정을 주장한다. 한국 학자들은 도대체 어느 나라를 위해 동북공정의 주장에 동조하는 것일까. 이들은 이런 사실이 실증으로 찾은 진실이라고 주장하지만 그 반대쪽의 실증이 더 많다.

그렇다면 '동북아역사재단'은 어떤 견해를 따라야 하는가? '낙랑군=평양 지역설', '한사군=한반도설'이 맞다고 생각하는 학자라면 동북아역사재단 같은 기구에 근무해서는 안 된다. 그 재단은 중국의 동북공정에 맞서라는 기구이지, 동북공정에 동조하라고 국민 세금으로 운영하는 기구가 아니기 때문이다. 이는 학자 개인의 학문의 자유에 속하는 문제가 아니다. 만약 '낙랑군=평양 지역설'의 신봉자라면 개인 연구소를 차려 연구를 심화시키면 되는 것이다. 그러나 현실은 '낙랑군=평양 지역설'을 신봉하는 학자들이 '동북아역사재단' 같은 국가 기관에서 국민들의 세금으로 동북공정에 동조하는 연구를 하는 반면 이와 반대 견해를 가진 학자들은 자신의 사재를 털어 연구하고 있는 형편이다.[51]

필자가 이 책을 쓴 것이 2009년이다. "'낙랑군=평양 지역설', '한사군=한반도설'이 맞다고 생각하는 학자라면 동북아역사재단 같은 기구에 근무해서는 안 된다"는 말은 그때나 지금이나 맞는 말이다.

---

51 이덕일, 『한국사, 그들이 숨긴 진실』, 역사의아침, 2009, 5~6쪽.

"그 재단은 중국의 동북공정에 맞서라는 기구이지, 동북공정에 동조하라고 국민 세금으로 운영하는 기구가 아니기 때문이다"라는 말은 마치 지금 쓴 것처럼 읽힌다. 동북아역사재단의 행태는 현재진행형이란 뜻이다. 이해를 돕기 위해 이 서문의 앞 대목도 인용하자.

현재 중국 각 성省 박물관에 가 보면 큰 지도가 붙어 있다. 그 지도에는 예외 없이 만리장성의 동쪽 끝을 한반도 깊숙한 황해도까지 연결해놓았다. 만리장성이 황해도까지 연결되어 있었다면 북한 사람들은 굳이 만리장성을 구경하러 중국까지 갈 필요가 없다. 또 남한 사람들도 금강산 관광단처럼 만리장성 관광단을 조직하자고 제안해야 한다. 북한 지역에 만리장성이 있다는데 굳이 중국까지 갈 필요가 있겠는가? 그러나 유사有史 이래 수천 년간 한반도 내에서 만리장성을 구경했다는 사람은 없다. 그렇게 많은 글을 남겼던 조선의 문인들도 조선에서 만리장성을 보았다는 시나 기행문을 남기지 않았다. 그러나 중국의 공식 견해를 담고 있는 『중국역사지도집』(전8권)은 만리장성을 한반도 내륙까지 그려놓고 있다.

중국이 이렇게 주장하는 근거는 한사군에 있다. 중국 고대 한나라가 고조선을 멸망시키고 세웠다는 식민 통치 기구 한사군의 중심지가 낙랑군이다. 낙랑군은 평양에 있었고 나머지 군들도 대체로 한반도 북부에 있었다는 동북공정의 주장을 지도로 표시한 것이다. 『사기』 「태강지리지太康地理志」에 "낙랑군 수성현에는 갈석산이 있는데 만리장성의 기점이다"라는 구절이 있다. 이 수성현이 황해도 수안군이라면서 만리장성을 황해도까지 끌어들인 것이다. 수성현

허베이성 창리(창려)현 갈석산. 고조선과 한나라의 국경이었다.

을 황해도 수안군이라고 처음 주장한 인물이 일제 식민사학자 이
나바 이와키치다. 이는 중국 동북공정의 역사적 뿌리가 일제 식민
사학임을 말해준다.[52]

필자는 낙랑군 수성현을 황해도 수안군이라고 처음 주장한 인
물이 이나바 이와키치라고 말했다. 필자가 연구 책임자로 있는 '일
제 강점기 민족 지도자들의 역사관 및 국가 건설론 연구'의 과제
중 하나로 필자가 제출한 『조선사편수회 식민사관 이론 비판』에 대
해 이른바 평가단에서 제목을 바꾸어야 한다고 집요하게 요구했다
고 앞에서 말했다. 이들이 뼈아프게 생각하는 것은 자신들이 감추
고 싶어 하는 '진정한 스승', 즉 이나바 이와키치를 직접 비판했다

---

52   이덕일, 『한국사, 그들이 숨긴 진실』, 역사의아침, 2009, 4~5쪽.

는 데 있다. 이른바 평가단의 심사 소견서를 다시 보자.

> '조선사편수회의 주요 논문'이라는 것은 성립되지 않고, 조선사편수
> 회 관련자들의 주요 논문이라고 하는 것이 맞을 것이다. 이럴 경
> 우에도 대상 논문 선정에 있어서 가장 대표적인지에 대한 설명이
> 있어야 설득력이 있다. 그런데 이나바 이전부터 조선사편수회에 직
> 접적 혹은 주도적으로 간여했던 구로다나 이마니시 등의 것이 고
> 려될 필요가 있다. 현재 제출한 원고는 식민사학 비판에 대한 기
> 존의 연구를 어떻게 정리할 것인지에 대한 관점과 내용을 다시 정
> 리함으로써 다시 내용을 수정할 필요가 있다고 사료된다.[53]

이나바 이와키치는 조선사편수회의 실무를 책임졌던 간사다. 이
나바 이와키치는 교토대의 나이토 고난을 사사하고 1900년 베이징
으로 유학 갔다가 1908년부터 쓰다 소키치가 활약하던 만철 조사
부에서 『만주역사지리』 편찬 사업에 참여하면서 본격적인 한국사
왜곡의 길로 나섰다. 1925년부터 조선총독부 수사관修史官으로 『조
선사』 편수 작업에 관여했고, 1937년부터는 만주건국대滿洲建國大 교
수를 지냈다. 이나바 이와키치가 일본의 『사학잡지』 제21편 제2호에
쓴 「진 장성 동단 및 왕험성考秦長城東端及王險城考」는 '진나라 만리장성
의 동쪽 끝 및 왕험성에 대한 고찰'이란 뜻인데, 이 논문이 낙랑군
수성현을 황해도 수안군이라고 주장한 최초의 논문이다. 이병도가

---

53 한국학중앙연구원 한국학진흥사업단의 평가단 검토서.

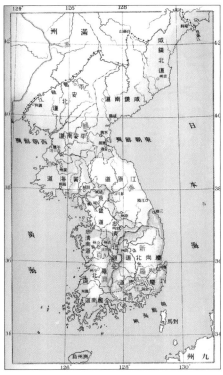

쓰다 소키치가 그린 지도. 한반도 남부에 버젓이 임나일
본부를 그려놓았다.

이 논리를 추종해 한국 식민사학계의 정설로 만들었다. 이 논문은 식민사학 특유의 사료 왜곡, 견강부회, 횡설수설이 뒤섞여 있기 때문에 해석하기 난해한 것으로 알려져 있었는데, 필자가 『조선사편수회 식민사관 이론 비판』의 부록에서 우리말로 번역하고 상세한 주석을 달았다. 식민사학자들은 바로 이 점이 뼈아픈 것이다. 필자 주위의 법조인들은 행정정보 공개 요청을 통해 평가단의 명단을 공개하고, 연구비 삭감 부분에 대해 소송까지 가자고 주장하고 있다.

필자는 『조선사편수회 식민사관 이론 비판』의 부록으로 이나바 이와키치의 논문과 함께 쓰다 소키치의 「삼국사기 신라본기에 관하여」도 상세한 주석과 함께 실었다. 쓰다 소키치의 「삼국사기 신라본기에 관하여」는 이른바 『삼국사기』 초기 기록 불신론'을 최초로 제기한 논문이다. 쓰다 소키치의 이 논문은 "조선 반도의 고사古史로서 고려 시대에 편찬된 『삼국사기』, 특히 「신라기(新羅紀: 신라본기)」의 상대上代

부분에는, 소위 왜倭 혹은 왜인에 관한 기사가 자못 풍부하게 포함되어 있다"라고 시작한다. 『삼국사기』 「신라본기」 자체가 아니라 「신라본기」에서 왜를 어떻게 서술하고 있는가가 관심사였다. 그리고 곧바로 『삼국사기』 「신라본기」를 믿을 수 없다면서 부정하고 있다.

왜 부정했겠는가? 『일본서기』나 『고사기』에는 한반도 내의 왜, 즉 임나일본부가 한반도 남부를 지배하고 있는 것처럼 서술하고 있지만 『삼국사기』 「신라본기」는 그렇지 않기 때문이다. 쓰다 소키치는 한반도 남부에 고대판 조선총독부인 임나일본부, 즉 왜가 존속하고 있었는지를 알아보기 위해서 『삼국사기』 「신라본기」를 주목했다. 그러나 『삼국사기』 「신라본기」에는 그런 내용이 나오지 않았다. 그래서 쓰다 소키치는 『고사기』 및 『일본서기』가 사실이라면서 『삼국사기』 초기 기록을 가짜로 모는 이른바 '『삼국사기』 초기 기록 불신론'을 창안했는데, 「삼국사기 신라본기에 관하여三國史記の新羅本紀について」가 그 논문이었다.

조선총독부 조선사편수회는 이 두 식민사학자가 창안한 이론을 따서 '한강 이북에는 중국 식민지인 한사군이 있었고, 한반도 남부에는 일본의 식민지인 임나일본부가 있었다'는 식민사관의 큰 틀을 만들었다. 그 틀을 만든 두 논문이 이나바 이와키치의 「진 장성 동단 및 왕험성고」와 쓰다 소키치의 「삼국사기 신라본기에 관하여」다. 필자가 『조선사편수회 식민사관 이론 비판』 부록으로 이 두 논문을 상세한 해제와 함께 싣고, 이 두 이론이 현재까지 한국 사학계의 정설이라고 밝히자 평가단이 제목을 바꾸라고 압박하면서 예산을 삭감했던 것이다.

"현재 제출한 원고는 식민사학 비판에 대한 기존의 연구를 어떻게 정리할 것인지에 대한 관점과 내용을 다시 정리함으로써 다시 내용을 수정할 필요가 있다고 사료된다"는 평가단의 말은 필자에게 노선을 수정해 식민사학을 추종하라는 말이다. 그런데 필자는 『한국사, 그들이 숨긴 진실』 서문에서 이미 이런 내용을 기술했다.

이른바 『삼국사기』 초기 기록 불신론'이란 것이 있다. 서기 3~4세기까지의 『삼국사기』 초기 기록은 김부식이 조작한 가짜라는 것으로 현재 주류 사학계의 정설이다. 이 이론의 창안자 역시 일제 식민사학자 쓰다 소키치다. 쓰다 소키치의 한국 고대사관은 간단하다. 1910년대 남만주철도회사의 위촉을 받아 쓴 『조선역사지리』 등의 저서에서 쓰다는 고대 한반도 북부에는 낙랑군을 비롯한 한사군이 있었고 한강 남쪽에는 삼한이라고 불린 78개의 소국들이 우글거리고 있었다고 서술했다. 그래야 한반도 남부에 고대판 조선총독부인 임나일본부를 존속시킬 수 있기 때문이었다.

그런데 『삼국사기』는 이 시기 한반도 남부에 삼한이 아니라 신라와 백제라는 강력한 고대 국가가 존재하고 있었다고 서술할 뿐 임나일본부에 대해서는 한마디도 서술하지 않았다. 그래서 쓰다는 『삼국사기』 초기 기록이 조작되었다는 이른바 『삼국사기』 초기 기록 불신론'을 창안해낸 것이다. 그러면서 "『삼국사기』 상대 부분을 역사적 사실의 기재로 인정하기 어렵다는 것은 동아시아의 역사를 연구하는 현대의 학자들 사이에서 이론이 없다"며 마치 여러 학자들의 지지를 받은 것처럼 과장했다. 『삼국사기』 초기 기록 불신론과 임나일본부는 동전의 양면 같은 존재임에도 해방 후 한국 주류 사학계는 임나일본부는 부인하면서도 『삼국사기』 초기 기록 불신론은 그대로 존속시켜 정설로 만들었다. 결과적으로 임나일본부는 사라지지 않은 것이다.[54]

최근까지 한국 고대사학계는 『삼국사기』 초기 기록을 인용해서 논문을 작성하면 그 자체가 논문 게재 탈락 사유였다. 그 이유가 이해되지 않았던 사람들도 평가단이 필자에게 식민사학으로 전향하라면서 예산을 깎은 것을 보고는 현실이 이해가 갔을 것이다. 필자는 『한국사, 그들이 숨긴 진실』의 서문에 이런 이야기도 썼다.

한국사 학계는 해방 이후 지금까지 한 번도 이런 연구(식민사학에 대한 종합적 검토와 비판)를 진행한 적이 없다. 총론으로는 정체성론 비판이니 타율성론 비판이니 하는 식으로 식민사학을 비판했지만 '한사군=한반도설'과 『삼국사기』 초기 기록 불신론'이 정설의 자리를 차지하고 있는 현실에서 보듯이 각론은 식민사학의 주장을 그대로 받아들였다. 일제 식민사학의 후예라는 비판은 상당 부분 한국사 학계 주류가 자초한 측면이 있는 것이다.[55]

이때만 해도 온건하게 쓴 편이다. 그리고 이때만 해도 필자는 이

---

54 이덕일, 『한국사, 그들이 숨긴 진실』, 역사의아침, 2009, 7쪽.
55 이덕일, 『한국사, 그들이 숨긴 진실』, 역사의아침, 2009, 8쪽.

병도 외에는 한국인 식민사학자들의 실명을 거론하지 않았다. '식민사학자들이 몰라서 그렇지, 사실을 알면 돌아설 것'이란 순진한 기대도 있었다. 그러나 계속 공부해 나가면서, 또 여러 정보를 수집하는 과정에서 그게 아니라는 생각이 들었다. 그들은 일종의 확신범이었다. 한반도 북부는 고대 중국의 식민지였고, 남부는 고대 일본의 식민지였다는 확신을 갖고 있었다. 그러면 더 이상 실명을 들지 않는 게 무슨 의미가 있겠는가? 그래서 『조선사편수회 식민사관 이론 비판』에서 쓰다 소키치와 이나바 이와키치 및 살아 있는 몇몇 한국 학자를 실명으로 비판했다. 평가단이 가장 분개한 것이 바로 쓰다 소키치를 비판한 것과 살아 있는 한국 학자들의 실명을 든 부분일 것이다. 이병도는 "대학 3학년 때의 강사(그 후에는 교수인) 쓰다 소키치 씨와 또 그의 친구인 이케우치 히로시(도쿄대 조선사 교수) 씨의 사랑을 받아 졸업 후에도 이 두 분이 자기들의 논문이나 저서들을 보내주어 내 연구에 많은 도움이 되었어요"[56]라고 말했다. 국사학계의 태두 이병도가 "사랑을 받았다"는 쓰다 소키치를 한국 식민사학의 이론적 틀을 만든 인물이라고 비판하고, 그 해당 논문을 조목조목 비판했으니 불편했던 것이다. 그러나 『조선사편수회 식민사관 이론 비판』은 대한민국 국민들의 세금으로 수행되는 것이다. 그래서 필자는 일본이나 중국 국민이 아니라 대한민국 국민들이 땀 흘려 번 돈으로 마련된 세금으로 역사 연구를 지원하는 취지에 맞게 살아 있는 식민사관을 더욱 강도 높게 비판할 것이다.

---

56 진단학회, 『역사가의 유향』, 일조각, 1991, 253쪽.

3. 서양사에서 본
실증사학 비판

역사학적 방법론에 따르면 식민사학은 이미 사망 선고를 받았다. 한국사뿐만 아니라 서양사의 관점으로 봐도 마찬가지다. '일제 강점기 민족 지도자들의 역사관 및 국가 건설론 연구' 연구진의 일원이었던 전 한신대 연구교수 박양식은 본 연구 과제의 일환으로 「서양사학 이론에 비추어 본 실증사학」이란 논문을 썼다. 서양사학자가 본 한국 실증사학에 대한 최초의 이론 분석이란 중요한 가치가 있는 논문이다.

본 연구진이 2013년 국회 소회의실에서 학술 세미나를 열었을 때 박양식 교수의 발표가 가장 주목받았던 이유도 서양사학자의 시각으로 한국 실증사학계의 이론을 분석했기 때문이었다. 박양식 교수는 이 논문이 유고遺稿가 되었다. 그래서 필자는 이 논문의 주요 부분을 상세하게 실으면서 서양사의 관점에서 한국 실증사학을 어떻게 바라봐야 하는지를 서술하려고 한다. 박양식 교수는 이렇게 말했다.

> 한국 사학의 접근은 대체로 다음 세 방향에서 이루어졌다고 논의된다. 첫째는 민족주의적 접근이고 둘째는 사회경제적 접근이고 셋째는 실증주의적 접근이다. 이러한 세 접근 중 현재 주류를 형성하는 것은 실증주의적 접근이다. 이 접근을 하는 대부분은 대학에 재직하며 학회에서 큰 영향력을 행사하는 이른바 강단사학자들이다. 이들은 한국 사학의 정통을 유지하는 전문 역사가로 자부하며 한국 사학의 방향을 주도하고 있다.
>
> 실증주의적 접근을 하는 강단사학자들은 민족주의적 접근과 사회경제적 접근 모두를 비판하여 그들의 입지를 축소시켜 놓았다. 그로 인해 민족주의적 접근이나 사회경제적 접근 모두는 한국 사학계에서 그 위상을 별로 인정받지 못하는 실정이다. 이러한 상황에서 한국 사학에서 실증주의적 접근이 아닌 역사 연구 성과들은 정통 역사가 아니라고 폄하되고 있다.[57]

그러면서 박양식 교수는 이런 문제를 제기했다.

> 그렇다면 실증주의적 접근으로 한다며 한국 사학을 주도한 강단 역사가들의 실증사학은 어떤 성격의 것이었나? 민족주의적 접근이

---

57 박양식, 「서양 사학 이론에 비추어 본 실증사학」, 『숭실사학 제31집』, 2013. 12., 329~330쪽.

나 사회경제적 접근을 비판한 실증주의적 사학자들은 그 비판 대
상보다 더 전문적인 연구를 하였는가? 과연 그들의 연구는 한국
사학의 발전을 위해 어떤 기여를 하고 있나? 이런 의문을 가지고
한국 사학의 주류를 이루는 강단역사가들이 주창하는 실증사학의
실상을 알아보기로 한다.[58]

조선사편수회에 근무하던 한국인 역사학자들은 외형은 한국인
일지 몰라도 내면은 일본인이었다. 이들에게 일본 제국주의 붕괴는
청천벽력이었다. 자신들의 진정한 조국으로 충성을 바쳤던 일본 제
국이 무너진 것이었다. 일본 제국의 붕괴는 곧 자기 인생의 붕괴를
뜻했다. 새로 들어서는 정부는 자신들의 매사 행위를 매국 행위와
같이 취급할 것이 분명했다. 대다수 독립운동가들이 역사학자 아
니었나? 이들은 목숨을 부지하기 위해 전전긍긍했다. 그러나 뜻밖
에도 미군정이 반공反共이란 미명 아래 친일파들을 대거 등용하면
서 식민사학자들에게 살길이 열리기 시작했다. 식민사학자들의 핵
심 인물인 이병도는 경성제대를 거쳐 서울대 사학과 교수가 되었
고, 신석호는 고려대 교수가 되고 국사편찬위원회의 전신인 국사관
을 만들었다. 그러나 이병도 등이 잠시 수난을 겪었던 때도 있었
다. 서울대 교수 한영우가 쓴 이병도에 대한 글을 보자.

그러나 진단학회와 그 중심 인물이던 이병도의 처지는 그렇게 순

58 박양식, 「서양 사학 이론에 비추어 본 실증사학」, 『숭실사학 제31집』, 2013. 12., 330쪽.

탄한 것은 아니었다. 민족주의 성향의 인사와 그렇지 않은 인사 사이에 갈등이 일어난 것이다. 그것이 이른바 진단학회에서의 친일파 제명 운동 사건이었다. 일제 말기부터 손진태와 더불어 소위 '신민족주의 사관'을 모색해오던 조윤제가 해방 후 친일파 제명을 주장하고 나선 것이다. 이러한 과정에서 이병도는 새로 재건된 진단학회의 위원장을 맡지 못하고…… 해방 후 잠시 위축되었던 이병도는 6·25 전란 중에 민족주의자와 좌익 인사들이 대거 월북하거나 납북되고, 극심한 반공주의 정책하에서 친일파 문제가 조용해지면서 학계의 최고 원로로서 그 위상이 한층 높아지게 되었다.[59]

한영우는 위 글에서 해방 후 잠시 시련을 겪었던 이병도가 반공 정책과 함께 한국 역사학계를 장악한 배경을 설명하고 있다. 또한 다른 나라의 우파들과 달리 대한민국 우파 일부의 성격이 달라진 근본 원인도 짐작할 수 있게 한다. 정상 국가의 정상 우파에게는 애국愛國이 최고의 가치다. 그러나 한국의 우파는 매국에 앞장서거나 매사에 나섰던 인물들까지 일부 포괄하고 있다. 필자는 한국 우파가 이런 사이비 우파와 단절하고 애국을 최고의 가치로 삼는 정상 우파로 재탄생하지 않는 한 미래가 밝지 못하리라 본다. 청문회만 열리면 병역 면제, 위장 전입, 부동산 투기, 논문 표절 등에 해당되지 않는 인물을 찾기 힘들 정도로 애국심이나 도덕성을 찾아보기 힘든 한국 상층부의 관행은 바로 매국 세력이 해방 후 정권

59 한영우, 『한국의 역사가와 역사학』 하, 창비, 1994, 257쪽.

을 장악한 구조적 모순에 있었다. 그리고 그 핵심에 식민사관을 정설로 떠받드는 식민사학계가 있었다. 이제 이런 상황에 대해 한국 사회가 근본적 문제를 제기하고 있는 것이다. 한영우의 말을 조금 더 보자.

> 근대 역사학의 아버지로 불리는 독일사가 랑케가 '역사를 위한 역사'와 '있는 사실 그대로의 역사'를 표방하면서 역사를 철학으로부터 독립시켜 놓은 것처럼, 우리나라 사학사에서 역사를 완전히 독립된 학문으로 정착시킨 이를 꼽는다면 아마 이병도를 첫째로 들어야 할 것이다. 그는 우리나라의 랑케와 같은 존재였다.[60]

이병도를 "역사를 완전히 독립된 학문으로 정착"시킨 인물로 평가하는 것은 한영우의 개인 견해에 불과하지만, 앞서 "극심한 반공주의 정책하에서 친일파 문제가 조용해지면서 학계의 최고 원로로서 그 위상이 한층 높아지게 되었다"라는 말과 서로 모순되는 언급이다. 이병도가 한때 곤란을 겪은 것이 역사를 학문에서 독립시켰기 때문인가? 역사를 조선총독부의 식민사관의 도구로 악용했기 때문 아닌가? 그나마 한영우가 앞에서 진단학회의 친일파 제명 사건을 언급한 자체도 용기였을 것으로 생각한다. 일제 강점기 때 진단학회가 마치 독립운동 단체인 것처럼 묘사되고 있는 것이 자화자찬에 의한 과장에 불과하다는 점은 이제 점차 알려지고 있지만 해

---

60 한영우, 『한국의 역사가와 역사학』 하, 창비, 1994, 257쪽.

방 후 뜻밖에도 한국 사학계의 태두가 된 이병도에 대한 후배 및 후학들의 칭송은 '역사학을 하는 사람 맞나?'라는 생각이 들 정도로 도를 넘었다.

서울대 국사학과 교수 한우근(1915~1999)은 이병도에 대해 "1934년에 진단학회를 민족적 여망 속에 창설하시어…… 50여 년간 여러 가지 어려움을 무릅쓰고 그것을 몸소 키워 오시는 동안에 내외 학계에 미친 공적은 길이 역사에 남을 것임을 믿어 의심치 않습니다"[61]라고 칭송했으며, 같은 서울대 교수 김원룡은 "그러한 군자君子·대인풍大人風이 두계 선생의 일생 변함없던 선비적 풍모였다고 생각된다"[62]라고 칭송했다. 서강대 교수 이광린은 "두계 선생님은 온화한 성격에다가 평생 학문을 위해 사신 분이다. …… 나는 오늘날까지 버젓이 석사 학위 소지자로 행세하고 있는데, 이때 두계 선생님이 (석사 학위 논문을) 통과시켜 주지 않았다면 학사 학위 소지자로 만족해야 했을 것이다"[63]라고 칭송했으며, 같은 서강대 교수 이기백은 "선생님께서는 학문의 세계에서 거짓이 개재하는 것을 용서하지 않으신 것이다. 이렇게 함으로써 우리나라의 역사학이 학문으로서 확고한 기반을 갖도록 하신 것이다. …… 진단학회를 통하여 우리 학계에 끼친 공로는 영원한 생명을 갖고 길이 살아 있을 것임을 믿어 의심치 않는다"[64]라고 칭송했다.

---

61 진단학회, 『역사가의 유향』, 일조각, 1991, 316쪽.

62 진단학회, 『역사가의 유향』, 일조각, 1991, 29쪽.

63 진단학회, 『역사가의 유향』, 일조각, 1991, 57쪽.

64 진단학회, 『역사가의 유향』, 일조각, 1991, 318쪽.

'선생님'이란 단어만 '수령님'으로 바꾸면 북한에서도 충분히 통할 수 있는 말들이다. 이처럼 한 개인을, 그것도 일제 식민 지배에 적극 동조했던 하자 있는 한 개인을 신처럼 떠받들려니 그와 반대되는 견해를 가진 학자들은 타도 대상이 될 수밖에 없었다. 단국대 교수 윤내현이 이병도의 '한사군 한반도설'에 의문을 제기하는 책을 펴내자 이병도의 제자였던 동국대 교수 이기동은 "최근 우리 학계의 한쪽에서도 (북한의) 리지린의 견해와 거의 다를 바 없는 주장이 윤내현 교수에 의해서 제기되고 있기는 하다. …… 전반적으로 풍겨지는 논조랄까가 리지린의 그것과 너무도 비슷하여 공교로운 느낌이 드는 것을 떨쳐버릴 수 없는 실정이다"[65]라고 비판했다. 북한의 리지린과 같은 견해를 갖고 있으니 요즘말로 '종북 아니냐'는 반공 매카시즘이다. 그러나 그는 이병도에 대해 쓸 때는, "선생의 강의를 직접 듣는다는 것부터가 학생들에게는 큰 영광으로 생각되었다"면서 이병도의 식민사학이 한때 비판받은 것에 대해서는, "선생이 재야 사가들의 공격 표적이 되고 나아가 그것이 한국 상고사 연구에 질곡이 되었을 때, 이를 마음속 깊이 안타까워한 것은 사학계 인사들의 공통된 심정이었다고 생각된다"[66]라고 옹호했다. 이들이 '학계' 또는 '사학계'라고 말할 때 '식민' 자를 앞에 붙여 읽으면 맞는 말이 된다고 이미 말했다. 국민대 교수 김두진은 "대학원 강의를 수강하면서, 나는 솔직히 두계 선생님에 대한 존경심으로 스

---

65 이기동, 「북한에서의 고조선 연구」, 『한국사 시민강좌』 2집, 일조각, 1988, 99쪽.
66 진단학회, 『역사가의 유향』, 일조각, 1991, 152쪽.

스로 머리가 숙여지고 말았다"[67]라고 말했다.

필자는 이들의 글을 볼 때마다 저런 자세로 어떻게 사료 비판을 할까, 하는 생각이 절로 든다. 한 사람을 존경하는 것과 그 사람의 학문을 무조건 추종하는 것은 다른 문제라는 상식이 이들에게는 통하지 않는다. 그러나 북한 사람들이 무조건 수령님을 칭송하는 것이 일종의 자기보호 본능의 발현인 것처럼 이들도 무조건 이병도를 칭송해야 자리가 생기고, 카르텔 내에서 일정한 위치를 차지할 수 있다는 보호 본능의 발현이기도 한 것이다. 그러니 서울대 교수 한영우가 이병도에 대해 약간이나마 비판적 서술을 한 것은 용기라고 평가할 수 있을 것이다.

한영우는 이병도의 '사학사적 위치'에 대해서 이렇게 평가했다.

> 그의 독특한 생애는 지식인으로서의 양식良識에 충실하지 못했다는 한계를 지니고 있으나, 역사학이 근대적 학문으로 나아가기 위해 반드시 거쳐 가야 할 고등문헌 비판의 방법론과 역사학의 전문화의 길을 열어놓은 공로는 크다고 하지 않을 수 없다. '역사를 위한 역사'와 '역사학의 전문화'라는 과정을 밟지 않고 근대 역사학의 발전을 생각할 수 없다면, 이병도는 바로 서양에서 그러한 과정을 열어놓은 19세기 초의 독일 사학자 랑케에 비유될 수 있다.[68]

---

67 진단학회, 『역사가의 유향』, 일조각, 1991, 153쪽.
68 한영우, 『한국의 역사가와 역사학』 하, 창비, 1994, 265쪽.

한영우 말대로라면 이병도는 국내에 고등문헌 비판의 방법론을 처음 도입해서 역사학을 근대적 학문으로 만든 위대한 역사가가 된다. 문헌 비판을 '저등문헌 비판'과 '고등문헌 비판'으로 나눌 수 있는지는 알 수 없지만, 설령 그런 분류가 존재한다 해도 이병도가 최초로 고등문헌 비판을 수행한 학자라는 생각은 전혀 들지 않는다. 이런 말들은 동양의 문헌 비판 정신에 정통하지 못하기 때문에 하는 말들이다. 『사기』「삼가주석三家註釋」만 보았어도 이런 말은 못할 것이다.

남북조 시대 남조 송宋나라의 배인裵駰이 주석한 『사기집해史記集解』, 당나라 현종 때 인물인 사마정司馬貞의 『사기색은史記索隱』, 당나라 장수절張守節의 『사기정의史記正義』를 삼가주석이라고 한다. 삼가주석은 주석자가 살던 때를 정점으로 그 이전까지 수많은 학자들이 『사기』에 대해 주석한 내용을 검토하고 자신들의 견해에는 '안案' 자 등을 써서 표시했다. 필자는 1천 5백 년 전의 이 주석자들의 주석들을 보면서 옛 학자들의 문헌 비판 정신에 감탄을 금치 못한 적이 많다. 마치 이병도 전에는 동양 사회에서 전문적인 역사 연구가 없었고 이병도가 처음 시작한 것처럼 주장하는 속내를 모르는 바는 아니지만 이런 언급은 현재 한국의 학문 수준이 얼마나 낮은지를 말해줄 뿐이다. 이해를 돕기 위해 『사기』「오제본기五帝本紀」〈황제黃帝〉조에 나오는 치우蚩尤에 대한 삼가주석을 일부 살펴보자.

『사기집해』: 응소應劭는 "치우는 옛날 천자天子이다"라고 말했다. 신찬臣瓚은 『공자삼조기孔子三朝記』에 "치우는 서인庶人 중에 탐욕스러운

자"라고 말했다.

『사기색은』: 상고해보니 이 황제본기에서 "제후가 서로 침략하고 죽이는데 치우가 가장 포악했다[諸侯相侵伐蚩尤最爲暴]"라고 말했다는 것은 곧 치우는 천자가 아니라는 뜻이다. 또 『관자管子』에서 "치우는 노산盧山의 쇠붙이金를 받아서 다섯 가지 병기를 만들었다"라고 말했으니 서인은 아님이 분명하며 대개 제후의 호號일 것이다. 유향劉向은 『별록別錄』에서 "공자가 노로魯 애공哀公을 만났을 때 정사를 묻자 삼조三朝와 비교하고 물러나와 이를 기록했다. 모두 7편인데 아울러 『대대기大戴記』에 삽입했다"고 말했다. 지금 이 주석은 「용병(用兵: 『대대례大戴禮』의 용병)」편에 보인다.

『사기정의』: 『용어하도龍魚河圖』에 이르기를 "황제黃帝가 섭정攝政할 때 치우는 형제 81인이 있었다. 모두 짐승의 몸을 하고 사람의 말을 했는데, 머리는 구리이고 이마는 쇠였다[銅頭鐵額]. 사석자(沙石子: 모래와 돌)를 먹고 칼과 창과 큰 활 같은 병기를 만들어 세워 위엄이 천하에 떨쳤다. 그러나 무도하여 주살하고 자비롭고 인자하지 않았다. 만민萬民이 황제가 명령을 내려 천자의 일을 행하기를 바랐지만 황제는 인의로써 치우를 금지시키지 못했기 때문에 하늘을 우러러 탄식했다. 하늘에서 현녀玄女를 보내 황제에게 병사와 신부神符를 주어 치우를 제압해 굴복하게 했다. 황제가 이로써 군사를 주관하고 팔방을 제압했다. 치우가 죽은 뒤 천하가 다시 소란스러워지자 황제가 드디어 치우의 형상을 그려서 천하에 위엄을 떨치자 천하에서 모두 치우가 죽지 않았다고 이르면서 팔방의 모든 나라가 다 복종했다'라고 말했다.『산해경』에는 "황제가 응룡應龍에게 명령해 치우를 공격하게 했다. 치우가 풍백風伯과 우사雨師를 불러 따르게 하니 큰비와 바람이 일었다. 황제는 천녀天女인 발(魃: 가뭄을 맡은 신)을 내려오게 해서 비를 그치게 했다. 비가 그치자 드디어 치우를 죽였다'라고 말했다. 공안국孔安國이 '구려九黎 임금의 호가 치우이다'라고 말한 것이 이것이다.[69]

한 구절의 의미를 찾기 위해 온갖 서적을 다 뒤지는 것은 동양 역사학의 기본 전통이었다. 식민사학자들은 치우를 동이족이라고 말하면 또 비난하기 바쁘지만『사기정의』에서 장수절은 공안국의 입을 빌려서 치우를 '구려 임금'이라고 말했는데, 구려는 동이족을 뜻한다. 이병도는 고등문헌 비판을 하고 독립운동가는 저등문헌 비판을 한 것이 아니라 거꾸로 여러 '고등'문헌 사료에 '요동에 있다[在遼東]'라고 거듭 나오는 낙랑군을 조선총독부의 '저등'문헌 사료를 따라서 평양으로 비정한 것이다.『사기』주석이나 공자가 쓴『춘추』주석서인『춘추좌전春秋左傳』,『춘추곡량전春秋穀梁傳』,『춘추공양전春秋公羊傳』등 춘추삼전은 동양 사회에서 이미 먼 옛날부터 엄밀한 '고등'문헌 비판이 학자의 본분이었음을 말해준다. 다산 정약용의『춘추고징春秋考徵』「길례吉禮」의 교일郊一 한 대목만 봐도 이병도가 최초로 근대 역사학을 도입했느니 운운하는 무식한 소리는 하지 못할 것이다.

---

69 『사기』「오제본기」, '황제, 치우' 조의 주석.

우리 선조들은 일본을 항상 학문의 변방으로 여겼지만 식민사학자들은 일본 유학 갔다 온 것을 최고의 훈장으로 삼았다. 동양의 변방이던 일본은 서양 흉내 내기를 세계 최고의 학문인 것처럼 포장하고 이를 권위 삼아 우리 선조들의 학문 전통을 봉건으로 폄하했다. 말하자면 자신들의 무지를 감추기 위해 일본에서 배워 오지 않은 것을 전근대로 몰아붙이기 시작하면서 한국 역사학의 전통을 고사시키고 역사학을 노예의 학문으로 전락시킨 것이다. 그러다 보니 독일의 20대 학자 리스가 도쿄제대 사학과에 도입한 '실증주의'가 지금까지 한국 사학계의 전가의 보도가 되었다. 식민사학자들은 해방후 식민사학을 정설로 유지하는 주요 도구로 '실증주의'를 선택했다. 박양식 교수는 이들이 말하는 '실증주의'가 과연 '실증'이란 단어의 뜻에는 맞는지를 묻고 있다. 다시 박양식 교수의 말을 들어보자.

실증사학자들은 이러한 과학적 방법에 입각한 연구가 진리를 탐구하는 길이고 나아가 역사의 과학을 실천하는 일로 확신하였다. 이러한 과학적 연구 방법을 내세움으로써 그들은 한국 전통의 역사 방법과 자신들의 역사 방법을 차별된 것으로 인식하는 동시에 제국대학들에서 훈련받지 않은 역사가들의 작업을 비전문적인 것으로 낙인찍었다.

그러면 실증사학자들은 어떤 학문적 계보를 갖고 있나? 그들은 일제로부터 계승한 랑케 사학, 그것도 일제 식민주의 사관으로 왜곡된 랑케 사학을 물려받았다. 일본 역사학은 20대인 랑케의 제자 루트비히 리스의 지도하에 랑케의 근대 역사학 방법론을 습득하였다.

랑케 사학의 문헌 비판 방법과 함께 세계사적 파악을 습득한 리스의 제자 사카구치 다카시坂口昻는 역사를 하나의 식민 통치술로 전환시켰다. 그는 민족과 국민을 근대의 역사적 형성물로 간주하면서 그 민족과 국민을 일대일 관계로 파악하지 않고 다민족 국가로 간주하면서 일본 국민 속에 한국인까지를 포함시켰다.[70]

실증사학자들, 즉 식민사학자들은 "한국 전통의 역사 방법과 자신들의 역사 방법을 차별된 것으로 인식"했는데, 자신들의 역사 방법이란 것이 바로 "제국대학에서 훈련"받은 역사학이라는 것이다. 그리고 20대 독일인 리스의 제자 사카구치 다카시는 "일본 국민 속에 한국인까지를 포함시켰다"는 것이다. 이 대목이 중요하다. 한국인이 아니라 일본인의 관점에서 생각하는 것, 이것이 바로 식민사관의 정화精華다. 나의 시각이 아니라 타인의 시각으로 자신을 바라보는 것, 그중에서도 조선총독부의 시각으로 한국사를 바라보는 것이 한국 식민사관의 정화인 것이다. 문창극 후보가 한국의 상황을 비하한 각종 선교사들의 말을 인용하면서 조선을 비판한 것이나 철저하게 백인이 되고 싶었지만 피부색 때문에 되지 못하자 차선책으로 일본인이 되고 싶었던 윤치호를 빌려 한국을 비판한 것이 모두 이런 유형이다. 박양식 교수의 말을 계속 들어보자.

1909년부터 1911년까지 유럽으로 유학 간 사카구치 다카시는 독일

70 박양식, 「서양 사학 이론에 비추어 본 실증사학」, 『숭실사학 제31집』, 2013. 12., 331~332쪽.

의 속령 폴란드에서 실시한 국사교육 체계에 주목하였다. 그가 역사 교과서에 주목한 것은 "일반적으로 병합지에 적용해야 할 국사교육의 참고"가 되고 특히 조선에서 역사교육의 모델이 될 수 있다고 보았기 때문이다. 그는 이런 말을 하였다.

'외국 정부로서 같은 국민 문제를 안고 있는 자는 자주 이를 연구하고 또는 이를 참작한다. 우리 조선의 통치도 그러한 바가 있을 것이다.'

일본의 역사가가 스스로 제시하듯이, 랑케를 모범으로 서양 사학의 세계사적 파악에 노력했던 사카구치 다카시는 독일을 모범으로 하는 제국의 문화 정책 모델을 일본의 식민지 통치 기관과 학계, 교육계에 제시함으로써 시대의 추세에 대한 역사가의 임무를 수행하였다. 이로써 볼 때 일본 사학자가 랑케 사학을 수용한 것은 식민 통치를 위한 발판 마련이었음을 알 수 있다. 그러한 일본 사학자의 식민주의 사관이 조선사편수회로 그대로 이어져 실행에 옮겨진 것은 다 아는 바다. 한국의 실증사학이 전수받은 것은 그러한 유의 것이었다.[71]

한영우 교수가 이병도를 랑케로 비유한 것은 일면 타당성이 있다. 문제는 랑케 사학의 실증주의를 일본에 적용한 사카구치 다카시가 '일본 국민 속에 한국인까지를 포함'시키는 제국주의적 관점으로 변용했는데도 식민지 백성이었던 이병도는 이를 수정하지 않고 일본인

---

71 박양식, 「서양 사학 이론에 비추어 본 실증사학」, 『숭실사학 제31집』, 2013. 12., 332쪽.

관점 그대로 실증주의를 받아들였다는 것이다. 이병도는 자신의 스승인 쓰다 소키치와 이케우치 히로시에 대해서 이렇게 말했다.

그 당시 일본 학계의 최첨단을 걷는 이분들의 논문이나 저서를 통하여 많은 영향을 받았습니다. 일본인이지만 매우 존경할 만한 인격자였고, 그 연구 방법이 실증적이고 비판적인 만큼 날카로운 점이 많았습니다. 그때 중앙학교(현 중앙중고교)에서 교직 생활을 하고 있다가 이케우치 씨의 추천으로 조선사편수회에 일시 취직해 일본인 학자들과 많이 접촉을 하였고, 그 후로부터 비로소 논문을 쓰기 시작했습니다. …… 일제 시대에 총독부 관리들은 독립 사상에 관계된 것이 아니면 그렇게 탄압을 하지 않았기 때문에 나는 안심하고 한국사를 연구하였는데…….[72]

식민사학자를 "매우 존경할 만한 인격자"라고 평가하고 있는 이병도가 이들의 학문에 대한 '고등문헌 비판'을 수행할 수 있었을까? '고등문헌 비판'은커녕 '저등문헌 비판'만이라도 수행할 능력이 있었다면 이병도는 이 일본인들이 왜 자신을 그토록 인격적으로 대해주고, 조선사편수회에도 취직시켜 주었을까를 생각했을 것이다. 자신은 일본인들에게 사랑받으며 한국사를 마음껏 연구하는데 박은식의 역사 연구에 대해서는 조선총독부에서 왜 그토록 치를 떨며, 신채호는 왜 차디찬 뤼순감옥에서 옥사해야 했을까도 생각했을

---

72 진단학회, 『역사가의 유향』, 일조각, 1991, 253~256쪽.

것이다. 그러나 해방 후에도 쓰다 소키치의 사랑을 받았다는 사실을 자랑스레 말하는 이병도에게는 그런 인식 자체가 없었다. 일본인들에게 사랑받은 것이 가문의 영광이었을 따름이다.

문제는 그 가문의 영광이 21세기까지 계속되고 있다는 점이다. 이병도의 손자들은 서울대 총장과 문화재청장 등을 역임하면서 가문의 영광을 이어 가고 있는 반면 독립운동가의 후예들은 제대로 교육도 받지 못하고 먹고살기에 급급한 가문의 저주에 시달리고 있는 것이다.

박양식 교수는 서양 사학자들 사이에서도 실증주의를 둘러싼 여러 논쟁이 있었다고 설명했다.

랑케와 대척점을 이룬 야코프 부르크하르트Jakob Burckhardt의 역사 방법도 있었다는 점을 들 수 있다. 랑케가 근대 역사학에 지대한 영향을 끼친 것은 사실이지만 당대부터 반대에 부딪쳤다. 특히 부르크하르트는 랑케의 제자였지만 랑케와 달리 사료만으로 역사를 연구하는 것이 한계가 있음을 깨달았다. 그는 자료를 눈여겨보다가 "불현듯 떠오른 직관"에 가치를 부여하였던 것이다. 그는 직관을 통해 역사를 연구할 수 있다고 주장함으로써 서양 사학계의 오랜 역사 논쟁에 불을 지폈다. 역사 연구 방법에는 실증의 방법만이 있지 않다는 부르크하르트에 관한 한국의 실증사학자들의 논의는 거의 찾아볼 수 없다. 랑케와 부르크하르트의 논쟁에 대한 고려 없이 한국의 실증사학자들은 사료에만 집착하는 편협한 길을 택했다. 따라서 그들이 말하는 실증사학의 과학성이란 논쟁의 과

정 없이 피상적으로 외치는 구호일 수밖에 없다.[73]

랑케의 실증주의는 당대부터 많은 비판에 봉착했고 많은 논쟁
이 발생했다. 그런데 한국의 식민사학계는 '실증주의'란 외피만 빌
려 왔지 서양 실증사학이 걸었던 논쟁의 길은 일체 생략했다. 그리
고 식민사학을 비판하는 다른 모든 역사학을 실증이란 칼로 난도
질해 해체하는 테러의 길을 걸었다. 박양식 교수는 또 역사를 "과
학 그 이상도 그 이하도 아니다"라고 말한 존 베리(John Bagnell Bury:
1861~1927)와 그의 제자이면서 교수직까지 물려받은 조지 M. 트리벨
리언(George M. Trevelyan: 1876~1962) 사이의 역사의 과학성 논쟁과 포퍼
(Karl R. Popper)와 헴펠(Carl G. Hempel)의 일반법칙론의 등장 같은 역사의
과학성 논의를 설명한 후 한국 실증주의 역사학에 대해 이렇게 덧
붙였다.

이러한 역사의 과학성에 관련한 논의가 한국의 실증사학자 사이에
서는 이루어진 적이 없다. 달리 말해서 그들의 논의에는 실증에 관
한 어떠한 철학적 체계를 갖춘 논쟁이 없었던 것이다. 그래서 한국
의 실증사학을 실증주의 사학이라고 하는 것은 옳지 않다는 비판
이 나왔다. 실증주의의 철학도 없이 사료와 문헌에 대한 철저한 고
증이라는 단순한 의미에 국한된 한국의 실증사학은 서구의 실증
주의 사관과는 구별되어야 한다는 것이다. 이런 주장이 나온 후

---

73 박양식, 「서양 사학 이론에 비추어 본 실증사학」, 『숭실사학 제31집』, 2013. 12., 333쪽.

한국의 실증사학자들은 자신들의 사학을 실증주의 사관이라고 부르던 것에서 물러나 실증사학이라고 했다.[74]

역사학은 관점의 문제와 그 관점을 뒷받침하는 사료의 문제가 가장 중요하다고 볼 수 있다. 문제는 해방 후에도 조선총독부 사관을 그대로 계승한 한국의 실증주의 사관은 그 관점을 노골적으로 드러낼 수는 없었다는 점에 있다. 내용적으로는 일제 식민사관, 즉 조선총독부 사관을 추종했지만 겉으로까지 총독부 사관을 추종한다고 말할 수는 없었다. 그래서 총론으로는 식민사관을 비판하고 각론으로는 식민사관을 추종하는 이중적 형태를 띨 수밖에 없었다. 아비를 아비라 부르지 못하고 효심은 있으되 자식이 아닌 척해야 하는 슬픈 운명의 실증사학자들이었다. 그래서 이들은 겉은 한국인이지만 속은 일본인이라는 비판을 받을까 봐 하얀 한복을 애용했다. 그들의 내면을 그대로 표출하려면 유카타가 맞지만 한복으로 본심을 위장한 것이었다. 이런 이중성은 식민사관의 무기로 선택한 실증주의에 있어서도 '주의'에 발목이 잡힐 수밖에 없었다. 그 결과 '주의'를 떼고 '실증사학'이라고 후퇴할 수밖에 없었다.

이에 이기백은 실증이란 말을 쓰지 말고 고증으로 바꾸어도 큰 무리가 없다고 주장했으나 그의 제자 홍승기는 고증학이라고 축소하는 것은 문제의 소지가 있다며 실증사학을 고증학이라고 부르는

---

74 박양식, 「서양 사학 이론에 비추어 본 실증사학」, 『숭실사학 제31집』, 2013. 12., 334쪽.

것에는 반대의 입장을 표명하였다. 실증주의 사학으로 불리지 못하는 한국의 실증사학이 과학적 역사로 표방해온 근거라는 것이 사료 비판 과정에서 철저한 고증을 하는 것 외에는 아무것도 없었다. 결국 한국 실증사학이 지닌 과학성은 과포장된 것이었음이 드러났다. 요컨대 한국의 실증사학은 특별히 과학적 면을 추구한 것도 아니면서 실증사학의 과학성을 내세워 자기들의 역사 연구에 누구도 넘볼 수 있는 아성을 쌓았다.[75]

실증주의자들이 표방했던 과학성이란 것은 한마디로 사기였다는 뜻이다. 이는 당연한 결론이었다. 조선총독부 사관이란 과학적인 역사 연구를 통해 만들어진 것이 아니라 한국을 영구 지배하려는 목적에서 급조된 정치 이론이자 정치 선전이었기 때문이다. 이병도가 '고등문헌 비판'을 한 것이 아니라 김교헌·박은식·이상룡·이시영·신채호·정인보 같은 독립운동가들이 중국의 고대 1차 사료에 대한 '고등문헌 비판'을 수행했기 때문이다.

해방 후 식민사학자들의 이중성은 이른바 '순수사학'을 지향했던 데서도 드러난다. 사관史觀이 핵심인 역사학에서 '순수사학'이 존재할 수 없다는 것은 자명한 일이다. '순수'라는 말로 현실에서 멀어지는 것은 그 자체로 집권 세력을 돕는 길이 되기 일쑤이다. 식민사학자들이 '순수사학'을 지향한 것은 자신들의 학문권력을 유지하기 위한 수단이었다. 조선총독부 사관을 계속 유지하기 위해서는 자신들이

---

75 박양식, 「서양 사학 이론에 비추어 본 실증사학」, 『숭실사학 제31집』, 2013. 12., 334~335쪽.

정치와 현실에 초연한 학자인 것처럼 포장해야 했기 때문이다. 그렇게 순수사학으로 포장하면서도 국민 세금으로 만든 연구비란 연구비는 그동안 거의 100퍼센트 독식해왔던 것이 현실이다.

> 결국 서구의 역사가들은 역사가의 주관을 완전히 배제할 수 없다는 데 동조하지 않을 수 없다고 인정하였다. 프리드리히 마이네케 Friedrich Meineke처럼 일생 동안 랑케주의자였던 역사가들조차 랑케의 낙관론에 등을 돌리고 부르크하르트가 더 현명했던 것 아니냐고 물었다. 그럼에도 한국의 실증사학자들은 여전히 역사적 사실의 객관성에 대한 믿음을 놓지 않는다. 그런 믿음에 기초하여 그들은 자신들의 연구 성과물이 객관적인 것이라고 주장하는 것에서는 자기가 세운 교리를 한번 붙들고는 끝까지 놓지 않으려는 실증사학자들의 교조주의가 엿보인다.[76]

주관을 배제한 역사를 표방하면서 이를 '순수' 또는 '객관'이라고 주장했지만 '주관의 배제'나 '순수' 또는 '객관'은 모두 일제 식민사관을 유지하기 위한 장치에 불과했다. 주관의 배제란 조선총독부 관점을 감추기 위한 말이었고, 객관이란 말은 해방 후에도 조선총독부 사관이 옳다고 강변하기 위한 말장난이었다. 박양식은 한국의 실증사학이 개별 사실을 확정하는 일에 머물렀다고 평가했다. 그러면서 개별 사실들을 해명한 것을 가지고 한국 사학의 기반을 다졌

---

76 박양식, 「서양 사학 이론에 비추어 본 실증사학」, 『숭실사학 제31집』, 2013. 12., 334~335쪽.

다고 자부한다는 것이다. 그러나 이런 역사 연구 태도는 자신들이 추종했던 랑케 사학에도 맞지 않는다는 것이다.

> 그렇다면 한국의 실증사학자들이 사료 비판을 통해 제시되는 개별 사실들은 랑케 사학에 비추어 볼 때 어떤 것일까? 랑케는 그런 식으로 연구를 하지 않았다. 사료 비판이란 실증에 머물지 않고 역사 서술의 구체화를 시도하였다. 랑케는 일생 동안 유럽의 주요 국가의 역사를 저술하였다. 그리하여 그는 '근대 사학의 창시자'라는 명칭뿐 아니라 '역사 서술의 왕자'라는 별칭도 얻었다. 따라서 역사 서술을 제대로 시도했다고 볼 수 없는 한국의 실증사학은 랑케 사학의 기본 원칙도 완수하지 못했다고 평가할 수 있다.[77]

한국 실증사학, 즉 한국 식민사학은 조선총독부 사관을 추종하는 자신들의 본질을 감추려고 하다 보니까 역사학의 전체상을 그리지 못하고 부분적인 개별 사실의 나열로 갈 수밖에 없었다. 그러다 보니 '역사 서술'이란 역사학의 가장 큰 임무를 수행하지 못했다.

> 한국의 실증사학은 역사 서술로 나아가지 못한 초보 수준이었다고 해도 과언이 아니다. 그 한계는 분명하다. 그 스스로도 인정하듯이 그런 개별 사실들의 단순한 집합이나 나열로는 진정한 역사라 할 수 없다. 또한 개개의 사실 위에서 일반적인 의미를 구체화

---

77 박양식, 「서양 사학 이론에 비추어 본 실증사학」, 『숭실사학 제31집』, 2013. 12., 340~341쪽.

하지 못하는 것은 역사학을 학문이 아니라 취미로 전락시키는 일이다. 그럼에도 실증사학자들은 개별 사실들에 대한 해명에 몰두하였다. 그리고 그들은 그것이 마치 한국의 실증사학이 가지는 특성인 것처럼 생각하는데, 그것은 한국의 실증사학이 반쪽짜리임을 자인하는 발언일 뿐이다. 한국의 실증주의자들이 보이는 실증 방법에 대한 집착은 심하다. 역사 서술 문제에서도 결국 돌아가는 것은 실증적 방법이었다고 할 때 그것이 랑케에 대한 이해 부족을 반증한다. 스스로 문제 인식을 했음에도 실증이란 방법론에서 벗어나지 못한 것은 실증사학의 허술한 자화상을 드러내는 것이나 다름없다.[78]

한국의 실증사학은 결국 실증사학도 아니라는 이야기다. 이들이 해방 후에도 조선총독부 사관을 유지하기 위한 방편으로 내세웠던 실증사학은 실증사학도 아니었다. 당연한 귀결이다. 이들이 현실로부터 분리된 '순수사학'을 주장한 것은 이들이 추종하는 식민사학이 해방된 나라에는 맞는 옷이 아니기 때문이다. 그럼에도 이들은 실증을 무기로 해방 후에도 한국 사학계를 장악하고 조선총독부 사관을 하나뿐인 정설 또는 통설로 만들었다. 속으로는 일본인의 역사관을 갖고 있으면서도 겉으로는 하얀 한복을 입고 민족주의자인 척하였다. 이제 이런 모순이 한계에 봉착한 것이다.

---

78 박양식, 「서양 사학 이론에 비추어 본 실증사학」, 『숭실사학 제31집』, 2013. 12., 341쪽.

한국의 실증사학자들은 랑케 사학이 제기한 과학적 역사 연구를 통해 객관적 사실을 구명하는 데 열심을 내었다. 그런데 그런 노력이 한국사에 대한 역사 서술을 제대로 하는 데까지는 이르지 못했다. 이러한 성과는 서양 사학계의 논의 전개에 비추어 보면 허술하기 짝이 없는 것이다. 그럼에도 그들은 한국 사학의 주류를 형성하며 막강한 영향력을 행사하는 데 타의 추종을 불허한다. 실증이란 방법론 하나로 그들은 전문성을 내세워 대학 강단을 장악하였고 학회를 지배하였다. 그리고 그들은 역사 교과서를 기술하는 특권마저도 독점하였다. 더 큰 문제는 실증사학자들이 식민주의 사관의 틀을 벗지 못한 채 그 영향력을 여전히 발휘하고 있다는 점이다. 어떻게 그럴 수 있을까? 교조화된 실증사학의 논리가 그만큼 강력히 작용한 결과다.[79]

한국의 실증사학계, 즉 식민사학계는 실증사학을 표방했지만 정작 서양의 실증주의에 비춰 보면 실증주의도 아니라는 말이다. 그럼에도 이들은 한국 사학의 주류를 형성했다. 조선사편수회 출신들은 해방 이후 서울대와 고려대 등의 사학과를 장악해서 '식민사학 카르텔'을 형성했고, 이런 카르텔은 서강대를 비롯한 전국 각 대학을 대부분 장악했다. 현재 식민사관의 영향력 아래 있지 않은 대학 사학과가 있다고 말할 수 있을까? 이들은 대학 강단과 학회를 장악하고 교과서까지 저술했다. 그래서 해방 이후 대한민국 국사

---

79 박양식, 「서양 사학 이론에 비추어 본 실증사학」, 『숭실사학 제31집』, 2013. 12., 345~346쪽.

교과서는 사실상 조선총독부에서 편찬한 교과서와 크게 다를 바가 없었다. 박양식 교수는 이들 실증사학자들의 단재 신채호에 대한 비판을 예로 들어 이들의 식민사학적 경향을 설명한다.

실증사학자들은 신채호의 역사관을 민족주의 사학으로 규정지으며 제대로 된 역사 연구로 인정하지 않았다. 이기백은 신채호가 과거의 한국사 서술 방법에 대해 매우 비판적이었다는 사실도 인정하였을 뿐만 아니라 그의 사료 비판도 보통 고증학자 못지않게 정력을 기울였다는 사실도 인정하였다. 그럼에도 그는 신채호가 한국 민족의 고유 사상을 강조하여 한국 민족을 세계로부터 고립시켰다고 주장하면서 이처럼 민족을 앞세운 민족주의 사관의 역사는 진정한 역사가 아니라고 격하시켰다. 여기서 사관이라고 이름 붙여 비판한 것은 그것이 과학적이고 객관적인 역사 연구가 아니라는 암시가 숨어 있다. 그러한 비판이 타당한가? 전혀 아니다. 우선 민족주의 사학 내지 사관이란 용어 자체가 성립되지 않는다는 것이 필자의 생각이다. 서양에는 오히려 민족을 앞세워 조국의 역사를 쓰는 데 주저함이 없었다. 랑케도 그러하였다. 프랑스의 미슐레나 미국의 터너의 예를 보면 민족주의 사학이란 것이 한국의 실증사학자들에게 비판의 대상이 된다는 것은 이상한 일이다. 광범한 철학적 관심, 무시되었던 1차 사료에 대한 면밀한 주의, 풍부한 시적 스타일, 열렬한 애국주의를 가지고 프랑스 역사의 각 시기를 드높이고 고양시키는 역사 저작을 쓴 미슐레는 프랑스 국민의 일류 역사가로 인정받았다. 구세계(유럽)에 연결 짓지 않고 미국의 고유한 경험의 부산물로서 미국사를 연구해야 한다며 프런티어 frontier 사관을 제시했던 터너는 그 학설이 지닌 결점에도 불구하고 미국 역사학의 새 시대를 연 역사가로 평가받았다. 그런데도 한국의 실증사학자들은 일제에 의해 호도되고 말살되었던 민족의 역사를 되살리려고 노력한 사학자들의 역사 연구에 대하여 끊임없는 비판을 제기하였다. 그런 비판의 화살은 일본의 식민주의 사학에게나 돌려야 할 것이었다. 독일의 히틀러나 일본의 제국주의가 역사를 식민 통치술로 이용했는데 그런 사관이야말로 배격의 대상이 되어야 할 것이다. 그런데도 그런 유와는 완연히 다른 신채호의 역사관이 민족주의, 심하게는 국수주의 사관이라고 몰아붙여 부정되는 것에는 동의하기 어렵다. 그렇게 공격하는 실증사학자들의 의중에는 누구를 위한 역사를 염두에 두고 있는지 의문이 간다. 한국의 실증사학은 식민주의 사관의 극복을 주창하지만 실제 파고들어 보면 식민주의 기획의 틀을 벗어나지 못한 면이 많다. 그런 면에서 보면 제국을 운영해본 일본이 한국민의 감정은 아랑곳하지 않고 역사 문제를 끊임없이 제기하는 것도 이해 못할 일도 아니다. 한국의 실증사학이 식민주의 틀이란 기획 안에 안주하고 있는데 꺼릴 것이 무엇이겠는가?[80]

한국의 역사학자를 분류할 때 분류 기준 중의 하나가 단재 신채호에 대한 평가 여부다. 식민사학자들의 단재 신채호에 대한 거부

---

80 박양식, 「서양 사학 이론에 비추어 본 실증사학」, 『숭실사학 제31집』, 2013. 12., 346~347쪽.

감은 상상 이상이다. 물론 겉으로는 인정하는 척하지만 한 발 더 들어가 보면 전근대적이라고 비난하고 민족주의 역사학자라고 비난한다. 겉으로는 실증의 잣대를 들이댔지만 신채호만큼 중국의 고대 1차 사료 및 한국 1차 사료를 많이 본 학자도 없을 것이다. 그럼에도 신채호는 실증이 결여된 민족주의 역사가로 비난한다. 그들의 잣대는 조선총독부 학무국의 잣대이다. 조선총독부의 관점으로 신채호의 역사관을 바라보기에 그만큼 뼈아픈 것이다. 또한 신채호의 역사관이 되살아나면 자신들은 설 자리가 없다는 사실을 잘 알고 있기 때문이다. 식민사학자들은 일본의 극우 민족주의, 즉 침략주의·식민주의 관점으로 한국사를 바라본다.

박양식 교수는 서양 사학사의 중요한 경험을 전달해주었다. 독일의 랑케나 프랑스의 미슐레, 미국의 터너처럼 자국의 관점에서 자국사를 바라보는 역사학자들이 일류 역사학자 대접을 받는다는 사실이다. 한국에서는 조선총독부의 관점으로 한국사를 바라보는 이들이 일류 학자 대접을 받아왔다. 여기에서 주목할 표현이 "제국을 운영해본 일본"이라는 말이다. 독일, 프랑스, 미국은 한때 제국을 운영해봤거나 지금도 제국이다. 이런 나라들에서는 자국의 관점에서 자국사를 바라보는 역사학자들이 일류 역사학자 대접을 받는다. 반면 한국에서는 자국의 관점에서 자국사를 바라보면 온갖 매도를 당하고 학계에서 추방된다.

이들의 농간에 놀아난 언론들, 특히 진보 언론들까지 한국의 관점에서 한국사를 바라보면 '민족주의 사관'이라고 비난하는 투로 보도한다. 이 역시 식민사학의 카르텔이 막강하다는 방증이다. 박양식 교수의 말처럼 한국의 실증사학자들은 한민족의 역사를 되살리려고 노력하는 학자들을 끊임없이 비판했는데, "그런 비판의 화살은 일본의 식민주의 사학에게나 돌려야 할 것이었다." 독일의 히틀러와 일왕 히로히토는 무엇이 다른가? 히틀러는 독일인, 히로히토는 일본인이라는 점 외에는 다른 점이 전혀 없다. 일본은 1940년 독일·이탈리아와 파시스트 3국동맹을 체결한 나라였다. 이런 파시스트의 눈으로 한국사를 바라본 것이 식민사관, 즉 조선총독부 사관이었다. "독일의 히틀러나 일본의 제국주의가 역사를 식민 통치술로 이용했는데 그런 사관이야말로 배격의 대상이 되어야 할 것이다"라는 박양식 교수의 말은 지극히 당연한 상식임에도 아직까지 실현되지 않고 있다. 그래서 "대한민국은 과연 독립 국가인가?"라는 질문을 다시 던져야 하는 것이다.

한마디 덧붙이고 이 글을 맺겠다. 허술한 방법론으로 식민주의적 성격까지 갖춘 실증사학이 어떻게 한국사를 주무를 수 있었는가와 그 대안은 어떻게 찾을 것인가에 대한 필자의 입장에 관한 것이다. 두 문제에 대한 해결 방안은 한마디로 역사의 진실에 입각한 사상 체계를 세우는 데 있다고 할 것이다. 모든 시대는 그 시대의 문제에 직면하게 되어 있는데 그 문제를 해결해주는 사상 체계는 역사의 진실에서 나오기 때문이다. 그렇지 않고 역사의 진실이 가려진 채 공허한 사실들로 채워진 역사에서는 가짜 사상이 나올 뿐이다. 그런 사상은 시대 문제 인식이나 그 해결에 아무런 방향도 제시할 수 없을 뿐만 아니라 민족의 역사에 걸림돌이 되기 마련이다. 이에 대한 뼈아픈 역사철학적 성찰과 함께 미래를 여는 사상의 정립을 통해 '오늘날 여기'에 선 한국인으로서 역사의 정방향을 바라보고 나갈 수 있는 지혜와 역량을 갖추었으면 한다.[81]

식민사학이 지배하고 있는 현재의 사학계에 대한 대안이 "역사의 진실에 입각한 사상 체계를 세우는" 데에 있다는 언명은 극히 타당하다. 한국의 사학자들을 보면 과연 '역사의 진실'에 다가가기 위한 노력을 어느 정도 하는지 궁금할 때가 많다. 지엽말단적인 문제에는 천착하지만 큰 틀의 문제는 일부러 외면하는 경우가 많다. "전공이 아니다"란 말이 역사학의 큰 틀을 외면하는 방어용 무기로 자주 사용된다. 그만큼 한국 사회에서 역사의 진실에 다가가는 것이 아직은 손해라는 사회 구조의 문제도 분명히 있다. 그러다 보니 실증사학은 박양식 교수의 말대로 "민족의 역사에 걸림돌"이 되었다. 이제 이런 현상을 타파해야 한다는 것이 시대의 요구가 되었다.

81 박양식, 「서양 사학 이론에 비추어 본 실증사학」, 『숭실사학 제31집』, 2013. 12., 349쪽.

4장
한국 고대사는 늘 현대사였다

神檀民史

朝鮮史論 第一輯

丹齋 申采浩 先生 遺稿
京城 廣韓書林 發行

韓國獨立運動之血史

韓國痛史

1. 동북아역사재단과
식민사학 해체 국민운동본부

한사군부터 시작하는 한국 고대사

2014년 3월 19일 오후 6시 30분 국회 대회의실에서 식민사학 해체 국민운동본부가 발족했다.[82] 식민사학 해체 국민운동본부를 만들게 된 계기를 제공한 것도 역시 동북아역사재단이었다. 2013년 세모에 동북아역사재단은 『The Han Commanderies in Early

---

82 3인의 공동의장은 우당 이회영 선생의 손자인 이종찬 전 국정원장, 한나라당 윤리위원장이었던 인명진 갈릴리교회 목사, 그리고 허성관 전 행자부·해양수산부 장관이었다. 참의부 참의장이었던 희산 김승학 선생 증손자인 김병기 대한독립운동총사편찬위원장이 집행위원장을 맡았고 필자는 학술위원장을 맡았다. 대변인은 『노론 300년 권력의 비밀』, 『한국사가 죽어야 나라가 산다』라는 저서에서 노론사관, 식민사관의 폐해를 통박한 이주한 한가람역사문화연구소 연구위원이 맡았다.

Korean History』란 영문 서적을 발간했다. '한국 고대사의 한나라 영지領地들'이란 뜻인데, 동북아역사재단은 '한국 고대사 속의 한사군'으로 번역했다. 필자 등은 당초 이런 책이 발간된 사실 자체를 몰랐다가 그 실체를 알고 경악을 금치 못했다. 배경을 좀 더 알아보니 믿기 힘든 일들이 진행되어 있었다. 동북아역사재단은 2007년부터 하버드대학 한국학연구소에 10억 원의 국고를 지원해 여섯 권의 한국 고대사 발간 사업을 하고 있었는데, 이번에 마지막으로 두 권이 나온 것이었다. 한국 고대사에 대한 영문 서적 여섯 권을 제작해서 외국인들에게 한국 고대사를 알리겠다는 취지는 좋다. 문제는 이 여섯 권의 책자가 모두 식민사관, 즉 조선총독부 사관에 의해서 제작됐다는 점이다.

상식적으로 생각해서 한국 고대사에 대한 영문 서적 여섯 권을 제작해서 서양인들에게 전파하려면 가장 먼저 무엇을 알려야 하겠는가? 당연히 (고)조선이다. 그러나 여섯 권 중에 고조선은 없고 한사군이 있다. 우리 민족 최초의 국가 고조선의 역사는 지워버리고 고조선을 무너뜨리고 들어선 한사군을 알리겠다는 것이다. 조선사편수회의 관점 그대로다. 동북아역사재단은 이미 2010년에는 『The Samhan period in Korean History(한국 역사 속의 삼한 시기)』를 발간했다. '삼국이 아니라 삼한'이라는 점에 주목해야 한다. 삼국은 사라지고 삼한이 들어간 이유는 앞서 언급한 쓰다 소키치가 발명하고 스에마쓰 야스카즈, 이마니시 류 같은 식민사학자들이 발전(?)시킨 '『삼국사기』 초기 기록 불신론'을 그대로 추종한 것이었다. 이에 따라 삼국의 초기 역사는 지우고 그 자리를 『삼국

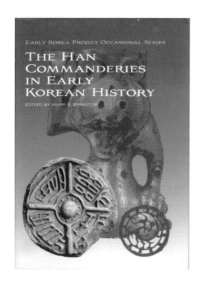

『The Han Commanderies in Early Korean History』 표지.

지』 「위서 동이전」 〈한韓〉조로 대체한 것이었다. 2012년에는 『The Rediscovery of Kaya in History and Archaeology(가야의 역사적·고고학적 재발견)』를 발간했다. 가야사에 대한 재조명을 하기 위한 것이 아니라 가야를 임나일본부로 보는 속셈을 교묘하게 드러낸 것인데, 이 부분에 대해서는 근래에 노골적으로 "임나일본부가 한반도 남부를 지배했다"고 주장하고 있는 고려대 역사교육과 교수 김현구에 대해서 언급할 때 보충하겠다.

필자는 처음 『The Han Com- manderies in Early Korean History(한국 고대사의 한나라 영지들)』(본문 비판은 337쪽에서 후술)를 받아 들고 우선 제목에 놀랐다. 동북아역사재단은 '한국 고대사 속의 한사군'이라고 번역했지만 '한국 고대사의 한나라 영지들'이 더 정확한 표현이다. 필자는 당초 중국의 동북공정 영도소조에서 영문으로 발간한 것으로 착각했다. 이해를 돕기 위해 중국의 동북공정 조직도를 먼저 볼 필요가 있다. 중국에서 동북공정을 총괄하는 조직이 '동북공정 영도협조기구'인데, 그 고문이 중국공산당 정치국원 겸 중국사회과학원 원장 리톄잉李鐵映과 중국공산당 중앙위원 겸 재정부장 샹화이청項懷誠이었다. 조선총독부 조선사편수회가 그러했듯, 동북공정 역시 학술 조직이 아니라 정치 선전 조직이다. 동북공정의 이런 성격은 동북공정을 실질적으로 지휘하는 '동북공정 영도소조'를 보면 잘 드러난다. 동북공정 영도소조의 조장은 중국공산당 중앙위원 겸 중국사회과학원 부원장 왕뤄린王洛林이고 그 아래 3명의 부조장이 있다. 3명의 부조장은 헤이룽장성 공산당위원회 부서기 양광훙楊光洪, 지린성 부성장 취엔저주全哲洙, 랴오닝성 부성장 자오신량趙新良이었다. 학자들은 그저 이들의 정치적 요구에 학문적 근거를 갖다 대주는 어용에 불과한 조직이었다.

조선총독부 조선사편찬위원회 회장도 학자가 아니라 조선총독부 정무총감 아리요시 주이치였고, 조선사편수회로 바뀐 뒤에도 정무총감 시모오카 주시가 회장이었다. 조선총독부 정무총감은 산하에 지금의 안행부, 검찰, 경찰 등을 한 손아귀에 장악하고 있는 총독 바로 밑의 서열 2위 자리다. 고문은 중추원의장 이완용 같은 한국인 매국적들과 도쿄제대 교수 구로이타 가쓰미黑板勝美 같은 식민사학자들이었다. 위원으로 교토제대 조교수 이마니시 류 등이 있었고, 그 밑에 이병도, 신석호 등의 여러 한국인들이 있었다.

조선총독부가 조선사편수회에서 37권(목록, 색인 포함)의 방대한 『조선사』를 편찬하기 전에 편찬하던 『조선반도사』의 시기 구분을 보자. 제1편이 '상고上古 삼한'인데, 이를 2기로 나누어 1기는 '원시 시대', 2기는 '한漢 영토 시대'로 분류했다. 단군조선은 역사적 사실이 아닌 전설로 취급해서 원시 시대로 넣고는 한국사의 시작을 한 영토 시대, 즉 한사군으로 설정한 것이었다. 한국사의 시작을 식민지로 만들려는 의도였는데, 동북아역사재단에서 고조선을 삭제하고 한사군으로 시작한 것과 완전히 일치한다.

『조선반도사』시기 구분의 제2편은 삼국인데, 제1기가 삼국 성립 시대이고, 제2기가 '삼국 및 가라加羅 시대'로, 이 시기에는 '일본의 보증保證 시대'라는 부제를 붙였다.[83]

가라는 곧 임나일본부이자 일본의 후원으로 유지된 시대로 보겠다는 것인데, 동북아역사재단에서 2012년 『The Rediscovery of Kaya in History and Archaeology(가야의 역사적·고고학적 재발견)』를 발간한 이유가 여기에 있다. 한반도 북부는 한사군이라는 중국의 식민지, 한반도 남부는 임나일본부(가야)라는 일본의 식민지였다는 것이다. 이는 중국의 동북공정과 완전히 일치한다. 동북공정의 주요 이론은 대략 세 가지 정도로 볼 수 있다.

① 대동강 유역은 고조선과 낙랑군 지역이었다 = 고조선은 한강 이북에 있던 작은 소국이었고, 그 자리에 한사군이 설치되었다.
② 고구려는 중국의 지방 봉건 정권이다.
③ 한강 이북, 북한은 중국의 역사 영토였다.

이 중 ①과 ③은 일제 식민사관과 중국 동북공정의 공통점이다. 그런데 동북아역사재단에서 설립 후 지금까지 해왔던 활동들은 대한민국 국민 세금으로 ①과 ③번을 연구하고 확산하는 것이었다.

---

83 『친일반민족행위관계사료집 V: 일제의 조선사 편찬사업』, 친일반민족행위진상규명위원회, 2008, 25~26쪽.

동북아역사재단은 고구려연구재단의 후신인데, 고구려연구재단의 마지막 이사장은 신석호의 제자였던 전 고려대 총장 김정배였다. 동북아역사재단 홈페이지에 따르면 동북아역사재단 초대 이사장은 서울대 문리대 사학과(1967년 졸) 출신의 서울대 동양사학과 교수 김용덕이었고, 2대 이사장은 서울대 역사교육과(1974년 졸) 출신의 서울시립대 국사학과 교수 정재정이었다. 문재인 정부가 새로 임명한 현 이사장은 연세대 사학과 교수 김도형이고, 직전 이사장은 중앙대 정치학과 교수 출신 김호섭, 그 전 이사장은 서울대 출신 김학준이다. 정권 교체 후 다른 분야에서는 적폐 청산 목소리가 높지만 가장 오랜 적폐가 쌓인 이 분야만 적폐 청산의 무풍지대다.

물론 이들은 자신을 식민사학자라고 생각하지 않을 것이다. 그러나 필자가 2009년에 동북아역사재단 홈페이지의 문제점을 제기하고, 2012년에 경기도교육청 자료집을 반박한 문제점을 제기하고, 2014년에 한국 고대사 관련 영문 서적의 문제점을 지적한 데서 알 수 있는 것처럼 동북아역사재단은 설립 후 지금껏 한 치의 흐트러짐도 없이 일제 식민사관을 전파해왔다. 그러면 그 이사장이 속으로 '나는 식민사학자가 아니다'라고 읊조린다고 식민사학자가 아니라고 할 수 있겠는가? 몰라서 그랬다고 하겠는가? 명색이 모두 교수이자 총장을 역임한 학자들인데 몰랐다는 말이 가당키나 한가? 자신들이 이사장으로 재임할 때 연간 수백억의 국민 세금을 식민사관 전파에 쏟아부은 것은 객관적 사실이다. 그러면 이들이 최소한 순수 피해자가 아닌 것은 명확하다. 그러면 이들은 식민사관의 가해자 겸 피해자일까? 순수한 가해자일까? 이사장으로 재임할 때 일제 식민사관 해체를 위해 객관적 노력을 했다면 피해자로 분류할 수 있을 것이다. 그러나 이 경우 이사장인 자신은 식민사관 해체를 위해서 노력했는데 왜 동북아역사재단은 식민사관을 계속 전파했는지를 설명해야 한다.

동북아역사재단은 『The Han Commanderies in Early Korean History』를 발간하면서 번역 제목을 '한국 고대사 속의 한사군'이라고 소개했다. 그러면서 언론에는 이렇게 설명했다.

> 기원전 108년 한 무제에 의해 설치된 한사군에 대한 최신 연구 성과를 서구 학계에 소개하고 있다. 특히 한사군의 위치나 역사에 대해서는 그동안 일본 혹은 중국 학계의 입장이 많이 알려졌으나 한국 학계의 시각이 반영된 게 특징이다.

마치 『한국 고대사 속의 한사군』이 일본이나 중국 역사학계의 시각과는 다른 내용을 담은 것처럼 설명하고 있다. 물론 거짓말이다. 동북아역사재단이 이런 거짓말을 천연스레 내놓을 수 있는 배경은 두 가지가 있다. 첫째, 보도자료만 배포하고 책은 배포하지 않았기 때문이다. 둘째, 한국 언론의 상황 판별력을 우습게 봤기 때문이다. 동북아역사재단에서 국고를 가지고 영문으로 한국 고대사 관련 책을 냈으니 언론에서는 당연히 대한민국의 국익을 위하는 책일 것이라고 생각했을 것이다. 그러나 사실은 정반대였다. 동북아역사재단 홈페이지에 들어가보면 이들 책에 대한 설명을 하는 항목이 '역사 화해'이다. '역사 화해'는 좋은 뜻으로 해석할 수 있지만 동북아역사재단 같은 데서 '역사 화해'라고 말하면 '한국사를 일본과 중국에 갖다 바쳐서 화해를 이룬다'라고 읽으면 맞다. 동북아역사재단의 고위 관계자가 "낙랑군이 평양에 있다고 해야 한중 관계가 편해진다"고 했다는 말도 들었다. 동북아역사재단이 낸 보도자료 제목은 '하버드대, 한사군 등 한국 고대사 관련 최신 연구 성과 소개 책자 발간'이다. 마치 하버드대에서 한국 고대사와 관련한 최신 연구 성과를 책으로 낸 것처럼 읽힌다.

> 재단은 지난 2007년부터 미국 하버드대 한국학연구소(소장: 김선주 교수)의 Early Korea Project(연구 책임: Mark Byington)를 지원하여 총 여섯 권의 한국 고대사 시리즈 도서를 발간하였습니다.[84]

'Early Korea Project(고대 한국 프로젝트)'에는 국민 세금 10억이 들어갔는데, 동북아역사재단의 설명에 따르면 김용덕 초대 이사장(2006~2009) 때 이 사업을 결정했는데, 이때 이미 『Reconsidering Early Korean History through Archaelogy(고고학을 통해 본 한국 고대사 재인식)』를 발간했다. 2대 정재정 이사장(2009~2012) 때 『The Samhan period in Korean History(한국 역사 속의 삼한 시기)』(2010)와 『State and Society in Middle and Late Silla(신라 중·하대 국가와 사회)』(2012), 『The Rediscovery of Kaya in History and Archaeology(가야의 역사적·고고학적 재발견)』(2012)가 발간되었다. 그리고 2013년 말 김학준 이

---

84 동북아역사재단 보도자료.

사장 때 『New Perspective on Early Korean Art: From Silla to Koryŏ^(한국 고대 예술에 관한 새로운 시각들: 신라부터 고려까지)』(2013)와 『The Han Commanderies in Early Korean History^(한국 고대사 속의 한사군)』가 발간되었다. 이로써 모두 여섯 권의 영문 책자가 완간되었는데 초대부터 3대 이사장 때까지 꽤 긴 기간 동안 일관된 목적성을 가지고 추진되었다는 이야기다.

'고대 한국 프로젝트'에 고조선은 없고 한사군이 있다. 한국사의 시작부터 고려 시대까지를 포괄하는 이 프로젝트에서 고구려와 백제는 완벽하게 지워졌다. 이 프로젝트에 따르면 한국사는 한사군에서 가야를 거쳐 신라 중기로 이어졌다가 고려로 간다. 이 프로젝트에서 말하고 싶은 가야는 물론 임나일본부란 것이다. 그리고 쓰다 소키치가 창안하고 이마니시 류, 이병도 등이 계승한 『삼국사기』 초기 기록 불신론'에 따라서 신라 초기사도 지워버리고 나니 『한국 역사 속의 삼한 시기』와 『신라 중·하대 국가와 사회』가 들어간 것이다.

『The Han Commanderies in Early Korean History』는 '한국 고대사의 한나라 영지들'이라고 번역해야 맞지만 일단 재단 측의 번역대로 '한국 고대사 속의 한사군'으로 읽어보자. 이 책에 대해 재단 측은 보도자료에서 이렇게 설명했다.

『한국 고대사 속의 한사군』은 기원전 108년 한 무제에 의해 설치된 한사군에 대한 최신 연구 성과를 서구 학계에 소개하고 있습니다. 특히 한사군의 위치나 역사에 대해서는 그동안 일본 혹은 중국 학계의 입장이 서구 학계의 주류로 자리 잡고 있는 상황에서 하버드대 한국학연구소를 통해 우리나라 학계의 입장이 소개된다는 것에서 의미가 크다고 할 것입니다.[85]

이 보도자료를 보면 『한국 고대사 속의 한사군(한국 고대사의 한나라 영지들)』이 마치 중국 패권주의 사관이나 일제 식민사관을 비판하고 있는 내용인 것처럼 느껴진다. 정신은 대일본제국의 신민이지만 불행하게도 몸은 대한민국 국민이기에 나타나는 이중성 행보이다. 대한민국 국민들이나 기자들에게는 식민사관을 비판하는 민족사학자로 비치고 싶은 것이다. 동북아역사재단 보도자료를 조금 더 보자.

일반적으로 한국 고대사 연구에서 한사군의 위치 문제는 고조선·고구려의 위치 비정 문제와 밀접하게 관련을 맺고 있습니다. 하지만 서구 학계에서는 일본 학계 연구 성과의 영향을 많이 받고 있고, 최근 중국 학계의 입장도 반영되고 있는 실정입니다. 이에 따라 한국사의 출발은 낙랑군 설치를 통한 중국 문화의 이입과 그에 따른 타율적 역사 발전이라고 인식되고 있는 상황입니다. 이번에 출간된 신간 중 『한국 고대사 속의 한사군』은 그러한 의미에서 한국사 연구의 출발선상에서의 한사군에 대한 우리 학계의 연구 성과를 서구 학계에 소개하는 중요한 의미를 갖는다고 할 수 있습니다. 특히 한사군에 대한 문헌 자료와 고고학 자료를 집대성하고,

---

85 동북아역사재단 보도자료.

국내외 연구사 검토로부터 시작하여, 고조선 연구, 낙랑군의 지배 계층 분석, 한사군의 위치 비정 등 전문적인 내용을 전문가뿐 아니라 일반 독자들도 알기 쉽게 읽을 수 있도록 정리하였습니다.[86]

동북아역사재단의 말과 행동이 다른 이중성을 제대로 인식하고 읽는다면 추리소설보다 재미있는 보도자료다. "한사군의 위치 문제는 고조선·고구려의 위치 비정 문제와 밀접하게 관련을 맺고" 있다는 말은 맞는다. 그래서 한사군의 위치 문제가 중요하다. 한사군의 위치가 일제 식민사관, 즉 조선총독부 사관의 주장대로 한강 이북에 있었다면 고조선도 거기 있었던 것이 된다. 대동강 유역에 있었다는 낙랑군을 중심으로 한강 이북에 한사군이 있는 것이다. 그러면 북한 전역은 과거 한나라 영토가 된다. 중국 동북공정은 맞는 논리가 된다. 반면 독립운동가들의 주장대로 한사군이 만주 서쪽이나 허베이성(하북성) 일대에 있었다면 이 일대까지 고조선 강역이 된다. 즉 지금의 베이징 부근까지 한때는 한국사의 역사 강역이었다는 뜻이 된다. 그래서 동북아역사재단의 말마따나 '한사군의 위치 문제'가 중요한 것이다. 그런데 동북아역사재단은 "하지만 서구 학계에서는 일본 학계 연구 성과의 영향을 많이 받고 있고, 최근 중국 학계의 입장도 반영되고 있는 실정입니다"라고 말했다. 그러면서 "이에 따라 한국사의 출발은 낙랑군 설치를 통한 중국 문화의 이입과 그에 따른 타율적 역사 발전이라고 인식되고 있는 상황입니

---

86   동북아역사재단 보도자료.

다"라고 현 상황을 개탄하는 것처럼 말하고 있다.

이 말을 이 책의 내용대로 바꾸면, 즉 동북아역사재단의 속내대로 읽으면 이런 내용이다.

> 서구 학계에서는 우리처럼 일본 학계 연구 성과의 영향을 많이 받고 있고, 최근 중국 학계의 입장도 반영되고 있는 실정입니다. 이에 따라 우리의 인식과 완전히 일치하게도 한국사의 출발은 조선총독부에서 확정한 대로 낙랑군 설치를 통한 중국 문화의 이입과 그에 따른 타율적 역사 발전이라고 인식되고 있는 다행스러운 상황입니다.

그다음 문장은 이렇게 읽으면 명실상부名實相符라는 사자성어에 맞는 말이 된다.

> 이번에 출간된 신간 중『한국 고대사 속의 한사군』은 그러한 의미에서 한국사 연구의 출발선상에서의 한사군에 대한 우리 식민사학계의 연구 성과를 서구 학계에 소개하는 중요한 의미를 갖는다고 할 수 있습니다. 특히 한사군에 대한 문헌 자료와 고고학 자료를 집대성하고, 국내외 연구사 검토로부터 시작하여, 고조선 연구, 낙랑군의 지배 계층 분석, 한사군의 위치 비정 등 전문적인 내용을 전문가뿐 아니라 일반 독자들도 조선총독부 사관이 모두 맞음을 알기 쉽게 읽을 수 있도록 정리하였습니다.

동북아역사재단이 생각하는 '우리'는 필자나 일반 대한민국 국민들이 생각하는 '우리'와 다르다.

덴리교 예배에 참석한 이병도

서울대 사학과 교수로 재직하다 연세대 사학과로 옮겨서 퇴직한 김용섭 교수가 있다. '조선후기 농업사' 연구를 통해서 식민사관의 '한국사 정체성론'과 맞서 싸운 노학자다. 그분의 두툼한 자서전이 『역사의 오솔길을 가면서』인데 자신의 학문 역정을 길게 서술하고 뒤에 부록으로 서울대 사학과 교수 시절의 에피소드를 몇 장면 소개했다. 그중 김철준 교수와 나눈 대화이다.

> 김 교수 말씀은 두 차례 있었다. 한번은 나를 보고 웃으시며 "김 선생, 김 선생 민족주의는 내 민족주의와 다른 것 같애." "예, 그런 것 같습니다……." 그다음은 노발대발하시며, "이○○ 선생에 대해서 무슨 글을 그렇게 써!" 하시며 질책하셨다. 마치 부하 직원이나 제자를 대하듯 나무라셨다. 전자는 경고성 발언이고 후자는 절교성 발언이라고 생각되었다.[87]

김철준의 민족주의는 김용섭의 민족주의와 다르다. 김철준의 '우리'는 김용섭의 '우리'와 다르다는 뜻이다. 동북아역사재단의 '우리'와

---

87 김용섭, 『역사의 오솔길을 가면서』, 지식산업사, 2011, 770쪽.

필자나 일반 국민들의 '우리'도 다르다. 지금껏 식민사학자들을 '같은 민족'이라고 생각했기 때문에 많은 혼선이 생겼다. 위에서 말한 '이○○ 선생'은 물론 이병도를 뜻한다. 이병도가 한국 (식민)사학계의 태두로 있던 때의 일이다. 서울대 국사학과 한우근 교수와 김용섭 교수가 나눈 대화이다.

> 한 교수 말씀도 두 차례 있었는데, 연세가 높으신 만큼, 말씀의 논조 방법을 아주 다르게 하셨다. 한번은 두계(이병도) 선생이 덴리대학 天理大學 초청으로 일본에 다녀오셨는데, 그 대학에서 한 교수와 나를 초청하니 두 사람이 상의해서 다녀오라고 하셨다며, "김 선생, 같이 갑시다. 김 선생이 간다면 나도 가고 안 간다면 나도 안 갈래" 하시는 것이었다. "그런데 두계 선생이 덴리대학에 가시니, 그 대학이 덴리교天理敎의 도복을 입히고, 예배에 참석토록 하였다는 군"이라고도 덧붙이셨다. 나는 거기는 아직도 총독부 시대이구나 생각하였다. 그래서 "선생님, 저는 차멀미를 많이 해서 여행을 못합니다. 선생님만 다녀오십시오" 하고 사양하였다. 다른 한번은 여러 사람이 있는 가운데, "……김 선생, 우리 이제 민족사학 그만하자"고 하시는 것이었다. 이것이 여러 말씀 가운데 핵심이었다. 말씀은 부드러웠지만, 논조는 강하였다. 명령이었다.[88]

이 부분에 대해서는 이주한 연구위원이 『한국사가 죽어야 나라

---

88 김용섭, 『역사의 오솔길을 가면서』, 지식산업사, 2011, 771쪽.

가 산다』에서 다루었으므로 길게 이야기하지는 않겠다. 해방 이후 서울대 교수들은 덴리대학 초청으로 일본을 다녀오곤 했는데, 김용섭 교수의 말대로 "거기는 아직도 총독부 시대"인 곳이었다. 국사학계의 태두 이병도가 해방 후 그런 곳에 가서 덴리교 도복을 입고 예배에 참석했다는 것이다.

> 두계 선생은 누구나가 존경하는 대학자이시고 또 근엄한 용모에 상대방을 꿰뚫어 보는 것 같은 눈빛을 가지고 계셨으므로 젊은 학부 학생들은 선생님 앞에 나가는 것을 어려워했던 모양이었다. …… 대학 교실에서 강의를 하고 계실 때라든가 또는 서울대 대학원장으로서 학위 수여식에 임하고 계실 때의 선생님의 위엄 있는 모습들만을 보아온 제자들에게는……. [89]

국내에서는 이런 대접을 받던 이병도가 정작 일본에 가서는 덴리교 도복을 입고 덴리교 예배에 참석했다는 것이다. 덴리대학은 일본 나라현 덴리시에 있는데, 시의 이름이 덴리일 정도로 덴리교의 영향력이 강한 곳이다. 덴리교는 일본 에도 말기에 성립된 일본의 신도神道 종교 단체로서, 현재 일본의 신도 13개 교파의 하나이다. 일본의 국교인 신도는 일왕을 살아 있는 현인신現人神으로 모시고 또 여러 신들을 모시는데, 개항 이후 일본의 내전 및 해외 침략 과정에서 전사한 인물들을 신으로 모시는 야스쿠니 신사가 일본 신

---

89 진단학회, 『역사가의 유향』, 일조각, 1991, 130쪽.

도의 성격을 단적으로 말해준다.

덴리교는 일본이 군국주의의 길로 내달리던 1930~1940년대에는 종교 단체인지 군사 단체인지 모를 정도로 군국주의 팽창 정책에 적극 동조했고, 이 과정에서 수많은 한국 유물들을 일본으로 실어 갔다. 그 유명한 안견安堅의 「몽유도원도夢遊桃源圖」도 덴리대학이 소장하고 있으며, 그 밖에도 수많은 한국 유물들이 있다.

나라현 덴리시에 가면 덴리교 본부가 있는데, 수만 명이 한꺼번에 예배를 볼 수 있을 정도로 거대한 신전이 있다. 동서남북의 예배장 중앙에 덴리교에서 가장 신성시하는 감로대가 있다. 감로대는 육각형 나무인데, 이곳을 오지바おじば라고 부른다. 한자로는 '지방'이란 뜻의 지장地場에 높임말 오お 자를 붙여 오지바라고 하는데, 창조주가 인간의 몸을 빌려 환생했다는 곳이다. 즉 창조주가 1838년 나라현의 나카야마 미키(中山美伎: 1798~1887)라는 여인의 몸을 빌려 하강했다는 장소이다. 그래서 나카야마 미키가 쓰키히노야시로, 즉 오야사마라고 부르는 덴리교의 교조教祖가 되었다. 창조주가 나카야마 미키를 미리 인간으로 태어나게 하고는 그 몸을 빌려 하강했으니 인간은 모두 오야사마의 뱃속에서 잉태되고 출산되었다는 교리를 갖고 있다.

그래서 덴리교는 감로대의 육각형 나무를 모든 인류의 고향이자 인간 생명의 근원으로 여기며, 이른바 오야사마를 창조주의 현신現身으로 여긴다. 바로 이 때문에 같은 신도이면서도 잠시 탄압을 받기도 했다가 1908년에 교파신도教派神道의 한 파로서 독립되었다. 신도는 신사신도·교파신도·국가신도·황실신도·학파신도 등으로 나

일본 덴리시의 덴리교 본부.

넌다. 덴리교는 1930년대 이후에는 일본 군국주의의 선봉 역할을 했는데, 국가주의 신도보다 더 심한 일본 신도라고 보아야 한다. 왜냐하면 인간은 오야사마의 뱃속에서 태어나지 않은 자가 한 사람도 없다는 교리를 갖고 있기 때문이다.

감로대가 있는 지바를 참배하는 것을 기상きさん이라고 하는데, 한자로는 귀참歸參이라고 쓴다. 주인을 떠났던 무사가 다시 돌아와 주인을 섬기거나 의절당한 자식이 아버지의 허락을 받아 다시 집에 돌아왔을 때 사용하는 용어다. 덴리교 본부에서는 참배객을 맞이할 때 첫 참배객이건 아니건 가리지 않고 '이랏샤이마세いらっしゃいませ', 즉 '어서 오세요'가 아니라 '요코소 카에리나사이ようこそお歸(かえ)りなさい'라고 말한다. '잘 돌아오셨습니다'라는 뜻이다. 첫 참배객이건 아니건 이곳에 온 것을 인류의 고향으로 돌아온 것으로 보는 것이다. 즉 신을 떠났던 인간이 다시 신에게 돌아왔다는 뜻이다. 신도 중에서

도 가장 일본 국수주의적인 신도가 덴리교다.

덴리교의 예배란 검은 도복을 입고 무릎 꿇고 엎드려 절하는 것으로 시작된다. 꿇어 엎드리는 것은 참회했다는 뜻과 굴복했다는 뜻을 동시에 갖고 있다. 그리고 박수를 네 번 치고 다시 엎드려 절하고는 박수를 다시 네 번 친다. 이것이 해방 후 한국 사학계의 태두 이병도가 도복을 입고 참석했다는 덴리교 예배다. 서울대 교수 한우근이 이병도, 또는 이병도를 수행해서 갔던 인물로부터 직접 듣고 한 증언일 것이므로 사실일 것이다.

조선총독부는 대한제국 강점 직후부터 각지에 관립 신사를 세우거나 일본인들이 건립한 신사를 지원했다. 총독부 예산으로 신사를 세우거나 지원했다는 사실은 신사가 순수 종교 단체가 아니라 일본 군국주의의 정신적 전위기관이란 뜻이다. 1912년부터는 그 중심이 되는 조선신사朝鮮神社를 건립하기 위해 설립 예산을 편성했는데, 위치를 남산으로 정하고, 여기 모실 제신祭神을 일본 건국 신화의 아마테라스 오미카미天照大神와 대한제국 점령 당시 일왕이던 메이지로 정했다. 단군을 역사 인물에서 신화로 격하한 이면에는 일본의 아마테라스를 한·일 양 민족의 시조신으로 격상하고자 하는 통치 정책이 내재되어 있었던 것이다. 조선신사, 즉 조선신궁朝鮮神宮 건립은 한국사 왜곡과 함께 일본 제국주의자들이 한국의 영혼을 영구히 지배하기 위한 핵심 사업이었다. 조선총독부에서 1918년 12월에야 '조선신사 창립에 관한 청의請議'를 일본 내각에 제출할 수 있었던 것은 서울을 굽어보는 남산에 총부지 12만 7,900여 평의 터전을 만드는 작업이 쉽지 않았음을 말해준다.

남산에 있던 조선신궁.

　3·1운동의 여파가 채 끝나지 않은 1919년 7월, 일본 제국주의는 내각고시 제12호로 조선신사 창립을 확정했고, 1920년 5월 27일 지진제地鎭祭라는 이름의 기공식을 가졌다. 공사가 마무리되어 가던 1925년 6월 27일 일본은 내각고시로 신사의 사격社格을 높여 조선신사에서 조선신궁으로 개칭했다. 그리고 대륙 침략을 본격화하던 1930년대부터 신사 참배를 강요해 수많은 마찰이 발생했다. 한국 기독교사 연구자들에 따르면 일제의 신사 참배를 거부하다 투옥당한 이만 무려 2천여 명에 강제 폐쇄된 교회도 200여 개에 이르고, 주기철·조용학·최봉석·최상림·김윤섭·박의흠 등 순교한 기독교인들도 50여 명에 이른다.

　1945년 8월 15일 일제가 패전했을 때 조선총독부에서 가장 먼저 착수한 일은 조선신궁을 비롯한 각지의 신사 해체였다. 조선신궁은 광복 다음 날 승신식昇神式이란 폐쇄 행사를 갖고 자진 철수했는데,

일본인들의 정신의 정화인 신궁과 신사가 분노한 한국인들에 의해 짓밟히거나 응징당할 것을 우려했기 때문이었다. 조선총독부는 신사는 해체하지만 이를 통해 심어놓은 정신은 계속되리라 믿어 의심치 않았다. 그리고 그런 믿음은 한국 사학계의 태두 이병도가 덴리교의 검은 도복을 입고 예배에 참석해 무릎 꿇고 절하며 박수를 네 번 치는 것으로 현실이 되었다. 또한 아직도 조선총독부 사관이 한국 (식민)사학계의 정설 또는 통설로 확고하게 자리 잡고 있는 것으로 실현이 되었다.

2. 해방 후에도 이어진 식민사학 카르텔

해방 후에도 국내를 들락거린 조선사편수회의 일인들

이주한 연구위원은 『한국사가 죽어야 나라가 산다』에서, "이병도는 광복 전이나 광복 후나 극우 일본인의 삶을 살았다"라고 밝혔다. 외형은 한국인이지만 내면은 극우 일본인이었다. 그렇게 한국인의 외피를 쓴 이병도의 후예들이 대한민국 국민 세금으로 만든 책이 바로 『한국 고대사 속의 한사군』이다. 필자는 김용섭 교수의 글을 보고 필자가 평소 갖고 있던 의심이 사실이구나 하는 생각이 들었다. 해방 후에도 한국 식민사학자들이 일본으로 쫓겨 간 일본인 식민사학자들과 교류를 하고 있을지 모른다는 의심이었다. 이병도와 덴리교는 이것이 사실임을 말해주고 있었다. 김용섭 교수의 회고를 한 장면 더 보자.

다른 한 번은, 분명치는 않으나, 민족주의 역사학인가, 실증주의 역사학인가에 관하여 검토하는 시간이었던 것 같은데, 교학부장 고윤석 교수도 포함된 네댓 명의 중년·노년의 교수가 내방하였다. 노크를 하기에 문을 열었더니, 김원룡 교수께서 말씀하시기를, "일제 때 경성제대에서 내가 배운 스에마쓰 선생님인데, 김 선생 강의를 참관코자 하시기에 모시고 왔어요. 김 선생, 되겠지?" 하는 것이었다.[90]

스에마쓰 야스카즈는 조선사편수회의 핵심 인물이자 쓰다 소키치가 창작한 『삼국사기』 초기 기록 불신론'을 이마니시 류와 함께 가장 열심히 계승한 인물이다. 앞서 한국학진흥사업단의 평가단이 필자의 『조선사편수회 식민사관 이론 비판』을 그토록 부정적으로 평가한 이유 중의 하나에 그 책에서 스에마쓰 야스카즈의 이론을 강하게 비판했다는 점도 있을 것이다. 스에마쓰 야스카즈는 도쿄 제국대학 문학부 국사학과를 졸업했는데, 여기서 국사란 일본사다. 그 후 조선총독부 직속의 조선사편수회 수사관보修史官補 및 수사관으로 근무하면서 방대한 『조선사』(37책: 목록. 색인 포함)를 편찬했던 핵심 인물이자 경성제국대학 법문학부 교수도 지냈다.

스에마쓰는 쓰다 소키치의 『삼국사기』 초기 기록 불신론'을 더욱 심화한 인물인데, 그는 「신라왕대고략新羅王代考略」에서 "(마에마 교사쿠前間恭作가) 김 왕조의 확립이, 서기 4세기 중엽을 내려오지 않는다

90 김용섭, 『역사의 오솔길을 가면서』, 지식산업사, 2011, 768쪽.

고 단정한 것은 제종(諸種: 여러 종류)의 사료를 근거로 보아 따를 만한 것인데"라고 말하고, "내물 이전의 신라기(新羅紀: 『삼국사기』 「신라본기」), 말하자면 신라의 창세기"라고 말해서 신라는 내물왕 때 건국했다고 주장한 인물이다. 스에마쓰는 같은 글에서 "신라 왕국의 역사적 존재가 4세기 중엽을 내려오지 않는다는 점이 명백하게 긍정된다면"이라고도 말했다. 현재 국사 교과서에서 내물왕 때 신라가 건국되었다고 서술한 것은 이병도의 견해를 따른 것으로 알려져 있지만 사실은 스에마쓰의 견해를 따른 것이다.

이런 인물이 해방 후에도 김포공항을 버젓이 들락거리며 서울대 국사학과 교수들을 계속 지도한 것이다. 김원룡이 만든 원삼국론原三國論이란 쓰다 소키치와 스에마쓰 야스카즈의 '『삼국사기』 초기 기록 불신론'을 고고학으로 꿰맞춘 것이다. 더 이상의 자료는 없지만 필자는 스에마쓰와 김원룡이 서울대 국사학과 교수실에서 나눈 대화록을 개연성 있게 재연할 수 있다.

스에마쓰: 김 선생, 요즘 공부 좀 하시나?
김원룡: 예! 하느라고는 하고 있습니다만 아직도 선생님께는 많이
　　　　부족합니다.
스에마쓰: 요즘 무슨 공부하시나?
김원룡: 예! 선생님께서 연구하신 『삼국사기』 초기 기록 불신론'을
　　　　고고학으로 뒷받침하는 원삼국론을 만들었습니다.
스에마쓰: 내 제자답구먼. 계속 열심히 하시게.

이 대화를 터무니없는 상상이라고만 치부할 수 있을까? 조선사 편수회의 핵심 인물인 스에마쓰가 나타나자 서울대 교학부장을 포함한 네댓 명의 보직교수들이 수행해서 사전 연락도 없이 신성불가침이어야 할 강의실을 침범한 것이다. 스에마쓰는 여전히 스승님이었다.

필자는 최근 어버이 수령에 대한 찬사보다 더한 이병도에 대한 찬사인 『역사가의 유향』을 다시 보다가 흥미로운 구절을 발견했다. 윤내현의 글을 북한의 리지린의 글과 비슷하다는 이유로 "자료에 대한 비판의 방식이랄까 전반적으로 풍겨지는 논조랄까가 리지린의 그것과 너무도 비슷하여 공교로운 느낌이 드는 것"이라고 비난했던 반공 매카시즘의 선봉장 이기동이 「두계 사학의 일면」이란 회고를 『역사가의 유향』에 실었다. 이기동은 이 글에서 "(이병도) 선생의 사회적 지위나 명성은 아득히 높아서……"라고 극찬했는데, 그중 "2학기 중에 선생은 조선학회朝鮮學會 초청으로 도일渡日, 강연하고 돌아오셨다"라는 구절이 있다. 이때가 덴리교에 가서 무릎 꿇고 박수치며 예배한 때인지는 모르겠다. 아마 한두 번 간 것이 아닐 것이다. 필자는 해방 후 한일 양국의 식민사학자들의 카르텔에 관심을 갖고 있다가 조선학회라는 것을 알게 되었기에 이기동의 글이 새롭게 보인 것이다.

이런 이기동은 박근혜 정권에서 한국학중앙연구원장이 되었고, 국정 교과서를 적극 지지했다. 국정 교과서를 적극 반대하는 척했던 여러 역사학자들은 이기동에 대해서는 비판하지 않는다. 물론 전임 한국학중앙연구원장이자 국사편찬위원장으로 국정 교과서를 적극 추진했던 김정배도 비판하지 않는다. 박근혜 정권만 비판하고 이를 수행한 사람들은 비판하지 않는다.

조선학회는 1950년 10월에 덴리대학 주도로 만들어졌다. 덴리교는 원래 한국에 관심이 많았다. 그래서 1925년에 덴리외국어학교에 조선어과를 설치했었는데, 이 전통을 살려 1950년 4월에 덴리대학에 조선어과를 설치했다. 그리고 한국 전쟁으로 일본 세력의 한국 진출이 다시 시작되자 조선학회를 만들어 한국 내 교수들을 불러들이기 시작한 것이다. 일본의 조선학회 회장은 관례적으로 덴리대학 교수가 맡는다.

최근까지 이 학회의 부회장을 맡았던 후지모토 유키오藤本幸夫라는 인물이 있다. 도야마대富山大 교수였던 인물로서 지금은 정년퇴임했다는데, 지난 2011년 9월 고려대 민족문화연구원에서 초청해서 두 차례나 강연을 했다. 강연 제목은 '일본 현존 한국 고서에 대하여'라는 것으로서 후지모토를 소개하는 내용을 보니 "한국 고서의 소재와 그 판본의 계통을 밝히며 한국학 연구에 이바지하고자 지난 40여 년간 일본에 전해져 온 한국 고서(한국본)를 조사해왔다"라고 설명하고 있었다. 또한 1964년 교토대 문학부 언어학과와 대학원 언어학과를 졸업하고, 1967년부터 1970년까지 한글학회 및 서울대 언어학과 연구원으로 활동했다. 그런데 2006년 『일본 현존 조선본 연구日本現存朝鮮本硏究』라는 책자를 간행한 공로로 2007년 대한민국 보관문화훈장을 수상했다. 이 정도면 이른바 지한파知韓派 또는 친한파親韓派 일본인이라고 할 만하다. 그런데 일본 내 이른바 지한파, 친한파란 사람들은 과거 한국을 점령했던 군국주의자들 및 그 후손들인 경우가 적지 않다. 또한 과거 군국주의에 대해서 찬양하는 역사관을 가진 인물들도 상당수다. 이들에게 한국은 과거 자신들의 땅이었다.

　필자는 조선학회에 관심을 갖고 살펴보던 중 후지모토를 아는 학생들에게 놀라운 이야기를 들었다. 그의 집에 갔더니 이완용의 친필 휘호가 걸려 있더라는 것이다. 누구 글씨냐고 물어보니 "한국의 대학자의 글씨"라고 대답하더라는 것이다. 『일본 현존 조선본 연구』라는 책자를 낼 정도로 한국 관련 서책 및 서화에 관심이 많은 후지모토가 이완용이 누구인지 몰라서 '대학자'라고 대답했을까? 또한 그는 "훈민정음은 다른 나라에서 만든 것을 본뜬 것"이며 "일본에 있는 조선 관련 고서들은 문록·경장의 역(文祿慶長の役: 임진·정유재란) 때나 식민지 때 조선인들이 한국에 온 일본인들에게 잘 보이려고 갖다 바친 것"이라고 말하기도 했다는 것이다. 2000년 1월에 국립국어원에서 '한일 인문사회과학 학술 교류 기념 강연회'라는 것을 개최했는데, 부제는 '21세기 새로운 우호 형태를 모색하면서'였다. 그런데 이 강연의 주요 연사가 또한 후지모토 유키오였다. 물론 이 강연회 전체가 친일은 아니었을 것이다. 그러나 대한민국 국사편찬위원장과 학술진흥재단 이사장도 참석한 이 자리에서 후지모토 유키오는 강연도 하고 사회도 봤으니 주인공 중의 한 명인 것은 분명하다. 역시 국고로 이루어진 행사이다.

　동북아역사재단이 '갈등을 넘어서 화해로'라고 말하면 일제 식민사관을 그대로 유지하는 것으로 한국과 일본, 중국이 사이좋게 지내자는 뜻이라고 보면 되는 것처럼 일본과 공동 행사를 하면서 '우호' 같은 용어를 쓸 때는 조심해야 한다. 과거 군국주의 침략에 대한 진정한 반성이 '우호'의 전제라면 상관없다. 또한 독일처럼 진정한 사과를 한다면 사과를 다시 요구할 필요도 없다. 물론 이때 강제 징용자들에 대한 배상과 위안부 할머니들에 대한 진정한 사과가 필요하다. 일본 총리가 위안부 할머니를 찾아와 무릎 꿇고 사과하면 그것이 일본의 국격을 떨어뜨리는 일이 될까? 독일 총리 빌리 브란트Willy Brandt가 전쟁 희생자 추모비 앞에 무릎 꿇고 사과했다고 독일의 국격이 떨어졌는가? 오히려 그 반대가 아닌가?

이완용이 그리운 인물들은 일본은 물론 한국에도 많다. 이들은 학문이란 외피를 쓰고 대한민국 국민들의 국고로 과거 군국주의에 대한 향수를 나누는 교류를 한다. 그리고 이를 '한일 우호'란 미명으로 포장한다.

동북아역사재단은 2012년 10월 '호태왕 서거 1600년 기념 국제대회'를 개최했다. 나랏돈 쓰는 데는 귀신들이니 호태왕(好太王: 374~413), 즉 광개토태왕 서거 1600년을 빙자해 국제학술대회를 개최한 것이었다. 그런데 동북아역사재단에서 기조 강연자로 초청한 인물이 도쿄대 명예교수 다케다 유키오武田幸男였다. 그는 조선사와 동아시아 교섭사가 이른바 전공이라는데, 『삼국사기』「고구려본기」가 조작되었다고 주장하는, 일본 식민사학의 계보에 충실한 학자다. 조사해보니 조선학회 간사를 역임했는데, 일본에서는 스에마쓰 야스카즈의 학설을 계승한 인물로 보고 있다.

1972년에 재일사학자 이진희는 도쿄의 요시카와코분칸吉川弘文館에서 『광개토왕릉비 연구廣開土王陵碑の研究』를 간행했는데, 여기에서 일본

군 참모본부가 광개토대왕릉비 내용을 조작했다고 주장해 큰 파문을 일으킨 적이 있었다. 다케다 유키오는 『고구려사와 동아시아―광개토왕비 연구서설高句麗史と東アジア―広開土王碑研究序説』, 『광개토왕비 묵본 연구廣開土王碑墨本の研究』 등의 저서를 내서 이진희 교수의 주장이 모두 틀렸다고 조목조목 반박한 학자다. 그는 1981년 3월부터 서울대 한국문화연구소에 교환교수로 온 적도 있는데, 1982년 일본이 역사 교과서를 개정하면서 한국 침략을 '진출', 3·1운동을 '폭동' 등으로 서술해서 큰 물의를 일으켰던 적이 있었다. 「경향신문」 1982년 8월 10일자는 이 문제를 가지고 다케다와 인터뷰했는데, "나는 교과서 기술 자료를 직접 다루는 입장이 아니고 단지 신문을 통해 얻은 지식밖에 없다"고 소극적으로 답변하면서 "역사는 과학으로서의 학문이다. 역사 기술은 객관적이고 정확한 학문적 절차를 통해 결정되는 것이지 민족주의적인 감정에 의해 좌우되는 것은 아니다"라고 실증사학을 옹호하는 것으로 답을 대신했다.

여기서 그가 언급한 '민족주의'가 과연 일본의 극우 민족주의를 뜻하는 것일까? 그럴 가능성은 없다. 그는 이 인터뷰에서 일본의 역사 왜곡에 대해 한마디도 비판하지 않았는데, 그는 이때 부여 유스호스텔에서 열리고 있는 '한국사에서의 사회 변화'를 주제로 한 한국문화국제회의에 참석 중이었으니 한국 국민 세금으로 왔을 것이다. 한국인 식민사학자들뿐만 아니라 일본인 식민사학자들까지 해방 후 대한민국 국민 세금을 자기 돈인 것처럼 쓰는 것이 현실이다. 동북아역사재단이 '호태왕 서거 1600년 기념 국제대회'에 『삼국사기』「고구려본기」가 조작되었다고 주장하는 다케다 유키오를 기조 강연자로 초청한 것은 이런 행태가 조금도 변하지 않았음을 말해주는 것이다. 다행히 호태왕이 지하에서 노하셨는지 건강 문제로 다케다는 직접 오지 못하고 논문만 보내왔다. 그러나 이 논문에서 다케다는 광개토대왕릉비의 〈신묘년(391)〉조에 "왜가 신묘년 이래 바다를 건너 백잔□□□신라를 신민으로 삼았다[倭以辛卯年來渡海破百殘□□□羅以爲臣民]"는 구절의 해석에서 주어를 고구려로 해석하는 김석형 같은 북한 학자들의 학설을 강하게 비판하고 '왜'의 존재를 강조했다. 즉 임나일본부가 한반도 남부를 지배하고 있었다는 주장이다.

이런 몇 건의 사례로도 우리는 패전 후 일본으로 쫓겨 간 식민사학자들과 그 후예들이 국내를 들락거리며 국내의 식민사학자들을 지도했다는 사실을 확인할 수 있었다. 그리고 동북아역사재단의 경우에서 보듯이 이런 일들은 대부분 대한민국 국민 세금으로 벌어지고 있었다. 앞으로도 이런 일이 반복된다면 동북아역사재단을 해체하는 것은 물론 납세 거부 국민 운동이라도 전개해야 할 것이다. 내가 피땀 흘려 낸 세금이 대한민국 역사에 테러를 가하는 것을 계속 방관해서야 어찌 대한민국 국민이라고 할 수 있겠는가?

공개 토론 제의를 거부하는 동북아역사재단

동북아역사재단은 '고대 한국 프로젝트'에 따라서 10억 원의 국민 혈세로 여섯 권의 영문 서적을 발간해 자국사에 대한 테러를 벌여놓고는 자랑스럽다는 듯이 이렇게 말했다.

이로써 재단은 서구 학계에 올바른 한국사 인식을 확산시키려는 목표 아래 2007년부터 하버드대학 한국학연구소와 함께 추진해 온 Early Korea 프로젝트 아래 모두 여섯 권의 간행물을 발간했습니다. …… (『한국 고대사 속의 한사군』)은 한사군에 대한 한국 학계의 최신 연구를 집대성했기 때문에 한국의 고대 역사를 접할 기회가 적었던 해외 한국사·동아시아 학계에 획기적인 연구로 평가됩니다. 집필자들이 해당 분야의 권위자 및 전공자들이어서 내용이 충실하며 전반적으로 무게 있고 수준이 높습니다. 아울러 다양한 도표, 사진, 지도가 첨가돼 교재로서 널리 활용될 수 있습니다. 이 책은 일본 식민사관의 영향이 여전히 남아 있는 서구 학계에 한사군이 한반도에만 국한되었다는 '한사군 한반도설'의 문제점을 극복하고 중국 중심주의 및 일본 중심주의로부터 벗어나게 합니다.[91]

이 보도자료에서 보듯이 동북아역사재단은 여러 차례 '하버드'를 강조했다. 그래서 기자들은 당연히 'Early Korea 프로젝트', 즉 '고대 한국 프로젝트'가 당연히 하버드대학 출판부에서 간행한 것으로 여겼을 것이다. 그러나 이 여섯 권의 간행물은 하버드대학과 별 상관이 없다. 하버드대학은 동북아역사재단에서 한국학연구소에 10억 원의 국고를 상납하겠다니 그냥 받았을 뿐이다. 동북아역사재단은 보도자료에서 이 책들이 하버드대학 출판부에서 발행되었

---

91 동북아역사재단 보도자료.

다고 공지했지만 이 역시 대국민 사기극이다. 이 책들은 서울에서 인쇄(Printed in Seoul, Korea by Haingraph Co., Ltd)하고 하와이대학에서 배포 (Distributed by the University of Hawai'i Press)를 맡았을 뿐 하버드대학과는 아무런 상관이 없다. 그래서 책 표지 어디에도 하버드란 이름을 쓰지 못한 것이다. 친일 사대주의에 뼛속 깊은 친미 사대주의가 더 보태 진 동북아역사재단이 '하버드'라는 이름으로 국민들을 속였을 뿐이 다. 앞의 보도자료를 명실이 상부하게 고치면 이렇게 된다.

> 『한국 고대사 속의 한사군』은 한사군에 대한 한국 학계의 최신 연구를 집대성했기 때문에 한국의 고대 역사를 접할 기회가 적었 던 해외 한국사·동아시아 학계에 획기적인 연구로 평가됩니다. 집 필자들이 식민사학을 추종하는 해당 분야의 권위자 및 전공자들 이어서 내용이 충실하며 전반적으로 무게 있고 수준이 높습니다. 아울러 한사군이 한반도 북부에 있었다는 다양한 도표, 사진, 지도 가 첨가돼 교재로서 널리 활용될 수 있습니다. 조선총독부 사관은 한국이 다시 일본에 병합되는 날까지 계속될 것입니다.

독자들은 물론 기자들도 이 책은 구경해보지 못했다. 아마 책을 돌린 상태에서 낸 보도자료라면 이렇게 쓰지는 못했을 것이다. 기 자 중에 영어 실력이 뛰어나면서도 식민사관의 실체를 아는 기자가 있을지도 모르기 때문이다. 여기서 말한 "다양한 도표, 사진, 지도" 는 모두 조선총독부 관점으로 작성되었거나 실제로 조선총독부에 서 제공한 것들이다. 이 책의 모든 도표, 사진, 지도는 '한사군 한반도설'이라는 조선총독부 관점을 완벽하게 묘사하고 있다. 그래 놓고는 "한사군이 한반도에만 국한되었다는 '한사군 한반도설'의 문제점을 극복하고"라고 거짓말을 해댄 것이다. 아니, 엄밀히 말하면 '한사군은 한반도에 있었다가 만주로 이동했다'는 식민사관의 변형 논리를 설명한 것이니 거짓말은 아니다. 식민사학자들은 입만 열면 "한사군의 위치 문제에 대해서는 '한사군 한반도설로' 학계에서 정리가 끝난 문제"라고 말해왔다. 이제 독자들은 저들이 학계라고 말할 때 '식민사학계'라고 읽으면 맞는다는 사실을 알게 되었을 것이다.

식민사학 해체 국민운동본부는 2014년 5월 19일 동북아역사재단에 공문을 보내 한사군의 위치 문제를 놓고 공개 학술 토론회를 개최할 것을 제안했다.

한사군의 위치를 어떻게 보는가에 따라 한국사의 흐름과 맥락이 완전히 달라집니다. 그러나 한사군 위치 비정이 한국 고대사의 최대 쟁점임에도 그럼에도 불구하고, 이에 대한 학계의 연구와 토론은 대단히 부족한 상황입니다. 2014년에 귀 재단이 하버드대학교 한국학연구소에 국고를 지원해 출판한 『The Han Commanderies in Early Korean History』는 한사군의 위치 비정과 관련하여 중요한 논쟁을 일으키고 있습니다. 이 책에 대해 귀 재단은 "기원전 108년 한 무제에 의해 설치된 한사군에 대한 최신 연구 성과를 서구 학계에 소개하고 있다. 특히 한사군의 위치나 역사에 대해서는 그동안 일본 혹은 중국 학계의 입장이 많이 알려졌으나 한국 학계의 시각이 반영된 게 특징이다"라고 언론에 밝혔습니다. 그러나 실제 내용은 한사군의 위치를 한반도 북부로 비정한 조선총독부의 논지를 그대로 추종했기 때문에 이에 대해 많은 학문적 비판 여론이 제기되고 있습니다.

이에 '식민사학 해체 국민운동본부'는 귀 재단과 '한사군의 위치는 어디인가'라는 주제로 학술 토론회를 개최할 것을 요청하는 바입니다. 이는 중국과 일본의 역사 왜곡에 대응하는 가장 중요한 주제이기 때문에 귀 재단의 앞으로의 사업 방향에 중대한 계기가 되리라고 봅니다.[92]

동북아역사재단이 말한 것처럼 '한사군 한반도설'이 맞는지 필자 등처럼 '한사군 하북성설'이 맞는지 한번 공개적으로 논쟁해 보자는 제의였다. 국민 세금으로 '한사군 한반도설'을 주장했던 학자들과 자신의 쌈짓돈을 털어서 '한사군 하북성설'을 주장하는 학자들이 '한사군 위치 문제'를 가지고 공개적으로 논쟁해보자는 제안이었다.

이번 학술 대토론회는 귀 재단과 국민운동본부가 공동으로 한사군 문제에 대한 학술 토론회를 개최함으로써 이 문제에 대한 앞으로의 진행 방향을 설정하자는 것입니다. 따라서 그동안 직·간접적으로 한사군이 한반도 북부에 있었다는 논지를 귀 재단의 하나뿐인 정설로 만드는 데 영향력을 끼쳐왔던 학자들(서영수·노태돈 교수 등)

---

92 식민사학 해체 국민운동본부가 동북아역사재단에 보낸 공문.

과 『The Han Commanderies in Early Korean History』에 같은 주장을 펼쳤던 저자들이 반드시 참여해서 1차 사료를 토대로 학문적인 논쟁을 전개하자는 의도입니다. 본 국민운동본부 측의 학자들은 이번 학술 토론회에 적극 참여하겠습니다.[93]

국민운동본부에서는 동북아역사재단에서 '한사군 한반도설'을 하나뿐인 정설로 만드는 데 막강한 영향력을 발휘했던 단국대의 서영수, 서울대의 노태돈과 그 책의 필자 중의 한 명인 교원대의 송호정 등은 반드시 나와 달라고 요청했다. 이들이 '한사군 한반도설'을 동북아역사재단의 하나뿐인 정설로 만들고 이 조선총독부 관점을 전 세계에 확산시키기 위해 많은 국고를 쓰게 했던 장본인들이기 때문이다. 그리고 날짜에 대해서도 이렇게 제안했다.

본 운동본부는 해방 69년을 맞는 올해 제헌절에 이 주제를 가지고 학술 토론회를 개최하는 것이 앞으로 대한민국이 나아갈 방향을 정하는 데 중요한 계기가 될 수 있다고 생각합니다. 본 운동본부는 언제라도 이 문제에 대한 토론회에 나설 준비가 되어 있습니다. 그러나 귀 재단 측 학자들에게 조금 더 시간이 필요하다면 8월 15일 광복절(금요일)로 한 달 정도 연기해드릴 수도 있습니다. 5월까지 귀 재단이 적극적으로 검토한 후 회신해주시기를 요청합니다.[94]

---

93 식민사학 해체 국민운동본부가 동북아역사재단에 보낸 공문.
94 식민사학 해체 국민운동본부가 동북아역사재단에 보낸 공문.

정상적인 상황이라면 동북아역사재단 학자들은 언제든지 토론에 임할 자세가 되어 있어야 했다. 이미 논문을 썼고 영문으로 번역해 간행까지 했던 주제였다. 국민운동본부에서는 7월 17일 제헌절에 공개 학술 토론회를 하자고 제안하면서 동북아역사재단 측 학자들이 준비가 되어 있지 않다면 8월 15일 광복절까지 연기할 수 있다고 제안했다. 이 공문에 대해 동북아역사재단에서는 6월 9일 회신 공문을 보내왔다.

> 말씀하신 한사군의 위치 문제와 관련한 학술회의 개최 필요성에 대해서는 전적으로 공감합니다. 5월 19일자 서한에서 거명하신 학자들(서영수, 노태돈 교수 등과 The Han Commanderies in Early Korean History에 참가한 저자들)의 참석을 위해 재단으로서는 최선을 다하겠습니다만, 참석 여부는 궁극적으로 당사자들이 결정할 것인 만큼 재단에서 지나치게 강요할 수 없다는 점을 헤아려주시리라 믿습니다. 바라건대 국민운동본부 측에서도 그분들이 학술 회의에 참여할 수 있도록 함께 노력해주시기를 기대합니다.[95]

국민운동본부는 이런 결과를 예상하고 있었다. '한사군 한반도 설'은 일체의 1차 사료적 근거가 없는, 조선총독부에서 날조한 역사이기 때문이다. 그동안 국민들은 이런 사실을 모르고, 대학 강단에 있는 저들의 주장이 근거가 있는 것으로 잘못 알고 있었다. 그러나

---

95 동북아역사재단이 식민사학 해체 국민운동본부에 보낸 공문.

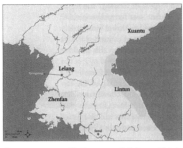

Map 10.1a 108-107 B.C.: The four commanderies are established.

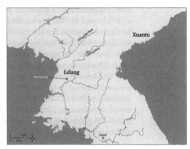

Map 10.1b 82 B.C.: Lintun and Zhenfan are abolished, their territories merged into Lelang and Xuantu.

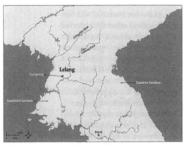

Map 10.1c 75 B.C.: Xuantu is relocated, its remaining territories transferred to Lelang as the Eastern Section; Zhenfan territory becomes the Southern Section.

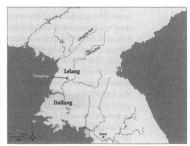

Map 10.1d Eastern Section is abolished in 30 A.D.; circa 200 A.D. the Southern Section is reestablished as Daifang Commandery.

동북아역사재단이 만든 한사군 지도. 낙랑군과 대방군의 위치를 일관되게 한반도 서북부에 그려 놓고 있다.

이제 상황이 달라졌다. 이제는 옛날처럼 식민사학자들이 모든 여론 매체를 독점할 수 있는 상황이 아니기 때문이다. 그래서 이제 '한사군 한반도설'이 일체의 1차 사료적 근거가 없는 날조 이론이란 사실은 '우리도 알고 저들도 알고' 있는 상황이 되었다. 일체의 학문적 근거가 없다 보니 논쟁을 회피할 수밖에 없는 것이다. 논쟁 자체를 막아야 하니까 이구동성으로 "학계에서는 이미 정리가 끝난 문제"라고 호도해왔던 것이다. 그래서 국민운동본부에서는 학술 토론회를 제안하는 공문을 재차 보냈다.

『The Han Commanderies in Early Korean History』를 출판한 귀 재단은 기자들에게 "기원전 108년 한 무제에 의해 설치된 한사군에 대한 최신 연구 성과를 서구 학계에 소개하고 있다. 특히 한사군의 위치나 역사에 대해서는 그동안 일본 혹은 중국 학계의 입장이 많이 알려졌으나 한국 학계의 시각이 반영된 게 특징이다"라고 밝혔습니다. 그러나 귀 재단이 말한 최신 연구는 물론 한사군의 위치에 대해서 '일본 혹은 중국 학계의 입장'과 다른 내용은 찾아볼 수가 없었습니다.

이에 저희 본부는 2014년 5월 19일 동북아역사재단에 7월 17일 제헌절이나 8월 15일 광복절에 '한사군의 위치는 어디인가?'라는 주제로 학술 토론회를 제안한 바 있습니다. 이 주제는 중국의 동북공정에 대응하는 가장 중요한 주제이기 때문에 귀 재단의 목적 사업에 가장 기본이 되는 사업이라고 생각합니다.[96]

국민운동본부의 두 번째 공문대로 '한사군의 위치 문제'는 동북아역사재단의 목적 사업에 가장 기본이 되는 사업이었다. 동북아역사재단은 그 책이 마치 일본이나 중국 학계의 입장과는 다른 내용을 담고 있는 것처럼 호도하다가 이 모든 것이 거짓이라는 사실이 밝혀졌으니 궁하지 않을 수 없는 것이다. 그래서 학술 회의 참석을 개인의 문제로 치부해 논쟁 자리를 회피하는 것이었다. 그래서 국민운동본부는 이렇게 덧붙였다.

---

96 식민사학 해체 국민운동본부가 동북아역사재단에 보낸 두 번째 공문.

귀 재단도 "한사군의 위치 문제와 관련한 학술 회의 개최 필요성에 대해서는 전적으로 공감한다."는 답변을 저희에게 전해왔습니다. 그러나 저희가 지명한 귀 재단 측 학자들의 참석 여부를 재단의 공적인 의무와 책임이 아니라 개인적인 판단의 영역으로 인식하고 있는 점은 문제가 아닐 수 없습니다.

저희 본부가 학술 토론회에 서영수·노태돈과 송호정 등 『The Han Commanderies in Early Korean History』에 참가한 저자들이 반드시 참여해야 한다고 제안한 이유가 있습니다.

저희가 거명한 학자들은 동북아역사재단에 지원된 국민 세금으로 '한사군 한반도설'을 주장해온 대표적인 학자들입니다. 학자는 자신의 학문에 책임을 다해야 하고, 특히 국가 기관인 동북아역사재단의 기금으로 발표된 연구 결과에 대해서는 학계와 국민 앞에 적극적으로 해명하고 설명해야 할 의무가 당연히 있는 것입니다.[97]

국민운동본부에서 요구하는 것은 결코 과한 것이 아니었다. 중국의 동북공정과 일본 극우파의 역사 왜곡에 맞서는 이론을 개발하라고 만든 국가 기관이 동북아역사재단이다. 이 재단에서 국민 세금을 지원해서 연구 기회를 제공하고 세계 각지를 유람하게 했으며 그 결과를 발표해서 책자까지 만들었으면 그 연구 결과에 대해서 공개된 장소에서 설명할 이유가 있는 것이다. 이것은 개인의 호불호 문제가 아니다. 필자가 쓴 책에 대해서 국가 기관에서 나오라

---

97 식민사학 해체 국민운동본부에서 동북아역사재단에 보낸 두 번째 공문

고 강제할 수는 없지만 필자가 국민 세금을 지원받아서 쓴 글이라면 그때는 개인의 호불호 문제가 아니라 의무 사항이 되는 것이다. 그래서 국민운동본부는 재차 보낸 공문에서 이렇게 주장했다.

> 재단이 제공한 기금, 곧 대한민국 국민 세금으로 연구하고 저술한 학자들에 대해 재단은 그들의 공개적인 학술 토론 참여도 필수적이고 의무적인 활동으로 인식해야 합니다. 귀 재단의 연구는 개인적인 차원이 아니라 국가 기관의 공적인 사업으로 진행한 것이기 때문에 자의적으로 개인을 앞세워 최소한의 공적 의무를 지지 않으려 한다면 애초에 기금을 지원해서는 안 되는 것입니다. 만약 이런 사실을 뒤늦게 알았다면 지원된 국민 세금을 회수해야 마땅한 것입니다.
>
> 귀 재단의 지원을 받은 학자들은 떳떳하고 당당하게 자신의 연구 결과를 밝혀야 할 의무가 있습니다.
>
> 이는 한 개인의 호불호에 맡길 문제가 아니라 귀 재단 측이 견지해야 할 역사학과 국민에 대한 최소한의 예의라고 저희는 판단합니다. 그동안 귀 재단의 지원으로 막대한 국민 세금을 지원받은 대표적인 학자들은 토론과 소통을 철저하게 외면해왔습니다. 이제 귀 재단이 이런 자세를 적극적으로 일소할 때가 되었습니다.[98]

그러나 동북아역사재단은 묵묵부답이었다. 국민운동본부에서 토

---

98 식민사학 해체 국민운동본부가 동북아역사재단에 보낸 두 번째 공문.

론회에 나와 달라고 요청한 서영수에게 또다시 1년에 5천만 원씩, 3년간 1억 5천만 원의 국민 세금을 내주었다는 소식이 들려왔다. 동북아역사재단에 자체적인 개혁을 요구하는 것은 고양이에게 풀만 먹고 살라고 요구하는 것과 마찬가지라는 생각이 든다.

그런데 동북아역사재단은 한국 식민사학계의 한 표본으로서 선정되었을 뿐이다. 국사편찬위원회, 한국학중앙연구원을 비롯한 역사 관련 국가 기관들은 물론, 이른바 주류라 불리는 각 대학 사학과들의 상당수도 이 문제에서 자유롭지 않다. 이들이 서로 '우리가 남이가'라면서 '한사군 한반도설'은 학계에서 완벽하게 정리가 끝난 문제라고 논쟁 자체를 막았던 것이다.

조선총독부 사관과 독립운동가 사관 사이의 최전선은 늘 한국 고대사였다. 한국 고대사는 나라를 빼앗긴 100여 년 전부터 지금까지 늘 이 자리의 현대사였다. 사관이란 말에 '볼 관觀' 자가 붙는 이유는 역사를 보는 데는 관점이 가장 중요하기 때문이다. 역사를 보는 관점은 고대사나 현대사나 일정해야 한다. 고대사는 지배층의 관점에서 바라보는 사람이 현대사는 민중의 관점에서 바라본다면 그에게 사관이란 용어를 써서는 안 된다. 그런 사람은 학자 축에도 들 수 없다. 그러나 한국 사학계에서는 이런 행위가 버젓이 통용되어 왔다. 그래서 독립운동사를 전공하거나 현대사를 전공하는 학자들은 "전공이 아니기 때문에 고대사는 잘 모른다"는 말로 이 문제를 회피해왔다. 조선총독부에서 만든 고대사는 지금 이 자리의 현대사라는 사실을 일부러 모른 척했다. "고대사는 고대사 전공자에게 맡겨야 한다"는 말은 조선총독부 사관을 영원히 유지시켜야 한다는 말에 다름 아니다.

조선총독부는 학제 간 장벽, 전공 간 장벽을 만들어 학자들에게 전체상을 보지 못하게 했다. 또한 그렇게 나눈 학제와 전공을 단위로 분리 통치했다. 이런 식민지 지배의 틀이 해방 후에도 그대로 유지되면서 한국은 학제 간 소통이 부재한 나라가 되었다. 나아가 식민사학에서는 총론으로는 식민사관, 즉 조선총독부 사관을 비판하는 척하면서 각론으로는 전공이란 미명 아래 조선총독부 사관을 그대로 계승했다. 이런 식으로 학계를 100퍼센트 장악하고는 교수 자리와 돈으로 대다수 학자들을 노예로 만들었다. 해방 후 이런 시스템의 정점에 있던 이병도에 대해서 학술원 회원이기도 했던 고고학자 윤병무는 이렇게 회고했다.

두계 선생(이병도)은 내가 학문상으로 섬긴 은사이실 뿐만 아니라 나의 인생에 대한 행로를 정해주신 은인과도 다름이 없는 분이었다. 나는 처음에는 서울대학교 박물관에서, 그리고 그 후로는 국립중앙박물관에서 인생의 절반을 보낼 수 있었는데, 이 두 직장에 취직할 수 있도록 길을 열어주신 분이 두계 선생이셨다. 선생님은 한번 눈에 든 사람에 대해서는 언제까지라도 따뜻하게 인도해주시고 도와주시는 성품을 가지셨는데…….[99]

이 말은 거꾸로 "한번 눈 밖에 난 사람에 대해서는 언제까지라

99 진단학회, 『역사가의 유향』, 일조각, 1991, 129쪽.

도" 자리를 잡을 수 없게 했다는 말이다. 그래서 조선총독부 사관과 다른 이론을 제기하면 일체 강의를 맡을 수 없고, 자리도 잡을 수 없을뿐더러 '재야'라는 주홍글자를 새겨 학계에서 추방해왔다. 이런 방식으로 조선총독부 사관을 하나뿐인 정설 또는 통설로 지금까지 유지해왔다.

그러나 이제 상황은 바뀌었다. 필자처럼 역사를 전공하고 '그들만의 리그'를 스스로 거부하는 학자들이 생겨났다. 필자가 있는 한가람역사문화연구소에도 이제 여러 명의 박사 학위 소지가가 있으며, 비록 박사 학위는 없지만 식민사학자들보다 1차 사료를 줄줄 외는 실력자들이 수두룩하다. 이렇게 해방 후 70여 년 만에 최초로 식민사학에 맞서는 한 축이 형성된 것이다. 이런 학자들이 이제 역사학의 방법론대로 '한사군의 위치'에 대해서 고대 1차 사료를 바탕으로 학술 토론회를 개최하자고 요구하자 식민사학계는 일제히 침묵하는 것밖에 방법이 없었다. "학계에서는 '한사군 한반도설'로 정리가 끝났다"는 소리만 앵무새처럼 반복하는 것이다. 그들이 학계라고 말하면 '식민사학계'라고 읽으면 맞는다고 이미 말했다.

3. 『한국 고대사 속의 한사군』 내용 비판

사대와 굴종, 그리고 반공과 반북

앞에서 설명한 대로 동북아역사재단은 10억 원에 달하는 대한민국 국민 세금을 하버드대학 한국학연구소에 상납해 『한국 고대사 속의 한사군The Han Commanderies in Early Korean History』을 비롯한 여섯 권의 영문 서적을 간행했다. 새로운 내용은 하나도 없이 그동안 앵무새처럼 노래했던 식민사학 논리를 반복한 것인데, 10억 원의 국고로 여섯 권의 책을 발간했으니 한 권당 무려 1억 6천만 원 이상이 들어간 셈이다.

동북아역사재단은 보도자료에서, "기존 서구 학계에서 인식되고 있는 일본 학계의 오류와 왜곡을 지적하고 최신 우리 학계의 역사학 및 고고학적 연구 성과를 대폭 소개하고 있다"면서 "하버드대가

가지고 있는 학문적 영향력을 감안할 때 서구 학계에 올바른 한국사 인식을 도모할 수 있을 것"이라고 자화자찬했다. 하버드가 세계 수준의 대학이기는 하지만 한국학도 과연 그러한가? 필자는 하버드대학에서 그동안 한국학 관련해서 쓸 만한 서적이나 논문을 발간했다는 소식은 듣지 못했다. OECD 회원국인 대한민국이 정상적인 국가라면 한국학 관련 세계 최고 수준의 학술 기관은 당연히 대한민국에 있어야 하는 것이 아닌가? 그런데 아직도 조선총독부 사관을 성서처럼 떠받들다 보니 자신들의 논리에 자신감이 떨어져 "하버드대가 가지고 있는 학문적 영향력" 운운하는 사대적·굴종적 모습을 보이는 것이다.

또한 이 책들은 이미 말했듯이 하버드대학 출판부에서 출간된 것도 아니다. 발행처는 서울로 되어 있고 배포는 하와이대학 출판부로 되어 있다. 한마디로 하버드 산하 한국학연구소에 국고를 갖다 바치며 이름을 빌려달라고 애걸한 것에 불과하다. 동북아역사재단은 보도자료에서 『한국 고대사의 한나라 영지들』, 자신들 번역으로 하면 『한국 고대사 속의 한사군』이 일본 학계의 '오류와 왜곡'을 지적했다는데, 구체적으로 몇 페이지에서 지적했는지 적시해달라.

필자는 이 책에서 '조선총독부 사관은 영원불멸하며 영원히 우리와 함께 계신다'는 식민사학의 명제만 거듭 확인할 수 있을 뿐 일본 학계의 오류와 왜곡을 지적한 것은 찾아볼 수 없었다. 동북아역사재단은 기자들의 질문에 필자 등이 아무런 근거도 없이 왜곡한 것이고 이 책은 그런 내용이 아니라고 반복적으로 답했다. 국민 세금을 써가며 거짓말하는 그들의 처지도 딱하지만 그렇다고 국가의 정체성에 관련되고, 국익에 관계되는 부분을 그냥 넘어갈 수는 없지 않은가?

『한국 고대사 속의 한사군The Han Commanderies in Early Korean History』에서 연구 책임자 격인 마크 바잉턴Mark Byington은 「한국에서의 한사군에 대한 역사지리학Historical Geography of the Han Commanderies In Korea」이란 논문을 실었다. 연구 책임자의 글이니 이를 보면 한사군에 대한 그의 시각을 알 수 있을 것이다. 식민사관이 그동안 존속할 수 있었던 주요 숙주 중의 하나가 반공, 반북反北인데, 마크 바잉턴은 정확히 여기에 해당하는 인물이다.

> 특히 북한에서는 국가 이념으로 한국사의 발전 과정에서 외세의 개입이란 어떤 관념도 부정하고 심지어 한사군이 한반도에 존재했었다는 시각 자체를 부인하고 있다. 한사군과 관련된 고고학 유적들 대부분이 북한의 강역 안에 위치하고 있는 것이 사실인데도 한국 역사 속에서 한사군이라는 주제에 대해 공개적인 연구와 논의를 펼치려는 가능성을 심하게 제약하고 있다.[100]

앞서 인용한 대로 동북아역사재단은 이 책에 대한 보도자료에서 "이 책은 일본 식민사관의 영향이 여전히 남아 있는 서구 학계에 한사군이 한반도에만 국한되었다는 '한사군 한반도설'의 문제점을 극복하고 중국 중심주의 및 일본 중심주의로부터 벗어나게 합니

---

100 마크 바잉턴, 『The Han Commanderies in Early Korean History』, 동북아역사재단, 285쪽.

다"라고 말했다. '한사군 한반도설'의 문제점을 극복했다는 것이다. 그런데 연구 책임자인 마크 바잉턴은 "한사군이 한반도에 존재"했다고 단정 짓고, "한사군과 관련된 고고학 유적들 대부분이 북한의 강역 안에 위치하고 있는 것이 사실"이라고 단정 지었다. 그래서 필자가 동북아역사재단에 이 책의 몇 쪽에서 "한사군 한반도설의 문제점을 극복"했는지 묻고 있는 것이다.

동북아역사재단에서 낸 보도자료를 보니 마크 바잉턴은 미국 노스 플로리다North Florida대학에서 컴퓨터를 전공하고 부전공으로 아시아학을 했다. 한국의 식민사학자들은 그동안 학부에서 역사학과를 졸업하지 않았으면 아무리 역사학을 많이 공부했어도 역사학자 취급을 하지 않았다. 재야라는 말이 바로 역사학부를 졸업하지 않고 역사를 공부하는 사람들을 비하하기 위해서 고안한 용어 아닌가? 식민사학자들의 논리에 따르면 컴퓨터를 전공한 마크 바잉턴이야말로 재야다. 그러나 식민사학의 주요한 프레임이 사대주의 아닌가? 백인은 여기에서 제외된다. 마크 바잉턴은 석사(1996)와 박사(2003)는 하버드대학에서 받았는데, 석사 논문은 「과거 군주제의 위조: 고구려 왕조의 혈통의 기원과 발전」이고, 박사 논문은 「부여 국가의 역사, 민족, 유물에 대한 연구」이다. 한글로 '위조'라고 쓰여 있어서 정확한 의미를 모르겠는데, 혹시라도 『삼국사기』 초기 기록 불신론'에서 말하는 그 위조가 아니길 바란다. 하버드대에 고구려와 부여사에 관한 논문을 심사할 수 있는 학자가 얼마나 있는지 알 수 없지만 어쨌든 외국인이 한국 고대사를 전공했다니 반가운 마음이 든다. 그러나 조선총독부의 시각으로 한국 고대사를 바라본다면 안하는 것이 낫다. 그는 이 책에서 이렇게 기술했다.

조선열전(Account of Chosŏn: 『사기』 「조선열전」을 뜻함 – 필자)은 조선이나 그 강역의 위치에 대한 지리적 정보를 별로 담고 있지 않으므로 (한나라와) 전쟁에 대해서는 세부적으로 논의하지 않으려 한다. 여기에서 언급할 수 있는 유일한 세부 사항은 조선을 공격하기 위해 보낸 함대가 열수洌水의 입구임이 분명한 열구洌口에 당도했다는 내용인데, 아래에서 우리가 논의할 열수는 현재의 대동강으로 확인된다. 『사기』와 『삼국지』의 기록에서 도출한 지리적 정보에 따르면 몰락하기 직전의 조선의 수도는 왕험王險으로 불렸는데, 이 수도에 닿으려면 열수(대동강)를 통해야 했으며 패수는 조선과 요동의 경계를 형성했다.[101]

바잉턴도 "열수는 현재의 대동강으로 확인된다"라고 말했다. 바잉턴 역시 중국의 고대 1차 사료를 직접 검토하는 방법으로 한사군의 위치에 다가가는 것이 아니라 조선총독부에서 만든 고정관념으로 한사군의 위치를 찾고 있다. 당시 동북아역사재단 홈페이지에 '올바른 역사'라는 이름으로 "왕험성 및 조선현과 깊은 관련이 있는 것으로 알려져 있는 열수가 지금의 대동강으로 비정되고 있다든지 하는 점을 통해서 입증된다"라고 쓰고 있었다.

아마 바잉턴은 한국의 이런 학자들과 교류하는 과정에서 조선총

---

101 마크 바잉턴, 『The Han Commanderies in Early Korean History』, 동북아역사재단, 295쪽.

독부 사관에 전염되었을 것이다. 중국의 고대 1차 사료는 열수를 어디라고 말하고 있는가? 『한서』 「지리지」는 '낙랑군' 속현인 탄열呑列현에 대해서, "탄열현에는 분려산分黎山이 있는데 열수가 이곳에서 나와서 서쪽으로 점제현에 이르러 바다로 들어가며 820리를 흐른다"고 기록했다. 조선총독부의 이마니시 류는 1914년 평안남도 용강군 해운면에서 점제현 신사비를 우연히(?) 발견했다고 주장하면서 『한서』 「지리지」에서 말하는 점제현은 용강군이 틀림없다고 주장했다. 점제현 신사비에 대해서도 『한국사, 그들이 숨긴 진실』(40~50쪽)에 상세하게 설명했으니 여기서는 생략하자. 다만 『후한서』 「군국지郡國志」가 열수에 대해 "곽박郭璞이 『산해경』에 주석하기를, 열列은 강의 이름인데 열수는 요동에 있다[列水在遼東]"라고 요동에 있다고 말하고 있다는 부분만 설명하겠다.

열수를 대동강이라고 우긴 인물은 쓰다 소키치였고, 이병도가 이 설을 추종했다. 그래서 동북아역사재단은 "열수는 대동강"이라고 입증된다고 했지만 『후한서』는 열수가 대동강이 아니라 요동에 있는 강이라고 말하고 있는 것이다. 나아가 『후한서』 「군국지」는 낙랑군을 유주 산하라고 설명하고 있는데, 유주는 오늘날 베이징 부근이다. 열수가 대동강이라는 것은 식민사학자들의 가소로운 견해일 뿐인데 1차 사료 검증 능력이 부족한 바잉턴이 이를 추종한 것이다. 이 책의 다른 내용들도 마찬가지다. 바잉턴의 모든 논리는 "낙랑군의 치소(조선현)는 평양 바로 남쪽의 낙랑 토성으로 확인"됐다거나 "둔유현이 현재의 황해도 황주"라고 보는 등 조선총독부 사관에서 한 치도 벗어나지 않는다. 그렇기 때문에 반국가적인 매사 기관 동북아역사재단에서 국고를 주었을 것이다.

바잉턴이 동북아역사재단에 보내온 편지

그런데 이 책이 문제가 되자 바잉턴은 동북아역사재단에 편지를 보내왔다. 그러면서 "도움이 될 만하다고 생각하는 범주에서 자유로이 공유"하라고 당당하게 말했다. 이 편지에서 바잉턴은 『한국 고대사 속의 한사군』이 두 가지 이유에서 중요하다면서 이렇게 말했다.

> 한사군에 관해 영어로 기술된 기존 정보 중 잘못된 상당량의 정보를 바로잡는 데 도움이 된다는 것입니다. 기존의 잘못된 정보는 주로 일제 강점기의 연구 결과로 시대에 뒤떨어지며 정치적인 동기가 반영된 정보입니다. 따라서 그런 잘못된 정보들을 업데이트할 필요가 있는데 이는 한사군에 관한 한 한국 정상頂上의 학자들의 연구 결과들을 가지고 해야 합니다.

바잉턴은 "기존의 잘못된 정보는 주로 일제 강점기의 연구 결과로 시대에 뒤떨어지며 정치적인 동기가 반영된 정보"라고 말했다. 바잉턴은 자신이 다루는 주제가 무엇인지 제대로 모른다. 지금 필자가 강하게 문제를 제기하는 이유가 이 책이 '일제 강점기의 연구 결과'만을 추종하기 때문이다. 『한국 고대사 속의 한사군』이야말로 '일제 강점기에 만들어진 연구 결과'만을 따르고 있는 것이다. 하긴 바잉턴이 "한국 정상의 학자"들이 모두 식민사학자란 사실을 어떻게 짐작이나 할 수 있겠는가? 바잉턴이 이해가 되는 측면도 있다. 한국 정상의 학자들이 한국의 역사를 일제 침략자의 관점에서 바라보고 있다는 사실을 어떻게 믿을 수 있겠는가? 미국 정상의 학자들이 미국 정부의 국고를 가지고 반미국적인 역사학을 연구하고 전파하리라고 어찌 상상이나 할 수 있겠는가? 그렇다 보니 바잉턴은 자신이 다루는 주제에 대해서 무지하다.

> 서양의 많은 학자들은 그동안 한국 학자들이 수행한 한국 고대사와 고고학 분야의 연구에 대해 매우 부정적으로 보는 시각을 가져왔습니다. 이는 그런 연구들이 민족주의를 동력으로 하는 데 초점이 두드러지게 맞춰진 결과 서양의 기준으로는 연구의 질이 떨어진다고 여겨졌기 때문입니다.

바잉턴의 이 편지를 읽고 필자는 놀랐다. 아직도 서양 학자들의 시각이 한국 학자들보다 우위에 있는 듯한 오리엔탈리즘을 바탕에 깔고 있기 때문이다. 『한국 고대사 속의 한사군』에 참여한 한국 학자들이 얼마나 바잉턴에게 저자세를 취했으면 저런 말을 할 수 있을까, 라는 생각이 든다. 21세기에도 이런 사고를 가지고 있는 학자가 있다는 사실이 놀랍다.

바잉턴은 별로 길지도 않은 이 편지에서 여러 차례 모순된 말을 하고 있다. 앞에 인용한 문장과 이 문장은 전혀 맥락이 닿지 않는다. 바잉턴은 한국 학자들이 '민족주의'를 동력으로 한국 고대사를 연구하고 있기 때문에 서양 학자들이 부정적으로 보고 있다고 서술했다. 바잉턴이 여기에서 말한 '민족주의'는 일본 제국주의와 맞서 싸웠던 한국 민족주의를 뜻하는 것으로 해석된다. 바잉턴은 앞에서 '일제 강점기의 연구 결과'를 비판하고 여기서는 한국 '민족주의'를 비판하고 있다. 그러면서 자신은 '일제 강점기의 연구 결과', 즉 조선총독부의 관점을 시종일관 유지하고 있다. 바잉턴은 앞에서는 '일제 강점기의 연구 결과'를 비판해놓고 정작 자신은 조선총독부의 관점, 즉 일본 극우 민족주의 관점으로 일관하고 있는 것이다. 일본 극우파의 한국 침략은 나치의 프랑스 침략과 하등 다를 바가 없었다. 다른 점은 독일과 프랑스는 전후 나치 잔재를 철저하게 숙청했지만 일본과 한국은 그렇지 못했다는 점뿐이다.

바잉턴은 『역사를 위한 변명』과 『봉건사회』를 저술한 프랑스의 역사학자 겸 레지스탕스 마르크 블로크(Marc Bloch: 1886~1944)를 "민족주의를 동력"으로 삼았다고 비난할 수 있을까? 마르크 블로크가 1944년 6월 게슈타포에게 총살당했다면 거의 같은 시대를 살았던 한국의 역사가 신채호는 1936년 2월 랴오둥 반도 끝자락 뤼순감옥에서 옥사했다. 마르크 블로크가 총과 역사학으로 나치의 프랑스 침탈에 맞서 싸운 프랑스 민족주의자였다면 신채호 역시 총과 역사학으로 일제의 한국 침탈에 맞서 싸운 한국 민족주의자였다. 게다가 신채호는 개인의 자유와 사회적 평등을 주장하는 아나키스트였다. 왜 단재 신채호의 민족주의는 비난받아야 하고 한때 제국이었던 프랑스의 민족주의는 칭송받아야 하는가?

이는 바잉턴이 일본의 극우 민족주의 관점으로 한국사를 바라보

기 때문이고, 한국 민족주의 자체에 무지하기 때문이다. 프랑스의
민족주의는 베트남 등을 식민 지배한 데서 볼 수 있듯이 제국주의
의 일면도 갖고 있지만 한국의 민족주의는 단재 신채호가 「조선혁명
선언」(1923) 첫머리에서 "강도 일본이 우리의 국호國號를 없이하며 우
리의 정권을 빼앗으며 우리 생존의 필요조건을 다 박탈하였다"라고
선언한 것처럼 일본 제국주의라는 강도에 맞서 싸운 민족주의였다.
식민사학자들은 이런 신채호는 '봉건적'이라고 비판하면서 외국의 식
민 지배를 미화하는 이병도는 '근대적' 역사학자라고 칭송한다.

마크 바잉턴은 하버드대학 교수가 아니라 동북아역사재단에서
상납한 10억 원의 국고로 임시 채용한 인물인데, 식민사학에 물들
면 국적이나 인종에 상관없이 행태가 같아진다. 바잉턴은 연구 결
과물이 일제 식민사관과 중국 동북공정을 추종한다는 지적 때문
에 이 사업이 연장되지 못함에 따라 하버드 임시교수에서 해촉되
었다. 그는 그 후에도 하버드 교수를 사칭하며 각종 한국 언론들
과 인터뷰를 하면서 일제 식민사학자를 옹호하고 민족사학자를 격
렬하게 비난했다. 미국 정부 돈 가지고 러시아 위해서 일하고 나서
사업 연장 안 해줬다고 미국 정부 비난하면 미국 언론들이 그 인
물 편을 들겠는가? 그런데 한국 언론들은 바잉턴의 편을 들어서 열
심히 받아쓰기했다.

지난 정권 때 한국학진흥사업단의 단장으로 있으면서 그 문제
많은 국사 교과서의 대표 집필자라는 위인은 공개 학술회의에서 단
재 신채호를 이렇게 말했다.

뤼순감옥. 신채호는 이곳에서 옥사했다.

　신채호는 네 자로 말하면 정신병자이고, 세 자로 말하면 또라이입
니다.

　필자는 복수의 인사로부터 이 이야기를 확인했다. 필자가 그 자
리에 있었다면 그냥 보고만 있지는 않았을 것이다. 그러나 다수
의 역사학자들은 이런 망언을 듣고도 가만히 있었다. 한국에서 역
사학은 서생鼠生의 학문으로 전락한 지 오래다. 프랑스 같으면 당장
감옥에 갔을 이런 극우 파시스트 매국노가 한국에서는 한국학진흥
사업단장으로 1년에 250억 원이라는 막대한 한국사 관련 예산권을
쥐고 있었다. 다수의 역사학자들이 이 매국노에게 아부하기 바빴던
것이 현실이다.

　바잉턴은 한사군의 위치에 대해 조선 시대(1392~1910)부터 논쟁
이 있었다는 사실을 아는지 모르겠다. 중화 사대주의 유학자들

은 한사군이 한반도 북부에 있었다고 생각했지만 조선 후기 이익 (1681~1763)과 김경선(金景善: 1788~1853) 같은 학자들은 한반도 내에 있지 않았다고 주장했다. 그리고 이런 견해들은 한국이 일본에게 군사 점령당한 후 만주로 망명해 독립운동을 전개했던 김교헌(1868~1923), 이상룡(1858~1932), 박은식(1859~1925), 신채호(1880~1936), 이시영(1869~1953), 김승학(1881~1965), 정인보(1893~1950) 같은 역사학자로 이어졌다. 이들 대부분은 일본에 가서 이른바 '근대 역사학'을 배운답시고 머리를 조아리던 식민사학자들과 급 자체가 달랐다. 이들 모두는 마르크 블로크처럼 '한 손에는 총을, 한 손에는 붓을 든' 독립운동가이자 역사학자였다.

바잉턴도 어떤 의미에서는 식민사관의 가해자 겸 피해자일 것이다. 그에게 누가 이런 한 손에는 총을, 한 손에는 붓을 들었던 역사학자들의 이야기를 들려주었겠는가? 공개 학술회의 석상에서 "신채호는 네 자로 말하면 정신병자이고, 세 자로 말하면 또라이"라고 말하는 말종들이 사석에서는 어떤 말들을 나누며 시시덕거리겠는가? 사대주의에 찌든 매국 사학자들이 독립운동가 겸 역사학자들을 비난하는 이야기만 들었을 것이다. 바잉턴은 한사군의 위치에 대해 조선총독부와 독립운동가들 사이에 역사 해석을 둘러싸고 격렬한 충돌이 있었다는 사실 자체를 몰랐을 것이다. 만약 바잉턴이 역사관을 둘러싼 격렬한 충돌이 있었다는 사실을 알았고, 역사학의 기본 방법론에 따라 두 견해를 비교하는 방법을 사용했다면 절대로 『한국 고대사 속의 한사군』 같은 결론은 나오지 않았을 것이다. '한사군 한반도설'을 주장하는 조선총독부의 견해와 '하북성(허베

^{이성)} 일대설'을 주장하는 독립운동가들의 견해를 역사학적 방법론에 따라 비교했다면 결론은 달라졌을 것이다. 한사군이 설치되었던 당시에 쓰인 『사기』, 『한서』, 『삼국지』, 『후한서』, 『진서』 등은 일관되게 한사군의 위치를 요동이라고 쓰고 있다. 그러나 바잉턴은 1차 사료에 근거를 둔 이런 견해를 검토할 만한 능력이 없는 상태에서 한국 식민사학자들로부터 조선총독부 사관만 옳은 것으로 전해 들었던 것이다. 그래서 바잉턴은 한사군이 만주 서쪽에 있었다고 보는 학자들을 이렇게 비난했다.

민족주의나 희망사항을 동력으로 연구하는 학자들(즉, 한사군이 한반도에 위치하지 않았었다는 시각을 선호하는 학자들)과 작업했다면 서양 학자들은 그를 즉시 알아차렸을 것이고 한국 학문의 평판에 더 해를 입히게 됐을 것입니다.

바잉턴은 시종 서양 학자들을 한국 학자들보다 상위에 놓고 그것이 당연하다는 전제 위에서 논리를 전개하고 있다. 한국인 공저자들이 얼마나 저자세로 대했으면 그럴까 싶지만 조선총독부의 견해를 비판하는 학자들을 "민족주의나 희망사항을 동력으로 연구하는 학자들(즉, 한사군이 한반도에 위치하지 않았었다는 시각을 선호하는 학자들)"이라고 비난하는 데서 그의 무지와 편견을 잘 알 수 있다. 역사학의 기본 방법론대로 1차 사료에 입각해서 '한사군 하북성설'을 주장하는 학자들의 견해는 "민족주의나 희망사항을 동력으로 연구하는 학자들" 또는 "한사군이 한반도에 위치하지 않았었다는 시각을 선호하는 학자들'"이라고 비하하면서 조선총독부에서 조작한 역사만을 추종했다. 바잉턴과 그 공저자들이야말로 '일본의 극우 민족주의'를 동력으로 연구했으며, 조선총독부에서 날조한 '희망사항'을 동력으로 연구한 인물들이다. 그러면서도 이 문제에 대해 일관된 관점을 갖고 있지 못하다 보니 이미 인용한 대로 "기존의 잘못된 정보는 주로 일제 강점기의 연구 결과"라고 비판하면서도 일제 강점기의 연구 결과를 비판하는 학자들에 대해서는 "민족주의나 희망사항을 동력으로 연구하는 학자들"이라고 비난하는 모순을 보이고 있는 것이다. 학자는 최소한 자신이 다루는 주제에 대해서는 관점이 일관되어야 하는데, 바잉턴은 앞부분에서는 조선총독부의 견해를 "일제 강점기의 연구 결과"라고 비판하면서, 정작 '일제 강점기의 연구 결과'를 비판하는 학자들은 '민족주의, 희망사항'을 연구 동력으로 삼는다고 비판하는 중첩된 자기모순을 보이고 있는 것이다. 그의 다음 말은 더욱 가관이다.

> 반면에 우리가 이렇게 논란이 많이 되는 주제들을 접근해보고 그에 관한 최상의 전문적인 학문 성과(데이터를 보여주고 싶은 대로 해석하기보다 있는 그대로 받아들이는 학자들의 연구 성과)를 소개한다면 한국 학문이 발휘할 수 있는 최상의 모습을 보여주게 되는 것입니다. 이는 해당 연구 분야가 서양 학자들로부터 받아야 할 합당한 대우와 관심을 받는 데 도움이 될 것입니다.

필자는 아직도 바잉턴 같은 사고를 가진 인물이 존재한다는 사실이 놀랍다. "데이터를 보여주고 싶은 대로 해석하기보다 있는 그대로 받아들이는 학자들의 연구 성과"란 말은 식민사학자들이 좋아하는 실증주의를 말하는 것이다. 데이터, 즉 1차 사료를 "보여주고 싶은 대로 해석"하고 있는 학자들이 자신과 같이 작업했던 학자들이란 사실은 과연 알까? 이 길지 않은 편지에서 몇 번이나 오리엔탈리즘을 확인하는지 일일이 세기도 힘들 정도다. "서양 학자들로부터 받아야 할 합당한 대우와 관심을 받는 데 도움이 될 것"이라니? 바잉턴과 함께 작업했던 한국 학자들이 얼마나 머리를 조아렸으면 이럴까 싶다.

한국 국회의원들을 꾸짖는 바잉턴

『한국 고대사 속의 한사군』의 문제점이 알려지면서 평소 동북아역사재단의 행태에 관심이 많았던 일부 국회의원들이 문제를 제기했다. 당초 동북아역사재단은 『한국 고대사 속의 한사군』을 해외 공관을 통해 외국인들에게도 배포하고 외국인 대학생들에게 이를 교재로 한국 고대사를 가르치려는 계획이었다. 그러나 일부 국회의원들의 문제제기로 배포가 중지되었다. 국회 내 동북아역사왜곡특위 소속 의원들이 적극적이었다. 그러자 바잉턴은 이 문제에 대해 강하게 문제제기했다.

요컨대 한국 국회의원들이 한사군이 한반도에 위치하지 않았다는 비주류 시각을 선호한다면 저는 그분들이 그렇게 결정할 만한 자격 요건이 되는지 묻고 싶습니다. 그들은 사학이나 고고학 연구를 할 만한 훈련이 되어 있는 사람들인가요? 저는 그렇지 않을 것이라고 추정합니다. 이런 상황이라면 한국 국회의원들은 어떤 시각이 사실적 데이터(사료)에 부합하든 그렇지 않든 본인들이나 본인의 유권자들이 만족할 만한 시각을 고르는 것이 됩니다. 하지만 이것은 학문에 해당되지 않습니다. 이는 정치에 해당되고 입증할 만한 실체도 없으면서 연구를 위한 훈련이 되지 않은 많은 사람들을 만족시킬 만한 시각을 가진 비전문가들에게 영합하는 것입니다. <u>따라서 만일 국회에서 논쟁을 벌여야 한다면 첫 번째로 현재 한사군에 관한 잘못된 정보를 바로잡고, 두 번째로 한국에서 가장 잘 훈련된 전문가들을 통해 한국 학문의 훌륭한 모습을 선보이기 위해 한사군 같은 주제들을 영어로 탐색하고 소개할 필요가 있다고 말씀해주십시오.</u> 그렇게 하는 것이 한국 고대사와 고고학계에서 한국 학자들의 연구 성과의 질에 관한 서양 학자들의 손상된 인식을 개선하는 데 이루 헤아릴 수도 없는 도움이 될 것입니다.(밑줄은 동북아역사재단에서 그어서 제공한 것)

아마도 동북아역사재단이나 이 책의 공동저자들이 바잉턴에게 SOS를 쳤을 것이다. 사대 매국 기관인 동북아역사재단은 바잉턴이 하버드의 이름으로, 서양인이라는 오리엔탈리즘의 자격으로 무식한 한국 국회의원들을 꾸짖으면 문제가 해결될 것으로 본 것이다. 밑줄까지 그어서 제공한 것은 '한국의 무식한 국회의원들이여, 바잉턴

선생님의 호통에 귀 기울여라'라는 마음의 발로일 것이다. 필자가 보기에 바잉턴은 조선총독부 사관에 편향된 결과 객관적 시각 갖기를 포기한 것처럼 보인다. 국내 식민사학자들이 그런 것처럼 학자이기를 포기한 것이다.

한사군에 관한 잘못된 정보는 바잉턴이 말한 '비주류' 학자들이 아니라 조선총독부에서 양산했고, 그것을 현재 중국이 동북공정에서 이용하고 있는 것이다. 그리고 바잉턴이 "한국에서 가장 잘 훈련된 전문가"들이라고 표현한 사람들은 지금 한국에서 조선총독부의 견해만 추종한다는 거센 비판을 받고 있는 학자들이다.

한국의 국회의원들이 바잉턴의 개인적 저작에 문제를 제기했다면 바잉턴처럼 대응할 수도 있다. 그러나 바잉턴은 자신의 사재로 『한국 고대사 속의 한사군』을 연구한 것이 아니다. 한국 국민들의 피 같은 10억 원의 국고를 가지고 연구한 것이다. 만약 미국 국민들의 세금을 가지고 태평양 전쟁은 미국의 잘못 때문에 발생한 것이고 일본의 진주만 습격이 전적으로 올바른 것이었다는 연구 결과를 발표했다면 미국 국회의원들이 가만히 있었을 것인가? 이때도 미국 국회의원들에게 "그들은 사학이나 고고학 연구를 할 만한 훈련이 되어 있는 사람들인가요? 저는 그렇지 않을 것이라고 추정합니다"라고 비판할 수 있을 것인가? 미국 상·하 양원 의원들에게 "본인들이나 본인의 유권자들이 만족할 만한 시각을 고르는 것"이라고 비판할 수 있을 것인가? 이 역시 대한민국을 미국의 속국 비슷하게 여기는 오리엔탈리즘의 반영이 아니면 나올 수 없는 망언이다. 학문적 자세도 문제지만 시대착오적인 오리엔탈리즘으로 사물을 바라보는 것이 더 큰 문제다.

바잉턴은 학문적 방법론에 의한 토론 제안을 거부하는 것이 "한국에서 가장 잘 훈련된 전문가들"이라는 사실은 알고 있을까? '식민사학 해체 국민운동본부'에서 동북아역사재단의 학자들에게 학술토론회를 제안했지만 답이 없다고 앞에서 말했다. 바잉턴이 선생님의 자리에서 그토록 칭찬하는 "한국에서 가장 잘 훈련된 전문가들"은 현재 일체의 토론을 거부하고 있다. 한 언론사에서 이 문제를 가지고 국민운동본부와 동북아역사재단의 지상논쟁을 준비한 적이 있었다. 그런데 해당 언론사에서 국민운동본부에 이런 메일을 보내왔다.

> 일단 말씀드린 원고 건은 좀 홀딩해야 할 것 같습니다. 논쟁의 성격이 있는 것이어서 저희는 운동본부 측 원고와 함께 동북아재단 등 기존 사학계의 원고를 같이 게재하고자 했으나, 저쪽 원고에 대한 필자를 계속 섭외했지만 섭외에 실패했습니다. 이덕일 소장님도 역시 양측의 원고를 논쟁식으로 같이 게재하는 게 좋겠다고 말씀하시고 해서 한쪽만 게재하는 것은 일단 피하기로 했습니다.

이 메일에서도 알 수 있듯이 필자는 우리 견해만 싣겠다고 말하지 않았다. 필자와 같은 역사관을 가진 학자들은 학술 토론을 원하고 있다. 숨어서 국민 세금 도둑질하지 말고 나와서 당당하게 자신의 학술적 견해를 밝히라는 것이다. 그러나 이들은 대면논쟁이든 지상논쟁이든 모든 학술적 토론을 거부하고 있다. "한국에서 가장 잘 훈련된 전문가들"이 왜 논쟁 자체를 거부하는지 바잉턴은 알까?

필자를 비롯해서 식민사관에 맞서는 학자들은 우리 견해만 싣는 것을 사양해왔다. 국민과 독자들은 양쪽의 견해를 모두 경청할 권리가 있기 때문이다. 그러나 바잉턴이 "한사군에 관한 한 한국 정상의 학자들", "한국에서 가장 잘 훈련된 전문가들"이라고 칭찬한 학자들은 토론은 물론 기고마저 거부하고 있다. 필자는 그 이유를 잘 알고 있다. 조선총독부에서 정치적 목적으로 만든 식민사관을 앵무새처럼 반복할 뿐 이를 뒷받침할 수 있는 일체의 사료적 근거를 갖고 있지 못하기 때문이다. 늦었지만 지금이라도 열린 마음으로 바잉턴이 양쪽의 주장을 검토해본다면 자신이 얼마나 편향된 관점, 즉 일본 제국주의의 관점에 입각해서 이 문제를 보고 다루었는지 알게 될 것이다. 그런 반성의 과정을 거치면 학자로서 성장하는 계기가 될 수도 있을 것이다. 필자는 바잉턴이 역사학의 기본 방법론을 따르는 정상적인 학자로 돌아오기 바란다. 우리는 동북아역사재단에 제안한 토론회에 바잉턴도 불러달라고 요청했듯이 그가 논쟁을 원한다면 언제라도 환영한다. 그러나 그 방법은 조선총독부가 20세기에 만든 이론을 반복하는 것이 아니라 한사군이 설치됐던 당시에 쓰인 1차 사료들을 근거로 판단하는 역사학의 기본적인 방법론에 따라야 할 것임은 두말할 것도 없다.

고조선 깎아내리기에 학문 인생을 건 송호정

그럼 『한국 고대사 속의 한사군』에 논문을 게재한 한국 학자들

의 견해를 살펴보자. 한국 측 대표 저자 격인 한국교원대 송호정은
「고조선, 그 역사와 고고학」이라는 글을 실었다. 송호정의 글을 볼
때마다 사고 구조가 참 희한하다는 생각을 한다. 자국사를 비하하
기 위해 저토록 노력하는 학자도 찾기 힘들다. 송호정에게 실증주
의는 자국사를 비하하기 위한 도구에 지나지 않는다. 그래서 앞서
숭실대 사학과 교수 박양식이 한국의 실증주의를 비판했던 글을
송호정에게 돌려주면 정확한 비판이 된다. 다시 한번 인용해보자.

> 서양에는 오히려 민족을 앞세워 조국의 역사를 쓰는 데 주저함이
> 없었다. 랑케도 그러하였다. 프랑스의 미슐레나 미국의 터너의 예
> 를 보면 민족주의 사학이란 것이 한국의 실증사학자들에게 비판의
> 대상이 된다는 것은 이상한 일이다. …… 그런데도 한국의 실증사
> 학자들은 일제에 의해 호도되고 말살되었던 민족의 역사를 되살
> 리려고 노력한 사학자들의 역사 연구에 대하여 끊임없는 비판을
> 제기하였다. 그런 비판의 화살은 일본의 식민주의 사학에게나 돌
> 려야 할 것이었다. 독일의 히틀러나 일본의 제국주의가 역사를 식
> 민 통치술로 이용한 사관이야말로 배격의 대상이 되어야 할 것이
> 다.[102]

송호정이야말로 "일제에 의해 호도되고 말살되었던 민족의 역사
를 되살리려고 노력한 사학자들의 역사 연구에 대하여 끊임없는

---

102 박양식, 「서양 사학 이론에 비추어 본 실증사학」, 『숭실사학 제31집』, 2013. 12., 346~347쪽.

비판을 제기"했다. 그런 비판의 화살은 일본의 식민주의 사학에게
나 돌려야 할 것이었다. 송호정은 모든 역사 지식을 고조선을 비하
하는 데 사용한다. 한 예를 들어보자.

> 초기 고조선사를 논할 때 가장 먼저 언급되는 것은 비파형 동검
> 문화이다. 비파형 동검 문화는 청동기 시대 초기 고조선 사회에
> 대해서 설명해주는 문화적 지표이다. 비파형 동검 문화는 다양한
> 지역마다 독자적 특징을 간직하고 있다. 이처럼 중국 동북 지방과
> 한반도에 걸쳐 지역적 특성을 가진 청동기 문화가 존재한다는 것
> 은 청동기 시대 고조선 사회가 강력한 왕권에 의해 통치된 것이
> 아니라 토착 족장들이 지역에서 커다란 영향력을 발휘하고 있었음
> 을 말해준다.[103]

'비파형 동검'은 고고학에서 '고조선식 동검'이라고도 부른다. 홍
산 문화의 중심지인 내몽골 츠펑 일대를 비롯해서 내몽골과 만주,
한반도에 걸친 광범위한 지역에서 출토되는 동검으로서 이 동검의
출토지는 고조선의 강역으로 보면 된다. 그런데 송호정은 선배 서
영수와 그 스승 노태돈과 함께 고조선 강역 축소와 고조선사 비하
에 학문 인생을 걸다 보니 고조선 깎아내리기가 곧 학문이 되었다.
말은 물론 실증을 가장하지만 유적, 유물과 문헌 사료에 대한 자의
적 견강부회 외에는 근거가 없다. 비파형 동검은 내몽골에서 출제

---

103 『The Han Commanderies in Early Korean History』, 51쪽.

토되는 것이나 한반도에서 출토되는 것이나 기본 형태가 완전히 같다. 광범위한 지역에서 출토되다 보니 부분적으로 조금 다른 경우가 있을 뿐이다. 그런데 송호정은 비파형 동검이 지역마다 조금씩 다르기 때문에 청동기 시대 고조선은 국가가 아니라 각 지역 토착 족장들이 지배하는 미개한 사회였다고 주장하는 것이다. 송호정의 논리를 따르면 지금까지 인류 역사상 강력한 국가는 존재한 적이 없던 것이 된다. 강력했다는 시황 때의 진나라도 그 문화는 당연히 지역별 특성을 지니고 있었다. 한나라도 마찬가지고, 심지어 오늘날 중국도 각 지역별 특성이 다르다. 오늘날 미국도 마찬가지다. 이런 억지에까지 대응해야 하나 싶을 정도로 한심하기 짝이 없는 주장이다. 송호정의 주장을 단어 몇 개 바꾸어 살펴보자.

이처럼 중국 각 지역에 걸쳐 지역적 특성을 가진 여러 문화가 존재한다는 것은 중국이 고대부터 지금까지 강력한 왕권에 의해 통치된 것이 아니라 토착 족장들이 지역에서 커다란 영향력을 발휘하고 있었음을 말해준다.(고딕은 필자)

중국을 미국으로 바꿔도 마찬가지고 로마로 바꿔도 마찬가지다. 송호정의 논리에 따르면 인류 역사상 단 한 번도 강력한 제국은 존재한 적이 없었다. 모두 토착 족장들이 다스리던 미개한 사회였다. 그런데 송호정은 같은 시기 중국에는 강력한 고대 국가가 존재했고 고조선은 그들의 영향을 받아서 발전했다고 주장한다.

내몽골 츠펑, 훙산 문화 유적지.

기원전(송호정의 표기: 필자) 5세기가 되면 중국 세력이 요령성 지역에 진출하면서 초기 고조선은 점차 중국의 선진 문물을 흡수하면서 문화적인 변화를 경험한다. 기원전 4세기 이래 고조선은 중국 연燕세력이 남만주 지역으로 진출하자 그들이 누리던 선진 철기 문화를 받아들여 중앙 왕실의 지배 권력을 다져 나갔다.[104]

조선총독부에서 만든 '한국사 정체성론'의 반복이다. 한국 민족은 자발적인 역사·사회 발전 능력이 없으므로 외국의 식민 지배를 받아야만 발전할 수 있다는 논리다. 그러니 고대 한나라의 고조선 지배나 근대 일본의 한국 지배는 축복이었다는 논리로 이어진다. 송호정은 21.2센티미터의 지름 안에 무려 1만 3천 개가 넘는 정교한

---

104 『The Han Commanderies in Early Korean History』, 74쪽.

국보 제141호인 다뉴세문경.

선과 100여 개의 동심원이 그려져 있는 국보 제141호 다뉴세문경도
보지 못했나? 송호정이 중국의 선진 문물을 받아들여서 미개한 고
조선이 발전하기 시작했다는 서기전 4세기 무렵에 만들어진 것으로
추정되는 청동 거울 말이다. 이 다뉴세문경은 고조선의 청동 기술
이 당대 중국의 청동 기술보다 월등히 뛰어났음을 입증하는 유물
이다. 그러나 조선총독부의 '한국사 정체성론'에 푹 빠진 송호정에게
고조선 사람들은 자발적인 문화 발전 능력이 없는 미개한 사람들
이다. 이런 청동기 문화가 철기 문화로 발전했다는 지극히 상식적인
역사를 부인하고, 고조선은 중국에서 전래된 철기를 처음으로 구경
했다는 식으로 기술한다. 송호정의 다른 글을 조금 살펴보자.

　　나는 또 요서 지방이 고조선의 영역이 될 수 없음을 답사하는 과
　　정에서 조금씩 알게 됐다. 그것은 요서 지역의 작은 현 박물관에

쌓여 있는 비파형 동검과 많은 청동기 유물이 고조선의 것이라기보다는 그 일대에서 활동하던 유목 민족의 유물과 함께 출토된 것임을 확인했기 때문이다.[105]

송호정이 고조선을 부인하기 위해 즐겨 끌어들이는 것이 산융山戎, 동호東胡 등의 유목 민족들이다. 조선은 단군이 처음 개국하면서 '국호는 조선으로 하고'라고 개국한 것이 아니다. 고조선인이 쓴 고조선사는 남아 있지 않다. 그래서 후대의 사료인 『삼국유사』나 『삼국사기』, 그리고 고대 중국인들이 쓴 사서를 가지고 파악할 수밖에 없다. 중국인들은 고조선을 여러 용어로 사용했다. 동호는 고조선을 달리 부른 명칭일 뿐이다. 이 앞 글에서 송호정은 "요서(라오시) 지역에 위치한 현이나 시 박물관을 돌아보면 연·진 시기 및 한 시기 장성 근처에서 나오는 기와 및 철기 제품 그리고 명도전 등 중국 세력들이 동쪽으로 진출하는 과정에서 정착해 살면서 남긴 유물들을 볼 수 있다"고 서술했다.

고조선의 표지 유물 중의 하나인 비파형 동검은 무슨 수를 써서라도 '고조선 유물이 아니다'라고 주장하는 송호정이 왜 기와 및 철기들은 '연·진·한'의 것이라고 단정하나? 이 유물들은 모두 '연국 제조', '진국 제조', '한국 제조'라고 쓰인 형태로 발굴되었나? 쉽게 말해 '메이드 인 연·진·한'이라고 쓴 상태로 출토되었냐는 말이다. 고조선의 표지 유물인 비파형 동검은 '메이드 인 고조선'이라고 쓴 상태

---

105 송호정, 『단군, 만들어진 신화』, 산처럼, 2004, 82쪽.

로 출토되지 않아서 '고조선 유물'이 아니라 '그 일대에서 활동하던 유목 민족의 유물'인가? 그 비파형 동검에 '산융 제조', '동호 제조'라고 쓰인 채로 출토되었나?

송호정이 고조선을 부인하기 위해서 기울이는 노력은 안쓰러울 정도다. 쓰다 소키치가 『삼국사기』 초기 기록을 부인하기 위해 『삼국지』 「위서 동이열전」 〈한韓〉조를 끌어들인 것처럼 송호정은 고조선을 부인하기 위해서 '산융·동호'를 끌어들인다. 송호정은 대한민국 국민 세금으로 운영되는 한국교원대 교수다. 한국인의 세금으로 한국의 미래 교사들에게 고조선 역사를 비하하고 봉급을 받는다. 동북아역사재단 같은 국가 기관이 이런 학자들의 안마당인 것이 OECD 국가 대한민국의 현주소이다.

> 초기 철기 시대 고조선의 중심 지역이었던 한반도 서북 지방에서는 서기전 4~3세기경부터 평안남도 운성리나 성현리처럼 거대한 읍락을 이루고, 토성까지 축조하는 독자적 지역 집단이 성장하고 있었다. …… 이러한 지역 단위 정치체가 통합되면서 결국 우리가 고조선이라고 부르는 중앙집권적인 국가권력의 출현으로 나아가게 되었다.[106]

이런저런 복잡한 논리를 펼쳤지만 결론은 항상 같다. 고조선의 중심지는 한반도 서북부라는 것이다. 송호정의 선배 서영수나 지도

---

106 『The Han Commanderies in Early Korean History』, 76쪽.

교수 노태돈이 말하는 '고조선 중심지 이동설'보다도 더 후퇴한 논리다. 고조선의 중심지가 이동한 것이 아니라 서기전 4~3세기경에야 한반도 서북 지역에서 고조선이라는 국가가 탄생했다는 것이다. 서기전 7세기 때 쓰인 『관자』에 이미 조선이란 나라가 나온다. 그러나 송호정에게 이런 사료는 없는 것이다. 서영수나 노태돈이 조선총독부의 '고조선=평안남도 일대의 소국'이란 논리를 조금 벗어나서 한때는 요동에 있던 고조선의 중심지가 평양으로 이동했다고 주장했다면 송호정은 고조선은 한반도 서북부에서 건설되었고 그곳에서 망했다는 조선총독부의 논리를 그대로 재현하고 있는 셈이다.

> 청천강 남쪽 지역에서 고조선이 성장하였던 것으로 보인다. ……
> 한반도의 서북 지역은 중국 본토에서 멀리 떨어진 외진 곳이고, 게
> 다가 전국시대 문화 혹은 진나라와 한나라 초기까지 중국의 중심
> 에서 벗어나 자립적인 발전을 시작하여 후에 독자적인 지역 문화
> 를 형성하게 되었다.[107]

송호정도 바잉턴처럼 앞뒤가 맞지 않기는 마찬가지다. 앞에서는 연나라의 철기 문화를 받아들여 발전했다고 쓰더니 여기에서는 중국의 중심central China에서 벗어나 독자적인 지역 문화를 형성했다고 쓰고 있으니 말이다. 이런 문장을 쓰는 이유는 명백하다. 고조선을 청천강 이남의 소국으로 묶어두기 위해서이다. 청천강 이남 평

---

107 『The Han Commanderies in Early Korean History』, 78쪽.

안남도 지역으로 고조선을 축소하려다 보니 그만 고조선이 중국 문화와 떨어져서 '독자적인 지역 문화local culture'를 형성했다고 쓴 것이다. 고조선을 지역local이라고 표현하는 데서도 송호정의 고조선 인식의 일단을 볼 수 있지만 지엽적인 문제로 치부하고 넘어가자. 더 큰 문제 발언은 계속된다. 대한민국 국민 세금으로 낸 결론이 이렇다.

> 위만조선은 일찍이 중국으로부터 받은 철제 농기구와 철제 무기를 모사해서modeled 대량으로 제작하고, 그 생산 능력을 향상시키고 군사력을 증강해 주변 정치 세력들minor polities에 대한 무력 정복을 수행하여 갔다. 위만조선은 수도인 왕검성을 중심으로 한반도 서북 지방 일대에 독자적인 문화도 탄생시켰다.[108]

송호정이 그리는 그림은 이렇다. 고조선은 서기전 2세기 말의 인물인 위만衛滿이 등장하기까지 철기 시대가 아니었다. 철기는 위만이 중국으로부터 받은 것이다. 물론 위만이 철기 문화를 처음 가져왔다는 사료적 근거는 전혀 없다. 송호정이 보기에 위만이 청천강 이남으로 올 때까지 평안남도에는 토착 족장들이 다스리는 작은 정치체가 우글대고 있었다. 위만은 중국에서 가져온 선진 철기 문화로 토착 족장들이 다스리는 미개한 작은 정치체를 정복하고 청천강 이남 일대에서 고조선이란 나라를 형성했다는 것이다.

---

108 『The Han Commanderies in Early Korean History』, 79쪽.

그래서 필자가 송호정의 머릿속 구조가 궁금하다고 쓰는 것이다. 도대체 어떤 교육을 받았기에 내몽골과 만주, 한반도에 걸쳐서 발굴되고 있는 비파형 동검, 즉 고조선식 동검은 고조선 것이 아니라 산융·동호 것이라고 일체의 사료적 근거 없이 우겨댈 수 있는지, 고조선은 그토록 철저하게 부인하면서 연·진·한은 그토록 칭송할 수 있는지, 연나라 출신 진개가 올 때까지 청천강 이남에는 토착 족장들이 다스리는 미개한 작은 정치체들이 우글대고 있었다고 주장할 수 있는지 신기할 노릇이다. 더욱 신기한 것은 이 책에 논문을 실은 학자들이 한결같이 이런 논조라는 점이다.

그 밖의 저자들의 주장

동북아역사재단이 낸 보도자료에 따르면 여기에 논문을 실은 학자들의 이름과 소속, 논문 제목은 아래와 같다.

송호정(한국교원대): 「고조선, 역사와 고고학」

권오중(전 영남대): 「낙랑군의 역사」

오영찬(이화여대): 「낙랑군의 주민과 지배 세력」

정인성(영남대): 「낙랑군의 물질 문화」

이성시(일본 와세다대): 「낙랑군·대방군과 삼한·예·왜 등의 관계」

여호규(한국외대): 「낙랑·대방의 소멸과 그 영향」

이성제(동북아역사재단): 「현도군의 재편과 고구려」

김병준(서울대): 「한대 군현 지배와 낙랑군」

이들은 책 뒷부분에 이례적으로 한 명에 한 장씩 할애해 컬러 사진을 싣고 약력을 실어놓았다. 비록 하버드대학 출판부에서 나온 것은 아니지만 누가 그런 것을 자세히 보겠는가? 그저 하버드란 이름이 감격스러운 것이다. 그럼 나머지 학자들의 서술을 잠시 살펴보자.

여호규는 「낙랑·대방의 소멸과 그 영향」에서 "고구려는 311년 압록강 하구의 서안평을 점령하고……"라고 서술했다. 서안평을 압록강 하구의 단둥으로 보는 것은 일체의 사료적 근거가 없다. 한사군을 한반도 북부라고 주장하다 보니 조선총독부에서 그렇게 비정했을 뿐이다. 『요사』 「지리지」는 한나라 요동군 서안평을 요나라 수도 자리였던 지금의 내몽골 바린좌기라고 비정하고 있다. 여호규는 낙랑·대방을 한반도 북부에 있었다고 전제하고 하위 논리를 펼쳐 나갔다.

서울대 동양사학과의 김병준은 「한대 군현 지배와 낙랑군Lelang Commandery And Han China's Commandery-Based Rule」에서 "서기전 108년 한漢 무제가 고조선을 침공하기 전까지 한반도 서북 지역의 정치적 풍경은 중국 본토의 그것과 크게 달랐다"라고 말했다. 고조선이 한반도 서북부에 있었다고 기정사실로 전제해놓고 하위 논의를 전개하고 있는 것이다. 단국대 사학과 교수 윤내현은 같은 중국사 교수로서 하버드대에 가서 중국 고대 사료들을 보면서 식민사관이 틀렸다는 사실을 알게 되었다는데, 김병준은 중국사 전공이면서 중국 고대 사료도 들춰보지 않은 건지, 아니면 보고 싶은 것만 보았는지는 알 수 없다. 그러나 그는 낙랑군을 한반도 서북부로 전제해놓고 현재 한국에서 낙랑군이 저평가되어 있다고 분개하고 있다.

> 모든 나라들이 그들의 고대사에 대해 빠지기 쉬운 몇 가지 환상이 있다. 그들은 고대사의 시작을 가능한 빠른 것으로 하는 것을 선호하고, 크고 화려한 역사로 특징지으려 하고, 다른 것들과 구별되는 독특한 것uniquely distinct으로 하려는 경향이 있다. 이를 일일이 언급하는 것은 이 연구의 범위를 벗어나지만, 그중 자국 고대사의 독특성uniqueness을 찾으려는 집착은 다시 본 연구의 논지와 일부 연관된다. 한반도 역사는 자생적으로 기원했다는 주장에 대한 열망은 낙랑의 역사를 오랫동안 한반도의 역사에서 배제하고 그 역할을 크게 축소 평가했다.[109]

김병준은 낙랑군의 위치를 놓고 그토록 오랜 논쟁이 있었다는 사실 자체를 아는지 모르는지 낙랑군이 한반도 서북부에 있었다는 전제로 말하고 있다. 그러면서 낙랑군이 한반도 서북부에 있었다고 왜 그 역사가 축소되어야 하느냐고 분노하고 있다. 김병준의 이런 분노는 새삼스러운 것이 아니다. 한사군의 위치가 논란이 되자 교육부가 국사 교과서에서 한사군이란 용어 자체를 뺀 적이 있었다. 물론 세부 항목으로 들어가면 한사군이 한반도 북부에 있다

---

109 『The Han Commanderies in Early Korean History』, 250쪽.

는 것을 전제로 '한 군현'이란 표현이 남아 있었지만 어쨌든 한사군이란 용어는 빠졌었다. 동북아역사재단의 전신인 고구려연구재단에서 막대한 국고를 지원하기 시작해 동북아역사재단에서 이어서 2006년에 『낙랑문화연구』라는 책자를 발간했다. 『낙랑문화연구』는 낙랑군이 평양 일대라는 전제 아래서 쓴 것인데, 이들은 머리말에서 이렇게 말했다.

> 현재 사용되고 있는 제7차 교과 과정의 고등학교 국사 교과서에서는 (한사군의) 그 존재 자체와 의미를 부정하는 방향으로 서술하고 있어, 삼한 등과 같은 주변 집단들의 역사적 변화 발전 양상을 제대로 이해하지 못하고 왜곡시키는 결과를 낳고 있는 실정이다. 그나마 다행히 최근 들어 학회나 연구소의 기획에 의해 낙랑에 대한 집중적 연구가 행하여지고, 문헌사학이나 고고학 분야 전공자가 배출되어 양적·질적으로 연구의 수준이 향상되어 있는 것이 사실이나 아직 만족할 만한 단계에 도달해 있다고 말하기는 어려운 상태이다.[110]

국사 교과서에 한사군이 한반도 북부에 있었다고 쓰지 않고 있다고 분개하는 것이다. 자신들이 지원받은 세금이 일본에서 나온 것인지 대한민국 국고인지 자체에 대한 문제의식이 없다. 같은 책의 머리말을 조금 더 살펴보자.

---

110 동북아역사재단, 『낙랑문화연구』, 2006, 11쪽.

이러한 상황에서 고구려연구재단에 의한 이번의 연구 기획은 이제
까지의 수준에서 한 단계 더 나아가 낙랑의 역사와 문화에 대한
이해에 있어 새로운 전기를 마련할 것으로 보인다. …… 아울러
이번 연구를 적극 지원하여주신 고구려연구재단의 관계자 제위諸位
께도 심심한 사의를 표하는 바이다.[111]

고구려연구재단 이사장이 고려대 총장 출신 김정배였다. 박근혜
정권 때 국사편찬위원장을 맡아 국정 교과서를 책임지고 추진하다
가 촛불에 의해 낙마했다.

김병준의 주장과 『낙랑문화연구』 연구진의 주장은 같다. 김병준
의 주장이 그냥 툭 튀어나온 것이 아니라는 뜻이다. 이들 주장의
공통점은 한국사를 바라보는 시각이 한국에 적대적이란 점이다. 조
선총독부의 시정을 찬양하는 것과 낙랑군을 찬양하는 것은 하등
다를 바가 없다. 식민 지배를 찬양하는 동일 사고다. 이런 인식이
모두 대한민국 교육 시스템에서 나왔다. 그래서 필자는 한국의 교
육 시스템을 전면적으로 뜯어고쳐야 한다고 확신한다. 조선총독부
에서 만든 노예화 교육이 지금까지도 한국 교육의 기본 시스템이다
보니까 이런 자발적 노예들, 어떻게 보면 일본인보다 더 일본인이고
싶어 하는 노예들이 양산되는 것이다.

『한국 고대사 속의 한사군』은 20여 장의 지도를 싣고 있다. 그
모든 지도에 낙랑군은 평양, 대방군은 황해도에 있었다고 표기하고

---

111 동북아역사재단, 『낙랑문화연구』, 2006, 11~12쪽.

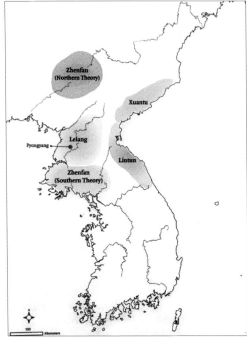

Map 10.3 Two Theories of the Location of Zhenfan. Map by C. Scott Walker, Harvard Map Collection, with assistance from Lea Park.

동북아역사재단의 한사군 지도. 한사군을 모두 한반도 내로 끌어들인 것은 물론 진번은 북부설과 남부설까지 친절하게 표기했다.

있고, 발음도 낙랑의 한국식 발음인 LakLang 대신 중국식 발음 러랑Lelang으로, 대방은 DaiBang 대신 다이팡Daifang으로 표기했다. 현도는 수안투Xuantu, 임둔은 린툰Lintun, 진번은 쩐판Zhenfan으로 표기하고 있다. 이 책의 313쪽 지도에서는 한사군의 위치를 표시했는데, 낙랑·대방군의 위치를 각각 평안도, 황해도로 그려놓고, 임둔군을 강원도, 현도군을 함경남도로 표기했다. 진번군에 대해서는 압록강 유역에 북부설Northern Theory과 황해도 남부에 남부설Southern Theory을 각각 그려놓았다. 북부설은 식민사학자 쓰다 소키치의 주장이고,

남부설은 조선사편수회의 이마니시 류의 주장이다.

　이 책의 논리에 따르면 중국 동북공정의 주장대로 한반도 북부는 중국사의 강역이 되어야 한다. 대한민국 헌법 제3조는 "대한민국의 영토는 한반도와 그 부속 도서로 한다"라고 되어 있는데, 그 절반의 역사를 중국에 상납한 것이다. 그것도 대한민국 국민들의 세금으로 대한민국 국가 기관이.

5장

식민사관의 생존 비법

韓國痛史

韓國獨立運動之血史

朝鮮史論 第一輯

丹齋申采浩先生遺稿
京城 廣韓書林 發行

神檀民史

1. 학계에서
정리가 끝났다고 우기기

1차 사료를 왜곡한다

동북아역사재단의 매사 행태는 2012년에 시작된 것이 아니다. 필자는 2009년에 이미 『한국사, 그들이 숨긴 진실』이란 책을 발간해 동북아역사재단의 문제점을 공개적으로 지적했었다. 그 책에서 필자는 동북아역사재단이 홈페이지의 '올바른 역사'라는 항목에서 이렇게 쓰고 있다고 지적했다.

위만조선은 그 왕성인 왕험성이 현재의 평양시 대동강 북안에 있었는데, 이는 위만조선과 한의 경계 역할을 한 패수가 지금의 압록강이라는 점, 위만조선의 도읍 부근에 설치된 낙랑군 조선현의 치소가 지금의 평양시 대동강 남안의 토성동 토성이라는 점, 왕험성 및 조선현과 깊은 관련이 있는 것으로 알려져 있는 열수가 지금의 대동강으로 비정되고 있다든지 하는 점을 통해서 입증된다(동북아역사재단, 홈페이지 '고조선조').[112]

2009년에 동북아역사재단 홈페이지는 '왕험성이 평양에 있었다'는 조선총독부 사관을 '올바른 역사'라고 설명하고 있었다. 2014년 벽두의 『한국 고대사 속의 한사군The Han Commanderies in Early Korean History』이 일탈이나 실수가 아니라 동북아역사재단의 일관된 역사관에서 나왔다는 이야기다. 물론 그 역사관이 조선총독부 사관임은 말할 필요도 없다. 2009년에 필자는 이를 강하게 비판했었다.

> 동북아역사재단은 '입증된다'고 했지만 이는 조선총독부 조선사편수회 산하 연구 단체가 아니면 쓸 수 없는 표현이다. 먼저 위만조선과 한나라의 경계인 패수의 위치부터 '입증'된 것이 아니라 수많은 논란이 있는 부분이다.
>
> 패수를 압록강이라고 '입증'한 인물은 바로 한국 식민사학의 교주 쓰다 소키치다. …… 쓰다 소키치의 이 기술 이후 많은 식민사학자들이 패수를 압록강으로 여겼다. 동북아역사재단이 '입증된다'고 쓴 것은 쓰다 소키치의 설을 무비판적으로 따른 것뿐이다. 물론 이병도처럼 압록강보다 더 남쪽의 청천강으로 비정하는 견해도 없지는 않다.

---

112 이덕일, 『한국사, 그들이 숨긴 진실』, 역사의아침, 2009, 25쪽.

'위만조선의 왕성인 왕험성의 위치, 패수와 열수의 위치, 조선현의 치소'는 과거는 물론 현재도 많은 논란을 불러일으키고 있다. 동북아역사재단은 '낙랑군 조선현의 치소가 지금의 평양시 대동강 남안의 토성이라는 점'이라고 단정 지었지만 이 역시 일제 식민사학이 만든 이론을 무비판적으로 추종한 것에 불과하다.[113]

2009년에 이미 필자는 동북아역사재단에서 말하는 '올바른 역사'는 "조선사편수회 산하 연구 단체가 아니면 쓸 수 없는 표현"이라고 비판했다. 또한 낙랑군 조선현의 치소를 지금의 평양시 대동강 남안의 토성동 토성으로 비정한 것은 조선총독부인데, 그때 식민사학자들 사이에서도 이곳을 낙랑군의 치소로 보기에는 무리라는 지적이 있었다는 사실도 전해주었다. 그러면서 동북아역사재단의 행태를 이렇게 비판했다.

그러나 (조선총독부에서) 이 토성을 왕검성으로 만들어야 '한국사는 한나라의 식민지로 시작했다'고 주장할 수 있으므로 그냥 확정한 것이다. 동북아역사재단이 대한민국 정부가 아니라 조선총독부 소속이라면 이 주장이 맞을 것이다. 고구려연구재단을 동북아역사재단으로 바꾼 것은 중국뿐만 아니라 일본의 역사 왜곡에도 맞서라는 뜻이 담겨 있다. 그런데 이런 목적에서 설치하고 국민세금으로 운영되는 국가 연구 기관이 일제 식민사관의 주장을 그

---

113 이덕일, 『한국사, 그들이 숨긴 진실』, 역사의아침, 2009, 26~27쪽.

대로 받아들여 우리에게 가장 불리한 주장을 일방적으로 취택해 '입증된다'고 단정한 것이다.

동북아역사재단의 공식 견해대로 위만조선의 도읍이 평양 지역이었다면 대한민국은 더 이상 중국의 동북공정에 대해 시비하지 말아야 한다. 그 대신 '과거 한반도 북부가 중국사의 영토인 것은 맞지만 지금은 우리 땅이니 내어줄 수 없다'고 달리 주장해야 한다.[114]

필자가 2009년에 이미 동북아역사재단의 행태는 "대한민국 정부가 아니라 조선총독부 소속"이라고 비판했다. 그렇다면 최소한의 학자적 양심은 고사하고라도 대한민국 국민으로서 최소한의 정체성만 갖고 있다면 이에 대해 수정했을 것이다. 자신들의 견해가 옳다고 여긴다면 재단에 사직서를 냈어야 했다. 대한민국의 국익과 정확하게 정반대의 자리에 있기 때문이다. 이도 저도 아니라면 토론이라도 제의해야 했다. 그러나 동북아역사재단은 그렇게 하지 않으면서 초대 김용덕, 2대 정재정, 3대 김학준, 4대 김호섭에 이르기까지 한국 고대사에 관한 한 조선총독부의 관점을 가지고 자국 역사에 대한 테러 행위를 계속해왔다. 그러면서 토론에 나오라면 나오지는 않고 "한사군 한반도설은 이미 학계의 검증이 끝난 문제"라고 묵살해왔다. 정권이 교체되어 5대 이사장으로 김도형이 취임했지만 식민사관에서 벗어날 조짐은 전혀 보이지 않는다.

행동은 매국으로 일관하면서도 평가는 독립운동가로 받고 싶기

---

114 이덕일, 『한국사, 그들이 숨긴 진실』, 역사의아침, 2009, 28쪽.

에 『한국 고대사 속의 한사군』의 보도자료에는 "이 책은 일본 식민사관의 영향이 여전히 남아 있는 서구 학계에 한사군이 한반도에만 국한되었다는 '한사군 한반도설'의 문제점을 극복하고 중국 중심주의 및 일본 중심주의로부터 벗어나게 합니다"라고 거짓말을 해야했다. 아버지(조선총독부)를 아버지라 부르지 못하고 저주해 마지않는 아버지(독립운동가)를 아버지라고 불러야 하는 모순된 시대를 살아가는 식민사학자들의 슬픈 자화상이다.

조선총독부는 한사군의 위치를 한반도 북부라고 확정했다. 반면 독립운동가들은 허베이성(하북성) 일대라고 비정했다. 현재 (식민)사학계는 조선총독부설에 따라서 '한사군 한반도설'을 주장하고 있다. 과거에는 "학계에서 검증이 끝난 문제"라고 말하면 그걸로 끝이었다. 그러나 이제 상황이 달라졌다. 가장 큰 변화는 식민사학에 맞서는 축이 형성된 것이다. 이 축을 형성한 학자들이 역사학적인 방법론을 가지고 문제를 제기하자 반향이 일어나는 것이다. 이 축은 식민사학계에 비해서는 아주 작지만 현재 식민사학자들이 수세에 몰려 있다. 가장 큰 이유는 식민사학자들의 주장이 아무런 1차 사료적 근거가 없다는 사실이 드러났기 때문이다.

학문적으로는 이미 폐기된 '한사군 한반도설'

그런데 아직도 일부 국민들은 식민사학자들의 주장이 근거가 있지 않겠느냐고 생각한다. 그러면 조선총독부의 주장과 독립운동가들의 주장 중에서 누구의 말이 맞는지 찾아보기로 하자. 이 문제는 범인을 찾는 수사나 유무죄를 확정하는 재판과 아주 유사하다. 우리나라 형사소송법 제307조는 "사실의 인정은 증거에 의하여야 한다"고 규정하고 있는데 이를 '증거재판주의'라고 한다. 즉 증거가 있어야 사실로 인정하지 증거에 의하지 않고 제멋대로 사실이라고 주장하는 것은 사실로 인정하지 않는다는 뜻이다. 증거는 직접증거와 간접증거로 나뉘는데, 직접증거는 그 행위를 직접 입증할 수 있는 증거를 뜻하고, 간접증거는 간접적으로 주요 사실을 증명하는 데 도움이 되는 증거를 뜻한다. 범인이나 진실을 특정할 수 있는 가장 좋은 증거는 직접증거다. 직접증거가 부족할 때는 간접증거로 보강한다. 때로는 두 증거의 경계가 모호할 때도 있다.

직접증거를 역사학 용어로 바꾸면 1차 사료다. 1차 사료란 당대에 쓰인 사료를 뜻한다. 한사군에 대한 1차 사료는 한사군이 설치되었을 당시에 쓰인 사료이다. 1백 년 전 조선총독부 산하 어용학자들이 만든 주장이 직접증거가 될 수 있을까? 그것은 이미 대한제국을 차지하고자 하는 정치적 목적으로 만든 것이므로 직접증거가 될 수 없다. 그렇다면 해방 후 조선총독부의 견해를 그대로 추종하고 있는 식민사학자들의 주장은 직접증거가 될 수 있을까? 물론 될 수 없다. 그러면 독립운동가들의 주장은 직접증거가 될 수 있을까? 이 역시 될 수 없다. 독립운동가들 역시 빼앗긴 나라를 되찾으려는 뚜렷한 목적 아래 역사학을 했기 때문에 유감스럽지만 직접증거가 될 수 없다.

그러면 이 문제의 직접증거는 무엇일까? 한사군이 설치되었을 당시에 쓰인 역사 사료들이다. 조선총독부는 한사군이 서기전 108년에 설치되었는데 진번군과 임둔군이 설치 26년 만인 서기전 82년에 사라지면서 낙랑군과 현도군만 남게 되었다고 주장했다. 낙랑·현도 두 군이 언제까지 존속했는지는 견해가 일치하지 않는다. 조선총독부는 낙랑군은 서기 313년, 대방군은 314년에 각각 고구려에 멸망했다고 보았고, 해방 후 식민사학자들이 지금까지 이 견해를 추종하고 있다. 식민사학자들의 견해를 약술하면 한 무제 원봉元封 2년(서기전 108)에 (위만)조선의 도읍지였다는 평양 일대에 낙랑군을 설치했고, 그 주위에 임둔, 진번, 현도 등 4군을 설치했다는 것이다. 26년 후인 서기전 82년 진번군과 임둔군이 낙랑군에 통합되었고, 서기전 75년 현도군도 무너지면서 낙랑군만 남아 있다가 서기 313년 고구려 미천왕에 의해 멸망했다는 것이다. 또한 대방군이 후한後漢 헌제獻帝 건안建安 연간(서기 196~220)에 낙랑군 남쪽에 설치되었다가 서기 314년에 멸망되었다는 것이다. 낙랑군의 중심지는 평양이나 대동강 연안에 있었고, 대방군은 지금의 황해도에 있었다는 것이다.

필자는 이런 견해에 동의하지 않지만 일단 이들 주장의 타당성을 따져보기 위해서 이들의 논리를 살펴보자. 이들이 한사군 및 대방군이 한반도 북부에 존속했다고 주장하는 이 시기에 대한 1차 사료는 『사기』·『한서』·『삼국지』·『후한서』·『진서』처럼 한사군과 낙랑군·대방군에 대해서 언급하고 있는 중국의 고대 사서들이다. 이 사료들은 한사군의 위치에 대해 과연 뭐라고 서술하고 있을까? 그 전에 먼저 한사군에 대한 식민사학계의 평가를 들어보자. 이병도는 한사군에 대해 이렇게 서술했다.

동방 한군현漢郡縣의 설치가 우리 고대사상古代史上의 일대 시기를
획劃하는 중대 사실임은 물론이지만, 그것은 비단 정치상에서뿐 아
니라, 문화상에 있어서도 그러하였던 것이다. 곧 한의 동방 군현이
설치된 이후 산만적이고 후진적인 동방 민족 사회는 전자(前者: 한)의
부절(不絕: 끊이지 않는)한 자극과 영향을 입어 정치와 문화에 있어 새
로운 반성과 향상에의 한 모멘트를 가지게 되었다. …… 그리하여
당시 중국의 발달된 고급의 제도와 문화—특히 그 우세한 철기
문화—는 이들 주변 사회로 하여금 흠앙欽仰의 과녁이 되고, 따라서
중국에 대한 사대 사상의 싹을 트게 한 것도 속일 수 없는 사실
이었다.[115]

이병도는 사관이 뚜렷하다. 이병도에게 한군현, 즉 한사군의 설
치는 한민족에게 축복이었고, 일제의 식민 통치 또한 한민족에게
축복이었다. 이 말은 이렇게 바꿔서 해석할 수 있다.

조선총독부의 설치가 우리 근대사상近代史上의 일대 시기를 획하는 중
대 사실임은 물론이지만, 그것은 비단 정치상에서뿐 아니라, 문화상
에 있어서도 그러하였던 것이다. 곧 일본의 조선총독부가 설치된 이후
산만적이고 후진적인 동방 민족 사회는 전자(일본)의 부절한 자극과

---

115 이병도, 『한국고대사연구』, 박영사, 1976, 99쪽.

영향을 입어 정치와 문화에 있어 새로운 반성과 향상에의 한 모멘트를 가지게 되었다. …… 그리하여 당시 일본의 발달된 고급의 제도와 문화—특히 그 우세한 근대 문화—는 이들 주변 사회로 하여금 흠앙의 과녁이 되고, 따라서 일본에 대한 사대 사상의 싹을 트게 한 것도 속일 수 없는 사실이었다.

해방 후 국사학계의 태두가 되어서도 덴리교 도복을 입고 일본의 신도 예배에 참석한 이병도에게 조선총독부 통치는 축복이었다. 이병도가 고조선을 '후진적'이라고 매도한 것이 이후 문창극 후보 같은 인사들에게 조선 사회를 극도로 비하하게 하는 뿌리가 된 것이다.

필자는『한국사, 그들이 숨긴 진실』에서 이미 낙랑군을 중심으로 한사군의 위치를 밝혀놓은 적이 있다. 또한 곧 발간할『조선사편수회 식민사관 이론 비판』(가제)에서 낙랑군 조선현 및 요동군 험독현 險瀆縣의 위치를 자세하게 밝혀놓았기 때문에 여기에서는 생략하고 단지 중국의 1차 고대 사료를 중심으로 간략하게 밝히려 한다.

앞서 설명했듯이 한사군은 지금으로부터 2,100년 전인 서기전 108년 설치되었다. 한사군의 중심은 낙랑군이기 때문에 낙랑군의 위치만 밝혀내면 그 주변에 있었던 것이 분명한 나머지 삼군의 위치는 자연히 밝혀지게 된다. 필자는 2009년 출간한『한국사, 그들이 숨긴 진실』에서 '한사군 한반도설'은 아무런 1차 사료적 근거가 없는 후대의 '창작'임을 낱낱이 밝혔다. 여기에서는 독자들의 이해를 돕기 위해 핵심 사항 몇 가지만 살펴보겠다.

먼저 위만조선의 수도 험독현의 위치에 대해서 살펴보자. 위만조선의 수도인 험독현에 낙랑군의 치소인 조선현을 세웠다는 것이니 험독현의 위치만 드러나도 한사군의 위치를 알 수 있다. 『사기』 「조선열전」에 "(위만이) 왕험성에 도읍했다[都王險]"라는 구절이 있다. 이 구절에 대해서 『사기』 주석서들은 어떻게 설명하고 있는지 살펴보자. 왕험성의 위치에 대해서 중국 남북조 때 남조 송나라 배인의 『사기집해』를 보자. 『사기집해』는 『사기』가 쓰인 때부터 자신이 살던 5세기 중후반까지 『사기』에 대해서 주석을 단 여러 서적들을 모은 것이다. 배인은 『사기집해』에서 왕험성에 대해서, "서광徐廣은, '창려昌黎군에 험독현이 있다'라고 말했다"고 설명했다. 서광이 "험독현이 창려군에 있었다"고 말했다는 뜻인데, 서광은 4세기 후반에서 5세기 초반 무렵까지 살았던 동진東晉 때 학자다. 현재 허베이성에 창리현昌黎縣이 있는데, 당연히 이때의 창려현과 관련이 있는 현이다. 식민사학에서 대동강 남안에 있다고 주장한 험독현은 허베이성에 있었다. 당나라 때 사마정은 『사기색은』에서 험독현에 대해서 이렇게 말했다.

『사기색은』: 위소韋昭가 "옛 읍의 이름이다"라고 말했다. 서광은 "창려군에 험독현이 있다"고 말했다. 응소가 주석하기를, "「지리지」에는 요동군에 험독현이 있는데, 조선왕 위만의 도읍이다"라고 말했다. 신찬은 "왕험성은 낙랑군 패수의 동쪽에 있다"고 말했다.

『사기색은』을 집필한 사마정은 당나라 현종 개원(開元: 713~741) 연간

창리현은 허베이성에 있는데, 창려현과 관련이 있는 현이다.

에 조산대부朝散大夫 등을 역임한 인물이다. 사마정의 『사기색은』도 『사기』가 집필된 때부터 8세기 초까지 여러 학자들이 『사기』에 대해서 주석한 글들을 모은 것이다. 사마정은 응소의 입을 빌려 조선왕 위만의 도읍이었던 험독현이 요동군에 있다고 말하고 있다. 험독현이 요동군 소속이라는 이 말 한마디로 '한사군 한반도설'은 폐기 처분되어야 한다. 언제부터 대동강이 요동군이 되었는가? 응소는 후한 때 사람으로 영제靈帝 중평中平 6년(서기 184) 태산태수泰山太守를 역임했으니 서기 2세기 때 사람이다. 이때는 낙랑군이 존속하고 있을 때이니 이때 사람들이 쓴 사료들이 직접증거, 즉 1차 사료이다. 낙랑군이 있을 때의 인물인 응소의 주석 하나로도 '한사군 한반도설'은 설 자리를 잃었다.

말이 나온 김에 조금 더 찾아보자. 현재 랴오둥(요동)은 랴오닝성(요령성) 랴오양(요양遼陽)시를 가로질러 흐르는 랴오허(요하遼河) 동쪽을 말한다. 우리가 흔히 만주라고 부르는 지역이다. 응소가 말하는 고대 요동은 지금의 랴오둥(요동)보다 서쪽으로 수백 킬로미터 더 떨어진 베이징 부근을 뜻한다. 그러나 현재의 랴오둥이라고 쳐도 한반도 평안남도나 황해도는 아니다.

위 주석에서 신찬은 "왕험성은 낙랑군 패수의 동쪽에 있다"고 말했다. 그래서 패수의 위치를 찾으면 왕험성의 위치와 낙랑군의 위치도 자연스레 찾을 수 있게 된다. 그런데 패수의 위치는 여러 학자들이 많은 주장을 펼쳐놓았다. '한사군 한반도설'을 주장하는 식민사학자들은 한결같이 패수의 위치를 한반도 서북부에서 찾고 있다. 쓰다 소키치와 서울대의 노태돈은 패수를 압록강이라고 보았고, 이병도는 청천강으로 보았으며, 이나바 이와키치는 대동강이라고 보았다. 강의 위치는 조금씩 다르지만 모두 평양을 왕험성으로 보았기 때문에 이에 꿰맞추기 위해 각각 한반도 서북부의 강들로 비정한 것이다.

그런데 조선 순조 때 김경선은 북경에 사신으로 다녀오면서 『연원직지燕轅直指』라는 기행문을 남겼다. 그런데 여기에 마치 후대의 식민사학자들이 패수의 위치를 가지고 장난을 칠 줄 알았다는 듯이 이런 글을 남겼다.

오호라! 후세 사람들이 땅의 경계를 자세히 알지 못하고 한사군의 땅을 망령되게 파악해서 모두 압록강 안에 국한시켜 억지로 사실에 끌어 맞춰서 구구하게 분배했다. 이에 패수를 다시 그 중에서 찾으니 혹은 압록강을 패수라고 지목하고, 혹은 청천강을 패수라고 지목하고, 혹은 대동강을 패수라고 지목했으니 이것은 전쟁도 하지 않고 (고)조선의 옛 강토를 저절로 줄어들게 한 것이다.[116]

연암 박지원의 『열하일기』에도 거의 그대로 나오는데 지금 읽어보면 기막힌 말이 아닐 수 없다. 이미 200여 년 전에 식민사학이 "전쟁도 하지 않고 (고)조선의 옛 강토를 저절로 줄어들게" 하리라는 사실을 정확히 예견한 것이다. 식민사학은 패수의 위치를 한반도 서북부에서 찾을 수밖에 없다. 패수가 만주에 있으면 '한사군 한반도설'이 모두 무너지기 때문이다. 그래서 패수의 위치는 압록강, 청천강, 대동강이라고 조금씩 달리 비정했지만 결론은 왕험성은 평양 일대라고 같게 주장했던 것이다. 여기서 간단한 사실 하나를 알 수 있다. 신찬은 "왕험성은 낙랑군 패수의 동쪽에 있다"고 말했지 남쪽에 있다고 말하지 않았다. 평양은 대동강의 북쪽에 있다. 식민사학자들은 동서남북도 모른다는 듯이 압록강, 청천강, 대동강이라고 주장하는 것이다.

최초의 체계적인 지리지인 『한서』 「지리지」에는 험독현이 요동군 소속으로 나온다. 그런데 『한서』 「지리지」 〈험독현〉조의 주석에 낙랑군 조선현의 위치를 추측할 수 있는 기술이 나온다. 『한서』 「지리지」 〈요동군 험독현〉조의 주석을 보자.

요동군 험독현: 응소가, "조선왕 위만의 도읍이다. 물이 험한 데 의

---

116 김경선, 『연원직지』 「봉황성기」.

지했으므로 험독險瀆이라고 불렀다"고 했다. 신찬은 "왕험성은 낙랑군 패수 동쪽에 있다. 이로부터 험독이라고 했다"고 했다. 안사고顔師古는 "신찬의 설이 옳다"고 했다.[117]

　험독현이 한나라 때 요동군에 속해 있었다는 사실만으로도 (위만)조선의 도읍지 왕험성은 한반도 서북부에 있을 수 없다는 사실은 이미 말했다. 왕험성의 위치에 대해서 신찬은 "낙랑군 패수의 동쪽에 있다"고 말했다. 패수는 낙랑군에 있다는 뜻이자 낙랑군과 요동군이 가까운 거리에 있었다는 뜻이다. 예를 들어 '한강 북쪽에 한양이 있다'라고 가까운 강을 들어 말하지 '금강 북쪽에 한양이 있다'라고 먼 강을 들어서 말하지는 않는다. 서진(265~316) 때 학자인 신찬은 "왕험성은 낙랑군 패수 동쪽에 있다"라고 말했고, 당나라 때 학자인 안사고도 신찬의 설이 맞는다고 가세했다. 낙랑군에 있는 패수의 동쪽에 왕험성이 있고, 왕험성 자리에 세운 험독현이 요동군에 속해 있다는 사실은 무엇을 뜻할까? 낙랑군은 요동군 서쪽에 있었다는 뜻이다.

　패수에 대해서 중국의 고대 역사지리서인 『수경水經』은 이렇게 말하고 있다.

　패수는 낙랑군 누방현鏤方縣에서 나와서 동남쪽으로 임패현臨浿縣을

---

117 『한서』 「지리지」 〈요동군 험독현〉조.

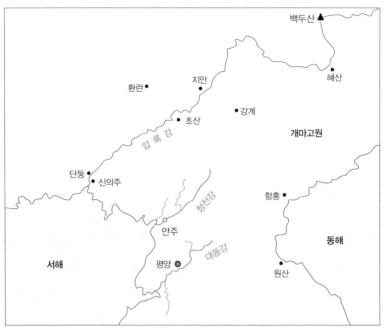

한반도의 압록강, 청천강, 대동강은 모두 서남쪽으로 흐른다. 중국 고대 사료에 '서북쪽으로'(『수경주』) 또는 '동남쪽으로'(『수경』 원문) 흐른다고 나와 있는 '패수'의 흐름과 전혀 다른 것이다.

지나 동쪽으로 흘러 바다로 들어간다.[118]

『수경』 원문은 패수가 '동쪽으로 흘러 바다로 들어간다'고 설명하고 있다. 압록강, 청천강, 대동강은 모두 서쪽으로 흐른다. 패수가 '압록강'이니 '청천강'이니 '대동강'이니 하는 설명들은 모두 패수에 던져 바닷속으로 수장시켜야 하는 헛소리들임을 알 수 있다. 이 강

들은 모두 서쪽으로 흘러 바다로 들어가지 동쪽으로 흘러서 바다로 들어가지 않는다. 패수가 압록강, 청천강, 대동강이라면 『수경』은 '서쪽으로 흘러 바다로 들어간다'고 말했을 것이다. 그러나 식민사학은 학문 이론이 아니라 정치 선전이라고 이미 말했다. 그래서 '동쪽으로 흘러 바다로 들어간다'는 『수경』 원문을 '서쪽으로 흘러 바다로 들어간다'라고 1차 사료를 제멋대로 왜곡하고 있는 것이다.

한사군의 중심지인 낙랑군에 대해서 중국의 고대 1차 사료는 일관되게 요동에 있다고 말하고 있다. 앞의 『사기』와 『한서』를 제외하고도, 『후한서』 「광무제光武帝본기」는 "낙랑군은 옛 조선국이다. 요동에 있다[在遼東]"라고 말했고, 『후한서』 「최인崔駰열전」은 "장잠현長岑縣은 낙랑군에 속해 있는데 그 땅은 요동에 있다[其地在遼東]"라고 말하고 있다. 중국의 고대 사서들은 낙랑군의 위치가 한반도가 아니라 요동이라고 반복해서 말하고 있는 것이다. 낙랑군이 한반도 내에 있었다고 말하는 1차 사료는 단 하나도 없다. 그러니 '한사군 한반도설'은 직접 증거를 가지고 검증하면 이미 학문적으로는 폐기된 이론이다. 그러나 식민사학에서는 '한사군 한반도설은 학계에서 이미 정리가 끝난 문제'라고 거꾸로 주장한다. 그러면서 이 문제를 가지고 학술 토론회를 하자고 하면 절대 응하지 않는다. 1차 사료가 없다는 사실을 알기 때문이다.

그러자 식민사학은 고려 시대 사람들도 낙랑군을 평양으로 인식했다고 궁색한 소리를 하기 시작했다. 일종의 도피처를 찾는 것이다. 고려 중기 이후 유학자들이 사대주의 사상에서 기자가 평양으로 왔다는 '기자동래설箕子東來說'을 만들고 평양을 기자의 도읍지란 뜻의 기성箕城이라고 부른 것은 사실이다. 그러나 이는 낙랑군 설치 1천 년도 훨씬 지난 후에 나온 유학자들의 사대주의 사상에 불과하다. 1차 사료가 아니라는 뜻이다. 기자는 평양에 오지 않았다. 기자와 그 후손들에 대한 기록인『사기』「송미자세가」의 주석에서 서진의 두예는 "양국의 몽현에 기자의 무덤이 있다"고 말했는데, 중국 사회과학원에서 발행한『중국역사지도집』제3책에 따르면 서진 시대의 양국은 현재의 허난성(하남성) 상추(상구)시 인근의 명현(몽현)이다. 상추는 '상(은)나라 언덕'이란 뜻이니 은나라 사람 기자의 무덤 자리로는 평양보다 훨씬 설득력이 있다.

'한사군 한반도설'을 지지하는 1차 사료는 단 하나도 없다. 그동안 식민사학자들은 한사군이 요동에 있었다는 1차 사료들은 절대 인용하지 않았다. 그러면서 "'한사군 한반도설'은 학계에서 이미 정리가 끝난 문제"라고 말해왔다. 이들이 '학계'라고 말할 때 '(식민)사학계'라고 읽으면 맞는다는 사실은 이미 말했다.

2. 사료 가치 펌하하기

엉뚱한 사료 인용하기

앞서 『수경』 원문은 패수가 '동쪽으로 흘러 바다로 들어간다'라고 되어 있지만 식민사학은 '서쪽으로 흘러 바다로 들어간다'라고 원문 자체를 바꾸었다. 이런 1차 사료 왜곡은 식민사학 주요 생존술 중의 하나이다. 『사기』·『한서』·『삼국지』·『후한서』·『진서』 같은 1차 사료를 제멋대로 왜곡해서 설명하는 것이다.

예를 하나 더 들어보자. 최근까지 식민사관은 진나라 만리장성의 동쪽 끝이 황해도 수안까지 이르렀다고 주장해왔다. 앞에서 잠시 설명했지만 이런 논리를 처음 개발한 인물은 조선사편수회의 이나바 이와키치였고, 이병도가 이를 계승하고, 그 제자들이 추종해서 최근까지 한국 고대사학계의 하나뿐인 정설로 만들었다. 이나바 이와키치는 「진 장성 동단 및 왕험성고」, 즉 「진 장성 동쪽 끝 및 왕험성에 관한 논고」에서 진나라 장성의 동쪽 끝을 지금의 황해도 수안이라고 주장했는데, 그 논리를 보자.

> 진 장성의 동단은 지금의 조선 황해도 수안의 강역境에서 일어나
> 서起 대동강 상원上源으로 나와서 청천강을 끊고載, 서북으로 달려,
> 압록강 및 동가강佟家江의 상원을 돌아서 개원 동북 지역으로 나온
> 다는 사실은 『한서』「지리지」漢志에 의해서 의심할 것이 없다.[119]

이나바 이와키치는 진나라 장성의 동쪽 끝이 지금의 황해도 수안이라고 주장했다. 그러면서 "『한지漢志』"에 의하여 의심할 것이 없다"라고 썼다. 필자가 한지라는 말을 풀어서 『한서』「지리지」라고 쓴 것인데, 식민사관 생존술 중 하나가 쉬운 말을 어렵게 쓰는 것이다. 『한서』「지리지」라고 쓰면 될 것을 『한지』라고 쓰는 것이나 『동국여지승람』이라고 쓰면 될 것을 이병도처럼 『승람』이라고 쓰는 것이 이런 예들이다. 되도록 보통 사람들이 이해하기 어렵게 글을 쓴다. 보통 사람들은 이해할 필요가 없고, 자신들이 한 말을 외우기만 하면 된다고 보기 때문이다. 이나바 이와키치는 진 장성(만리장성)의 동쪽 끝이 황해도 수안이라는 사실은 "『한서』「지리지」에 의해서 의심할 것이 없다"라고 썼다. 『한서』「지리지」에 진 장성의 동쪽 끝이 황해도 수안군이라고 쓰고 있다는 것이다. 앞서 동북아역사재단이 "……

---

119 이나바 이와키치, 「진 장성 동단 및 왕험성고」.

열수가 지금의 대동강으로 비정되고 있다든지 하는 점을 통해서 입증된다"라고 쓴 것과 마찬가지다. 식민사학자들이 확신에 차서, '입증된다', '의심할 것이 없다'라고 쓰면 '아무런 근거가 없구나'라고 읽으면 100퍼센트 맞는다. 이런 사술詐術이자 사술邪術이 식민사관 주요 생존술 중의 하나다. 필자는 『한서』 「지리지」 원문 전체를 통독해봤다. 『한서』 「지리지」에는 이나바 이와키치의 주장을 뒷받침할 만한 내용이 단 한 글자도 없다. 오히려 이나바 이와키치의 주장이 거짓이라는 사실만 말해줄 뿐이었다. 『한서』 「지리지」에는 '황해도 수안'은커녕 한반도 자체에 대해 설명한 구절이 단 한 글자도 없다.

조선사편수회에 소속되었던 일본인 식민사학자들은 학문 사기꾼에 불과했다. 그런데도 이병도는 스승인 이나바 이와키치의 주장을 그대로 추종해 만리장성의 동쪽 끝을 "(낙랑군 수성현은) …… 지금 황해도 북단에 있는 수안에 비정하고 싶다"면서 황해도 수안으로 비정했다. 그런데 이병도의 고민이 있었다. 해방된 나라에서 학계의 태두 노릇을 하려다 보니 무언가 그럴듯하게 보여야 했다. 그래서 낙랑군의 위치에 대해서 가장 많은 정보를 제공하는 『사기』 「하본기」 주석의 『태강지리지』에 대해서 나름대로 설명하기로 했다. 『사기』 「하본기」 주석의 『태강지리지』에는 "낙랑군 수성현에는 갈석산이 있는데 만리장성의 기점이다"라는 구절이 있다. 이 짤막한 구절은 낙랑군에 ① 수성현이 있고, ② 갈석산이 있으며, ③ 만리장성의 동쪽 기점이다'라는 세 가지 정보를 준다. 이병도는 『한국고대사연구』의 「낙랑군고」에서 낙랑군 수성현을 황해도 수안군이라고 비정하면서 갈석산과 만리장성에 대해서도 설명하기로 했다.

(낙랑군) 수성현 …… 자세하지 아니하나, 지금 황해도 북단에 있는 수안에 비정하고 싶다. 수안에는 승람 산천조에 요동산遼東山이란 산명이 보이고, 관방조關防條에 후대 소축所築의 성이지만 방원진防垣鎭의 동서행성의 석성石城이 있고, 또 진지晉志의 이 수성현조에는—맹랑한 설이지만—「진대장성지소기(秦代長城之所起: 진나라 때 장성이 시작된 곳)」라는 기재도 있다. 이 진 장성설은 터무니없는 말이지만 아마 당시에도 요동산이란 명칭과 어떠한 장성지長城址가 있어서 그러한 부회가 생긴 것이 아닌가 생각된다.[120]

이병도가 『승람』이라고 쓴 『동국여지승람』의 〈황해도 수안군 산천山川〉조에는 수안군에 요동산이 있다고 나온다. 이 요동산이 갈석산이 아니냐는 주장이다. 또 같은 책에는 수안군에 방원진 석성이 있다고 나오는데, 이것이 만리장성의 동쪽 끝이 아니냐는 주장이었다. 이병도의 이 〈수성현〉조의 문제에 대해서는 『한국사, 그들이 숨긴 진실』(79~109쪽)에서 자세하게 언급했으므로 반복하지는 않겠다. 다만 요동산은 요동산이지 갈석산이 아니라는 점과 유사 이래 북한 지역에서 만리장성의 흔적이 발견된 적은 없다는 상식만 언급하려 한다. 그러나 이병도가 『진지』, 즉 『진서』「지리지」를 인용한 것은 지적해야겠다. 이나바 이와키치가 "『한지』에 의해서 의심할 것이 없다"라고 사기 친 것과 똑같은 사기이기 때문이다.

『진서』「지리지」는 평주에 낙랑군이 속해 있는 것으로 설명하고

---

120 이병도, 『한국고대사연구』, 박영사, 1976, 148쪽.

있다. 평주는 후한 때 베이징 부근에 있던 유주에 속해 있던 주다. 『진서』「지리지」는 평주 낙랑군에 대해서 "한나라에서 설치했는데, 6개 현을 거느렸으며, 호수는 3,700호이다"라고 말하고 있다. 그리고 평주 소속의 '조선·둔유·혼미·수성·누방·사망'현이라는 6개 현의 이름을 써놓았다. 그중 이 〈수성현〉조에 "진나라에서 쌓은 장성이 일어난 곳이다"라고 설명하고 있는 것이다. 『진서』「지리지」는 진나라 때 평주 산하의 낙랑군에 수성현이 있었다고 말하는 것이다. 이 평주는 진나라 강역에 있었지 황해도 수안과는 아무런 상관이 없다. 낙랑군 수성현이 황해도 수안군이란 근거를 제시하겠다면서 진나라 강역에 있던 낙랑군 수성현에 대한 내용을 황해도 수안군에 슬며시 끼워놓은 것이다. 논리적으로는 사기이자 문장적으로는 비문이다.

이병도는 낙랑군 수성현을 황해도 수안군으로 비정하겠다고 해놓고, 근거 ① '수안에는 승람 산천조에 요동산이란 산명이 보인다', 근거 ② '수안에는 '방원진의 동서행성의 석성이 있다'라고 주장했다. 이 근거 ①, ②는 아무런 논리적 타당성이 없다. 그나마 이런 근거도 더 이상 갖다 붙일 곳이 없으니 근거 ③『진지』〈수성현〉조에 '진나라 때 장성이 시작된 곳이다'라는 구절을 억지로 끼워 넣은 것이다. 『진서』「지리지」〈수성현〉조는 중국에 있는 평주 낙랑군 수성현을 설명한 것이지 황해도 수안군을 설명한 것이 아니다. 한마디로 논리의 파탄이다. 그런데 이런 논리가 최근까지 한국 식민사학계의 하나뿐인 정설이었다.

그러나 그동안 국사학계의 태두이신 이병도 선생님의 이 치밀한

'고등문헌 비판'에 대해서 아무도 시비를 걸지 못했다. 현재 중국과 일본은 역사지리부도는 모두 이 논리에 따라 만리장성을 한반도 서북부 깊숙한 곳까지 그려놓고 있다. 한국의 역사지리부도도 마찬가지로 낙랑군을 평안도, 대방군을 황해도로 그려놓고 있다. 모두 국사학계의 태두 이병도 선생님의 치밀한 '고등문헌 비판'을 그대로 수용한 것이다. 그러나 이병도의 허술한 논리에 대해 필자 같은 사람들이 비판하고 나서면서 식민사학계가 다급해졌다. 무엇보다 수안군에는 갈석산도 없고, 만리장성도 없었기 때문이다. 국사학계의 태두 이병도 선생님의 치밀한 '고등문헌 비판'에 따른 정설이 코미디에 가깝다는 사실이 점차 드러났다. 나아가 이 코미디의 뿌리가 이병도 선생님의 선생님인 조선사편수회의 이나바 이와키치라는 사실이 밝혀지면서 조롱거리로 전락했다. 그러자 또 다른 식민사학 생존술이 가동되었다. '사료 가치 폄하하기'였다. 자신들에게 불리한 사료를 후대의 것이라고 부정하거나 그 가치를 폄하하는 것이다.

갈석산에서 만난 교포들과 서울대 노태돈

필자는 몇 년 전 연구소 사람들과 함께 갈석산에 오른 적이 있었다. 그런데 정상 부근에서 일단의 한국인들을 만났다. 톈진(천진天津)에서 사업하는 한국인들의 등산 모임이라고 했다. 필자가 이 산이 어떤 산인 줄 아느냐고 묻자 그중 한 사람이 『사기』 「태강지리지」에 나와 있다면서 "낙랑군 수성현에 갈석산이 있고 (만리)장성의 기점이다"라고 원문을 줄줄 외웠다. 그때 필자를 비롯한 연구소 식구들은 이구동성으로 '식민사학은 끝났다'고 확신했다. 보통 국민들의 입에서 관련 원문이 언급되기 시작하면 식민사학은 버틸 수 없게 된다. 더 이상 사기를 칠 수 없게 된다는 뜻이다.

그동안 낙랑군 수성현을 황해도 수안으로 비정했던 국사학계의 태두 이병도 선생님의 치밀한 '고등문헌 비판'은 이제 조롱거리로 전락했다. 그러자 서울대 교수 노태돈이 식민사학 생존술을 가동시켰다. 불리한 사료를 가짜로 모는 것이다. 노태돈은 일단 한 발 물러서는 척했다. 그래서 "한반도 서북부 지역에서 현재까지의 조사에 의할 때 진 장성의 터로 의심되는 유적이 전혀 확인되지 않고 있다"[121]라고 말했다. 한반도 서북부, 즉 황해도 수안에는 만리장성터의 흔적을 찾을 수 없다는 것이었다. 당연히 황해도 수안에는 갈석산이 없다. 황해도 수안에 있는 요동산은 요동산이지 갈석산과는 아무런 상관이 없다. 갈석산은 현재 중국 허베이성 창리시 북쪽에 있다. 그보다 더 서쪽으로 비정하는 학자들도 있지만 필자는 일단 황해도 수안과 허베이성 창리현(창려현)으로 국한시켜 논의를 전개하겠다. 『수서隋書』를 비롯한 중국의 여러 고대 사료들은 창려현이 옛날의 수성현이었다고 말하고 있다. 그리고 그 근처에 만리장성의 동쪽 끝인 산하이관이 있다. 창리현 자체가 산하이관이 있는 친황다오(진황도秦皇島)시 소속이다. 물론 진나라 때 장성은 여기까지 오지도 못했다. 중국 만리장성이 최대로 동쪽까지 온 것이 산하이관이

---

121 노태돈, 『단군과 고조선사』, 사계절, 2000, 53쪽.

다. 황해도? 코미디 하지 마라.

노태돈이 이나바 이와키치와 이병도의 논리가 웃음거리로 전락하는 것을 목도하고, '한반도 서북부에는 만리장성의 흔적이 없다'는 결론에 도달했다면 최소한 "낙랑군은 한반도 서북부가 아닌 요동에 있었다"라는 데까지 연결되어야 한다. 그래야 일이관지하는 학문이다. 그러나 식민사학은 분절적 사고로 생존하는 사기술이다. 양쪽을 연결시키지 않고 따로따로 나누어 독립시킨다. 한 몸에 붙어 있는 팔과 다리 같은 존재지만 팔은 신체 밖으로 떼어내 독립시키고 다리만 살리는 식이다.

이나바 이와키치나 국사학계의 태두 이병도 선생님의 '고등문헌비판'에 의한 '낙랑군 수성현=황해도 수안군설'은 조롱 속에 무너졌다. 그러나 무너진 것은 그것 하나뿐이었다. 낙랑군은 여전히 한반도 서북부에 있어야 했다. 문제는 『태강지리지』의 문제의 구절을 어떻게 처리해야 하는가였다. 둘은 한 몸의 팔다리이자 동전의 양면 같은 존재다. 낙랑군에는 수성현이 있고, 그곳에 갈석산이 있다는 『태강지리지』를 어떻게 처리해야 하는가? 지금 『태강지리지』에서 말하는 것처럼 허베이성 창리현(옛 수성현)에는 갈석산이 있고, 그 북쪽에는 만리장성의 유지遺址가 있고, 그 동쪽에 명나라 때 만리장성의 동쪽 끝인 산하이관이 있다. 『태강지리지』의 말은 모두 사실이다. 노태돈이 정상적인 학자라면 『태강지리지』에 나온 대로 지금의 '허베이성 창리현이 옛 낙랑군 지역이었다'라는 사고로 전환해야 했다. 그러나 노태돈에게 이런 노선 전환을 바란다면 필자가 너무 순진한 것이다. 역시 노태돈은 식민사학 특유의 '사료 가치 폄하하기',

즉 '1차 사료 지우기'를 동원했다. 노태돈은 이렇게 설명하고 있다.

> 낙랑군 수성현 갈석산설은 진 대에서 새로이 생긴 것이다. 그 뒤
> 낙랑군이 요서 및 하북 지역으로 이치됨에 따라 수성현설이 이치
> 된 지역에 부화되었으며, 그것은 요서설과도 혼합되는 면을 보였
> 다. 요서설은 북제·북주 및 수의 장성이 갈석에 이르러 요서의 해
> 안에 도달하였다는 실제 장성 수축 사실과 깊이 결부되어 유포되
> 었던 것으로 여겨진다. 두 설은 모두 후대의 산물이다. 진 장성의
> 동단은 『사기』·『한서』의 기록과 현전하는 장성 유지를 통해 볼 때
> 요동설이 타당하다.
> 이렇듯 진 장성이 요동에 이르렀다면, 진·한의 요동군은 지금의 요
> 동군에 있었던 것이 되며, 낙랑군은 자연 그 동쪽인 한반도 서북
> 부 지역이 분명해진다.[122]

식민사학에서 확신에 차서 '의심할 것이 없다', '입증된다'라고 말
하면 '아무런 근거가 없구나'라고 해석하면 맞는다고 했다. 마찬가
지로 이 설 저 설 장황하게 언급하고, 이 책 저 책을 분주하게 언
급하고 나서 '분명해진다'라고 결론 내리면 '(아닌 것이) 분명해진다'
라고 해석하면 역시 100퍼센트 맞는다. 노태돈은 대단히 복잡한 구
조로 설명했지만 결론은 100년 전 조선총독부 논리 그대로 낙랑군
은 한반도 서북부에 있었다는 것이다.

---

122 노태돈, 『단군과 고조선사』, 사계절, 2000, 60쪽.

노태돈의 학자적 양심을 의심해야 하는 구절은 "낙랑군 수성현 갈석산설은 진 대에서 새로이 생긴 것이다"라는 말이다. 이나바 이와키치나 이병도 선생님의 '고등문헌 비판'에 의한 '낙랑군 수성현=황해도 수안군설'은 조롱 속에 무너졌다. 그래서 노태돈도 더 이상 이 설을 주장할 수 없었다. 그러나 낙랑군은 조선총독부 사관에 따라 계속 한반도 서북부에 있어야 했다. 그러려면 『태강지리지』의 "낙랑군 수성현에는 갈석산이 있는데 만리장성의 기점이다"라는 구절을 어떻게든 설명해야 했다. 그러나 설명할 수가 없다. 이 문헌 사료는 고고학으로도 입증되기 때문이다. 그래서 식민사학 특유의 생존술인 '사료 가치 폄하하기'를 동원했다. 『태강지리지』 자체를 후대에 만든 위서로 모는 것이다. 이것이 식민사학 특유의 '1차 사료 지우기'이다.

진나라 통일을 기념해서 제작한 『태강지리지』

과연 『태강지리지』는 후대의 위서인가?

『태강지리지』는 진나라 태강太康 연간에 작성한 지리지이다. 태강은 서진 무제武帝 사마염司馬炎 재위 시의 세 번째 연호로, 서기 280년부터 289년까지다. 진 무제 함녕咸寧 6년(280) 3월 오나라 손호孫皓가 항복함으로써 드디어 진나라는 중원을 통일했다. 후한이 몰락하고 위·촉·오가 다투었던 삼국 시대의 혼란은 서기 280년 위나라를 계승한 진나라의 승리로 끝났다. 진 무제 사마염이 크게 기뻐했을 것은 두말할 나위가 없다. 그래서 통일을 기념하여 크게 편안하다는 뜻의 '태강'으로 연호를 고친 것이었다. 그리고 중원 통일을 기념해 전국의 모든 행정구역을 재조사해서 『태강지리지』를 편찬했다. 『진서』 「지리지」는 총서總敍에서 "진 무제 태강 원년(280) 이미 손씨(孫氏: 오나라)를 평정하고 무릇 군국郡國 23개를 증설해서 설치했다"라고 쓰고 있는데, 본문에서 『태강지리지』를 참고했음을 언급하고 있다. 우리는 이때가 서기 280년이라는 점에 주목해야 한다.

식민사학자들은 서기 313년 고구려 미천왕이 평양 지역에 있던 낙랑군을 멸망시킴으로써 한사군이 소멸되었다고 지금도 주장하고 있다. 따라서 식민사학의 논리에 따르면 태강 연간(280~289)은 낙랑군이 한반도 서북부에 존재하고 있을 때이다. 이때 작성한 『태강지리지』에는 "낙랑군 수성현에는 갈석산이 있는데 만리장성의 동쪽 기점이다"라고 나와 있다. 낙랑군의 위치를 말해주는 1차 사료, 즉 직접증거. 황해도 수안이 아니라 갈석산이 있고, 만리장성의 유지가 있는 지금의 허베이성 창리현이 『태강지리지』에서 말하는 낙랑군 수성현이다.

여기에 대해 설명할 수 없게 되자 '사료 가치 폄하하기'라는 식민사학 생존술을 동원해 『태강지리지』를 후대의 가짜로 본 것이다. 수사관이 무고한 사람을 끝까지 범인으로 몰기 위해 직접증거를 폐기한 셈이다. 노태돈은 『태강지리지』를 가짜로 본 세계 유일의 역사학자다. 그러나 이런 억지는 이제 통하지 않는다. 『태강지리지』는 식민사학에서 낙랑군이 한반도 서북부에 있었다고 주장하는 서기 280~289년 무렵에 작성된 당대의 1차 사료다.

노태돈은 이런 사실은 도외시한 채 이 사료 저 사료 마구 끌어들이고, 이 설 저 설을 온통 뒤섞어놓아서 독자들의 의식을 혼동시킨 다음, "낙랑군 수성현 갈석산설은 진 대에서 새로이 생긴 것"이라고 후대의 사료로 몰면서 "낙랑군은 한반도 서북부 지역에 있었던 것이 분명해진다"고 주장했다. 조선총독부에서 만든 논리, 즉 '한사군 한반도설'을 사실로 전제해놓고는 마치 그렇지 않은 것처럼 이 설 저 설을 검토하는 척하지만 결론은 언제나 조선총독부 사관 만세다. 낙랑군은 한반도 서북부에 있어야 한다. 그래야 식민사관이 산다. 그래서 이나바 이와키치나 이병도가 그랬던 것처럼 별 관련도 없는 내용들을 잔뜩 나열해서 논점을 흐린 다음에 '분명해진다'라고 주장한 것이다.

지금까지 살펴본 것처럼 한사군이 한반도 서북부에 있었다는 직접증거, 즉 1차 사료는 단 하나도 없다. 한사군은 중국의 여러 고대 사료가 말하는 것처럼, 당대의 사료인 『태강지리지』가 말하는 것처럼 만주 서쪽, 허베이성(하북성) 일대에 있었다. 식민사학자들만 이를 받아들이기 싫은 것이다. 식민사학은 학문이 아니다. 역사학이 아니다. 식민사학이 역사학이라면 이런 역사학적 방법론을 받아들여 승복하든지 『태강지리지』의 내용을 반박할 수 있는 다른 1차 사료를 가지고 반박해야 한다. 그러나 갖다 댈 사료가 없으니까 『태강지리지』를 후대의 위서로 모는 것이다. 학문이 아니라 범죄 행위다.

3. 변형 이론 만들기

고조선 중심지 이동설이란 변형 이론

한때 "미국 믿지 말고, 소련에 속지 말고, 일본 돌아온다"라는 말이 은밀히 떠돈 적이 있었다. 친일파들이 만든 말이다. 그동안 식민사학은 조선총독부가 되돌아오기를 학수고대하면서 '한사군 한반도설'을 주장하고 고조선을 평안남도 일대에 있던 작은 나라라고 주장해왔다. 그러나 자기들만 폐쇄적으로 독점했던 1차 사료가 공유되기 시작했다.

그 전에도 문정창이나 김승국 등의 학자들이 1차 사료를 바탕으로 '한사군 한반도설'을 비판하지 않은 것은 아니지만 '역사학을 전공하지 않았다'는 이유로 무시해버렸다. 그러나 단국대 교수 윤내현이 하버드대학에 있던 1차 사료를 가지고 '한사군 한반도설'을 비판하고, 이것이 반응을 일으키자 대응하지 않을 수 없었다. 그래서 수하 학자들을 시켜서 "윤내현이 북한 학자 리지린의 것을 베꼈다"고 모욕하는 한편 이에 대응하는 변형 논리를 만들어냈다. 단국대 교수 서영수가 1988년 「고조선의 위치와 강역」에서 내세운 '고조선 중심지 이동설'이 그것이다.

'변형 이론 만들기'도 식민사학의 주요 생존술 중의 하나이다. 고조선이 요동에 있다가 평양으로 이동해서 한나라에 망했다는 주장이다. 결론은 늘 '평양'이다. 1990년 서울대 교수 노태돈이 「고조선 중심지의 변천에 대한 연구」에서 서영수의 논리를 지지하고, 한국 교원대 교수 송호정이 극찬하면서 자기들끼리 정설로 만들었다. 세 사람은 모두 서울대 국사학과 출신이다.

먼저 서영수의 논리를 보자. 서영수는 '한사군 한반도설'을 유지하기 위해 '고조선 중심지 이동설'이란 '변형 논리 만들기'에 착안했지만 고민이 있었다. 이제 독자들도 이들의 고민을 짐작할 수 있을 것이다. 바로 1차 사료적 근거가 하나도 없다는 것이다. 그러나 역사 왜곡의 귀재인 조선총독부의 전통을 이어받았는데, 그까짓 사료적 근거가 없는 것이 무슨 문제이겠는가? 있는 사료는 지우고, 없는 사료는 만들면 되지. 그래서 서영수는 진번을 끌어들였다. 그는 「고조선의 위치와 강역」에서 "진번은 연의 장새障塞가 설치된 요동 지역으로부터 『한서』에 보이는 황해도 지역으로 이동했음을 알 수 있다"라고 주장했다. 『한서』를 끌어들여 "『한서』에 보이는 황해도 지역으로 이동했"다고 주장한 것이다.

『한서』에 과연 그런 구절이 나올까? 이나바 이와키치가 "『한지』에 의해 의심할 것이 없다"라고 말한 사기 수법의 재연이다. 『한서』 전체에 황해도라는 글자는 단 한 번도 나오지 않는다. 그래서 필자는 늘 『사기』·『한서』·『삼국지』·『후한서』·『진서』 같은 중국 고대 사서를 주석까지 완역하는 것이 중요하다고 강조한다. 동북아역사재단에 들어간 돈의 10분의 1만 제대로 사용하면 다 해결되지만 아직도 식민지성에서 벗어나지 못한 대한민국은 자국사 테러에는 아낌없이 돈을 쏟아부으면서 이런 사업은 늘 뒷전이다. 예산을 만들면 늘 서영수 같은 인물 차지다.

서영수가 새로 땄다는 예산이 바로 이 번역 사업이다. 예산을 만들면 늘 식민사학자에게 돌아간다는 방증이다. 진번에 대해서는 북부설과 남부설이 있다. 이는 진번에 대한 사료가 그만큼 빈약하다는 뜻이다. 식민사학자들은 사료가 빈약하기를 바란다. 그래야 소설을 쓸 수 있기 때문이다. 그래서 서영수는 진번이 황해도로 이동했다는 기발한 주장을 하면서 고조선 중심지 이동설을 갖다 붙였다.

> 진번의 이동으로 보아 이때 고조선도 그 중심을 옮겼을 가능성이 높음을 알 수 있다. 즉, 고조선의 중심이 평양 지역에 있었다면, 진번이 고조선의 중심부를 지나 황해도 남부로 이동하기가 쉽지 않았을 것으로 생각되기 때문이다. 『사기』「조선전」의 '진번과 조선을 침략하여 복속시켰다'는 표현은 물론 과장이지만, 어느 정도의 사실성을 반영한다고 보면, 그 중심지를 공략하였기 때문에 그러한 표현을 사용한 것이 아닐까 생각된다. 따라서 이 시기에 고조

선도 진번과 함께 그 중심을 남쪽으로 이동하였다고 여겨진다.[123]

　자, 이제 독자들도 살아 있는 식민사학의 논리가 얼마나 허접한지 알 수 있을 것이다. "진번의 이동으로 보아 이때 고조선도 그 중심을 옮겼을 가능성이 높음을 알 수 있다"는 것이 현재 식민사학계에서 정설로 삼는 '고조선 중심지 이동설'의 근거다. 진번이 황해도로 이동했다는 이야기 자체가 헛소리니 '고조선 중심지 이동설'도 자연히 헛소리다. 서영수는 "즉, 고조선의 중심이 평양 지역에 있었다면"이라고 전제했다. 고조선의 중심이 평양으로 이동했다는 이동설을 제기하면서 "고조선의 중심이 평양 지역에 있었다면"이라고 가정법으로 말한다. 사료도 없고 논리도 없다 보니 횡설수설하는 것이다. 뭔가 그럴듯한 근거가 있는 것처럼 보여야 하니까 『사기』 「조선전」을 갖다 붙였다. 서영수는 "『사기』 「조선전」의 '진번과 조선을 침략하여 복속시켰다'는 표현은 물론 과장이지만"이라고 '과장이지만'이라는 한정사를 썼다. 왜일까?

　『사기』 「조선전」, 즉 「조선열전」 원문을 보면 금방 이해된다. 『사기』 「조선열전」은 연나라에서 망명한 위만이 "점차 진번과 조선 만이蠻夷 및 옛 연나라, 제나라 망명자들을 복속시켜 왕이 되어서는 왕험성에 도읍했다[稍役屬真番, 朝鮮蠻夷及故燕, 齊亡命者王之, 都王險]"라고 말하고 있다. 서영수는 이때 위만이 도읍한 왕험성을 오늘날 평양이라고 주장하는 것이다. 그런데 진번과 조선만 언급하고 '옛 연나라, 제나

123 서영수, 「고조선의 위치와 강역」, 『한국사 시민강좌 2집』, 일조각, 1988, 44~45쪽.

라 망명자들[故燕,齊亡命者]'이란 말은 일부러 누락시켰다. 연나라는 지금의 베이징 부근, 제나라는 지금의 산둥 반도에 있던 나라다. 그 옛날에 베이징과 산둥 반도에 살던 사람들이 그 광활한 만주 벌판을 지나 평양까지 왔다는 것이 말이 되는가? 그러니 '연나라와 제나라'라는 말은 쏙 빼버리고 "어느 정도의 사실성을 반영한다고 보면", "고조선도 진번과 함께 그 중심을 남쪽으로 이동하였다고 여겨진다"라는 소설을 쓴 것이다. 황해도라는 말 자체가 한 자도 나오지 않는 『한서』를 가지고 사기를 치고, 『사기』 「조선열전」에서는 일부 구절은 일부러 빼버리는 취사선택으로 마치 자신의 소설이 근거가 있는 것처럼 호도하는 것이다. 식민사학의 변형 이론 만들기란 이런 유의 것들이다. 노태돈이 받은 중심지 이동설이란 무엇인지 살펴보자. 노태돈은 「고조선 중심지 변천에 관한 연구」에서 이렇게 말했다.

북위北魏를 방문했던 고구려 사신의 견해로 볼 때 낙랑군 조선현의 위치는 분명한 것이 된다. 고구려 사신이 말한 패수가 대동강을 가리킨다는 데에 대해서는 이론이 없다.[124]

노태돈도 이 짧은 두 문장에서 "분명한 것이 된다", "이론이 없다"라고 거듭 단정 짓는다. 이들에게는 이나바 이와키치가 인류 역사상 가장 위대한 문장가이다.

---

124 노태돈, 『단군과 고조선사』, 사계절, 2000, 44쪽.

"의심할 것이 없다", "입증된다", "분명해진다", "이론이 없다."

없는 내용을 가지고 이렇게 사기 치는 것이 지겹지도 않나? "고구려 사신이 말한 패수가 대동강을 가리킨다는 데에 대해서는 이론이 없다"라니? 조선 순조 때 김경선이 『연원직지』에서 "혹은 압록강을 패수라고 지목하고, 혹은 청천강을 패수라고 지목하고, 혹은 대동강을 패수라고 지목했다"고 말한 것은 읽지도 못했나?

노태돈이 말한 북위 사신이란 서기 5세기 말~6세기 초 북위의 역도원(酈道元: 466 또는 472~527)의 『수경주』에 나온 이야기다. 역도원은 『수경주』에서 고구려 사신의 말을 인용했다. 이때 고구려 사신은 역도원에게 "(평양)성은 패수의 북쪽에 있다[言城在浿水之陽]"고 말했다. 역도원은 고구려 장수왕이 재위 15년(427) 평양으로 천도한 지 거의 100여 년 뒤의 사람이다. 이때 장수왕이 천도한 평양을 현재의 랴오닝성 랴오양으로도 보는 시각이 지금 유력하게 대두되고 있다. 지금의 평양으로 봐도 노태돈의 논리는 앞뒤가 맞지 않는다. 이때 고구려 사신이 말한 '성'은 낙랑군 조선현이 아니라 장수왕이 천도한 평양성을 뜻하는 것이다. 마찬가지로 이때의 패수 역시 한나라와 위만조선의 국경이었던 패수가 아니다. 역도원이 고구려 사신과 대화를 나누었을 때는 위만조선이 멸망한 지 650여 년 후이고, 장수왕이 평양으로 천도한 지 100여 년 후였다. 『수경』 원문의 "패수가 동쪽으로 흘러 바다로 들어간다"는 1차 사료는 부정하고 몇 백 년 후에 나온 주석서인 『수경주』라는 2차 사료를 1차 사료로 삼아 견강부회를 펼친 것에 불과하다.

『삼국사기』 「고구려본기」 〈동천왕 21년(247)〉조는 "(동천왕이) 평양

단군 초상.

성을 쌓고 백성과 종묘와 사직을 옮겼다. 평양은 본래 선인仙人 왕검 王儉의 대지宅이다. 혹은 (동천)왕이 왕험에 가서 도읍하였다"라는 구절이 있다. 이때의 선인 왕검은 단군을 뜻하며, 동천왕이 도읍한 왕험은 왕험성을 뜻한다. 장수왕이 평양으로 천도하기 180년 전에 동천왕이 천도한 평양성이 고조선과 관련이 있는 곳이지 장수왕이 천도한 평양성은 관련이 없다. 평양은 고유명사가 아니라 고구려 수도를 뜻하는 보통명사다. 그러니 장수왕이 천도한 평양을 위만조선의 왕험성으로 보는 것은, 동천왕과 장수왕도 구분 못 하는 것으로서 학부 1학년생 수준의 사료 해석도 못 하는 것이다. 그런데도 자기들끼리 자화자찬은 노벨 문학상감이다. 송호정의 '고조선 중심지 이동설' 예찬을 들어보자.

한편 고조선의 중심지 이동설은 남한 학계의 지배적인 통설로 자리 잡아 제6차 교육 과정 고등학교 국사 교과서에서도 그 내용이 실려 있다. 고조선의 중심지 이동설은 고조선이 초기 단계에는 요동 지역에서 요령식 동검 문화를 주도하다가 기원전 4~3세기경 연燕 세력과의 충돌로 말미암아 중심부를 대동강 유역의 평양으로 옮겼다고 보고, 그 사회는 연맹 성격이 강한 초기 국가로 파악한다. 이 주장은 종래의 평양 중심설과 요동 중심설의 문제점을 극복하기 위한 노력의 결과로서『위략魏略』등 문헌 사료에 대한 비판적 이해를 바탕으로 하면서 요령식 동검 등 고고학 자료를 적극적으로 활용하고 있다.[125]

자기들이 교과서 집필권을 모조리 장악하고는 교과서에 실린 것이 마치 '고조선 중심지 이동설'이 사실로 입증되었다는 듯이 호도하는 것이다. '고조선 중심지 이동설'은 지금까지 살펴봤듯이 일체의 사료적 근거가 없는 창작이다. 식민사학은 1차 사료를 갖다 대고 현지를 답사하면 무너지게 되어 있다. 현재 만주 지역에서는 고조선 관련 유물이 쏟아져 나온다. 내몽골 츠펑(적봉)과 아오한치(오한기敖漢旗) 등지에는 청동 거푸집이 나오고 고조선 산성도 잇따라 발견되었다. 더 이상 고조선의 강역을 한반도 서북부로 가둘 수 없게 되었다. 그러자 "종래의 평양 중심설과 요동 중심설의 문제점을 극복하기 위한 노력"으로 고조선 중심지 이동설이 나온 것처럼 포장했다. 고조선의 중심지가 초기에는 요동에 있었다가 나중에는 평양으로 이동했다는 이른바 '고조선 중심지 이동설'은 단국대 교수 서영수와 서울대 교수 노태돈이 국사학계의 태두 이병도 선생님의 치밀한 '고등문헌 비판' 정신을 계승해서 창작한 '변형 이론'에 불과하다.

'식민사학 말 바꾸기'를 검토할 때 그들의 말을 따라가면 안 된

---

125 송호정,『한국고대사 속의 고조선사』, 푸른역사, 2003, 31쪽.

츠펑 박물관의 비파형 동검(서기전 3000~2600년 무렵)과 거푸집. 비파형 동검을 고조선식 동검이라고 부른다.

다. 원래 사기꾼의 말은 현란하지만 그 목적은 내 주머니에 있는 돈을 자신의 주머니로 옮기는 것이다. 그래서 그 돈의 흐름을 봐야 사기꾼의 목적을 알 수 있게 된다. 식민사학의 논리, 즉 결론은 절대 바뀌지 않는다. '고조선 중심지 이동설'로 조금 수정하는 척했지만 평양이 낙랑군의 중심지였다는 사실은 바뀌지 않았다.

결론은? 고조선 중심지는 지금의 평양이란 것이고 '한사군 한반도설'은 사실이란 것이다. 역시 결론은 같다. 식민사학자들의 횡설수설하는 논리와 현란한 말에 현혹되어서는 안 된다. 그래서 항상 '결론은?'이라고 물어야 한다. 그러면 답은 자명하다. '조선총독부 사관 만세!' 이것 하나뿐이다. 100년 전이나 지금이나.

4. 이론이 다른 학자 죽이기

'『삼국사기』 초기 기록 불신론'이 창작된 이유

식민사학은 학문이 아니라 정치 선전이다. 조금만 깊이 들어가면 논리가 금방 파탄 난다. 그러니 식민사학에는 학문의 자유가 없다. 북한에서 '어버이 수령님' 운운하는 것보다 더한 자세로 '두계 이병도 선생님'을 떠받드는 이유가 여기에 있다. 일체의 이론異論을 허용하면 안 되는 것이다. 단 하나의 학설만 존재해야 한다. 그래서 "학계에서 이미 정리가 끝난 문제"라는 말을 남발한다. 결론은? 물론 조선총독부 사관이다. 그러니 다른 이론을 제기하면 그 이론과 치열하게 논쟁하는 정반합正反合의 과정을 거치지 않는다. 이들에게는 죽었다 깨어나도 '합合'이 없다. 오직 자신들이 주장하는 정正만 있을 뿐이다. 반反을 이야기하는 학자는 온갖 모욕을 가해서 죽이는 것이다. '이론이 다른 학자 죽이기'는 식민사관 생존술의 주요 수단이다. 어떻게 보면 이것이 핵심 수단이다. 식민사학을 비판하면 온·오프라인상에서 온갖 모욕을 가한다. 온라인상에서 식민사관을 옹호하는 사람들 중 상당수는 현직 사학과 교수들이다. 일반 국민들이 자기 돈 들여 식민사관을 옹호할 턱이 없다. 아마도 '일제 식민 지배 찬양 처벌법' 같은 것이 만들어져서 검찰이나 특별 수사기관이 수사에 들어가면 필자의 말이 사실로 드러날 것이다.

이론을 제기하는 학자들을 공격하니 심약한 학자들은 이 문제에 대해 언급을 꺼린다. 부정에 맞서 싸우기보다는 동조하거나 방관하는 자세를 택한다. 그래서 이들 대부분은 객관적으로 식민사관의 동조자 내지는 방관자가 된다. 식민사학자들이 온갖 모욕을 가하면 대부분은 동조하거나 방관하는 것으로 식민사학을 옹위한다.

'임나일본부설', 즉 『삼국사기』 초기 기록 불신론'과 평생을 싸운 한 학자의 고난에 찬 학문 역정을 돌아보며 '이론이 다른 학자 죽이기'의 실체를 파악해보자. 앞서 말했듯이 『삼국사기』 초기 기록 불신론'을 창안한 인물은 쓰다 소키치다. 이병도를 사랑했다는 쓰다 소키치는 「삼국사기 신라본기에 관하여」라는 논문에서 『삼국사기』「신라본기」의 초기 기록은 가짜라고 최초로 주장했다. 그가 쓴 「삼국사기 신라본기에 관하여」 첫머리를 보자.

조선 반도의 고사로서 고려 시대에 편찬된 삼국사기, 특히 신라본기[新羅紀]의 상대 부분에는, 이른바 왜 혹은 왜인에 관한 기사가 자못 풍부하게 포함되어 있다. 그러므로 그(삼국사기) 기사는, 기기(記紀:

『고사기記』와 『일본서기紀』)와 더불어 우리(일본)가 상대사를 천명闡明하는 데에 귀중한 사료인 것같이 생각되어진다. 그러나 대체로 삼국사기 상대 부분을 역사적 사실의 기재로 인정하기는 어렵다고 하는 것은, 동방 아시아의 역사를 연구한 현대의 학자들 사이에서는 거의 이론異論이 없기 때문에, 왜에 관한 기재 역시 마찬가지로 사료로서는 가치가 없다고 보지 않으면 안 된다. 다만 어째서 신용하기 어려운가를 정리하여 설명한 것이 아직 보이지 않으므로, 여기서 신라본기에 관해서 그 대요大要를 적어, 독자가 참고할 수 있도록 한다.[126]

이 첫 구절은 쓰다 소키치가 『삼국사기』 「신라본기」를 왜 연구했는지를 말해주고 있다. 쓰다 소키치는 『삼국사기』 「신라본기」 자체가 아니라 그 안에 담긴 '왜 혹은 왜인에 관한 기사'를 연구한 것이다. 그런데 일본의 『고사기』나 『일본서기』에 다수 나오는 임나일본부가 『삼국사기』에는 나오지 않았다. 쓰다 소키치가 정상적인 학자라면 『고사기』, 『일본서기』에 나오는 임나일본부가 왜 『삼국사기』에는 나오지 않는지 역사학적 방법론을 가지고 연구해야 했다. 그러나 식민사학자들은 미리 결론을 내려놓고 나머지를 꿰맞춘다. 쓰다 소키치는 제국주의 어용사학자다운 방식의 결론을 내렸다. 『삼국사기』 초기 기록을 가짜로 모는 방식이다. 그러나 그동안 아무도 시도해보지 않았던 방식을 처음으로 사용하려니 조금 부담을 느꼈

126 쓰다 소키치, 「삼국사기 신라본기에 관하여」.

다. 그래서 "현대의 학자"라는 실체도 불분명한 사람들을 끌어들여 많은 학자들이 그렇게 여기고 있는 것처럼 위장했다. 위 글에서 쓰다 소키치의 논리는 3단 논법을 사용했다.

① 『삼국사기』 「신라본기」 '상대 부분'에 대해서 동아시아 역사를 연구한 현대의 학자들은 사실의 기재가 아니라고 생각한다.

② 따라서 『삼국사기』 「신라본기」의 왜에 관한 내용도 사료적 가치가 없다.

③ 그러나 『삼국사기』 「신라본기」 '상대 부분'이 얼마나 신용하기 어려운가 하는 점은 아직 구체적으로 설명할 수 없다.

식민사학의 특징 중의 하나가 횡설수설이지만 결론은 명확하다고 이미 말했다. 동아시아 역사를 연구하는 현대의 학자들이 공통적으로 사실을 기재한 것이 아니라고 생각한다면 그런 학자들의 이름과 논문을 대면 된다. 그러나 그런 것이 있을 리 없다. 그러니 "아직 구체적으로 설명할 수 없다"는 횡설수설이 뒤따르는 것이다.

『삼국사기』 「신라본기」 '상대 부분'에는 왜 또는 왜인에 관한 기사가 많이 나오지만 임나일본부는 전혀 나오지 않는다. 야마토 정권의 식민지라는 임나일본부가 한반도 남부를 지배했다는 내용 따위는 더더욱 찾아볼 수 없다. 이 부분이 『고사기』, 『일본서기』를 신봉하는 쓰다의 생각과 달랐다. 그래서 『삼국사기』 「신라본기」의 앞부분을 가짜로 몰기로 했는데 구체적으로 설명할 재주가 없었다. 그래서 "동아시아 역사를 연구한 현대의 학자들"을 가공해 『삼국사기』

「신라본기」를 가짜로 본 것이다. 전형적인 식민사학 사기술이다.

국내 식민사관 생존술 중의 하나가 총론에서는 식민사학을 비판하고 각론에서는 식민사학을 추종하는 것이라고 말했다. 해방 후 국내 사학계는 임나일본부가 존재하지 않았다고 정리했다. 이 과정도 임나일본부에 대한 종합적 연구 결과로 나온 것이 아니라 자신들이 식민사학자가 아닌 것처럼 보여야 하므로 부인하는 척한 것이다. 임나일본부를 부인했으면 이를 존속시키기 위해서 만든 『삼국사기』 초기 기록 불신론도 같이 용도 폐기되어야 했다. 그러나 『삼국사기』 초기 기록 불신론은 한국 고대사학계에 부동의 정설로 건재하다. 심지어 『삼국사기』 초기 기록을 인용해서 논문을 제출하면 그것 자체가 탈락 사유가 되었을 정도였다.

2014년에 문창극 씨 사태가 발생했을 때 한국 고대사학계도 비판 성명을 내는 것을 보고 주위 사람들과 실소한 적이 있다. 문창극 씨 비판 성명에 이름을 올린 식민사학자도 있다고 들었다. '진보 인사로 가장하기'도 식민사학 생존술의 하나다. 지금껏 이런 사기술이 통해왔다. 그러나 차차 이런 사기술의 실체가 드러나고 있다. 동북아역사재단이 거듭 공격을 받자 김학준 이사장이 '한사군 한반도설' 이외의 다른 관점의 역사도 연구해야 한다는 이야기를 공개적으로 한 적이 있다. 그러자 한국 고대사학계는 흥분해서 "앞으로 동북아역사재단에 일체 협조하지 않겠다"고 협박하고 나섰다고 한다. 문창극 씨가 가해자 겸 피해자라면 이들은 순수 가해자들이다. 그러면서 '생각 따로 행동 따로'라는 식민사학 생존술을 발휘해 자신들은 마치 문창극 씨의 식민사관과 다른 것처럼 위장하는 것이다.

'『삼국사기』 초기 기록 불신론'과 싸운 최재석

최재석이란 분이 계시다. 1926년생으로 2016년에 돌아가셨다. 서울대 사회학과를 나와서 고려대 사회학과에서 박사 학위를 받고 중앙대와 고려대 교수를 지냈다. 85세이던 2011년에 『역경의 행운』이라는 학술 자서전을 냈는데(2015년 개정판 출간) 기막힌 내용이 많다. 무엇보다 먼저 최재석 선생은 한국 사회학회 역사상 가장 많은 저서와 논문을 발표한 진짜 학자라는 점을 언급해야겠다. 식민사학에 맞서는 학자들은 진짜 열심히 공부한다. 진실에 대한, 정의에 대한, 애국에 대한 열정이 있기 때문이다. 식민사학을 하는 학자들은 진짜 공부 안 한다. 나랏돈을 받아야만 마지못해 하는 척한다. 제 나라에서 제 나라 역사에 테러를 가하는 연구를 하는데 무슨 열정이 있겠는가?

최재석은 무려 300여 편의 논문과 30권가량의 학술 저서가 있다. 한국에서 인문학 분야에서 이 정도 학술 논문과 학술 저서를 갖고 있는 학자는 필자의 기억으로는 없다. 최재석의 학문 역정에서 무엇보다 중요한 점은 이른바 『삼국사기』 초기 기록 불신론'을 일찍부터 비판했다는 점이다. 그러나 역사학계는 최재석을 투명인간으로 취급하는 카르텔로 대응했다. 최재석 자서전의 5부는 '역경의 행운 2: 상식을 벗어난 학계의 부조리'이다. 자서전 제목이 『역경의 행운』인 이유가 여기에 있다.

나는 나의 체험을 통하여 한국의 학회와 연구소가 올바른 기능을 발휘하고 있는지 이야기해보고자 한다. 내가 논문 게재로 접촉한 학회는 역사학회, 한국사연구회, 진단학회, 한국미술사학회 등 4학회이고, 연구소는 고려대의 한 연구소(일본연구소로 기억하고 있다)와 한국학중앙연구원 등의 두 연구소였다. 나는 논문을 제출한 바 있으나, 앞에 적은 4학회로부터 6회, 그리고 연구소로부터는 2회에 걸쳐 도합 8회나 논문 접수를 거절당한 일이 있다. …… 당시 역사 관계 학회와 사학자들은 거의 모두 『삼국사기』가 조작되었다고 믿고 있었다.[127]

당시 최재석은 서울대 사회학과를 나와 고려대에서 박사 학위를 받은 현직 고려대 사회학과 교수였다. 이 대목이 중요하다. 서울대를 나왔든, 현직 고려대 교수이든 상관없다. 필자는 서울대나 고려대 출신들이 애교심愛校心에 불타서 이 문제를 보면 주관적으로는 애교愛校일지 모르지만 객관적으로는 매국이 된다는 사실을 지적하고 싶다. 식민사관을 옹호하는 인간들도 서울대, 고려대 출신들이고 여기 맞서는 사람 중에도 서울대, 고려대 출신들이 있다. 비뚤어진 애교를 뛰어넘어 객관적 애국의 관점으로 이 문제를 바라봐야 한다.

『삼국사기』 조작설을 주장하는 일본인 고대사 학자들의 저의도 간파하지 못하고 『삼국사기』 조작설을 그대로 받아들인 한국 고대사

---

127 최재석, 『역경의 행운』, 만권당, 2015, 259쪽.

학자들의 이름을 일일이 거명하였으니 그들의 심기가 불편하였을 것이다. 왜냐하면 그 당시는 『삼국사기』 조작설이 정설로 되어 있었는데, 사회학을 한다는 정체불명의 최재석이 불쑥 『삼국사기』 초기 기록이 조작되었다는 증거가 없을 뿐만 아니라 한국의 고대사 학자들(이병도, 이기백, 이기동 등)이 일본인 고대사 학자들의 주장을 받아들여 『삼국사기』 초기 기록을 전설·조작이라고 주장하고 있다고 주장했기 때문이다.[128]

최재석 선생 살아생전에 한가람역사문화연구소의 몇몇 학자들과 선생을 찾아뵀더니 "내 생애에 이렇게 기쁜 일이 있을 줄 몰랐다"고 기뻐하셨다. 그러면서 잘못 알고 계신 것이 있었다. '『삼국사기』 초기 기록 불신론'이 사학계에서 폐기된 것으로 잘못 알고 계셨다. 여전히 정설이라고 대답했더니, "어떻게 이런 일이 있을 수 있느냐?" "젊은 사람들은 무엇을 하고 있느냐?"라고 탄식하셨다.

식민사학은 자신들이 정正이라고 주장하면서 반反에 대응하지 않는다. 대신 사람을 공격하는 '이론이 다른 학자 죽이기'로 생존한다. 앞서 말했듯이 윤내현은 북한 학자의 글을 봤다고 간첩으로 신고까지 당했다. 그런데 정작 윤내현은 이 사실을 자신의 책에서 다 설명했다. 윤내현은 1986년에 펴낸 『한국 고대사 신론』(2017년 개정판 출간)에서 "고조선의 위치와 강역에 대해서 한국 역사학계의 통설과는 다른 견해가 일찍이 민족사학자들(독립운동가를 가리킴: 필자)에 의하여 제

---

128 최재석, 『역경의 행운』, 만권당, 2015, 259~260쪽.

출된 이래 그것은 한국의 재야사학자와 일부 북한 학자들에 의하여 계승·전개되었다"면서 이렇게 말했다.

> 필자는 민족사학자들의 견해를 수용·보완한 북한 학자들의 연구 업적과 그들이 발굴한 자료도 많이 활용하게 될 것이지만 그것을 일일이 주기(註記: 주로 기록함)하지 않을 것이며 대표적인 문헌 몇 권만을 소개하는 데 그칠 것이다. 이 점은 분단 시대에 있어서 한국 역사학계가 겪고 있는 고통이므로 독자들의 이해 있기를 바란다.[129]

윤내현은 북한 학자들의 연구와 자료도 활용하겠다고 밝히면서 일일이 주를 달지는 않겠다고 서문에서 말했다. 서문에 이런 방침을 밝히고 인용을 일부 생략하는 것은 저자의 몫이다. 더구나 1986년은 북한 학계의 주장이 상당 부분 일리가 있다고 공개적으로 밝힐 수 있는 상황은 아니었다.

그런데도 이병도의 제자 이기동은 "(북한의) 리지린의 견해와 거의 다를 바 없는 주장이 윤내현 교수에 의해서 제기되고 있기는 하다. …… 전반적으로 풍겨지는 논조랄까가 리지린의 그것과 너무도 비슷하여 공교로운 느낌이 드는 것을 떨쳐버릴 수 없는 실정이다"라고 공격했다. 평생 일본인과 한국인 학자들의 임나일본부설을 비판했던 최재석 고려대 명예교수도 윤내현 교수 못지않은 공격을

---

129 윤내현, 『한국 고대사 신론』, 일지사, 1986, 17쪽.

받아왔다. 최재석 선생의 역경을 더 들어보자.

그 가운데 한번은 역사학회로부터 학문과는 거리가 먼, 상식 이하의 대접을 받기도 하였다. 그 내용은 이러하다. 서강대 사학과의 이종욱 교수가 역사학회의 학술지인 『역사학보』에 신라의 골품제에 관한 나의 견해를 비판한 글을 실었다. 그래서 나는 그의 견해가 부당하다는 반론을 써서 『역사학보』에 게재하고자 역사학회에 보냈다. 그러나 나의 글은 그대로 반송됐다. 역사학회가 그 기관지인 『역사학보』에 나를 비판한 사람의 글을 실었다면, 학문의 발전을 위해서도 역사학회는 당연히 그에 대한 나의 반론도 게재해야 한다고 본다. 그래야만 학문이 발전할 것이다. 그러나 역사학회는 그러하지 않았다. 이러고서야 어찌 역사학회가 학문의 발전을 도모할 수 있겠는가? 역사학회는 학문의 발전은커녕 학문의 후퇴를 조장하고 있다는 비판을 받아도 할 말이 없을 것이다.[130]

최재석 교수는 모르겠지만 서강대 교수 이종욱도 '『삼국사기』 초기 기록 불신론'을 비판하는 논문을 냈다가 게재를 거절당한 적이 있다. 이종욱은 고구려·백제사도 모두 우리 역사로 포괄해야 한다는 역사학의 통합 개념을 무시하고 신라만이 정통이라는 신라 중심론만 견지하는 문제가 있기는 하지만 『삼국사기』 초기 기록, 특히 「신라본기」 불신론을 비판한 공로는 있다.

---

130 최재석, 『역경의 행운』, 만권당, 2015, 260쪽.

위 글은 자신들의 정설에 맞는 글은 실어주되 그렇지 않은 글은 실어주지 않는 한국학계의 현실을 잘 말해준다. 또한 『삼국사기』 초기 기록 불신론'을 비판하는 최재석은 학계에 없는 '투명인간' 취급을 하면서도 이 '투명인간'을 비판하면 논문은 실어준다는 사실도 알 수 있다.

임나일본부설이 사실이라는 김현구

심지어 『삼국사기』 초기 기록 불신론'을 비판하면 같은 교내 학술지에도 논문을 실을 수 없었던 것도 현실이다.

> 나는 또 고대 교내 잡지(일본학연구소 간행)에 고대 한일관계사에 대한 논고를 투고하였으나 그 논문의 게재 여부를 심사하는 고대 역사교육과의 김현구 교수로부터 자신의 견해와 다르다는 이유로 역시 거부당하였다.[131]

김현구는 와세다대학에서 박사 학위를 받았는데, 『임나일본부설은 허구인가』라는 책에서 임나일본부가 실제로 한반도 남부를 지배했다고 쓴 인물이다. 『임나일본부설은 허구인가』는 가야를 임나로 표기한 여러 지도를 실었다. 그런데 김현구는 이 책에 가야를 실제

---

131 최재석, 『역경의 행운』, 만권당, 2015, 261쪽.

영역보다도 훨씬 크게 그려놓았는데, 그때마다 '가야(임나)'라고 표기했다. 앞서 필자가 동북아역사재단에서 느닷없이 가야에 관한 책을 낸 이유가 가야를 임나로 보는 속셈의 표현이라고 말한 이유를 알 수 있을 것이다. 김현구는 이 책에서 3단 논법을 쓴다.

① 한반도 남부에는 실제로 임나일본부가 있었다.
② 그런데 임나일본부는 일본의 야마토 정권이 지배한 것이 아니라 백제가 지배했다.

바로 이 ②번에서 독자들은 헷갈리게 되어 있다.

탁순에 집결하여 가야 7국을 평정하는 군대의 책임자는 신라를 치러 왔다는 야마토 정권의 아라타와케·가가와케가 아니라 증원군이라는 형태를 띠고 등장한 백제 장군 목라근자였다고 생각한다.[132]

김현구는 이런 대목에는 고딕으로 표시했다. 가야 7국을 평정한 장수가 백제 장군 목라근자라면 임나일본부가 한반도 남부에 있었어도 아무 문제가 없는 것이 아닌가란 생각이 들게 하는 것이다. 이처럼 김현구는 임나를 실제로 지배한 것은 야마토 정권이 아니라 백제라는 안전판을 하나 만들어 놓았다. 그리고 임나가 실제 한반도 남부를 지배했다고 설명했다. 어떻게 보면 임나를 지배한

---

132 김현구, 『임나일본부설은 허구인가』, 창비, 2010, 47쪽(고딕 표기는 김현구의 것을 따랐음).

것이 백제라는 사실을 밝혀낸 역작처럼 보일 수도 있다. 그러나 이 책은 이런 교묘한 장치에도 불구하고 본질은 변하지 않고 있다. 식민사학자들의 현란한 말에 속지 말고 항상 '결론은?'이라고 물어야 한다고 이미 말했다. 김현구는 첫째 『삼국사기』 초기 기록 불신론'과 '임나일본부설'의 신봉자인 스에마쓰 야스카즈의 임나일본부설을 비판하지 않고 있다.

> '임나일본부'에 대해 고전적인 정의를 내린 사람은 일제시대 경성제국대학에서 교편을 잡았던 스에마쓰 야스카즈였다. 그는 "임나任那는 지리적으로 말하면 여러 한국 중의 하나인 구야한국(狗耶韓國. 김해가야=임나가야)에 기원하는데 백제·신라의 통일권 내에 들어가지 않는 모든 한국을 포함하는 지역의 총칭이며, 정치적으로 말하면 좀더 광대한 기구 중의 일부인 즉 임나가야를 중심으로 하는 여러 한국에 대한 직접 지배 체제로, 더욱이 그것만으로 한정된 것이 아니라 외곽에 간접 지배의 백제·신라를 복속시켜서 임나·백제·신라의 3자를 합일시켜 고구려에 대항하는 것이었다(末松保和. 『임나흥망사任那興亡史』. 吉川弘文館. 1949. 69면)"고 정의한다.[133]

조선사편수회 출신의 스에마쓰 야스카즈는 쓰다 소키치의 뒤를 이어 『삼국사기』 초기 기록 불신론'을 심화시킨 인물이다. 해방 후에도 서울대 국사학과를 들락거리며 김원룡을 비롯한 제자들에게

---

133 김현구, 『임나일본부설은 허구인가』, 창비, 2010, 16쪽.

계속 조선총독부 사관을 지도했던 인물이다. 스에마쓰의 임나일본
부설은 4세기 중반부터 6세기 중반까지 야마토 정권이 한반도 남
부의 임나를 직접 지배하면서 백제와 신라를 간접 지배했다는 것
이다.

임나일본부설을 믿는 일본 우익들에게는 스에마쓰설이 정설이다.
그런데 김현구는 임나를 지배한 것은 백제였다는 안전판을 마련한
채 지금의 전라남도 전역과 경상도 서부 및 충청북도와 강원도 일
부까지 가야(임나)의 강역이라고 주장하고 있는 것이다. 김현구는 이
책 곳곳에 백제의 지배를 강조해서 자신이 마치 임나일본부설을
비판하는 것 같은 모양새를 취했다. 그런데 여기에서 세 번째 논법
이 등장한다.

③ 백제를 지배한 것은 일본의 야마토 정권이다.

임나일본부를 지배한 것은 백제인데, 그 백제를 지배한 것은 야
마토 정권이라는 것이다. 김현구는 야마토 정권과 신라·고구려·백
제의 관계를 중시한다. 만약 백제가 야마토 조정의 상국이라면 김
현구의 논리는 큰 문제가 없을 수도 있다. 그런데 김현구는 그렇게
보지 않는다.

스에마쓰의 주장이 『일본서기』를 바탕으로 하고 있는 만큼 507~
562년의 50여 년간 『일본서기』에 보이는 야마토 정권과 한반도 각
국의 인적·물적 교류를 살펴보면 야마토 조정과 한반도 각국의 관

계는 자연히 밝혀지리라 생각한다.[134]

이것이 바로 김현구가 노리는 바이고, 스에마쓰의 논리를 검토한다는 명목으로 그의 논리를 받아들이는 명분이다. 『일본서기』가 왜곡과 과장이 많은 역사서라는 것은 국제적 상식인데, 스에마쓰가 그랬고, 쓰다 소키치가 그랬던 것처럼 『일본서기』를 사실로 전제하고 논리를 펼치는 것이다. 『일본서기』는 역사서의 기초인 기년, 즉 연대부터 맞지 않는 역사서이지만 김현구는 『일본서기』의 시각으로 한일 고대사를 본다.

> 『일본서기』의 507년에서 562년 사이의 기록 가운데 야마토 정권과 한반도 각국의 인적·물적 교류를 조사해보면 신라·고구려와는 각각 왕복 2회의 교류밖에 없었다. 그런데 그 교류 내역을 보면 야마토 정권은 신라나 고구려에 전혀 사자를 파견하지 않은 반면 신라와 고구려는 각각 2회씩 야마토 정권에 사자를 파견했다. 임나와는 왕복 8회의 교류가 있었는데 그중 야마토 정권은 3회에 걸쳐 임나에 사자를 파견한 반면 임나는 5회에 걸쳐 야마토 정권에 사자를 파견한 것으로 쓰여 있다.[135]

김현구는 야마토 정권의 시각으로 고구려·백제 및 임나를 본다.

---

134 김현구, 『임나일본부설은 허구인가』, 창비, 2010, 130쪽.
135 김현구, 『임나일본부설은 허구인가』, 창비, 2010, 131쪽.

야마토 정권은 신라·고구려에 사신을 전혀 파견하지 않은 반면 신라·고구려는 사자를 파견했다는 것은 무슨 논리인가. 야마토 정권이 신라·고구려로부터 조공을 받는 상국이란 뜻이다.

> 한편 백제와의 교류를 살펴보면, 왕복 39회에 걸쳐 사자를 교환하고 있는데 야마토 정권은 15회에 걸쳐 백제에 사자를 파견하거나 군사 원조를 제공한 반면 백제는 24회에 걸쳐 야마토 정권에 선진 문물을 제공하거나 사자를 파견하고 있다. 중국과는 전혀 교류가 없었다. 따라서 야마토 정권과 백제의 관계는 임나나 고구려·신라와는 비교도 할 수 없을 만큼 긴밀했다고 볼 수 있다.[136]

야마토 정권은 백제에 15회에 걸쳐서 사신을 보냈는데, 백제는 무려 24회에 걸쳐서 사신을 보냈다고 쓰고 있다. 물론 유일한 근거는 『일본서기』다. 『삼국사기』「백제본기」에는 왜 이런 내용이 나오지 않을까라는 생각조차 하지 않는다. 이것도 자주 조공을 바친 백제가 야마토 정권의 속국이라는 이야기다.

> 그렇다면 적어도 스에마쓰가 근거로 삼고 있는 『일본서기』에 의거하는 한, 야마토 정권과 한반도 각국의 관계는 과거 스에마쓰설로 대표되던 통설처럼 임나와의 관계를 중심으로 전개된 것이 아니라

---

136 김현구, 『임나일본부설은 허구인가』, 창비, 2010, 같은 곳.

오히려 백제와의 관계를 중심으로 전개되었다고 할 수 있다.[137]

스에마쓰 야스카즈가 울고 가고, 쓰다 소키치도 울고 갈 무서운 논리다. 김현구는 스에마쓰나 쓰다가 그랬던 것처럼 『일본서기』에 '의거'해서 논리를 전개한다. 그러면서 야마토국이 백제의 상국이라는 새로운 논리를 개발했다. 그래서 백제는 상국 야마토국에 자주 사신을 보냈다는 것이다. 야마토국이 임나가 아니라 백제를 통해 한반도 남부를 지배했다는 논리다.

식민사학자들은 일종의 가림막을 쳐서 자기방어를 할 줄 안다. 김현구 역시 이것만 이야기하면 물의를 빚을 것을 잘 알고 있다. 그래서 제1기 한일역사공동위원회 회의 때 일본 측 대표가 반론을 제기한 듯한 내용을 싣고 있다. 한일역사공동위원회의 경악할 실체에 대해서는 조금 후에 말하겠다. 김현구는 일본 측 대표 S씨가 이런 반론을 제기했다고 말했다.

> "야마토 정권의 임나와의 인적·물적 교류가 백제와의 교류에 비해 아주 미미한 것은 임나가 야마토 정권의 직할지(미야케: 屯倉)이거나 임나에는 직접 책임자를 주둔시키고 있었기 때문이 아니냐"는 것이었다.[138]

일본 학자 S의 이 질문에 대해서 김현구는 "『일본서기』에는 야마

---

137 김현구, 『임나일본부설은 허구인가』, 창비, 2010, 132쪽.

138 김현구, 『임나일본부설은 허구인가』, 창비, 2010, 133쪽(고딕 표기는 김현구의 것을 따랐음).

토 정권이 임나에 직접 의사를 전달한 예가 거의 없을 뿐만 아니라 그 의사도 대부분 백제를 통해서 전달하고 있는 것으로 씌어 있다고 말하자 아무 말이 없었다"라고 썼다. 자신이 한일역사공동위원회에서 일본 학자의 반론을 물리친 것처럼 호도했다. 먼저 일본 학자의 질문은 아무 의미가 없는 내용이다. 일본 학자는 야마토 정권이 한반도 남부의 임나를 통해서 한반도 남부를 지배했다는 스에마쓰의 주장을 되풀이한 것이다. 김현구는 임나가 한반도 남부를 지배한 것은 사실인데, 이 임나는 백제가 지배했고, 야마토 정권은 백제를 지배했다는 것이다. 한마디로 외형도 내면도 일본인인 일본 국적의 S씨와 외형은 한국인이지만 내면은 일본인인 한국 국적의 김현구 사이의 논쟁 같지도 않은 논쟁이다.

> 야마토 정권은 전후 5회에 걸쳐 한반도에 원군 내지는 인부들을 파견하고 있는데 그 특징은 전부 백제를 위해 파견했다는 것이다. ······ 537년 신라의 임나 침입을 저지하기 위해 파견한 군대도 최종적으로는 백제를 위해 일하고 있다. 이때 오토모노 나나무리 오무라지大伴金村大連의 명으로 백제에 파견되었던 일라日羅는 46년간이나 백제에서 관료로 근무하다가 586년에야 귀국했다(비다쓰천황 敏達天皇 12년 시세조).[139]

김현구는 백제를 야마토 조정의 속국이라고 주장한다. 야마토 조

---

139 김현구, 『임나일본부설은 허구인가』, 창비, 2010, 138~139쪽.

정이 백제를 통해 한반도 남부를 통치했다는 것이다. 그 유일한 근거는 『일본서기』뿐이다.

> 『일본서기』에는 507년에서 562년 사이에 백제가 야마토 정권에 파견한 24회의 사자 중에서 백제의 요구가 명확히 적시되어 있는 경우는 14회라고 되어 있다. 그중에서 임나에 관한 내용은 5회이고 나머지 9회는 전부 원군이나 군수 물자를 요청하는 내용이다. 따라서 당시 야마토 정권과의 관계에서 백제가 일관되게 추구하던 것은 군사 원조였다고 볼 수 있다.[140]

이 책에 실린 김현구의 이력에는 "일본 고대사와 한일관계사 분야의 권위자"라고 되어 있다. 조선사편수회 출신의 신석호가 키운 고려대 사학과 출신의 김현구는 21세기 대한민국에서 조선사편수회보다 더한 논리를 전파하고 있다. 김현구에 의해 백제는 졸지에 야마토 조정에 군사 원조를 구걸하는 처량한 신세로 전락했다. 김현구는 일본 유학 시절 야마토 정권의 수도였던 나라에는 한 번도 가보지 않은 것 같다. 백제가 곧 그 자리에 있지 않은가? 그런데도 그가 쓴 『김현구 교수의 일본이야기』(1996)는 베스트셀러가 되기도 했다. 한국의 고대사학계가 식민사학 일색으로 초록은 동색이다 보니까 이런 매국·매사 논리를 전개해도 비판하는 학자가 없다.

---

140 김현구, 『임나일본부설은 허구인가』, 창비, 2010, 142~143쪽.

김현구에게 수모당한 최재석

이런 매국·매사를 비판하기는커녕 『삼국사기』 초기 기록 불신론'을 비판한 최재석 같은 학자는 김현구에게 온갖 수모를 다 당했다. 최재석의 회고를 들어보자.

> 나는 고대 한일관계사에 관한 한 논문을 고려대 내의 한 학술잡지에 투고하였다. 그런데 이 논문은 보통 있을 수 있는 수정이나 보완의 조건도 없이 단번에 게재 불가라는 판정을 받고 거부당했다. …… 논문 심사자라는 위치에 있음을 기화로 내 논문에 대한 심사평도 밝히지 않은 채 자기 마음에 들지 않는다고 게재 불가라는 판정을 내린 고려대 역사교육과 김현구 교수의 학문에 대해서는 이야기를 좀 해야 할 것 같다. …… 내 논문에 대한 그의 학문적 태도를 파악하기 위해서도 그가 일본(와세다대학)에서 취득한 학위논문인 「야마토 정권의 대외관계 연구」에 대해서 살펴보는 게 좋을 것 같다. 그의 학위논문을 읽어보면 바로 알게 되겠지만 한마디로 고대 한국은 일본의 식민지였다고 주장하고 있음을 알게 된다.[141]

최재석의 자서전 제목이 『역경의 행운』인 이유가 여기에 있다. 김현구 같은 매국·매사 논리를 비판하면 오히려 고난을 겪기 때문이다. 최재석은 내가 만난 학자들 중에서 가장 학구적인 학자였다.

---

141 최재석, 『역경의 행운』, 만권당, 2015, 243~244쪽.

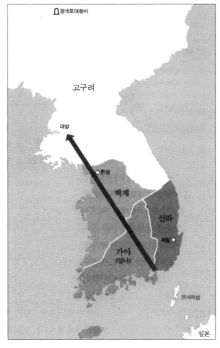

『임나일본부설은 허구인가』 160쪽에 표시된 「왜의 대방계까지 진로」 지도.

또한 식민사학 타파에 학문 인생을 건 학자였다. 그렇기에 앞의 이 재호나 윤내현처럼 여러 고통을 겪었다.

그동안 내가 겪은 심적 고통을 되돌아보면, 학문하는 사람 가운데 나만큼 그러한 고통을 겪은 사람은 많지 않을 것으로 생각한다. 그러나 지금에 이르러서는 그러한 역경이나 고통에 대하여 감사한 마음을 갖게 되었다. 심적 고통을 받을 당시나 그 후의 그러한 고 통을 상기할 때마다 나는 더욱 연구에 몰두하게 되었는데 이러한 고통이 없었더라면 그처럼 장기간의 지속적인 연구에 열중할 수

없었을 것이고 따라서 그 결과 나타난 연구 업적도 축적되지 않았을 것이다.[142]

필자 역시 그동안 식민사학자, 노론 사학자들로부터 수많은 고통을 겪어왔다. 지금도 대한민국 인터넷에는 일제 식민 지배를 찬양하는 글들이 넘쳐난다. 대한민국에서 학문의 자유는 식민사학자들이거나 그에 동조하거나 침묵하는 자들이나 누리는 것이지, 이에 맞서는 사람들에게는 허용되지 않는다는 사실을 최재석은 온몸으로 보여주었다. 최재석이 김현구에 대해 하는 말을 계속 들어보자. 최재석은 김현구의 속내를 훤히 꿰뚫고 있다. 평생 공부한 데서 나온 내공이 드러난다.

김현구 씨의 학위논문 제목부터 살펴보자. 김현구 씨는 시종 한국과 일본과의 관계에 대해서 이야기하면서 그 논문 제목은 한국이라는 국명은 쏙 빼버리고 "야마토 정권의 대외관계 연구"라고 한데서 김현구 씨의 역사관이나 역사 서술의 핵심이 여실히 드러나 있다고 하겠다. 교섭 상대국의 국명이 제거된 '야마토 정권의 대외관계 연구'라는 용어 속에는 그 이름조차 거명할 가치가 없는 나라와 야마토 정권의 관계라는 의미가 내포되어 있으며, 그러한 나라가 바로 한국이라는 뜻이다. …… 논문 제목은 한일 고대사를 왜곡한 전력이 있는 그 계통의 한 전문가의 지시에 따라 만들어졌

---

142 최재석, 『역경의 행운』, 만권당, 2015, 6쪽.

음을 짐작할 수 있다.[143]

　필자처럼 글쓰기를 업으로 삼다 보면 겉으로 표방한 제목의 속
내를 간파하는 데 익숙해진다. 용어 선택이야말로 한 학자의 세계
관이 가장 정확하게 드러나는 문제다. 일례로 필자는 이도상 선생
으로부터 충고를 듣고 '기원전'을 '서기전'으로 쓰고 있다. 서기西紀는
기독교의 기원紀元일 수는 있어도 역사의 기원일 수는 없는 것인데,
무심코 쓰는 용어 속에 이런 오리엔탈리즘, 즉 제국주의 논리가 숨
어 있는 경우가 많다. 최재석은 김현구에게서 이런 점을 간파한 것
이다.

　　기년의 사용에 대해서 알아보자. 두 나라 또는 세 나라의 관계 등
　　의 국제 관계를 설명할 때는 보통 해당국의 기년과 서기 등을 함
　　께 사용하는 것이 상례이고 또한 이해를 돕는다. 그런데 김현구
　　씨는 한국 사신의 일본 왕래나 한일 관계를 이야기할 때 거의 언
　　제나 일본의 기년 즉 일본 국왕(천황) 연대로 설명하고 있다. 이런
　　점에서도 김현구 씨의 일본 중심의 역사관이 나타나 있다고 하겠
　　다.[144]

　용어는 그 사람의 속내를 잘 표현하는 법이다. 최재석은 베테랑

143　최재석, 『역경의 행운』, 만권당, 2015, 244쪽.
144　최재석, 『역경의 행운』, 만권당, 2015, 244~245쪽.

수사관처럼 김현구 같은 범인이 감추고 싶어 하는 증거를, 그 속내까지 정확하게 집어내고 있다.

> 김현구 씨가 한국 사신을 어떻게 표현하고 있는지 살펴보자. 한국 (백제)의 왕이 일본을 경영하려고 파견한 사인使도 김현구 씨는 언제나 조공사朝貢使로 표현하고 있으며, 『일본서기』 기사 가운데 사실을 기록한 기사에 대해서는 언급하지 않은 채 왜곡 기사인 '조공사' 기사만을 가지고 한국이 일본의 속국 내지 식민지였다는 주장을 하고 있다. 그리고 또 그는 다음과 같이 누가 보아도 조작 기사임이 분명한 기사, 예를 들면 고구려, 백제, 신라, 임나 등 한반도의 여러 나라가 동시에 일본에 조공하였다는 『일본서기』의 기사도 사실의 기사로 간주하고 있다.[145]

앞에서 김현구가 『일본서기』만을 근거로 백제를 일본의 속국으로 보고 있다는 사실을 살펴보았다. 아마 일본에도 김현구만큼 『일본서기』 기사를 철저하게 사실로 받아들이는 학자를 찾기는 쉽지 않을 것이다. 『일본서기』는 조작된 기년을 어떻게 해석하는가를 가지고 학자의 급이 결정 난다는 말이 있을 정도로 왜곡과 과장이 심한 사서이다. 보통 120년씩 2주갑을 올리거나 내리는 주갑제周甲制를 알아야 정확한 연대를 측정할 수 있는 사서인데, 그런 사서를 김현구는 사실로 모두 받아들이면서 고대 한국이 일본의 식민지였다고

---

145 최재석, 『역경의 행운』, 만권당, 2015, 245쪽.

주장하고 있는 것이다. 최재석은 김현구가 이런 주장을 하게 된 배경을 이렇게 해석하고 있다.

> 나는 김현구 씨가 학위를 취득하려고 일본으로 건너가기 전에는 결코 고대 한국이 일본의 식민지였다는 생각은 추호도 하지 않았을 것으로 생각한다. 그런데 그가 일본에 가서 취득한 학위논문에서 고대 한국이 일본의 식민지라고 주장하였다면 이는 반드시 그 지도교수의 영향으로밖에 달리 생각할 수 없을 것이다. …… 미즈노 유와 후쿠이 도시히코福井俊彦 등 두 사람의 일본인 지도교수는 김현구 씨의 학위논문을 지도하고 통과시키고 그 출판까지 주선해주었는데 출판된 책자에 김현구 씨가 학위를 받고 한국으로 귀국하면 "일본 고대사를 바르게 이해한 사람이니 한국의 많은 사람에게 바른 교육을 시켜달라"는 당부의 말을 써주었다. 그런데 특히 지도교수 가운데 한 사람인 미즈노는 실존 인물도 아닌 일본의 진구 황후가 한국(삼한)을 점령하였으며 서기 1세기 때부터 한국은 일본의 식민지였다는 동화 같은 역사 왜곡을 한 인물이다.[146]

최재석의 추측은 정확할 것이다. 처음 일본으로 유학하려고 마음먹었을 때 "고대 한국이 일본의 식민지였다는 사실을 꼭 밝히고 말리라!"라고 다짐하고 비행기를 타지는 않았을 것이기 때문이다.

---

146 최재석, 『역경의 행운』, 만권당, 2015, 247~248쪽.

필자는 최근에 다시 일본의 고대 도시들, 나라, 아스카, 오사카, 교토 등을 답사했는데, 이곳에 '고대 백제가 있구나'라는 느낌을 다시 한번 받았다. 필자뿐만 아니라 같이 간 15명이 모두 같은 느낌을 받았다. 그런데 김현구는 학위를 받기 위해 공부하는 동안이나 그 이후 지금까지 이런 지역들을 한 번도 답사하지 않았는지 아니면 다른 배경이 있는지 철저하게 일본 극우파의 시각으로만 바라보고 있다. 뿐만 아니라 서울대 경제학과의 안 모 교수가 일본에 다녀온 후 '식민지 근대화론'을 주장하는 것처럼 일본 유학만 갔다 오면 친일을 넘어서 매국까지 나아가는 신기한 행태를 반복하고 있다. 모두 허공에 발을 딛고 살아온 부평초들이기 때문이다. 한국 대학들의 역사관이 식민사관이라서 대학 4년 동안 허공에 발을 딛고 살다 보니 중심이 없는 것이다. 그러니 친일을 넘어서 매국으로 매진하는 현상들이 생기는 것이다.

> 한국의 역사를 팔아서 학위를 얻은 김현구 씨의 소행을 구한말의 이완용 일파의 매국 행위에 비유하는 것은 지나친 비유일까? 다른 점이 있다고 한다면 한 사람은 정치를 한 것이고 다른 한 사람은 역사학을 공부하는 정도라고나 할까?[147]

김현구를 이완용에 빗댄 최재석의 비평은 지나친 비유가 아니다. 역사관을 팔아먹은 자는 곧 영혼을 팔아먹은 자이다. 역사를 팔아

---

147 최재석, 『역경의 행운』, 만권당, 2015, 249쪽.

먹은 자는 여차하면 강토도 팔아먹게 되어 있다. 김현구가 '우당 이회영 기념 월례강좌'에 연사로 초청받은 적이 있었다. 그런데 분위기에 눌려 한 시간 강연해야 할 것을 30분밖에 못 하고 끝마쳤다. 우물쭈물하면서 "한반도 남부에 임나일본부가 있었다"고 말하자 곧바로 반박이 이어졌다. "북한 학자 김석형의 설도 모르느냐"는 반박도 있었고, 한 아주머니는 "여기가 어던 줄 알고 와서 그따위 소리를 하느냐"고 삿대질까지 했다는 소식도 들었다.

식민사학자들은 자신들이 바보인 줄 모르고 국민들을 가르치려 든다. 그러나 한국의 대학들이 식민사학자들 때문에 망해가는 동안 국민들은 거꾸로 성장했다. 이런 김현구를 '우당 이회영 기념 월례강좌'에 소개한 장본인들은 누구인가? '살아 있는 친일파' 김현구를 감히 '우당 이회영'이란 이름이 들어간 학술 강좌에 소개한 인물은 그동안 죽은 친일파 비판에 목소리를 높여왔던 학자다. 그래서 지지난 정권에서 역사 관련 국가 기관에서 꽤 높은 자리도 차지했다.

우당 이회영이 어떤 삶을 살았는지, 그 삼한갑족三韓甲族 출신이 나라를 되찾겠다는 열정 하나로 이리 뛰고 저리 뛰다 결국 다롄수상경찰서에서 고문사한 '그 불쌍한 인생 역정'을 눈곱만큼이라도 가슴에 새기고 있었다면 김현구를 감히 '우당 이회영'이란 이름이 들어간 강좌에 소개하지는 못했을 것이다. 이런 '이념 위의 학연' 카르텔 때문에 식민사학은 지금도 건재한 것이다. 김현구 같은 매국·매사 인물이 같은 대학 내에서, 대선배 교수를 상대로 '이론이 다른 학자 죽이기'를 자행해도 건재한 곳이 한국의 대학 사회다. 한국에서 식민사관과 싸우려면 최재석처럼, 까마득한 후배로부터도 온갖 인격적 매도를 당할 각오를 해야 한다. '이론이 다른 학자 죽이기', 이것이 식민사관의 주요 생존술 중 하나다. 역사학은 무오사화 때의 김일손金馹孫이 말해주고, 단재 신채호가 말해주듯이 자고로 지사의 학문이었다. 그러나 '이론이 다른 학자 죽이기'라는 덫에 걸려 서생의 학문으로 전락한 지 오래다.

5. 발굴 결과 뒤집기:
한일역사공동연구위원회와 풍납토성

'한일역사공동연구위원회'라는 비극

한일역사공동연구위원회란 조직이 있다. 앞에서 말한 김현구가 한국 측 위원으로 활동했던 조직이다. 물론 국고로 운영되었다. 2001년 4월 3일 일본 극우파 성향의 '새로운 역사 교과서를 만드는 모임'에서 만들어 후소샤扶桑社에서 간행한 『일본사 교과서』가 문부성 검정을 통과한 사건이 있었다. 한국 외교부는 대변인 성명으로 유감의 뜻을 표하고 외교 경로로 문제를 지적했다. 다행히 이때 일본 총리는 그나마 양식이 있던 고이즈미 준이치로(小泉純一郎: 재임 2001~2006)였다. 고이즈미는 2002년 9월 북한을 전격 방문해 김정일 국방위원장과 최초의 북일 정상회담을 성사시켰고, '조일평양선언'을 조인한 인물이기도 했다. 이 자리에서 김정일 위원장은 북한이 일본인들을 납치했음을 인정하고 살아 있는 5명의 귀국을 승인하기도 했는데, 이후 기존 사망한 일본인들의 숫자 문제와 행방불명이라는 일본인 문제에 대해 일본 내 우익들이 강하게 문제를 제기하면서 북일 수교까지 가지는 못했다. 고이즈미는 북한은 물론 남한과의 관계 개선에도 적극적이었기 때문에 2001년 10월 15일 김대중 대통령과 가졌던 한일 정상회담에서 두 나라 역사를 공동으로 연구하기로 합의했다. 그 결과 양국의 역사학자들이 참여하는 한일역사공동연구위원회가 2002년 발족하여 2005년까지 3년 동안 활동했다. 위원회는 2005년 6월 1일 『한일역사공동연구보고서』를 발간하면서 이렇게 말했다.

한일역사공동연구보고서 공개에 즈음하여

한국과 일본의 양국 정상 합의로 2002년 5월에 시작된 한일역사공동연구위원회가 3년간의 공동 연구를 마침에 따라, 양국의 지원위원회는 2005년 6월 1일에 그 결과를 공개하기로 결정하였습니다. …… 이번에 진행되었던 공동 연구는 한일 양국의 역사 가운데 19개의 주제를 가려 뽑아 그 인식에서 드러나는 공통점과 차이점을 분명히 하는 데에 목적을 두고 진행되었습니다. 이는 그 역사 인식에서 서로 다른 부분들을 일치시켜 나가는 데에 있어서 가장 기본적 작업으로 평가되고 있습니다.

한국과 일본 양국은 추후 이 보고서를 조속히 출판하여 양국의 역사 교과서 집필자와 정부의 각급 기관, 역사 교과서 관련 기관 및 연구자, 출판사 등에 널리 배포하여 장래 양국 역사 교과서 편

수에 참고할 수 있도록 할 예정입니다……[148]

그러면서 "한·일 간의 역사 인식 공유를 향한 양국 학계 간의 최초의 의미 있는 시도인 만큼, 한일 관계에 관심 있는 분들의 애정 어린 격려와 많은 이용을 부탁드립니다"라고 덧붙였다. 위원회 중 제1분과는 고대사, 제2분과는 중세사, 제3분과는 근현대사를 다루었다. "한국 고대사는 늘 현대사"였다고 필자는 이미 여러 차례 말했다. 그동안 고대사 분야에 참여했던 한국 학자들은 기자들에게 여러 차례 일본 학자들과 많은 이견이 있었던 것처럼 말해왔고 그런 식으로 보도되어오기도 했는데, 이견의 핵심을 '임나일본부 문제'인 것처럼 이야기했다. 이 문제 역시 필자의 『한국사, 그들이 숨긴 진실』(220~238쪽)에서 자세히 밝혔으므로 핵심만 간략하게 정리하면서 새로운 내용을 추가하겠다.

한국 학자들이 국민 세금으로 연구한 결과물인 『한일역사공동연구보고서』(2005) 제1권 중 '4세기 동아시아 정세와 한일 관계'란 항목은 고구려의 실제 건국을 다룬 내용이다. 일본 학자들이 쓴 글일 것이라고 지레짐작하지 말기 바란다.

중국 동북부 및 한반도 지역에서는 무질서하던 열국列國이 상호 통합되어 고구려·백제·신라·가야의 4국이 정립되었다. 그중에서도 가장 북쪽에 자리 잡고 있던 고구려는 3세기 후반 서천왕 때에 이

148 한일역사공동연구위원회, 2005년 6월 1일.

르러 각 지역에 온존하던 고유명부固有名部를 일소함으로써 연방제적인 초기 고대 국가를 벗어나 왕과 중앙 귀족에 의한 중앙집권적 통치 체제를 완비하였다.[149]

한일역사공동연구위원회를 만들어서 한 달은 서울, 한 달은 도쿄를 오가면서 국민들의 세금을 물 쓰듯 한 결과가 이것이었다. 추모왕이 사라진 것은 물론 종래 이병도가 만든 통설인 태조대왕(재위 53~146) 때보다 150년 이상 더 후퇴한 제13대 서천왕(재위 270~292) 때 사실상 건국했다고 서술한 것이다. 백제로 가면 한술 더 뜬다.

한강 유역 백제의 정세는 어떠하였을까?『삼국사기』「백제본기」에 의하면 〈고이왕 27년(260)〉조에 6좌평 및 16관등제 등의 중앙집권적 관료제를 완비했다고 나오나, 이는 후세 백제인들의 고이왕 중시 관념에 의하여 조작된 것이다. 이 시기 백제의 발전 정도는 좀 더 낮추어 보아야 할 것이다.[150]

그동안 한국 고대사학계는 이병도가 "백제는 고이왕(재위 234~286) 때 건국되었다"고 주장한 것을 따라 '백제 3세기 중반 건국설'을 통설로 삼았고 교과서도 이렇게 기술했었다. 그런데 이를 무너뜨린 것이다. 장하다! 한일역사공동연구위원회의 한국인 학자들이여! 그

---

149 한일역사공동연구위원회, 『한일역사공동연구보고서』, 58쪽.
150 한일역사공동연구위원회, 『한일역사공동연구보고서』, 59쪽.

대들의 매사 행위는 길이길이 빛나리라! 그러면서 위원회는 백제가 고이왕보다 100여 년 뒤인 근초고왕(재위 346~375) 때 사실상 건국되기 시작하다가 "침류왕 원년 및 2년(385)에 백제 왕실이 불교를 공인하였다는 것으로 보아 그를 전후한 시기에 고대 국가 체제가 완비되었다고 볼 수 있다"(60쪽)고 주장했다. 이병도의 주장을 1세기 이상 끌어내려 4세기 후반에 건국했다고 주장한 것이다. 신라는 어떻게 기술했을까?

> 결국 신라는 4세기 후반 내물이사금 때 고구려의 지원을 받아 초기 고대 국가를 이룩할 단서를 잡았으나 고구려의 간섭 속에 이루지 못하고, 5세기 전반 눌지마립간 때에 와서 단위 정치체인 6부를 왕권에 종속적으로 연합하여 초기 고대 국가를 형성하였다.[151]

이 역시 이병도가 통설로 만들었던 내물왕(재위 356~402) 건국설을 폐기하고 눌지왕(재위 417~458) 때 건국되었다고 주장한 것이다. 그나마 식민사학자 소리를 듣던 이병도가 그 제자의 제자들에 의해 민족사학자로 격상하는 감격스러운 순간이다. 21세기 들어서 한국인의 탈을 쓴 역사학자들이 서슴없이 매사 주장을 늘어놓는 것이다. 그 이유는 무엇이겠는가? 앞서 김현구가 임나일본부가 한반도 남부를 지배했다고 주장한 것에 그 이유가 있다. 최재석의 지적대로 『삼국사기』 초기 기록 불신론의 신봉자인 미즈노 유 등이 김현구

---

151 한일역사공동연구위원회, 『한일역사공동연구보고서』, 64쪽.

의 학위 논문을 통과시키고 출판까지 주선하면서 한국으로 귀국하면 "일본 고대사를 바르게 이해한 사람이니 한국의 많은 사람에게 바른 교육을 시켜달라"는 당부의 말을 써준 효과를 거두고 있는 것이다. 이 위원회의 다른 인물 역시 일본에 유학해 가야사를 전공했다.

그런데 이들이 이렇게 주장하는 학술적 근거는 무엇일까? 바로 이병도를 사랑했다는 이병도의 스승 쓰다 소키치다. 필자가 『한국사, 그들이 숨긴 진실』에서 상세하게 밝힌 것처럼 이들의 주장은 모두 쓰다 소키치의 주장을 반복한 것이었다. 즉 21세기 한국 식민사학의 교주는 이병도가 아니라 쓰다 소키치라는 고백이다. 이병도가 왜 감히 스승 쓰다 소키치 선생님의 주장을 그대로 추종하지 않고 몇 십 년씩 끌어올렸느냐고 분노하는 것이다. 이병도가 살아 있을 때는 그 권위에 눌려 어쩔 수 없었지만 이병도가 죽었으니 다시 이병도의 스승이자 식민사학계의 원 교주인 쓰다 소키치 선생님의 학설로 회귀하겠다는 것이다. 이 대목에 이르면 한국 식민사학자들에게 필요한 것은 학술 토론회가 아니라 '정신병 등급 진단 토론회'가 아닌가 하는 생각이 든다.

발굴 결과를 뒤집어라

그런데 『한일역사공동연구보고서』에서 백제를 서술하는 부분에 의미심장한 내용이 발견된다. 풍납토성을 언급한 부분이다.

백제의 유적 분포를 살펴보면 3세기 후반에 백제의 왕성인 서울 강동구의 몽촌토성과 풍납토성이 축조되었으며…….[152]

서울 강동구의 몽촌토성과 풍납토성이 3세기 후반에 축조되었다는 주장이다. 그런데 이는 아무리 과학적인 데이터가 나와도 식민사학과 맞지 않으면 믿지 않겠다는 억지에 다름 아니다. 1997년 1월부터 11월까지 국립문화재연구소는 풍납토성 안쪽의 현대아파트 건축 예정지에서 나온 목탄 6점을 비롯해서 2000년 10월까지 수습된 목탄, 목재, 토기 등 13점에 대해 방사성 동위 원소 측정을 했다. 그 결과 중심 연대가 가장 빠른 것은 서기전 199년으로 나타났으며 가장 늦은 것은 서기 231년으로 나타났다. 풍납토성이 서기전 2세기부터 축조되기 시작했다는 이야기다. 그런데 국립문화재연구소에서 이런 내용의 보고서를 발표하는 과정에 숱한 진통이 있었다는 이야기를 들었다. 서기전 2세기에 축조되기 시작했다고 발표하면 안 된다는 압력이 심하게 들어왔다는 것이다. 방사성 동위 원소고 뭐고 다 소용없다는 이야기다.

사실 이 풍납토성에 대한 일화는 많다. 1964년 풍납토성을 가장 먼저 발굴한 인물은 서울대 교수 김원룡이었다. 그때 이미 서기전 1세기 무렵부터 초축(初築: 처음 쌓음)되기 시작했다는 발굴 결과가 나왔다. 서기전 1세기부터 백제가 개로왕 21년(475) 공주로 천도하기까지 전후 약 5백여 년간의 유적으로 추정한 것이다. 일본인 식민사

---

152 한일역사공동연구위원회, 『한일역사공동연구보고서』, 59쪽.

학자들이 만든 『삼국사기』 초기 기록 불신론'이 고고학에 의해 와르르 무너지는 순간이자 『삼국사기』 초기 기록이 정확함을 고고학적으로도 입증한 셈이었다. 명색이 고고학자가 왜 자신의 발굴이 주목받을 수 있는 결과를 외면하겠는가? 그래서 김원룡은 이를 그대로 발표했다. 그러나 그 후 이병도와 그 제자들의 압력을 받아 발표 결과를 철회하고 말았다. 이 이야기는 역사를 공부하는 사람들 사이에서는 꽤 유명한 이야기다. 만약 이때 김원룡이 자신의 발굴 결과를 양보하지 않고—어찌 이것이 양보 가능한 사안인가!—계속 밀고 나갔으면 한국 고고학이 달라졌을 것이라는 점에서 크게 아쉬운 대목이다. 그러나 김원룡은 앞서 조선사편수회의 스에마쓰 야스카즈를 김용섭 교수의 강의실로 안내한 일화에서 알 수 있듯이 학문이란 진실을 버리고 식민사학 카르텔이란 조직을 선택했다. 그래서 『삼국사기』 초기 기록 불신론'을 고고학적으로 뒷받침하는 '원삼국론' 따위나 만든 어용학자로 전락했다. 그가 지금 다시 태어나면 식민사학 카르텔이란 깡패 조직을 버리고 학문이란 외로운 길을 선택할 수 있을까?

그런데 이병도는 이 사건 이후인 1975년 5월 『서울평론』에서 이기백과 대화하면서 "가령 주종 관계로 따진다면 사학은 문헌을 주로 하고 고고학·인류학·언어학은 종으로 해야 하는데 이것이 거꾸로 되는 경향이 있어요"라고 비판한 것을 비롯해서 고고학을 판단 기준으로 삼는 것에 대해 여러 번 강하게 비판한 적이 있었다. 비록 발표를 철회했지만 김원룡이 한때나마 고고학을 가지고 자신에게 반기를 든 것이 심하게 불쾌했던 것이다. 지금 식민사학계가 거

서울시 송파구 풍납토성.

꾸로 북한에서 발표한 이른바 낙랑 목간을 생명줄로 삼고 있는 것을 안다면 이병도가 무슨 말을 할지 궁금하다.

과연 21세기 대한민국 국민 세금으로 운용한 한일역사공동연구위원회는 국사학계의 태두 이병도 선생님의 유훈대로 무려 13개 시료에 의한 방사성 동위 원소 측정 결과도 무시하고 "몽촌토성과 풍납토성이 3세기 후반에 축조되었다"고 우겨댔다.

다른 나라 같으면 이것으로 학자 인생이 끝장난다. 그러나 여기는 대한민국이다. 동북아역사재단도 한일역사공동연구위원회도 모두 대한민국 국민들의 세금으로 이런 주장을 펼치는 것이 아닌가? 제12대 계왕(재위 344~346) 이전의 『삼국사기』 「백제본기」는 모두 조작이라면서 제13대 근초고왕(재위 346~375)부터 실재한 국왕이라는 식민사학의 원 교주 쓰다 소키치 선생님의 교시는 물론 고이왕(재위

234~286) 때 건국되었다는 국사학계의 태두 이병도 선생님의 '고등문
헌 비판'과도 다른 이런 반민족(=반일본)적 발굴 결과를 어찌 눈 뜨고
볼 수 있겠는가? 그러나 21세기 백주대낮에 만천하에 공표된 발굴
결과를 어떻게 하겠는가?

그러나 역시 이들은 보통 사람들의 상상을 뛰어넘는 집단이었
다. 그 후 여러 대학의 대학원 수업 시간에 "풍납토성은 3세기 후반
에 축조되었다는 고고학 자료가 새로 나왔다"는 이야기들을 한다
는 말이 들려왔다. 이상하다는 생각이 들어 알아보니 국립문화재연
구소에서 2010년 7월 27일자로 서울 송파구 풍납동 240번지 일대의
풍납토성 동벽에 대한 재발굴을 실시했다는 것이다. 현장설명회 문
건을 보니 허가받은 자는 서울특별시이고 발굴 사유는 '유적 보존·
정비'다. 조사단장은 최맹식 국립문화재연구소 고고연구실장이고, 책
임조사원은 임승경 국립문화재연구소 학예연구관이었다. 발굴조사
자문위원회는 가나다순으로 민족문화유산연구원 부원장 고용규,
한신대 교수 권오영, 용인대 교수 김길식, 부산근대역사관장 나동
욱, 충북대 교수 성정용, 문화재청 학예연구관 신희권, 토지주택박물
관 운영부장 심광주, 한밭대 교수 심정보, 공주대 교수 이남석, 선
문대 교수 이형구, 경기도박물관장 조유전, 충북대 교수 차용걸 등
이었다. 이들이 이 발굴에 얼마나 깊숙이 관여했는지는 알 수 없다.

아마 친분 관계나 카르텔 때문에 이름만 올린 사람도 없지 않겠
지만 필자의 눈길을 끄는 인물은 선문대 교수 이형구다. 이형구는
1997년 1월에는 풍납동 231-3번지 일대의 아파트 재건축 공사 현
장에서 백제 토기 등 유물 다수가 출토된 사실을 제보해서 아파트

공사를 중지시키고 국립문화재연구소로 하여금 긴급 발굴 조사에 나서게 했던 장본인이다. 그 결과 풍납토성 초축이 서기전 2세기라는 발굴 결과가 나올 수 있었다. 그런데 지금은 엉뚱하게도 그때의 발굴 결과를 뒤집는 내용에 이름을 올리고 있다.

이들은 왜 느닷없이 '유적 보존·정비'라는 명목으로 풍납토성을 재발굴했을까? 그 결과 풍납토성이 얼마나 정비되고 보존되었나? 현장설명회 보고서를 보니 이들이 풍납토성을 재발굴한 경위는 2000년의 발굴 조사 결과를 뒤집기 위한 것이라고 의심할 수밖에 없었다. 물론 이 발굴도 국민 세금으로 수행되었다. '문화재청 50주년'이란 로고가 선명한 현장설명회 보고서를 보자.

이처럼 초축 성벽 축조 이전의 구지표면과 초축 성벽 내부에서 소위 낙랑계 또는 고구려계 토기가 출토된다는 것은 당시 백제의 북방 지역에서 다양한 물질 문화가 유입되고 있었다는 것을 의미한다. 백제의 성장 과정에서 3세기 이후부터 본격적으로 확인되는 중국 군현(한사군)과의 다양한 상호 작용이 소위 낙랑계로 대표되는 새로운 물질 문화의 요소가 백제에서 나타나는 역사적 배경으로 제시되고 있듯이, 이번 조사 지역에서 풍납토성의 초축 성벽이 축조되었던 시기는 결국 백제와 '낙랑-대방-고구려'의 인적·물적 정보가 활발히 이동했던 역사적 배경과 관련이 있었던 것으로 추측해볼 수 있다.[153]

---

153 2010년 풍납토성 현장설명회 자료.

정확히 2000년의 발굴 결과를 뒤엎는 내용이다. "백제의 성장 과정에서 3세기 이후부터 본격적으로 확인"이라는 문장은 풍납토성이 3세기 이후에 축조되었다는 뜻이다. 풍납토성을 축조한 배경은 백제가 중국 군현, 즉 낙랑과 대방 등 한반도 내에 있던 한사군의 영향을 받았기 때문이라는 것이다. 그런데 설명회 자료에는 어렵고 생소한 용어들이 무수하다. 'AMS' 니 'OSL 절대 연대측정'이니 하는 용어들이다. 이런 전문 용어들을 나열할 때는 뭔가 '숨기고 싶은 것이 있구나'라고 생각하면 대부분 맞는다.

아니나 다를까, 이들은 재발굴해서 나온 시료들을 처리한 방식에 대해서 언급했는데, 즉 "미국의 Beta A nalytic Inc.와 영국의 SUERC(Scottish Universities Environmental Research Centre)에 동일한 시료를 나누어 각각 분석을 의뢰하였다"는 내용이 나왔다. 풍납토성 동벽을 재발굴하는 과정에서 나온 시료들을 미국과 영국의 절대연대 측정 회사에 보낸 이유는 무엇일까? 자신들이 보낸 시료의 측정 결과에 자신이 있다는 이야기다. 왜 자신감이 생겨날까? 고고학자들은 유물을 보면 어느 시대 것인지 대략 감이 잡힌다. 출토 유물을 가지고 편년을 만들기 때문이다. 그래서 이들이 특정 시료들을 선택해 미국과 영국으로 보냈을 때 이미 결과를 대략 알 수 있었을 것이다. 2000년에 서기전 2세기부터 풍납토성이 축조되기 시작했다는 방사성 동위 원소 측정 결과를 발표하려고 하자 여러 압력이 있었다는 사례를 상기해보면 이 시료 선택이 어떤 과정을 거쳤는지 예상하기는 어렵지 않다. 역시 결과는 예상에서 한 치도 어긋나지 않았다.

참고적으로 현재까지 분석이 완료된 AMS 절대연대 측정 결과(Beta 6개·SUERC 2개)를 토대로 각 단계별 결합 연대(1σ·68퍼센트)를 산출해 보면, 조사 지역에서 초축 성벽의 시공과 관련된 제1단계는 기원 후 235~260년 또는 290~325년, 제2단계는 기원후 390~425년이 된 다.[154]

바로 이 이야기를 하기 위해 '유적 보존·정비'라는 그럴듯한 명목 으로 국고를 따내 재발굴에 나선 것이었다. 서기전 2세기 무렵부터 초축되기 시작했다는 2000년의 발굴보고서를 뒤집기 위한 것이었 다. 2010년에 다시 조사해보니 풍납토성의 축조 시기의 1단계는 서 기 3세기 후반이나 4세기 초반, 2단계는 4세기 후반이나 5세기 초 반이라는 이야기다. 국사학계의 태두 이병도 선생님과 쓰다 소키치 선생님은 우리 곁에 살아 계시며, 앞으로도 영원히 살아 계실 것이 라는 비장한 선언이다.

식민고고학계는 2000년 발굴보고서에 "서기전 2세기경부터 풍납 토성이 초축되기 시작했다"는 내용이 들어간 것이 너무 뼈아팠다. 그래서 이번에는 같은 실수를 반복하지 않으리라 만반의 준비를 했으리라. 김원룡이 스에마쓰의 학설을 고고학적으로 뒷받침하는 원삼국론을 만든 때와 무엇이 달라졌는가? 도대체 왜 한국에서 고 고학을 하는가? 요즘 여러 대학 사학과나 대학원 수업에서 풍납토 성 문제가 나오면 이구동성으로 이 새로운 연구 결과를 언급하면

---

154 2010년 풍납토성 현장설명회 자료.

서 "풍납토성은 3세기 후반 이후에 축조되기 시작했다"고 가르친다고 들었다.

한마디로 역사학의 기초는 물론 고고학의 기초도 무시하는 가소로운 짓거리다. 만약 2010년의 재발굴에서 서기전 2세기 이전에 초축되었다는 결과가 나왔다면 의미가 있다. 풍납토성 축조 시기를 더 앞당길 수 있기 때문이다. 그러면 온조왕이 남하해 풍납토성을 축조하기 전에 이미 기존 정치 세력 등이 쌓은 성이 있었다고 해석할 수 있을 것이다. 그러나 지금처럼 서기 3~4세기에 초축되었다는 연구 결과가 나왔다면 어떤 의미가 있을까? 아무 의미가 없다. 2010년 풍납토성을 재발굴해서 서기 3세기 후반이란 결과가 나왔다고 해서 2000년의 발굴 결과를 뒤엎을 수는 없기 때문이다. 그러려면 2000년의 발굴 결과가 잘못되었다는 객관적인 연구 결과가 뒷받침되어야 한다. 아마 '낙랑 목간'에 환호했던 식민고고학계의 그동안의 행태로 보아 이런 일도 계획하고 있을지 모른다.

과거처럼 이들이 학계를 100퍼센트 장악하고 있고, 이들만이 고고학 발굴 결과를 해석할 수 있던 때라면 2000년의 발굴 결과를 폐기할 수 있었을 것이다. 2000년의 발굴 결과는 일체 언급하지 않는 불문율을 만들어 폐기하고 2010년의 발굴 결과만 언급하면 되는 것이다. 그러면 2000년의 사례는 김원룡이 1964년에 그랬던 것처럼 해프닝으로 끝나버리고 풍납토성은 3세기 후반 이후에나 건축한 것이 되는 것이다. 남은 것은 국사학계의 태두 이병도 선생님의 고등문헌 비판을 뒷받침하는 서기 3세기 후반으로 비정할 것인지, 식민사학의 원 교주 쓰다 소키치 선생님의 주장대로 4세기 후반으로 주장할 것인지, 아니면 내친김에 5세기 초반에 건국되었다고 주장할 것인지, 하는 문제뿐이다.

지금까지 이런 일이 풍납토성에만 일어났을까? 발굴된 시료를 감추거나 몰래 폐기한 사례는 없었을까? 그러나 이제 상황이 달라졌다. 달라져도 크게 달라졌다. 이제는 국회의원들도 알고, 교과부 관료들도 알고, CEO들도 알고, 무엇보다 일반 국민들도 상당수 이런 상황을 안다. 세상이 변했는데 식민사학자들만 세상이 변한 것을 모른다.

필자가 강연을 나가보면 식민사학자들에 대한 각계의 분노가 하늘을 찌른다. 이 문제에 대해서는 이미 여야도 없고, 지역도 없다. 계층도, 남녀도, 노소도 없다. 식민사학자들이 '이념 위에 학연 있다'면 이 문제에 대한 문제의식을 공유하는 사람들은 '식민사학 해체에는 여야도, 지역도, 계층도, 남녀도, 노소도 없다'로 이미 통일되었다. 초축? 장난치지 마라. 타임머신 타고 2000년으로 되돌아가 시료를 폐기하지 않는 한 어림없는 일이다. 독립운동하다 고혼孤魂이 되신 선조들이 무덤에서 벌떡 일어나신다.

6장

식민사관 해체의 길

神檀民史

京城 廣韓書林 發行
丹齋 申采浩 先生 遺稿
朝鮮史論 第一輯

韓國獨立運動之血史

韓國痛史

1. 식민사관은
구조의 문제다

너희 집안도 독립운동했다는 말이냐?

식민사학이 지금껏 유지될 수 있었던 배경은 무엇일까? 조선총독부 사관이 해방 이후에도 유지될 수 있었던 배경은 역사학만으로는 설명이 불가능하다. 한국 사회의 고질적 문제점의 뿌리를 찾아보면 대부분 일제 식민 지배의 문제점에 가 닿는다. 그러나 다른 부분들은 대한민국이 발전하는 과정에서 일제 잔재가 상당 부분 희석되었지만 지금까지 살펴봤듯이 역사학은 거꾸로 강화되어 왔다. 그 뿌리는 미군정과 이승만 정권이 친일파를 청산하기는커녕 이들을 중용한 데 있다. 면사무소 등지에서 근무하던 말단 행정 관료야 그렇다 쳐도 검찰, 경찰, 교육기관 등은 그렇게 해서는 안 되었다. 그러나 해방 후에도 친일파 세상이 계속되었다. 한 예를 보자.

이종찬 전 국정원장의 조부는 우당 이회영 선생이다. 삼한갑족으로 불렸던 우당 이회영 선생은 1911년 국망 직후 만주로 망명해서 독립운동에 매진하다가 1932년 다롄수상경찰서에 체포되어 고문사했다. 우당 이회영 6형제 일가가 모두 독립운동에 나서 다섯째 이시영만 살아 돌아오고 모두 순국했다. 망명 당시는 전국에서 손꼽히는 부호였지만 독립운동에 전 재산을 쏟아붓고 해방 후 귀국했을 때는 거처할 집도 없었다. 이종찬 전 원장의 모친 조계진(趙季珍: 1897~1996) 여사는 흥선대원군의 외손녀이자 고종의 조카로 운현궁에서 태어난 대한제국 황족이었다. 이회영의 아들 이규학李圭鶴과 혼인 후 중국으로 망명해 평생을 독립운동에 매진했다. 독립운동이 가업인 집안이었다. 그러나 귀국 후 입을 옷 한 벌이 없어서 귀국할 때 입고 왔던 중국옷 치파오旗袍만 입고 다녀 동네 사람들이 '중국 할머니'라고 불렀다.

그녀의 삼남이 이종찬 전 원장으로서 경기중·고등학교를 나왔는데, 대학 갈 돈이 없었다. 그래서 할 수 없이 육사를 선택했다. 1956년 육사 입시를 봤는데 경쟁률이 치열했다. 216명을 선발하는데 무려 4,811명이 지원했으니 23 대 1의 경쟁률이었다. 그러나 당시 전국에서 수재들이 몰린다는 경기중·고 출신이니 시험은 꽤 잘봤을 것이다. 그런데 면접 때의 일이었다. 당시 육사에 입학하려면 2명의 보증인이 필요했다. 그것도 장성이나 정부 중앙부처 국장급이어야 했다. 부친 이규학도 부친을 도와 아나키즘 운동을 하기도 하고, 임시정부에 합류해 상하이上海, 항저우杭州, 충칭重慶 등지를 오가며 민족주의 운동을 하기도 했던 독립운동가였다.

우당 이회영 선생, 간도로 피신하기 전(44세).

이종찬 전 원장이 육사 입교 시험을 볼 무렵의 국군에는 광복군 출신들이 대부분 쫓겨나고 거의 남아 있지 않았다. 대신 일본 육사나 만주 군관학교 출신들이 주류를 이루고 있었다. 이때 남아 있던 몇몇 장성 가운데 독립운동을 한 김관오(金冠五: 1901~1965) 장군과 민영구(閔泳玖: 1909~1976) 제독이 있었다. 해방 이후 일본 육사나 만주 군관학교 출신들은 자신들만 정규 군사 교육을 받은 것처럼 호도하면서 광복군이나 독립군 출신들을 폄하했지만 이 역시 알고 보면 대부분 자가발전한 과장에 불과하다.

김관오 장군은 중국의 유명한 윈난(운남雲南)군관학교를 졸업하고 중국 보병학교 고등군사반을 수료한 엘리트로, 중국 국민혁명군 제43군 및 중앙훈련단에서 복무했다. 한국독립당 충칭지구당 부위원장을 역임하면서 한국광복군 창설에 관여했다. 이때 숙부 이시영을 도와 임시정부에서 활동하던 이규학과 친해졌을 것이고, 그래서 추천서를 써주었을 것이다. 이런 인연이 없다고 해도 독립운동에 잠시라도 몸담았던 사람이라면 우당 이회영의 손자에게 추천서를 써준다는 사실이 오히려 자랑스럽지 않았겠는가?

민영구 제독은 3·1운동 후 임시의정원 의원을 역임하는 부친 민제호(閔濟鎬: 1890~1932)를 따라 상하이로 망명했다. 민영구는 상하이의 인성(仁成)소학교를 졸업했는데, 인성소학교는 독립운동가 자제들이 주로 다니던 학교였다. 그는 만국항해전문학교를 졸업하면서 바다와 인연을 맺는데, 선장으로 근무하던 중 중일전쟁이 발발하자 자원 참전해 한커우(한우漢口)와 난징(남경南京) 간의 군수 물자를 수송하는 임무를 담당했다. 그 후 충칭에서 한국광복군 창설에 가담해 광복군 서안판사처(西安辦事處)를 설치하고 광복군 총사령부 상교참모(上校參謀)로 활약하는 등 광복군 임무에 깊숙이 관여했다. 광복 후에도 곧바로 귀국하지 않고 임시정부 주화대표단(駐華代表團) 총무처장으로 활약하면서 교포들의 안전 귀국 문제를 책임지다가 1947년 6월에야 교포 1,000여 명과 함께 귀국했다. 그 후 해군에 입대하여 해군본부 작전참모부장·해군사관학교장 등을 역임했다.

이종찬 전 원장의 육사 면접 때의 일이다. 면접관 중 하나가 일본 헌병 오장 출신인 이용(李龍) 준장이었는데, 육사 교장은 일본 육사 출신의 장창국(張昌國: 1924~1997)이었다. 장창국은 불과 만 32살의 나이로 육군 소장 겸 육사 교장이 되었다. 해방 후 친일파들이 군부를 장악하는 과정을 보려면 주목해야 하는 곳이 1945년 12월 미군정이 서울 냉천동에 설치한 군사영어학교(Military Language School)인데, 장창국도 여기를 나왔다. 정식 명칭은 군사용어학교지만 주로 영어만 가르쳤으므로 군사영어학교라고 불렸다. 초대 교장은 미군 소령 리스(Rease)였고, 부교장은 소령 원용덕(元容德: 1908~1968)이었다. 원용덕은 나중에 중장까지 승진하는데, 이승만의 명령에 따라 야당 탄

중국 윈난성에 있는 윈난군관학교.

압에 앞장섰다가 4·19혁명 후 15년 형을 선고받기도 했다. 원용덕은 세브란스 의전을 졸업하고 의사로 있다가 만주국으로 달려가 군의관이 된 특이한 인물이었다. 만주군 중좌로 있다가 일본 패전 후 낙담하고 귀국한 원용덕은 뜻밖에도 미국이 친일파들을 중용하면서 해방 이듬해 창설된 국방경비대에 소령으로 총사령관이 된 인물이다. 원용덕과 역시 일본 육사 출신의 이응준이 군사영어학교 입학생 선발에 막대한 영향을 끼쳤다. 군사영어학교는 장교나 사관 경력이 있는 자로 입학 자격을 제한했는데, 광복군 계열은 해방된 나라에서 광복군이 군의 법통法統을 이어받는 것이 당연하다고 주장하면서, 일본군이나 만주군에 몸담았던 친일파들과 같이 복무할수 없다며 입교를 거부했다. 그래서 입교자 대다수가 일본군이나 만주군에 복무했던 친일파들로 채워졌다. 군사영어학교는 학생 개

개인의 경력과 영어 수준에 따라 짧게는 며칠, 길어야 몇 주의 교육을 받고 임관했는데, 이 학교는 사실상 미국에 대한 충성심을 시험하기 위한 학교라고 봐도 과언이 아니었다.

군사영어학교는 1946년 5월 새로 개교한 경비대사관학교에 임무를 넘겨줄 때까지 겨우 5개월 정도 존속했는데, 해방 후 한국 군사軍史에 남긴 영향은 말로 설명하기 힘들 정도로 크다. 약 5개월 동안에 110명이 배출되었는데, 그중 68명이 장성으로 진급했고 대장이 8명, 중장이 20명이었으며, 참모총장이 13명이나 되었는데, 대부분 일본군과 만주군 출신의 친일파들이었다.

면접관이었던 일본군 헌병 오장 출신의 이용 준장이 이종찬 수험생의 추천인을 보더니 불쾌한 얼굴로 물었다.

"김관오 장군과 민영구 제독을 어떻게 아나?"

일개 수험생이 면접관인 장군의 질문에 무슨 답변을 하겠는가? 그것도 어조가 벌써 심상치 않은데.

"…… 집안과 세교世交가 있다고 들었습니다만……."

"그럼 너도 독립운동한 집안이란 말이냐?"

이종찬 수험생은 '떨어졌구나'라는 생각이 절로 들었다. 집에 돌아와 부친 이규학에게 면접 상황을 설명했다. 그러자 부친 이규학은 민영구 제독에게 항의했다.

"독립운동한 게 무슨 죕니까?"

사실 미군정과 이승만 정권 때는 독립운동 경력이 죄였다. 이때 해사 교장으로 있던 민영구 제독은 수험생 이종찬과 동명이인인 이종찬(李鍾贊: 1916~1983) 육군대학 총장에게 항의했다. 이종찬 총장은 일본 육사 출신이지만 특이하게 친일 행위를 참회하는 뜻에서 해방 후 3년간 자숙하다가 1949년 6월 신성모申性模 국방부 장관의 권유로 육군 대령으로 임관했다. 이종찬은 한국 전쟁 때는 사단장을 역임했으며 육군 참모총장도 역임했다. 부산 피난 시절인 1952년 이승만 대통령은 재선을 위한 발췌 개헌을 날치기로 처리하고 이에 대한 항의 시위가 일어나자 계엄령을 선포했지만 이종찬 장군은 군사 출동을 거부했다. 이 때문에 참모총장직에서 해임되어 육군대학 총장으로 좌천된 것이다. 민영구 제독의 전화를 받은 이종찬 장군이 "독립운동을 한 집안이라고 불이익을 받아서는 안 된다"라고 나서서 겨우 육사에 합격했던 것이다. 그나마 이종찬 전 국정원장의 경우는 항의할 경로라도 있었던 특이한 경우였고, 대부분 '찍소리도 못 하고' 당하기 마련이었다. 해방 후 독립운동가 집안 출신들은 항상 불이익을 당했다.

필자는 독립운동가의 후손으로 한국 사회에서 꽤 높은 지위까지 오른 몇몇 사람들의 사례를 알고 있다. 그중 장관도 하고 광복회 회장도 한 사람들이 있는데, 그들을 만나면서 놀란 것이 대부분 선조에 대해 무지하다는 점이었다. 보통 사람들도 자기 선조에 대해 알려고 노력하는 법인데 이들은 선조에 대해 아는 것보다 모르는 것이 더 많은 경우도 심심찮게 보았다. 그래서 필자가 내린 결론은 '일부러 알려고 하지 않았다'는 것이다. 독립운동한 선조에 대해 아는 것 자체가 출세에 보탬이 되지 못했던 현실의 반영일 것이다. 그래서 차라리 알지 않는 길을 택한 것이다. 일종의 자기보호 본능이었다.

필자가 만나본 사람 중에는 이종찬 전 원장만이 독립운동가 후손의 정체성을 갖고 힘닿는 한 식민사학을 해체시키려고 노력했고, 독립운동가 선양 사업을 하려고 노력한 분이었다. 그래서 집권당 원내총무 시절 국회에서 특위도 만들고 식민사학 문제를 가지고 공청회도 열었으며 국사편찬위원회 건물도 번듯하게 지어줬다. 이제 세월이 조금 좋아지니까 선조를 외면하고 살았던 사람들이 뒤늦게 선조를 팔아 출세하는 현상도 나타나고 있다. 물론 독립운동가 후손들이 한 명이라도 좋은 자리에 올라가면 좋은 일이다. 그런데 이런 사람들은 대부분 친일 청산에 별 관심이 없다. 식민사학 해체 문제를 이야기하면 남의 일로 생각하기도 한다. 이제는 이런 일도 이야기해야 하는 것 아니냐는 생각도 갖고 있다. 국민의 돈으로 지어진 백범기념관의 운영 실태를 보면 이럴 수가 있는가, 하는 생각이 든다. 프라자호텔 뷔페가 아니면 안에 들어오지도 못하고, 빔프로젝트 사용 비용까지 받는다. 동가식서가숙東家食西家宿하면서 독립운동에 매진했던 백범의 일생을 조금이라도 생각하면 이럴 수는 없는 것이다.

지하에 돌아가 수많은 선배와 동지들을 무슨 면목으로 대할까 보냐

식민사학 해체 국민운동본부 집행위원장 김병기 박사는 희산希山 김승학 선생의 증손자다. 김승학 선생은 망국 후 만주로 망명해 봉천강무당奉天講武堂에서 전문 군사 교육을 받은 후 평생을 무장 항일

투쟁과 역사학을 연구한, '한 손에는 총, 한 손에는 붓'을 든 전형적인 역사학자이자 독립운동가이다. 참의부 참의장과 상하이의 「독립신문」 사장, 지금의 교육부 장관 격인 임시정부 학무총장 대리를 역임했다. 김승학은 상하이 망명 시절에 박은식의 『한국통사』, 『한국독립운동지혈사』 서술을 보조하면서 역사학에 입문하게 되었다고 말한다. 이때 박은식 선생과 해방 후에는 "『한국독립사』라는 나라를 찾은 웃음의 역사를 편찬하고자 굳은 맹약"을 한 것이 역사학에 입문한 계기라는 것이다.

김승학은 해방 후에는 나라를 찾은 웃음의 역사를 편찬하려고 각종 독립운동 사료를 수집해 감추어두었다. 그는 1929년 지린성에서 열린 삼부통합회의에 정의부 김동삼·이청천, 신민부 김좌진 등과 함께 참의부 대표로 참석했다가 일제에 체포되었는데, "왜경倭警에게 체포된 후 수각手脚이 절골折骨되는 수십 차례 악형惡刑이 주로 이 사료 수집 때문이었다"라고 회고했다. 일제가 가장 무서워한 것이 바로 제대로 된 역사였다. 그리고 일제가 역사를 장악한 후과를 지금 대한민국이 톡톡히 치르고 있는 데서 일제의 판단이 정확했음을 알 수 있다. 김승학은 취조받던 장면을 「망명객행적록亡命客行蹟錄」에서 이렇게 서술했다.

> 나를 꿇어앉힌 후에 직경 3촌寸쯤 되는 통나무를 다리 사이에 끼우고 양 끝에 두 놈이 올라서서 통나무를 디디면 형문다리가 부러질 듯 기절하게 되는데, 나는 끝까지 아무 말도 않고 당하였다. 그때의 상처가 지금은 백각白脚이 되고 만다. …… 나는 절실하게 각

임시정부 제2대 대통령이자 민족사학자였던 박은식 선생(왼쪽)과 목숨 걸고 독립 운동 자료를 지켜낸 김승학 선생(오른쪽). '한 손에는 붓을, 다른 한 손에는 총을 든' 전형적인 민족사학자였다.

오하기를 내가 죽지 않고 너희들 망하는 것을 목격하리라고 결심하였다.[155]

그는 이런 혹독한 고문 속에서도 독립운동 사료들을 감추어둔 곳이 만주 천금채라는 사실을 토로하지 않았다. 김승학은 5년간의 감옥 생활을 마치고 석방된 후 다시 만주로 망명해 일제가 "망하는 것을 목격"했다. 그러나 일제는 패망했지만 정권을 잡은 것은 독립운동가가 아니라 친일파들이었다.

평북 의주 출신의 민족주의자인 그는 해방 후 고향으로 돌아갔다가 월남했다. 이후 집안 사람들이 김승학을 따라서 남하할 때 저녁밥을 짓는 것처럼 아궁이에 불을 피워놓고 몰래 남하했다는 이

---

155 김승학, 「망명객행적록」.

야기를 전해 들었다. 반공이 친일파들의 전유물이 아니라는 이야기다. 실제로 백범 김구를 비롯한 상당수 민족주의 독립운동가들은 반공이었다. 다만 분단은 막아야 한다는 생각에서 남북 협상에 나섰을 뿐이다.

서울은 물론 부산 피난 시절에도 김승학의 집 앞에는 경찰들이 상주했다. 먹고살 것이 없어서 아들 김영달과 손자 김계업이 부두에 가서 막노동을 하는 수밖에 없었다. 그런데 경찰들이 막노동도 못 하게 막았다. 독립운동했던 집안 사람들은 굶어 죽으라는 이야기였다. 그러나 굶어 죽을 수는 없기에 집안 여성들이 호구지책으로 사과 광주리를 들고 나가야 했다. 이 무렵 생존 독립운동가들이 김승학 선생을 찾아와 큰절을 올리면 집안 여성들의 마음은 급해지기 시작한다. 국수라도 삶아 대접해야 하는데, 국수가 있을 턱이 없기 때문이다. 방문한 독립운동가라고 이런 사실을 짐작 못 할 바는 아니지만 마음먹고 방문한 터에 오자마자 일어설 수는 없어서 옛 시절을 회고하느라 시간은 흘러간다. 그 사이 집안 여성들은 동네를 다니며 온갖 수단을 다해 국수 두 그릇을 삶아서 상에 올린다. 일생을 독립운동에 바친 대가가 이것이었다.

이승만 정권이 4·19 혁명으로 무너지자 김승학은 목숨 걸고 지켜낸 독립운동 사료와 생존 독립운동가들의 수기를 덧붙여 『한국독립사』(1964)를 펴냈다. 『한국독립사』 「자서自序」에서 김승학은 한 나라를 창건하거나 중흥시키면 유공자에게 논공행상을 하고 반역자를 치죄하는데 그 이유는 국가 주권을 길이 반석 위에 놓으려는 것이라면서 이렇게 덧붙였다.

우리나라는 반세기 동안 국파민천의 뼈저린 수난 중 광복되었는데 건국 이래 이 국가 백년대계의 원칙을 소홀히 한 것은 고사하고 도리어 일제의 주구로 독립운동자를 박해하던 민족 반역자를 중용하는 우거를 범한 것은…… 전 초대 대통령 이승만 박사의 시정 중 가장 큰 과오이니 후일 지하에 돌아가 수많은 선배와 동지들을 무슨 면목으로 대할까 보냐.[156]

친일파를 처벌하기는커녕 도리어 반역자를 중용하는 우거를 범한 이승만이 어찌 지하에 돌아가 선배와 동지들의 얼굴을 대할 수 있겠느냐는 절규였다. 김승학은 또 "이 중대한 실정으로 말미암아 이 박사는 집정 10년 동안 많은 항일 투사의 울분과 애국지사의 비난의 적이 되었었다"고 비판했다. 망국 직후 망명해 해방 때까지 싸우다 귀국한 김승학의 이 토로는 이승만 정권이 독립운동 진영과 정확하게 반대편에 서 있었음을 말해준다.

이런 현상은 비단 독립운동계만의 현상이 아니라 다른 모든 분야도 마찬가지였고 학계라고 예외가 아니었다. 특히 역사학계는 이병도·신석호 같은 친일파가 학문권력을 완전히 장악해서 조선총독부 사관을 해방 후에도 하나뿐인 정설로 만들었다. 다른 분야의 친일 색채는 세월이 흐르면서, 그리고 대한민국이 발전하면서 점차 희석되었지만 역사학계는 동북아역사재단과 한일역사공동연구위원회, 풍납토성 재발굴 사례에서 보듯이 더욱 심화되었다. 이제 발전

---

156 김승학, 『한국독립사』「자서」.

된 대한민국은 이런 가치 전도적인 상황을 정상화시킬 것을 요구하고 있다. 식민사관에 대한 각계의 비판이 쏟아지는 상황이 이를 말해준다.

2. 일제 강점
찬양 처벌법이 필요하다

프랑스는 불과 4년 동안 나치의 지배를 받았다. 1940년 레노 Paul Reynaud 수상 아래서 육군 차관이던 샤를 드골(Charles de Gaulle: 1890~1970)은 나치가 프랑스를 점령하자 런던으로 망명해서 지로Henri Honore Giraud 장군과 1943년 '국민해방 프랑스위원회'를 만들어 수반이 되었다. 1944년 5월 연합국이 노르망디 상륙 작전에 성공하고 같은 해 8월 드골은 파리에 입성해 임시정부 주석에 취임했다. 드골은 1947년 프랑스의 우익 정당인 프랑스국민연합RRF 총재를 역임할 정도로 강한 우익 성향을 갖고 있었으나 1944년 파리 입성 직후부터 나치 협력 혐의자에 대해서는 가혹할 정도로 철저하게 숙청했다. 불과 4년의 나치 지배 동안 처벌당한 프랑스인의 숫자는 얼마나 될까? 프랑스의 나치 협력자 대숙청을 연구한 로베르 아롱 (Robert Aron: 1898~1975)은 1944~1945년 나치 협력 혐의로 처벌된 사람이

50만 명, 구속된 사람은 15만 명, 처형된 사람은 3~4만 명이라고 추산했다. 반면 드골의 회고록이나 미국의 역사학자 피터 노빅(Peter Novick, 1934~2012) 등은 1만 명 정도 처형되었다고 주장하고 있다. 단 한 명의 매국적도 처형하지 못한 우리로서는 1만 명이라도 믿기 힘든 숫자지만 이를 그대로 한국에 적용하기에는 무리가 있다. 일제강점 만 9년 후에 발생한 3·1운동 때 우리가 해방되었다면 상당수의 매국노들을 처형했을 것이다. 그러나 일제 식민 지배는 3·1운동 이후로도 26년 동안 더 지속되었다. 평범한 인간에게 도합 만 35년 동안 지조를 지키며 살라는 것은 너무 무리한 요구가 아닐 수 없다. 그래서 해방 공간에서 여러 정당들이 내건 친일파 청산 방안은 프랑스의 경우와 비교해보면 온건하기 짝이 없다.

여운형이 당수였던 조선인민당이 해방 직후 내건 친일파 청산 방안은 '① 만 20세 이상 남녀의 선거권 및 피선거권 확립, 단 민족반역자 제외, ② 조선 내 일본 재산 및 민족반역자의 재산을 몰수해 국유로 한다'는 것이었다. 민족반역자는 선거권 및 피선거권을 제한하고 친일파의 재산을 몰수해 국유로 하자는 정도였다. 역사학자이기도 했던 백남운이 당수였던 조선신민당은 '① 친일분자, 파쇼분자 및 전쟁범죄자 등 일체 반동 세력을 철저히 소멸할 것, ② 일본 제국주의자 및 친일분자에게 몰수한 대기업을 국영으로 하여 국민 경제의 발전을 도모할 것'이라는 두 가지 정도의 방안을 갖고 있었다. 조선신민당이 내건 "일체 반동 세력을 철저히 소멸"한다는 것이 구체적으로 어떤 의미인지는 알 수 없지만, 좌파 정당이었던 조선인민당과 조선신민당도 친일파 처벌을 광범위하게 진행하기보다는

조선인민당 당수였던 여운형.

친일파들의 재산을 몰수해 국유화하는 것에 더 초점이 맞춰져 있던 것처럼 보인다.

의열단장이었던 김원봉 등이 주도하던 조선민족혁명당은 임시정부의 좌파 정당이었는데, '① 일본 제국주의 잔존 세력과 친일파, 반동분자의 철저한 숙청, ② 일본 제국주의자, 매국적과 부일 반도叛徒의 일체의 공·사재를 몰수하여 기업을 국영으로 하고 토지는 농민에게 분배할 것'이란 방안을 갖고 있었다. 이 역시 일부 친일파 숙청과 친일파 재산의 국유화 및 토지의 농민 분배라는 방향성을 갖고 있었다. 김구 등이 주도하던 한국독립당은 '매국적과 독립운동을 방해한 자를 징치하며, 그 재산을 몰수하여 국영 사업으로 충용하고 토지는 국유로 할 것'이란 방안을 갖고 있었다. 그 방향은 모두 친일파 청산과 친일 재산의 국유화에 초점이 맞춰져 있었다.

그러나 이 두 가지 방향 중에 실현된 것은 아무것도 없다. 친일파들은 청산되는 대신 권력을 잡았고, 재산은 온존되었다. 이는 한국 사회 곳곳에 깊은 상처를 남겼다. 한국 사회 곳곳의 부조리를 캐보면 대부분 그 뿌리는 이 문제에 맞닿아 있다. 이제라도 이 문제에 대해서 바른 방향을 설정할 때가 되었다. 그것이 바로 '일제 강점 찬양 처벌법' 또는 '일제 식민 지배 옹호 행위자 처벌법' 등을 제정하는 일이다. 프랑스가 나치 찬양 처벌법의 전신인 인종차별금지법, 즉 '게소법Loi Gayssot'을 제정한 것은 1881년 7월 29일이었다. 프랑스 제3공화국이 출범하면서 언론 자유를 기본권으로 보장하면서도 인종 차별에 대해서는 처벌이 필요하다는 공감대가 형성되면서 제정된 법으로, 지금까지 130여 년 동안 여러 차례 수정과 보완을 거쳤는데, 1990년 7월에 개정되어 현재에 이르고 있다.

현재 프랑스는 언론의 자유는 철저하게 보장하지만 인종, 민족, 종교 차별 등의 행위에 대해서는 강력하게 처벌하고 있다. 인종 차별 범죄를 찬양·고무하는 경우에는 5년 징역에 4만 5,000유로^(한화 약 6,220만 원)의 벌금을 부과하며, 말과 글과 그림, 영상 매체를 통해 차별 행위를 할 경우 1년 징역에 4만 5,000유로의 벌금을 함께 부과할 수 있다. 또한 나치, 파시스트 이탈리아, 군국주의 일본 등 3개 추축국의 승리를 위해 활동하며 반인도적 범죄에 준하는 범죄를 저지를 경우에는 반인도적 범죄로 규정해 최고 무기징역까지 처할 수 있도록 되어 있다.

프랑스는 1964년에 반인도적 범죄는 공소시효 자체를 소멸시켜버렸다. 극우파는 언론 자유 침해를 명분으로 항의했지만 유엔 인권위원회는 1966년 12월에 '시민과 정치적 권리에 관한 국제협약'에서 프랑스의 이 법이 '언론의 자유' 조항과 모순되지 않는다고 일축했다. 나치 찬양을 처벌하는 법은 '언론의 자유' 범주에 속하지 않는다는 결론이었다. 독일도 마찬가지였다. 나치 범죄를 옹호한 역사학자 오토 레머Otto Remer에게 독일 법원이 실형을 선고하자 유럽인권재판소에 제소했다. 유럽인권재판소는 1995년 오토 레머에 대한 실형 선고가 인권과 근본적 자유의 보호에 관한 협약에 적합하다고 판결했다. 즉 나치 전범은 물론 나치 협력자, 그리고 나치 범죄를 부정하는 수정주의자들을 처벌하는 것이 인권과 언론 자유 보호에 적합하다고 판정한 것이다.

박유하의 『제국의 위안부』는 학술 서적인가?

세종대 교수 박유하는 위안부 할머니들을 금전을 대가로 몸을 판 매춘부인 것처럼 비하하는 『제국의 위안부』(2013)를 출간했다가 명예훼손으로 고소당했는데 1심은 무죄였다. 검찰이 박유하를 기소하자 이른바 이 땅의 지식인들이 대거 박유하 지지 선언을 하고 나섰다. 검찰이 이에 불복해서 항소했는데,[157] 다행히 2심은 박유하에게 벌금 1,000만 원을 선고했지만 이 사건은 우리 사회의 민낯을

---

157 대한민국 검찰은 징역 6월에 집행유예 2년을 선고받은 필자의 형량이 적다면서 징역 1년의 실형을 선고해달라고 항소했다. 도대체 검찰의 잣대가 무엇인지 묻지 않을 수 없다.

그대로 보여주는 사건이다. 이런 반민족적 사설邪說들은 김현구의 『임나일본부설은 허구인가』처럼 교묘한 장치를 설치해 독자들을 현혹한다. 여기에 C급 학자들과 일부 언론들도 부화뇌동함으로써 마치 학술적인 논리인 것처럼 호도한다. 그 한 대목을 보자.

> '위안부'가 '강제로 끌려온' 피해자였다면 일본 군인들 역시 자신의 의지와는 상관없이 국가에 의해 머나먼 이국땅으로 '강제로 끌려온' 존재였다.[158]

이 말을 세종대 일문과 교수이자 여성인 저자 박유하에게 그대로 돌려주면 다음과 같이 된다. 박유하가 어떤 불량배들에게 집단강간당했다. 그런데 그 강간범들은 조직에 속한 인물들이었다. 이날도 조직의 명령에 의해 강도 행각을 일삼다 내친김에 강간까지 저지른 것이었다.

> '박유하'가 '강제로 끌려온' 피해자였다면 집단 강간범들 역시 자신의 의지와는 상관없이 조직에 의해 강간 장소로 '강제로 끌려온' 존재였다.

위안부 할머니들에게 출판물에 의한 명예훼손 혐의로 고소당한 박유하는 억울하다면서 자신의 SNS에 '탄원서 서명자'를 모집하기

---

158 박유하, 『제국의 위안부』, 뿌리와 이파리, 2013, 74쪽.

도 했다. 그런데 집단 강간범들이 자신들도 피해자라며 '탄원서 서명자'를 모집할 경우 박유하도 서명을 해야 한다. 그래야 논리에 맞다. 박유하의 논리에 따르면 그들도 피해자 아닌가? 국가라는 조직과 조폭이라는 조직은 이 경우에는 다를 것이 없기 때문이다. 박유하의 또 다른 논리를 보자.

> 위안부 문제를 부정하는 이들은 '위안'을 '매춘'으로만 생각했고 우리는 '강간'으로만 이해했지만 '위안'이란 기본적으로는 그 두 요소를 다 포함한 것이었다.[159]

박유하가 한국에서 출간되는 저서에서 '강간'과 '매춘'을 동일 비중으로 다루었을 때 그 무게중심이 '매춘'에 가 있을 것임을 상상하기는 어렵지 않다. 누가 자신을 강간하고 돈 몇 푼 쥐여주면 본인은 그게 매춘이 된다고 생각하나? 더 심한 말도 있다.

> '조선인 위안부'란 조선인 일본군과 마찬가지로 저항했으나 굴복하고 협력했던 식민지의 슬픔과 굴욕을 한 몸에 경험한 존재다. '일본'이 주체가 된 전쟁에 '끌려'갔을 뿐 아니라 군이 가는 곳마다 '끌려'다녀야 했던 '노예'임에 분명했지만, 동시에 성을 제공해주고 간호해주며 전쟁터로 떠나는 병사를 향해 '살아 돌아오라'고 말했던

---

159 박유하, 『제국의 위안부』, 뿌리와 이파리, 2013, 120쪽.

동지이기도 했다.[160]

박유하는 '동지'에도 따옴표를 하고 싶었을 것이다. 정신병리학적으로 납치범과 동일시하려는 스톡홀름 증후군이라고 보면 일정 정도 맞을지도 모르겠다. 그러나 자신을 강간한 범인을 '동지'라고 인식하는 것은 개인의 사고 영역이지만, 강간당한 타인을 그렇게 부르면 범죄가 된다. 그러나 한국은 이처럼 일본의 극우 민족주의 관점에서 일본 제국주의에 극심한 고통을 당했던 자국민을 비하해도 아무런 처벌을 받지 않는 나라다. 프랑스나 이스라엘 같으면 당장 감옥에 갔을 것이다. 대한민국에서는 처벌받아봐야 기껏 벌금 몇 푼일 뿐이다.

박유하는 게이오대학을 졸업하고 와세다대학 대학원에서 박사학위를 받았는데, 저서로는 『누가 일본을 왜곡하는가』, 『반일민족주의를 넘어서』 따위의 책들이 있다. 심지어 『화해를 위해서: 교과서·위안부·야스쿠니·독도』(2005)라는 저서는 2006년 문화관광체육부 우수도서로 선정되기도 했다. 그런데 이 '우수도서'에서 박유하가 펼친 주장을 보자. 박유하도 김현구처럼 친일 문제에 대한 일관성을 갖고 있다. 위안부 문제뿐만 아니라 독도 문제를 바라보는 시각도 친일적이다.

차라리 독도를 양국 공동 영역으로 하면 어떨까. …… 전쟁을 하

160 박유하, 『제국의 위안부』, 뿌리와 이파리, 2013, 207쪽.

면서까지, 즉 평화를 훼손하면서까지 '지킬' 가치가 있는 영토란 없다. …… 그런 의미에서도 독도를 어느 한쪽이 차지하면서 또다시 수십 년 혹은 더 먼 후대에까지 불화의 불씨를 남겨놓는 것보다는 서로 양보하면서 공유하는 편이 훨씬 나을 수 있다.[161]

독도를 일본과 공유하자는 주장이다. 평화를 훼손시키면서까지 지킬 가치가 있는 영토란 없단다. 대한민국 경찰, 군대 모두 해산하자는 이야기다. 이런 박유하가 검찰에 기소되자 대한민국 유수의 지식인들이 대거 달려들어 박유하 지지 선언을 했다. 여기에 이른바 진보 인사들이 다수 포함되어 있었다. 한국 사회는 좌나 우의 시각으로 보면 절대 그 실체를 볼 수 없다. 「한겨레」·「경향신문」 등이 조선총독부 역사관의 전사로 나서 민족사학을 공격하는 희한한 현상도 친일파가 좌우 모두에 영향력을 미치고 있는 대한민국이기에 가능한 것이다. 박유하는 『제국의 위안부』 서문 마지막에 "2013년 7월 17일. 예순여덟 번째 8·15를 앞두고"라고 끝맺었다. 그에게 8·15는 일본 극우파처럼 통한스러운 패전의 날일까?

2014년에 이회영 선생의 손자 이종걸 의원의 대표 발의로 '일제 식민 지배 옹호 행위자 처벌 법률안'이 발의되었다. 반드시 통과시키기 바란다. 대한민국이 진정한 독립 국가이기를 바란다면, "3·1운동으로 건립된 대한민국 임시정부의 법통"을 계승했다는 대한민국 헌법 전문이 선언적 의미가 아니라 실제 대한민국의 정체성을 지향하

---

161 박유하, 『화해를 위해서』, 뿌리와 이파리, 2005, 190~191쪽.

고 있는 구절이라고 생각한다면.

순국선열의 날과 순국선열유족회

'순국선열의 날'이란 것이 있다는 사실을 아는 국민은 많지 않을 것이다. 그날이 11월 17일이란 사실을 아는 국민은 더욱 적을 것이다. 11월 17일이 무슨 날인지 아는 국민도 거의 없을 것이다. 이날은 대한제국이 일제에게 외교권을 빼앗긴 을사늑약이 강제로 체결당한 날이다. 대한제국의 공식 강점은 1910년 8월 29일이지만 사실상 1905년 11월 17일에 대한제국은 망했다고 봐도 과언은 아니다. 외교권이 없는 나라는 독립 국가가 아니기 때문이다. 그래서 일제 강점 35년이 아니라 40년이라고 주장하는 것도 일리가 있다. 순국선열의 날을 정한 주체는 상하이의 대한민국 임시정부였다. 1939년 11월 21일 임시의정원 제31차 임시총회에서 지청천池靑天, 차리석車利錫 등 6명의 독립운동가가 11월 17일을 '순국선열공동기념일'로 정하자고 제안한 것이 계기였다. 이후 임정은 가능한 한 을사국치의 날에 순국선열을 추모하는 행사를 가졌다. 해방 이후에는 단독으로 행사를 갖기도 하고, 현충일 추념식에 포함되기도 하는 등 우여곡절을 겪다가 1997년 국가기념일로 지정되었다.

먼저 순국선열과 애국지사의 개념부터 정리해보자. 간단하게 정리하면 순국선열이란 독립운동에 매진하다가 1945년 8월 15일 광복을 보지 못하고 돌아가신 분들을 뜻하고, 애국지사는 살아서 8·15

광복을 맞은 분들을 뜻한다. 즉 독립운동을 하다가 돌아가신 분들이 순국선열이고, 해방 때까지 살았던 분들이 애국지사다. 의사義士와 열사烈士와 지사의 개념도 정리해보자. 의사와 열사는 순국선열이고 지사는 애국지사라고 보면 된다. 의사와 열사의 차이는 무엇인가? 의사는 무력이나 직접 행동으로 일제와 맞서 싸우다 돌아가신 분들, 즉 안중근, 윤봉길, 이봉창 의사 같은 직접 행동가를 뜻한다. 원래 무력 사용이 임무인 군인에게는 이 호칭을 쓰지 않지만 의병중장 안중근을 의사라고 하는 것처럼 명확히 구분되지는 않는다. 열사는 무력은 행사하지 않고 일제와 맞서 싸우다 돌아가신 유관순, 이준 같은 분들을 뜻한다. 지사는 1945년 8월 15일 밤 12시 이후까지 생존하셨던 분들이다.

광복을 못 보고 돌아가신 의사와 열사의 후손들이 만든 단체가 '순국선열유족회'다. 그런데 2013년 순국선열유족회가 대통령에게 「순국선열에 대한 건의」를 했는데, 그 요체는 3·1절, 광복절 행사에 '순국선열유족회장'이 앉을 자리가 없다는 것이었다. 순국선열유족회장은 어떠한 정부 행사에도 초청받지 못한다. 또한 순국선열유족회는 1989년부터 『월간 순국』이란 월간지를 발간하고 있는데, 필자도 처음에는 당연히 출간비가 국고로 지원되는 줄 알았다. 마찬가지로 순국선열유족회도 국가의 지원으로 유지되는 단체인 줄 알았다. 그런데 순국선열유족회는 국고의 지원을 받지 못한다.

순국선열유족회 김시명 회장의 가장 큰 걱정은 11월 17일 '순국선열 추모제' 비용을 마련하는 것이다. 순국선열유족회에서 관리하는 시설이 '대한민국 순국선열 위패봉안관'인데 서대문 독립공원 내에 있다. 조선 시대에 중국 사신들을 접대하던 모화관慕華館 자리에 지었는데, 지상 1층과 지하 1층의 단층 건물이다. 지상 54평(179.45제곱미터)은 순국선열 위패봉안실로 사용하고 있고, 지하 114평(375제곱미터)은 사무실, 자료실, 교육전시장으로 사용하고 있다. 순국선열 2,835위가 봉안되어 있는 공간이 아파트 한 채 공간인 54평에 지나지 않는다. 그리고 그 후손들은 아직도 지하실에서 추모 사업 논의를 해야 한다는 뜻이다. 위패봉안관이 너무 협소해서 순국선열 추모제는 야외에서 해야 하는데, 11월 17일이면 겨울바람이 불기 시작할 때라 상황이 녹록지 않다. 초청 인사는 물론, 유족들 중에는 연로한 후손들이 많아 난방이 꼭 필요하다. 2012년에는 서울시에서 2천만 원을 얻어 겨우 행사를 치렀다. 그런데 2013년에 다시 지원금을 신청했더니 서울시장이 인권 관련 단체나 행사만 지원하라고 한정하는 바람에 예산 목적 분야의 관련성이 없다는 이유로 거부당했다. 시장이 이런 세부사항까지 알 수는 없겠지만 순국선열 추모 사업과 인권 관련 사업이 서로 대척점에 서야 하는 것인가? 대한민국은 한 꺼풀만 벗기고 들어가면 도무지 알 수 없는 일들이 너무도 많다. 외교권을 빼앗겼던 1905년 11월 17일로부터 110여 년이 지났지만 그날처럼 매서운 추위를 두려워하면서 순국선열 추모제를 준비해야 하는 것이다. 한국, 중국 등의 반발을 아랑곳 않고 침략 전쟁 때 죽은 병사들의 혼을 야스쿠니 신사에 국보처럼 모시고 있는 일본이 한국을 얼마나 우습게 여기겠는가?

필자는 이해 못 할 현상의 원인을 알기 위해서는 반드시 그 역사를 뒤적거린다. 답은 그 안에 있다. 1959년에 비영리법인으로 허가받았던 순국선열유족회는 1961년 5·16 군사쿠데타 이후 강제 해산당했다. 순국선열유족회를 강제 해산한 쿠데타 세력의 저의가 무엇인지 짐작하기는 어렵지 않지만 박정희 정권이 정통성의 부족을 메우는 방법 중의 하나로 독립운동가 선양 사업을 선택하면서 상황은 역전되었다.

독립운동 과정에서 희생당한 순국선열의 수를 학계에서는 15만 명 이상으로 보는데, 실제 서훈자는 3,291명이다. 순국선열의 세 배쯤으로 보는 애국지사 중 실제 서훈자는 9,876명뿐이다. 이승만 정권 12년 동안 서훈자는 딱 2명이었다. 이승만 자신은 받아야 하니까 1949년에 대한민국장大韓民國章을 만들면서 자신과 이시영 부통령 둘이서 수상했다. 이승만 혼자 받는 것은 모양이 우스우니까 이시영을 끌어들인 것이다. 그리고 1953년 방한한 중화민국 장제스 총통에게 대한민국장을 수여한 것이 마지막이었다. 12년 동안 이렇게 딱 3명만 서훈했다. 앞서 김승학 선생이 이승만 초대 대통령에게 "후일 지하에 돌아가 수많은 선배와 동지들을 무슨 면목으로 대할까 보냐"라고 말한 것이 전혀 과장이 아님을 알 수 있다.

박정희 정권은 한때 독립운동가들을 주축으로 상원 격인 원로원을 만들려고까지 했는데, 1962년 삼일절 때 의병장 최익현 선생을 비롯해서 김구·안중근·윤봉길·이봉창·김창숙·조만식·안창호·신익희 선생 등 18명에게 대한민국장을 수여한 것을 비롯해서 대통령장 58명, 국민장 128명 등 모두 204명을 서훈했다. 이렇게 박정희 군사 정권에 의해 독립운동가들의 서훈의 길이 열린 것도 대한민국사의 아이러니가 아닐 수 없다. 박정희 정권은 1965년 수훈 애국지사와

서대문 독립공원 내 순국선열 위패봉안관 내부. 지나치게 협소하다.

그 유족 중 연금을 받고 있는 회원들을 대상으로 1965년 2월 27일 사단법인 '광복회'를 탄생시켰는데, 이때 순국선열유족회를 광복회에 통합시켜버렸다.

앞서 말한 것처럼 "독립운동한 것이 죄"였던 이승만 정권 때에 비해 박정희 정권에서 광복회를 만들어 생존 독립운동가 및 유족들에 대한 보훈 사업을 한 것은 경위나 속내야 어쨌든 잘한 일이라고 할 수 있다. 그러나 이때부터 순국선열 선양 사업과 그 후손들에 대한 보훈 사업이 애국지사의 그것에 비해 크게 뒤지는 역현상이 발생하기 시작한다. 보훈처 공훈록에서 100인을 무작위로 뽑아 사망 연도를 평균해보았더니 순국선열은 1920년인 반면 애국지사들의 평균 순국 연도는 1954년이었다고 한다. 애국지사의 후손들도 해방후 어렵게 살기는 마찬가지였지만 평균 1920년에 사망한 순국선열 유족들의 후손들은 더욱 어렵게 살았다. 순국선열 유족들의 경우

정규학교를 마친 사람을 찾기가 더 힘들었다.

박정희 정권 때 설립된 광복회는 일본으로부터 받은 대일청구권 자금 일부를 운용해 순국선열 및 애국지사 기념 사업을 하는데 이를 '순애기금'이라고 한다. 순국선열유족회가 보훈처로부터 정보 공개 요청을 해서 받은 자료에 따르면 보훈처에서 최근 10년 동안 순국선열과 그 후손들의 생활 지원을 위한 사업에는 약 3퍼센트를 사용한 반면 애국지사와 그 후손들의 선양 사업에는 약 97퍼센트를 사용했다고 한다. 국가보훈처에서 광복회만을 독립운동 기념 법정 단체로 인정하는 보훈 정책에 그 원인이 있다. 보훈처는 광복회만 공법 단체라는 이유로 광복회만 직접 상대한다. 광복회만이 법에 규정된 공법 단체라는 것이다. 유독 건국 공로 관련 공법 단체만 하나를 고집하는데, 보국 공로에 대해서는 대한민국 상이군경회, 대한민국 전몰군경 유족회, 대한민국 전몰장병 미망인회 등이 있으며, 4·19 혁명 관련 단체로는 4·19 민주혁명회, 4·19 민주혁명희생자유족회, 4·19 혁명공로자회 등이 모두 공법 단체다. 유독 독립운동 관련 단체만 광복회로 단일화시켜 놓았다. 물론 광복회가 모든 독립운동 관련 조직을 포괄하는 활동을 제대로 하고 있다면 별문제가 되지 않을 것이다. 그동안 광복회는 정부의 눈치를 보느라고 친일 문제 비판에도 소극적이란 비판을 여러 차례 받았다. 보훈처는 독립운동 선양 사업에 관한 한 광복회를 통해 정부 비판적인 목소리를 통제한다는 비판도 여러 차례 받았다. 또한 광복회는 회장이 임명하는 약 30퍼센트의 임명직이 현 회장에 대한 재선임 투표권을 갖고 있는 비민주적 구조다. 그동안 한국 사회에서 독립운동 기념 사업을 소홀히 하는 바람에 광복회가 성역화되는 역현상이 발생했는데, 이 문제를 해결하려면 밖은 물론 안에 있는 문제도 함께 해결해야 한다. 광복회를 민주적으로 개혁하고 순국선열유족회를 공법 단체로 지정해서 광복회와 선의의 경쟁을 시키는 것도 해결책의 하나가 될 것이다.

현재 광복회는 친일파로부터 환수한 순애자금 450억 원을 들여 광복회관 재건축을 시도하고 있다. 그런데 광복회관은 2006년에도 국비 36억 원을 투입해서 리모델링한 건물이다. 광복회는 광복회관을 개축해 독립운동 후손들의 복지 시설로 사용하는 한편 수익금을 후손들의 복지에 사용하겠다는 것이다. 반면 54평에 불과한 위패봉안관 증축 사업은 설계도 그릴 돈도 없는 형편이다. 그래서 순국선열유족회는 청와대 및 국무총리실에 광복회관 재건축 비판 및 친일파 환수금 운영 주체 변경을 요청했는데, 답변은 천편일률적으로 '보훈처에 이관했다'는 것이다. 보훈처는 광복회와만 손잡고 이 막대한 자금의 사용을 집행한다. 그동안 독립운동가 선양 사업이 부진하다는 비판의 열매를 광복회만 독식하면서 사실상 성역으로 유족들 앞에 군림해왔다. 그러면서 회장이 투표권자 30퍼센트를 임명하는 비민주적 행태가 반복되어왔다. 누가 입후보 자격이 있는지 광복회원들도 모른다. 이제 이런 문제도 민낯을 드러내고 공론화하면서 해결책을 모색할 때가 되었다. 독립운동가 기념 사업마저 비정상인 상태에서 남 탓만 할 수는 없기 때문이다.

참고문헌

1. 사료

『史記』,『漢書』,『三國志』,『後漢書』,『晉書』,『宋書』,『南齊書』,『梁史』,『魏書』,『北史』,『隋書』,『舊唐書』,『新唐書』,『遼史』,『管子』,『淮南子』,『括地志』,『山海經』,『書經』,『說文』,『水經』,『水經注』,『詩經』,『呂氏春秋』,『魏略』,『資治通監』,『潛夫論』,『通典』,『資治通鑑』,『三國史記』,『三國遺事』,『高麗史』,『高麗史節要』,『燕輟直指』,『星湖僿說』,『論語古今註』

2. 단행본 및 논문

경톄화耿鐵華,『고구려사간편高句麗史簡編』, 지린문사출판사吉林文史出版社, 2006.

──────,『고구려사논고高句麗史論稿』, 지린인민출판사吉林人民出版社, 2005.

김용섭,『역사의 오솔길을 가면서』, 지식산업사, 2011.

김위현·박성수 해제,『조선사 번역·해제』, 인문사, 2013.

김현구,『임나일본부는 허구인가』, 창비, 2010.

노태돈,「고조선 중심지의 변천에 대한 연구」,『단군과 고조선사』, 사계절, 2000.

──────,「고조선사연구의 현황과 과제」,『한국문화』8, 서울대학교 규장각 한국학연구원, 1987.

──────,「삼한에 대한 인식의 변천」,『한국사연구』38, 한국사연구회, 1982.

다이쥔량載均良,『중국고금지명대사전中國古今地名大辭典』, 상하이사서출판사上海辭書出版社, 2005.

리순진,『평양 일대 락랑무덤에 대한 연구』, 중심, 2001.

리지린,『고조선사연구』, 과학원출판사, 평양, 1963.

문성재,『한사군은 중국에 있었다』, 우리역사연구재단, 2016.

박양식,「서양 사학 이론에 비추어 본 실증사학」,『숭실사학』31, 2013.

박유하,『제국의 위안부』, 뿌리와 이파리, 2013.

박은식, 『한국독립운동지혈사』, 『백암 박은식 전집 2권』, 동방미디어, 2002.

사회과학원 력사연구소, 『조선고대사: 고조선사·부여사·진국사』, 한마당, 1989.

서영수, 「고조선의 위치와 강역」, 『한국사 시민강좌 2집』, 일조각, 1988.

──, 「대외관계에서 본 낙랑군」, 『사학지』 31, 단국사학회, 1998.

──, 「고조선의 대외관계와 강역의 변천」, 『동양학』 29, 단국대학교 동양학연구소, 1999.

송호정, 『단군, 만들어진 신화』, 산처럼, 2004.

──, 「고조선 국가형성과정 연구」, 서울대학교 출판부, 1999.

──, 『한국고대사 속의 고조선사』, 푸른역사, 2003.

──, 「요동~서북한 지역에서 세형동검문화의 발생과 고조선의 국가형성 연구」, 『한국상고사학보』 40, 한국상고사학회, 2003.

──, 「고조선의 위치와 중심지 문제에 대한 고찰」, 『한국고대사연구』 58, 한국고대사학회, 2010.

──, 「한군현 지배의 역사적 성격」, 『역사와 현실』, 한국역사연구회, 2010.

순국선열유족회, 『순국선열에 대한 건의』, 2014.

쑨진지孫進己, 『동북민족원류東北民族源流』, 임동석 옮김, 동문선, 1992.

쓰다 소키치津田左右吉, 『쓰다 소키치 전집津田左右吉全集』, 이와나미쇼텐岩波書店, 1964.

신채호, 『조선상고사』, 단재신채호선생기념사업회, 1992.

윤내현, 『고조선 연구』, 일지사, 1994.

──, 『한국고대사신론』, 일지사, 1986.

──, 『한국열국사연구』, 지식산업사, 1998.

윤명철, 「발해 유역의 역사문화와 동아시아 세계의 이해」, 『한국상고문화 기원연구』, 학연문화사, 2013.

이기동, 「고조선 연구, 무엇이 문제인가」, 『한국사 시민강좌 49집』, 일조각, 2011.

──, 「북한에서의 고조선 연구」, 『한국사 시민강좌 2집』, 일조각, 1988.

이기백, 「고조선의 국가 형성」, 『한국사 시민강좌 2집』, 일조각, 1988.

──, 「백제왕위 계승고」, 『역사학보』 11호, 1959.

──, 「반도적 성격론비판」, 『한국사 시민강좌 1집』, 일조각, 1987.

이기백, 『국사신론』, 박영사, 1961.

이덕일·김병기, 『고조선은 대륙의 지배자였다』, 역사의아침, 2006.

──, 『한국사, 그들이 숨긴 진실』, 역사의아침, 2009.

이도상, 『일제의 역사 침략 120년』, 경인문화사, 2003.

이마니시 류今西龍, 『신라사 연구』, 이부오·하시모토 시게루 옮김, 서경문화사, 2008.

이병도, 『한국고대사론』, 한국학술정보, 2012.

──, 『한국고대사회사론고』, 한국학술정보, 2012.

──, 『한국사대관』, 한국학술정보, 2012.

──, 『한국사: 고대편』, 한국학술정보, 2012.

──, 『역주 삼국사기』, 한국학술정보, 2012.

이상룡, 『석주유고石洲遺稿』 상·하, 안동독립운동기념관 편, 경인문화사, 2008.

이재호, 『조선사 3대 논쟁』, 역사의아침, 2008.

이종욱, 『고조선사 연구』, 일조각, 1993.

이주한, 『한국사가 죽어야 나라가 산다』, 역사의아침, 2013.

이형구, 「리지린과 윤내현의 '고조선 연구' 비교」, 『역사학보』 146호, 1995.

──, 「리지린의 〈고조선 연구〉 그 후」, 『한국사 시민강좌 49집』, 2011.

정인보, 『조선사 연구』 상·하, 문성재 역주, 우리역사연구재단, 2012~2013.

주쉐안朱學淵, 『진시황은 몽골어를 하는 여진족이었다』, 문성재 역주, 우리역사연구재단, 2009.

진단학회, 『역사가의 유향』, 일조각, 1991.

최재석, 『역경의 행운』, 만권당, 2015.

──, 『일본 고대사의 진실』, 경인문화사, 2010.

──, 『고대한일관계사연구』, 경인문화사, 2010.

──, 『고대한일관계사연구 비판』, 경인문화사, 2010.

──, 『백제의 대화 왜와 일본화 과정』, 일지사, 1990.

──, 『고대한일관계와 일본서기』, 일지사, 2000.

────, 『고대한국과 일본열도』, 일지사, 1999.

────, 『일본고대사연구비판』, 일지사, 1990.

────, 『일본서기의 사실기사와 왜곡기사』, 집문당, 2012.

────, 『한국 고대사회사 방법론』, 일지사, 1987.

친일반민족행위진상규명위원회, 『친일반민족행위관계사료집 V: 일제의 조선사 편찬 사업』, 2008.

탄치샹譚其驤 주편主編, 『중국역사지도집中國歷史地圖集: 석문회편釋文汇編·동북권 東北卷』, 중앙민족학원출판사中央民族學院出版社, 1988.

푸쓰녠傅斯年, 「이하동서설夷夏東西說」, 『푸쓰녠 전집』 3권, 연경출판, 1980.

하타다 다카시旗田巍, 「일본에 있어서의 한국사 연구의 전통」, 『한국사 시민강좌 2 집』, 일조각, 1988.

한일역사공동연구위원회, 『한일역사공동연구보고서』 1권, 2005.

황빈黃斌·류허우성劉厚生, 『기씨조선사화箕氏朝鮮史話』, 원방출판사遠方出版社, 2007.

황순종, 『동북아 대륙에서 펼쳐진 우리 고대사』, 지식산업사, 2012.

────, 『임나일본부는 없었다』, 만권당, 2016.

황후이샨黃惠賢 주편主編, 『이십오사인명대사전二十五史人名大辭典』, 중저우고적출판 사中州古籍出版社, 1994.

Byington, Mark E., The Han Commanderies in Early Korean History, 동북아역사재단, 2013.

찾아보기

우리 안의
식민사관

초판 1쇄 펴낸 날 2014. 9. 4.
개정판 1쇄 펴낸 날 2018. 2. 12.
개정판 2쇄 펴낸 날 2020. 6. 20.

지은이   이덕일
발행인   양진호
발행처   도서출판 |만권당▌

등 록   2014년 6월 27일(제2014-000189호)
주 소   (07207) 서울특별시 영등포구 양평로21가길 19 선유도
　　　　우림라이온스밸리 B동 512호
전 화   (02) 338-5951~2
팩 스   (02) 338-5953
이메일   mangwonbooks@hanmail.net

ISBN 979-11-958723-9-8 (03900)

이 도서의 국립중앙도서관 출판시도서목록(CIP)은 서지정보유통지원시스템 홈페
이지(http://seoji.nl.go.kr)와 국가자료공동목록시스템(http://www.nl.go.kr/kolisnet)
에서 이용하실 수 있습니다.(CIP제어번호: CIP2018000331)